21 世纪高等开放教育系列教材

企业信息管理

（第二版）

王　悦　编著

中国人民大学出版社
·北京·

图书在版编目(CIP)数据

企业信息管理/王悦编著. —2 版. —北京：中国人民大学出版社，2017.10
21 世纪高等开放教育系列教材
ISBN 978-7-300-24686-4

Ⅰ.①企… Ⅱ.①王… Ⅲ.①企业管理-信息管理-教材 Ⅳ.①F270.7

中国版本图书馆 CIP 数据核字（2017）第 167131 号

21 世纪高等开放教育系列教材
企业信息管理（第二版）
王　悦　编著
Qiye Xinxi Guanli

出版发行	中国人民大学出版社		
社　　址	北京中关村大街 31 号	**邮政编码**	100080
电　　话	010-62511242（总编室）		010-62511770（质管部）
	010-82501766（邮购部）		010-62514148（门市部）
	010-62515195（发行公司）		010-62515275（盗版举报）
网　　址	http://www.crup.com.cn		
	http://www.ttrnet.com(人大教研网)		
经　　销	新华书店		
印　　刷	北京七色印务有限公司	**版　　次**	2010 年 3 月第 1 版
规　　格	185 mm×260 mm　16 开本		2017 年 10 月第 2 版
印　　张	16.75	**印　　次**	2021 年 4 月第 3 次印刷
字　　数	390 000	**定　　价**	39.00 元

出版说明

教育部颁布的《面向21世纪教育振兴行动计划》明确提出了实施“现代远程教育工程”，全国教育系统迅速行动起来，在短短的几年时间里，初步形成了我国开放式的教育网络，搭建了远程教育平台，在构建终身学习体系方面做出了重要的贡献。

随着我国教育改革的不断深入、教育技术的不断更新，社会各界对远程开放教育的认识也在不断加深。开放教育、远程教育，涉及办学的开放、专业的开放、课程的开放、教育教学手段与方式的变革。高等远程开放教育对振兴我国教育、普及我国高等教育产生了极其深远的影响。

开展高等远程开放教育，涉及的教育教学改革与建设是多方面的，高等远程开放教育的教材建设是其重要环节之一。高等远程开放教育的教材建设要能充分体现现代远程教育的特点，充分考虑远程学习者的特点，满足现代开放教育的需求。为了促进远程开放教育的发展，满足开放教育学习者的需要和教学需要，我们编辑出版了21世纪高等开放教育系列教材。该系列教材主要是针对经济类专业课程进行了一体化的设计，在突出课程教材应用性、实践性、普及性和可操作性上下工夫，在体现远程开放教育环境下对学习者应用能力的培养下工夫。

该系列教材具有以下特点：

（1）充分体现当前经济类学科的最新研究成果；

（2）充分体现远程开放教育的特点，有利于学习者的自学；

（3）充分体现了与经济类各专业基础课、专业课的衔接性、配套性；

（4）在教材编写过程中尽量以案例分析阐述理论，便于学习者理论联系实际；

（5）教材均配备了PPT或CAI课件、操作练习光盘等，便于教师讲课和学员自学。

该系列教材的建设是远程开放教育教学改革中的初步尝试，是一棵破土而出的幼苗，需要呵护和培养，也需不断修正和完善，希望其能够在远程开放教育的教学改革中发挥出应有的作用。

前　言

信息是最基本的资源，自从有人类以来就有了对信息的管理。然而，由于信息对人类生产和生活的影响有一个发展过程，人们对信息的作用和重要性的认识——将信息作为一种资源的“信息财富观”之形成则是到了20世纪七八十年代的事情。20世纪90年代以后，随着信息技术的飞速发展，信息管理得到了社会的普遍重视。信息管理在企业的成功应用为它的发展铺开了道路，并发展成为一个专门领域，即企业信息管理。

随着人类社会进入信息经济、知识经济时代，信息管理水平的高低优劣，直接制约着企业管理活动的水平和质量。信息已成为一种战略资源，它同物资、能源一起成为推动企业发展的支柱，它是组织运行的基础，也是企业利用现代化管理理念和方法进行高效管理的基础。信息的收集、加工与利用将为企业运作注入新鲜血液，为企业获取最大的经济效益提供强有力的保证。信息的资源意义并不在于信息本身，而在于获取信息后对这一信息的理解、开发和围绕该信息所进行的策划。信息是被动的，它不可能自动地变为企业管理者的资源，不会自动地对企业管理产生作用，只有将其激活之后才会成为企业管理者的资源。信息作为一种资源只是一种可能，把这种可能变为现实，关键在于推进企业信息管理。依靠信息创新、信息激活等信息活动使企业竞争力获得巨大提升的实例越来越多，这对所有的企业都有着巨大的吸引力。所以，广大企业管理者迫切需要企业信息管理理论的支持。

关于信息技术方面知识的书籍已经很多，但是关于企业信息管理方面知识的书籍却很少，计算机系统毕竟只是工具，不能代替管理者的思维，不能完全满足企业信息管理的需求。已有的信息管理理论，包括图书馆学、档案学、情报学等，都只是面向专门信息机构的信息管理理论，并不是关于企业的信息管理理论。基于此，在借鉴和吸收了国内外许多专家学者的研究成果的基础上，我们撰写了本书。

企业信息管理是一个崭新的命题，无论是在理论上还是在实践上，其内容在不断地发展变化。从已有的研究成果来看，企业信息管理的主要内容包括：企业信息基础设施的建立，即能够维持本企业信息管理需要的信息系统及相关设施，包括企业信息系统的战略规划和企业信息系统的开发；企业信息系统的管理，包括信息系统开发项目管理、信息系统运行与维护管理、信息系统审计与评价以及信息系统的安全管理；将经济和人文因素结合起来共同管理，即以信息资源为中心的信息管理，强调信息在战略决策和战略规划等高层管理上发挥资源的作用，从集成的角度对企业信息资源进行管理，包括信息组织集成、信息资源集成和信息系统集成；因为竞争情报是企业获取竞争优势的一种重要的信息资源，企业信息资源管理还应包括企业竞争情报管理。企业知识管理是企业信息管理发展的高级阶段，企业实施知识管理，努力营造软硬件环境，也就是建立一个全局化、规范化的企业知识管理体系，包括企业知识管理的创新组织、知识交流与共享的机制以及企业知识库管理。知识管理的实现，仅仅依靠组织的调整和管理方法的更新是不够的，通常需要相应工具的配合。企业电子商务管理是企业信息管理的发展趋势，重点强调企业电子商务的运营管理与企业电子商务的安全管理。提高企业管理者的素养与能力，是提高企业信息管理水平的核心要素。本书就是围绕这一过程及相关内容的逻辑顺序来构建体系结构的。

本书具有以下三个特点：

一、系统性。对国内外现有的、为数不多的企业信息管理教材和相关研究成果进行了系统化的梳理，有助于加深读者对企业信息管理学科的总体认识和理解。

二、易学性。本书是作者在从事本、专科教学与科研的基础上写成的。全书力求深入浅出，通俗易懂。各章前附有“本章要点提示”“章前案例”，各章中附有“知识库”，各章后附有“新理念·新技术”“本章小结”“关键概念”“讨论及思考题”等内容，最大限度地降低读者学习本课程的难度。

三、实用性。本书在编写过程中广泛吸收了国内外的最新研究成果，在内容上力求兼顾先进性和实用性，做到理论、方法与应用有机结合，有较强的可操作性。既方便在校师生学习，又有利于相关从业者参考使用。

本书在编写过程中参阅和引用了许多作者的研究成果，这些研究成果为本书提供了丰富的素材，在此，向这些作者表示衷心的感谢！另外，本书得到了中国人民大学出版社的大力支持，在此一并表示感谢！

当代信息技术的飞速发展和广泛应用，给企业信息管理的理论和实践提出了许多新课题，企业信息管理作为新兴学科还有许多有待开拓和研究的领域。本书对企业信息管理内容的把握难免有不成熟之处，还需要今后进一步探讨和研究。书中还可能存在疏漏甚至错误，恳请读者批评指正。

编　者

目　录

第一章 企业信息管理概述

本章要点提示

- 信息和企业信息的有关概念
- 信息技术对企业管理的影响
- 信息管理的发展阶段
- 企业信息管理的含义

章前案例

飞鹤乳业打造基于大数据的全产业链可追溯体系

近年来，人们对了食品安全的关注度持续上升，相关部门也加大监管力度，保障广大消费者权益。2013 年，中国食品监管总局等多家政府机构联合发布了最新版《婴幼儿配方乳粉生产许可审查细则》，细则要求对婴幼儿乳粉参照药品管理，提高乳粉质量水平，提振社会消费信心。

为实现全产业链的透明化与数据化管理，飞鹤乳业与汉端科技、IBM 合作，成功部署“全产业链可追溯体系”。该体系结合赋码系统、生产运营的业务系统完成数据采集，对乳品原料的生产、加工、运输、仓储及零售等供应链环节的管理对象进行标识，并在相互连接后将这些标识用条码以人工可识读方式表示出来。一旦出现卫生安全问题，该体系可以通过这些标识进行追溯，准确地缩小卫生安全问题的范围，查出出现问题的环节，并可追溯到问题的源头。

系统集成商汉端科技基于其对于国内企业部署大数据的行业经验，帮助飞鹤乳业分三期完善可追溯体系，包括：数据体系标准化建设、内控体系建设、成熟分析模型引入及建设。从婴幼儿乳品全产业链可追溯体系的正式上线，到可追溯移动终端及手机微信追溯与查询产品信息功能的创新性推进，可追溯体系的建立帮助飞鹤乳业提升了服务质量与产品附加值，显著提升企业精细化管理和内部控制水平，全面提高了飞鹤乳业的行业竞争力，实现了产业升级转型。

作为大数据与分析领域的领导者，IBM 多年来深入实践，在推进认知的同时，不断给予深具建设性的实施建议，其深厚的数据和分析组合，为开始部署大数据的企业，提供了定制化的全面可靠的技术支持。此次合作中，IBM 的大数据理念，为飞鹤乳业大数据战略的实施提供了完善的思路。

资料来源：http：//cloudgo. cnw. com. cn/cloud-original/htm2015/20150113 _ 317742. shtml.

随着人类社会进入信息经济、知识经济时代，人类面临着纷至沓来的庞大信息量和信息处理工作量，决策越来越依赖于信息的内容质量和时间质量，信息管理水平的高低优劣直接制约着企业管理活动的水平和质量。特别是信息作为一种潜在的巨大资源为越来越多的企业管理者所认识，依靠信息创新、信息激活等信息活动使企业竞争力获得巨大提升的实例越来越多。这对所有的企业都有着巨大的吸引力。所以，广大企业管理者迫切需要企业信息管理理论的支持。在企业信息管理中，与企业相关的信息和信息活动是管理的客体对象，以信息流代替常规管理中的物质流、价值流，管理原则遵循信息活动的固有规律，建立相应的管理方法和体系，实现企业的各项管理职能。

本章介绍了信息和企业信息的有关概念，分析了信息与企业管理的关系，强调信息技术对企业管理的影响，探讨了信息管理的发展阶段，并在此基础上阐明企业信息管理的含义。

第一节　信息与企业信息

信息是管理者可以加以利用的最重要的资源之一。管理者可以像管理其他资源一样对信息进行管理。信息是信息系统的重要成分，信息系统能发挥多大作用，取决于有没有足够的、高质量的信息，而这又取决于我们对信息是否有充分的认识。

一、信息的基本概念

（一）信息的含义

关于信息的定义，众说纷纭，至今尚未有一个公认的确切定义。这是因为自然界和人类社会中都存在着大量的各种各样的信息，相同的信息对于不同的接收者会产生不同的效果，而且由于世界在不断地运动和变化，相同的信息对于同一接收者在不同时期内的作用也会不一样。

为了给信息寻求一个涵盖恰当的定义，我们可以这样分析：在人类社会和自然界中，事物的存在状态、运动形式、运动规律及其相互联系、相互作用的状态和规律，总是通过一定的媒介和形式（如声波、电磁波、图像、文字等）使其他事物接受。所以，信息是事物本质、特征、运动规律的反映，是事物之间相互联系、相互作用的状况和规律的反映。人们就是通过接受事物发出的信息来认识事物，将该事物区别于其他事物的。从本质上讲，信息是客观存在的，是客观事物运动和变化的一种反映。我们可以认为，信息是客观事物的特征通过一定物质载体形式的反映。它应具有以下含义：

（1）客观上，信息反映了某一事物的现实状态或情况，它体现出了人们对事物的认识和理解程度。

（2）主观上，信息是人们从事某项工作或行动所需要的客观依据，它和人的行为密切相关，并通过信息接收者的决策或行为体现出它所具有的价值。

（3）信息是人们对数据有目的加工处理后所得到的结果，它的表现形式要根据人们的需求情况来确定，通过物质载体来反映。

（二）信息与数据

在我们的日常生活中信息一词已被滥用，数据和信息也经常被认为是等同的。但在信息管理的概念中，信息和数据的概念是不同的。

首先，数据是反映客观实体的属性值，它可以用数字、文字、声音、图像或图形等形式表示。数据本身无特定含义，只是记录事物的性质、形态、数量特征的抽象符号，是中性概念。而信息则是被赋予一定含义的、经过加工处理后产生的数据，它对接收者的行为能产生影响，它对接收者的决策具有价值。例如财务报表、销售报告以及各种账册、图纸等都是经过对数据加工处理后产生的信息，对人的决策是有价值、有意义的。信息的载体是数据，数据包括信息。

其次，数据和信息是相对而言的。对于数据和信息的关系，可以形象地解释为原料和成品之间的关系，数据是原料，而信息则是制成品。因此，同样的一组数据，对有使用价值的人来说，可能就是信息。如同某个部门的原料，可能就是另外一个部门的成品；同理，对某个人来说是信息，对另外的人可能就是数据。例如，员工的月工资数，对员工本人是有价值、有意义的，那么它是信息，但对于公司的总经理来说，单个员工的月工资数则是无价值、无意义的，它仅仅是数据。数据和信息的关系如图 1－1 所示。

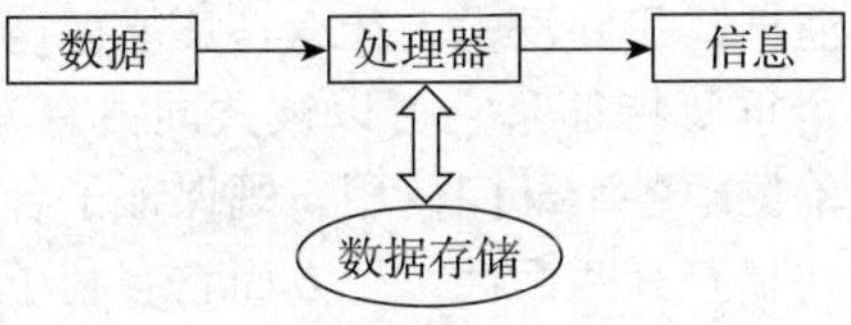

图 1－1　数据与信息的关系

区分数据和信息在信息管埋中十分重要，我们认为，信息比数据更有价值、更高级、用途更广大。在一些不很严格的场合或不易区分的情况下，人们也把它们当作同义词，笼统地称呼，如数据处理和信息处理、数据管理和信息管理等。

（三）信息的特性

信息的特性主要表现在以下几个方面。

1. 事实性

信息是客观事物的反映，事实是信息的中心价值。不符合事实的信息不仅没有价值，而且可能价值为负值。真实、准确的信息可以帮助管理者做出正确的决策，虚假、错误的信息则可能使管理者做出错误的决策。破坏信息事实性的行为在管理中普遍存在，有的谎报产量，有的谎报利润和成本，有的造假账，都会使管理者做出错误的决策。事实性是信息收集时最应当注意的性质。维护信息的事实性，也就是维护信息的真实性。我们一方面要注重收集信息的正确性，另一方面在对信息进行传送、存储和加工处理时保证不失真。

2. 层次性

管理是分层次的，不同层次的管理者有不同的职责，需要的信息也不同，因而信息也是分层的。管理一般分为高、中、低三层，与管理层次相对应，信息可分为战略级信息、策略级信息和执行级信息三个层次。不同层次的信息性质不相同。组织的高层管理者站在战略高度，需要的是大量的事关组织长远发展的前途和方向的综合信息，即战略级信息。

如企业长远规划，五至十年的信息，企业并购、转产的信息等。策略级信息是管理控制信息，它帮助中层管理者掌握资源的利用情况，从而有效地控制和组织指挥利用资源信息。如月度计划、产品质量和产量情况以及库存控制情况等。管理控制信息一般来自所属各部门，并跨越于各部门之间。执行级信息用来解决经常性的问题，它与组织日常活动有关，并用以保证切实地完成具体任务。如员工考勤信息、统计产量与质量数据、领料信息等。

不同层次的信息，其来源、寿命、加工方法、使用频率、加工精度和保密要求都是不同的，如表 1－1 所示。

表 1－1　　不同层次信息的特征

属性信息类型	信息来源	信息寿命	加工方法	使用频率	加工精度	保密要求
战略级信息	大多外部	长	灵活	低	低	高
策略级信息	内外都有	中	中	中	中	中
执行级信息	大多内部	短	固定	高	高	低

3. 共享性

信息的共享性即可分享性，是不同于物质商品的特性。例如，我给你一本书，我就失去一本书，而我告诉你一个消息，我并没失去什么，不能把这则消息的记忆从我的脑子里抹去。信息区别于物质的一个重要特征是它可以被共同占有、共同享用。比如在企（事）业单位中，许多信息可以被单位中各个部门使用，既保证了各部门使用信息的统一，又保证了决策的一致性。信息的共享有其两面性：一方面它有利于信息资源的充分利用；另一方面也可能造成信息的贬值，不利于保密。因此，我们既需要利用先进的网络和通信设备以利于信息的共享，又需要采取规范的信息管理措施，以防止保密信息的扩散。

4. 价值性

信息作为一种资源，既有使用价值又有交换价值。信息具有使用价值，也就是信息有用途，能满足人们生产生活的需要。信息的使用价值必须经过转换才能得到。鉴于信息存在生命周期，转换必须及时，如企业得知下属某车间可能要产生窝工现象，就要及时调整并安排其他的工作，信息资源就转换为物质财富。信息具有交换价值即信息的产品和服务与其他商品一样具有成本、价格等要素，并且信息还能够影响市场中其他商品的价格和供需状况。在以信息产业为主导的信息化社会中，信息将发挥更加重要的作用。

5. 再生性

信息是有寿命的，随着时间的延长，信息的使用价值逐渐减少甚至完全消失。但是信息在不同的时间、地点和针对不同的目的又会具有不同的意义，从而显示出新的使用价值。例如天气预报的信息，预报期一过就不再对指导生产生活有用。但该信息用于和各年同期天气比较，就能总结出天气变化的规律。因此，失去原有价值的信息经过加工能得到新的信息。信息是可以不断再生的资源。

6. 传输性

信息可通过各种各样的手段进行传输。信息传输要借助于一定的物质载体，实现信息传输功能的载体称为信息媒介。例如可以利用电话、电报进行国际国内通信，也可以通过卫星、光缆传遍全球。传输的形式也越来越完善，包括数字、文字、图形和图像、声音等。一个完整的信息传输过程必须具备信源（信息的发出方）、信宿（信息的接受方）、信道（媒介）、信息四个基本要素。信息的可传输性加快了资源的交流，加快了社会的变化。

7. 可存储性

信息的可存储性即信息存储的可能程度。信息的形式多种多样，它的可存储性表现在要求能存储信息的真实内容而不畸变，要求在较小的空间中存储更多的信息，要求存储安全而不丢失，要求能在不同形式和内容之间很方便地进行转换和连接，对已存储的信息可随时随地以最快的速度检索所需的信息。计算机技术为信息的可存储提供了条件。

8. 可压缩性

信息可以进行浓缩、集中、概括以及综合，而不至于丢失信息的本质。人们可以把很多的实验数据组成一个经验公式，把长串的程序压缩成框图，把许多现场运行的经验编成手册。当然，在压缩的过程中会丢失一些信息，但丢失的应当是无用的或不重要的信息。压缩不重要的信息和压缩无用信息，性质上是完全不同的。信息压缩是从管理的目标出发，提取和目标相关的信息，舍弃其他信息。例如根据企业长远战略规划的需要，可以在业务信息中综合提炼出战略信息。信息压缩在实际工作中是很有必要的，因为我们没有能力收集一个事物的全部信息，我们也没有能力和必要储存越来越多的信息，这叫信息的不完全性。只有正确地舍弃信息，才能正确地使用信息。

知识库

信息管理过程的框架模型——DIKAR 模型

DIKAR 模型是由时任麻省理工学院副教授的文卡特拉曼（Venkatraman）于 1996 年提出的信息管理过程的框架模型。该模型的基本含义是：由 IT 设备获取并存储的数据（data）需要经过解释才能呈现为信息（information），信息系统中的信息需要被人理解才能成为知识（knowledge），知识是采取有效决策的前提，有效决策是行动（action）的前提，合理的行动能够带来有意义、有价值的结果（result）。这个模型自左向右表现了信息技术作为资源供给的流程；反之，自右向左则表现了组织对信息价值的需求流程。因此，该模型的反向过程也称作 RAKID 模型。

（四）信息的分类

从不同的角度，信息通常可分为以下几类。

1. 按信息的特征可分为自然信息和社会信息

自然信息是反映自然事物的，它是由自然界产生的信息，如各种生物信息、气象信息等。社会信息是反映人类社会的有关信息，如政治、经济信息、科技信息等。自然信息与社会信息的本质区别在于社会信息可以由人类进行各种加工处理，成为改造世界和不断进行发明创造的有用知识。

2. 按信息的来源可分为内部信息和外部信息

凡是在组织边界内部产生的信息称为内部信息；在组织边界外部产生的信息称为外部

信息（或称为环境信息）。对管理而言，一个组织系统的内、外信息都有用。

3. 按信息加工程度可分为原始信息和综合信息

从信息源直接收集的信息为原始信息；在原始信息的基础上，经过信息系统的综合、加工产生的新的数据称为综合信息。产生原始信息的信息源往往分布广且较分散，收集的工作量一般很大，而综合信息对管理决策更有用。

4. 按管理的层次可分为战略级信息、策略级信息和执行级信息

战略级信息为高层管理人员提供制订组织长期策略所需的信息；策略级信息为中层管理人员监督和控制业务活动、有效地分配资源提供所需的信息；执行级信息是反映组织具体业务情况的信息。策略级信息是建立在执行级信息基础上的信息，战略级信息则主要是来自组织的外部环境信息。

信息还可以根据它的载体形式分为文字信息、计算信息、声音信息和图像信息；按信息地位的不同分为客观信息和主观信息；按信息的时效性分为实时响应型信息和滞后型信息；等等。

二、信息的生命周期

信息和其他资源一样是有生命周期的，从产生到消亡，经历需求、获得、服务、退出四个阶段。

需求是信息的孕育和构思阶段。根据要达到的目标，构思所需要的信息类型和结构。

获得是得到信息的阶段。将信息收集、传输以及转换成合用的形式，达到使用的要求。

服务是信息的利用和发挥作用的阶段，把信息存储起来，保持最新的状态，供使用者随时使用，以支持各种管理活动和决策。

退出是信息已经老化，失去了价值，没有保存的必要，应把它更新或销毁。

信息生命周期的每个阶段中又包括一些过程。这些过程包括信息的收集、信息的传输、信息的加工、信息的储存、信息的维护以及信息的使用等环节。各个环节之间有信息流动，每个环节都会对信息进行一些处理，信息的流动过程也就是信息的处理过程。下面我们具体介绍构成信息生命周期的各个环节。

（一）信息的收集

1. 信息识别

信息收集首先要解决信息的识别。即从现实世界千变万化的大量信息中识别出所需的信息。确定信息的需求要从客观情况调查出发，既不能带着主观偏见去收集信息，又不能以相等的权重看待所有信息。信息识别的方法主要有以下三种：

（1）决策者识别。决策者是信息的用户，他最清楚系统的目标，也最清楚信息的需要。向决策者调查可以采用交谈和发调查表的方法。交谈调查由系统分析员对决策者采访。这种方法有利于阐明意图，减少误解，最容易抓住用户的主要要求。其缺点是谈话一般不够严格和准确。调查表是用书面方式进行调查，它比较正式、严格，可以节省系统分析员的时间。但当决策者的文化水平不高时，往往填写调查表很困难，会出现所答非所问或者调查表长期交不上来的情况。这两种方法都基于一个前提，即决策者对于他们的决策过程比较了解，因而能比较准确地说明他们所需要的信息。

（2）系统分析员识别。信息系统分析人员亲自参加业务实践活动，不直接询问信息的需要，而是通过调研、侧面观察来了解并分析信息的需要。对管理工作的描述，很多情况下只靠外来人员是很难了解透彻的，因而选派一些管理人员参加系统分析会有很大好处。

（3）决策者、系统分析员共同识别。先由系统分析员观察基本信息要求，再向决策人员进行调查，补充信息。这种方法虽然浪费一些时间，但了解的信息需求可能比较真实。

2. 信息采集

信息识别以后，下一步就是信息的采集。由于目标不同，信息的采集方法也不相同，大体上说有以下三种方法：

（1）自下而上的广泛收集。全国人口普查就是采用这种方法自下而上进行的。它服务于多种目标，一般用于统计，如国家统计局每年公布的经济指标。这种收集有固定的时间周期，有固定的数据结构，一般不随便变动。

（2）有目的的专项收集。收集是有目的、有针对性的。根据特定的目的需要，围绕决策主题收集相关信息。例如我们要了解某产品的销售情况，就应该有意识地了解该产品的市场占有率、用户的反馈意见等。

（3）随机积累。调查没有明确的目标或者目标很宽泛，只要是“新鲜”的信息就把它积累下来，以备后用，今后是否有用现在还不十分清楚。如现在有些公司设专人每天进行全国各地的报纸信息以及网络信息搜索，发现一些认为重要的信息就把它记录下来，分类整理后及时上报给上级领导。

3. 信息表达

信息收集的最后一个问题是信息的表达。常规的信息表达有文字、数字、图形、表格等形式。文字表达要简练、明确、不漏失主要信息，避免使用过分专业化的术语，避免使用双关和有多义词的语句，以免让人误解；数字表述要严谨，要注意数字的正确性，注意数字表达方式会引起的误码率；图形表达方式是目前信息表达的趋势，具有整体性、直观性、可塑性等特点，可以反映出发展的趋势，使人更容易做出判断，其主要缺点是准确性相对较差；表格表达能给人以确切的总数和个别项目的比较。随着计算机水平的提高，在图形上再标以数字则会给出更清晰的表达。

（二）信息的传输

信息传输的理论最早是应用于通信中的，它一般遵守香农模型，如图 1－2 所示。

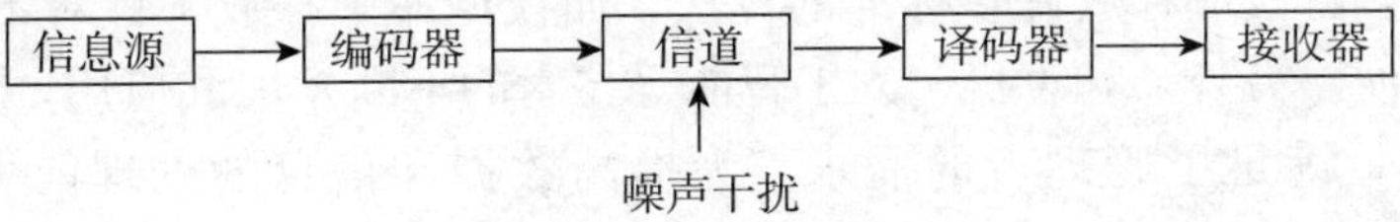

图 1－2 信息传输

由图 1－2 我们可以看出，从信息源发出的信息要经过编码器变成信道容易传输的信号（电波、声波、语言等）或符号（文字、图像等），通过信道发送到目的地，然后经过译码器进行解码将信号转化为信息，由接收器负责接收。在信道中，信息传输的噪声干扰是十分严重的，因而信息歪曲、走漏、阻塞的现象常有发生。人工信道的干扰不仅在于客观因素，而且更为严重的是各环节的人的主观歪曲。因此在信息传输过程中要注意提高传输的抗干扰能力。在信息传输过程中主要考虑信道的传输速率、抗干扰能力、编码和译码、变换等几个主要问题。目前的信息系统大都是基于计算机网络的，信息是在网络上进行传输的，因此在网络的选型上主要是从信道容量大、抗干扰能力强、传输时间短、能够进行双向传输并且保密性好等方面来考虑。信息传输是信息系统的重要一环，也是衡量信息系统效率的一个重要尺度。

（三）信息的加工

数据经过加工以后成为预信息或统计信息，统计信息再经过加工才成为信息。信息的加工处理不可避免地产生时间延迟，信息的滞后性要求我们进行更多的研究，以便满足系统的要求。在批处理和实时处理方式中，信息的滞后情况是不相同的，应根据需要选取适当方式，缩短处理的延迟，提高信息的新度（减小信息和现实之间的时间差）。

信息按时间分，可分为一次信息和二次信息。在对这些信息的加工中，按处理功能的高低可把加工分为预加工、综合分析和决策处理。

1. 预加工

对信息进行简单的整理，如分类、排序、合并、压缩等，虽然加工出的是预信息，但已是二次信息。

2. 综合分析

对信息进行分析，抽象概括，寻找内在的联系和规律，产生辅助决策的信息，主要服务于中、高层管理人员。

3. 决策处理

根据大量的数据资料，建立各种数学模型，通过计算和模拟技术求得某些模拟和预测结果，最终得到决策信息提供给管理者，尤其是提供给高层管理者，如图 1－3 所示。

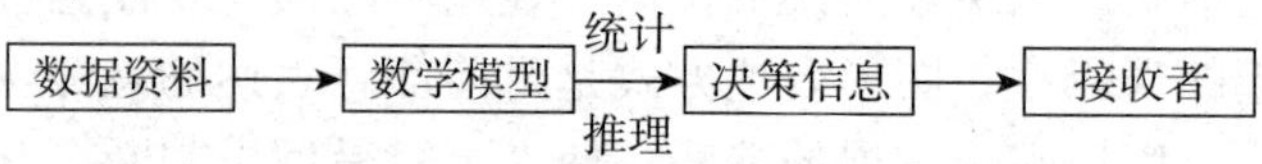

图 1－3　信息的决策处理

数据处理所用的数学模型主要有预测模型、决策模型和模拟模型等。它们可能要用到一些标准的软件包，如统计软件包、数学规划软件包、系统仿真软件包。为了使计算机有较强的信息处理能力，现在许多大的处理系统备有数据库、方法库和模型库。数据库存放大量的二次信息，方法库存放许多标准的算法，而模型库中存放了针对不同问题的模型，应用起来十分方便。另外，计算机、人工智能等技术的不断发展和应用，大大缩短了信息加工处理的时间，满足了管理者的需求，为提高数据和信息的处理能力开辟了广阔的前景。

（四）信息的存储

信息存储是将信息保存起来以备需要时使用。信息存储的概念十分广泛，包括：为什么要存储这些信息、以什么方式储存这些信息、存在什么介质上、存储多长时间等。

存储介质主要有三种：纸张、胶片和计算机存储器。纸张具有存量大、便宜、便于永久保存、不易涂改以及容易存储的优点；缺点是传送信息慢、检索不方便。胶片存储密度大，查询容易，许多图书馆把图书拍到微缩胶卷上存储；缺点是阅读必须通过专门的接口设备，不方便阅读且价格昂贵。计算机存储器的形式很多，按其功能主要分为内存和外存。外存由磁盘、磁带、光盘等组成。内存一般分为只读存储和随机存储器两种。计算机存储器允许存储大量的信息，检索方便，并且可以通过网络快速地传输以实现信息的共享。随着计算机存储器存储信息的单位成本不断下降，无纸的信息系统将会得到极大推广。

存储什么信息、存储多长时间、用什么方式存储主要由系统目标确定。在系统目标确定以后，根据支持系统目标的数学方法和各种报表的要求确定信息存储的相关因素。如为了预测国家长远的经济发展，我们要存储几十年内每年的经济信息；而要了解仓库物品的数量则要存储每种产品现在数量的数据。

信息的层次性表明，不同等级的信息存储时间不同。战略级信息的存储时间较长，而执行级信息的存储时间相对要短一些。

不同的信息有不同的存储方式，在考虑信息存储方式的同时还要考虑信息的可维护性。集中存放的信息可以减少冗余，且可维护性好。对于公用的信息，在有能力提供共享设备的情况下应集中存放。分散存放的信息有冗余且共享性、可维护性差，但使用起来方便。在没有设备和非公用数据的情况下，分散存储是合理的。系统中的信息存储既有集中也有分散，确定合理的集中与分散的关系是信息存储研究的重要内容。

不同信息存储在什么介质上比较合适？总的来说，凭证文件应当用纸介质存储；业务文件用纸或磁带存储；而主文件，如企业中产品结构、人力资源方面的档案材料、设备或材料的库存账目，应当存于磁盘，以便联机检索和查询。

信息存储是信息处理的重要环节，但要注意并不是存储的信息越多越好，只有正确地舍弃信息，才能正确地使用信息。

（五）信息的维护

信息维护是指使信息始终处于最新合用状态的管理工作，目的是保证信息的准确、及时、安全和保密。

保证信息的准确性，一是要保证数据是最新的状态；二是数据要在合理的误差范围内；三是要保证数据的唯一性，应用数据库更容易保证数据的唯一性。数据产生错误的主要原因有两个：一是文件报表错误；二是转抄数据时产生错误。要保证数据的正确性，一方面要严格操作规程，对输入数据进行正确性检查，避免把一种数据放到另一种数据的位置，或者把错误的数据放进去；另一方面，在键入计算机时，系统应采用检验技术，以保证数据的准确性。

保证信息的及时性是指各种设备状态良好，操作人员技术熟练，常用信息放在易取位置，及时提供信息。

安全性是为防止信息受到破坏，要采取一些安全措施，在信息受到破坏后，较容易恢复数据。为了保证信息的安全，一方面要保证存储介质的环境，要防尘、防水，并定期重录；另一方面为防止信息丢失，要保持备份。考虑到特殊情况的发生，如水灾、火灾等，对于一些重要的信息甚至要异地备份。

信息是一种资源，人们越来越重视信息的保密性问题。防止信息失窃是信息维护的重要问题。为了维护信息的密级，信息系统采用了许多技术。在机器内部可采用密码等方式实现信息的保密。在机器外部也应采取一些办法防止信息失窃，包括应用严格的处理手续，不让非工作人员接触终端，加强工作人员的保密教育，慎重选择机要人员。

信息的维护是信息管理的重要一环，没有好的信息维护，就没有好的信息使用，要克服“重使用、轻维护”的倾向，强调信息维护的重要性。

（六）信息的使用

信息的使用包括两个方面：一是技术方面；二是如何实现价值转换的问题。技术方面主要解决的问题是如何高速度、高质量地把信息提供给使用者。现代技术虽然已经发展得相当先进，但还远未达到普遍使用的程度。信息价值转化的问题相比之下差得太远。价值转化是信息使用概念上的深化，是信息内容使用深度上的提高，信息使用深度大体上可分为以下三个阶段：

（1）提高效率阶段。在早期数据处理阶段，信息技术使手工事务处理工作现代化，节省了人力，提高了效率。

（2）及时转化价值阶段。这个时期人们已经认识到管理的艺术在于驾驭信息，已经认识到信息的价值要通过转化才能实现，鉴于信息的寿命有限，转化必须及时。这个阶段可以说信息主要用于管理控制。

（3）获取决策信息阶段。利用信息系统的信息能力并借助于预测决策技术，从信息的汪洋大海中获取有价值的信息，是信息使用的高级阶段。

在现代社会，随着经济的发展，信息的价值和作用日益提高与加强，但人们对信息的认识远没有对物质、能源的认识那么直接。了解信息的特征与生命周期，有利于人们对信息资源的认识，促进人们对信息的开发和管理。

三、企业信息①

（一）企业信息的含义和特征

所谓企业信息是产生于企业内部或应用于企业部门的信息。企业信息是社会信息的重要组成部分，是企业管理工作中企业管理人员之间、企业管理人员与企业员工之间、企业人员与企业外人员之间传递的、反映企业管理活动和管理对象的状态、特征和反映企业目标、需求、行为的消息、情报、数据、语言、符号等的总称。在企业管理活动中形成的文件、报表、簿册、档案等就是企业信息的物化表现形式。

企业信息，首先是信息，所以它具有信息的一般特征。诸如前述的信息的事实性、层次性、价值性、共享性、可再生性、可传输性、可存储性、可压缩性等一般信息的特征，企业信息都具有。而作为“企业”的信息，它又具有自身所独有的特征。

1. 社会性

企业的一切活动不可能脱离其所在的那个社会，所以企业的活动都是一种社会活动。企业信息则来源于企业的社会活动。企业为了自身的生存和发展，需要不断地从社会中获取各种信息来加以利用，同时自身又是企业信息的来源，不断地向社会提供信息，以满足社会的需要。

可见，企业活动的主体是人，企业信息是人与人之间传递的一种社会信息，并借助于

① 司有和. 企业信息管理学. 北京：科学出版社，2003：4－9.

信息的发出者和接受者能够共同理解的文字、数据、符号、图表、音像等媒体，为了企业的一定目的在社会上传播。所以，在某一个社会环境中传播的企业信息，总是带着那个社会的烙印。比如，计划经济时期的中国企业所产生的企业信息，和社会主义市场经济条件下的中国企业所产生的企业信息就表现出不同的形式，这就是企业信息的社会性。

2. 经济性

企业的一切活动都是为了创造经济价值，赢得经济利益，反映企业经济活动的特征、状况及其发展变化的企业信息，自然也就不可避免地带有极强的经济性。

企业信息的经济性特征，表现在两个方面：一是指企业信息是来自经济组织、经济活动、经济领域的信息，二是指企业信息本身具有经济价值。企业信息的获取和利用需要付费，而企业使用信息之后又可以为企业增加利润，给企业带来经济效益。例如信息咨询公司，为企业的经营管理出谋划策，提供解决问题的方案以及辅助预测、决策的各种有价值的数据。这种信息不仅是来自经济领域的信息，而且是要向要求咨询的企业收费的，要求咨询的企业可能就因为此次方案的实施，而获得巨大的经济效益。

企业信息具有经济性特征，并不表示企业信息都必然是经济信息。许多非经济信息，比如政治信息、科技成果信息、社会文化信息等社会信息和水旱灾害、地震、台风等自然信息，当它们能够进入并影响企业管理活动时，就有可能转变为企业信息。

3. 连续性

企业的生存和发展，是企业在与其内外系统相互协调的不断循环和螺旋式上升的连续过程中实现的。企业信息管理活动的过程也是一个连续过程。所以，企业信息也是源源不断地产生和流通的。它绝不会中断，即使这个企业消亡了，新的企业又会诞生，一个社会的企业信息流是源源不绝的。

信息的连续性，反映了事物发生、发展的过程，反映了事物发展前后不同阶段之间的相互关系。正因为如此，我们可以根据信息来分析竞争对手的状况，可以根据信息来预测自己的未来发展趋势。

4. 时效性

这指的是企业信息对企业管理产生有效作用具有时间限制的特征。它包括两层含义：一是信息本身具有生命周期，信息一经生成，企业管理者获得它的时间越短，其使用价值越高。时间的延误，会导致信息使用价值的衰减甚至消失。二是有些信息虽然是很早就生成的陈旧信息，但是企业管理者在决策中需要这一信息时能够及时地得到它，该信息仍旧会具有使用价值。正因为这种情形的存在，要求企业管理者做好信息管理工作，在需要某一信息时，能够及时地得到它。

（二）企业信息的分类

在现代企业管理中，可以从不同的角度对企业信息进行分类。

1. 按企业信息的来源分类

根据企业信息的来源不同，可以将其划分为内源性信息和外源性信息。

内源性信息是企业内部产生的信息，诸如各种采购计划和生产指令、质量检验指标、下级部门向上级递交的销售报告、财务报表等。这类信息是企业管理者管理企业的主要手段，一般是通过正式传播渠道传递的。

外源性信息是企业从企业经济环境中获得的信息，诸如重大的国家经济活动、政府发布的企业政策法规、市场价格和发展趋势、供应商和销售商的行为、合作伙伴和竞争对手的情况等。这类信息通过各种渠道进入企业内部，为企业管理决策服务。外源性信息既是企业了解国家经济和社会运行状况的重要依据，也是一种重要的反馈信息，用以检查企业管理的情况和存在的问题，是调整和改进企业管理的依据之一。

2. 按企业信息的内容分类

根据信息的内容，可以将企业信息划分为企业技术信息、企业管理信息和企业文化信息。

(1) 企业技术信息，是关于企业所需的技术进步或技术开发方面的信息。比如生产技术、产品技术及其标准、设计图纸、实验数据、技术动向、产品开发等。

(2) 企业管理信息，又可分为企业生产管理信息、企业经营管理信息和企业行政管理信息。企业生产管理信息，是关于企业生产过程组织、质量管理、人力资源开发与管理、物资及设备管理等方面的信息。企业经营管理信息，是关于企业经营思想和战略、市场营销和企业财务等方面的信息。比如原材料的价格、产品销售情况、市场动态以及企业的资产、利税、负债、会计报表等。企业行政管理信息，是企业行政管理过程中产生的各种信息。比如上级的指示、政策、文件，企业向上级的请示、报告，企业制订的管理制度等。

(3) 企业文化信息，是指企业内多数成员在长期过程中形成的、共同拥有的价值观念、行为方式、企业道德、企业精神、企业形象、企业习俗、企业规范等。

3. 按企业信息的价值程度分类

根据企业信息的价值程度，可以将其划分为高值信息、潜值信息、低值信息、无值信息和负值信息。

(1) 高值信息。这是指信息量很大、使用价值很高的一类信息，是企业竭力寻求的信息。具体又可以分为机会信息、战略信息、竞争信息、环境变动信息、反馈信息等。

机会信息，指对于企业来说是可能获得大好发展机会的信息，如与企业相关的新产品、新技术、新资源、新材料、新市场等。机会信息的使用价值在于它可以导致机会收益。经济过程是不可逆的，机会的错过是企业不可挽回的极大浪费。

战略信息，是与企业战略相关或是企业战略管理过程中所需要及所产生的信息总和，是决定企业命运、为企业决策所必需、关系到企业发展全局和远期规划的信息。究竟哪些信息属于战略信息，不是依据人们的主观意志而变化的，而是根据一定的判断标准来识别的。战略管理越来越被各类企业所重视，战略信息也自然在企业中显得越来越重要。

竞争信息，是指有关已知的竞争对手、潜在的竞争对手和竞争环境等方面的信息。在今天市场竞争激化的条件下，掌握竞争信息对于提高企业竞争力具有重要意义。

环境变动信息，是指企业所处的自然环境和社会经济环境变动的信息。诸如社会、政治、经济、科技、文化、观念等，都是企业生存的重要外部环境。社会经济环境的不断变化给企业的发展带来了许多不确定性，所以及时地掌握环境变动信息，预测环境对企业的影响，及早采取措施，才可以使企业立于不败之地，不断地获得发展。

反馈信息，是指企业在生产、经营管理过程中实施各种决策和管理措施之后，获得的关于这些决策和措施实施结果的信息。它是企业管理者总结管理中的经验和发现存在的问题，坚持好的做法，修正、补充、重新设计新的决策方案的重要依据。反馈信息的获得和利用在企业管理中很重要，它直接反映企业管理者的管理控制水平。

(2) 潜值信息。这是指具有潜在使用价值的信息。比如，企业平时收集的各种与企业生产、发展有关的文献、资料等，各级管理者在管理工作实践中形成的经验、体会等。潜值信息和高值信息是相对的，是可以相互转化的。当信息采集到手之后，马上就认识到其具有使用价值，自然是高值信息，若没有意识到其具有使用价值，那它就是潜值信息。什么时候认识到该信息的作用，或者经过激活使该信息具有使用价值，则潜值信息就转变为高值信息了。相反，信息在刚采集到时，虽然认识到其具有使用价值，但是如果企业还不具备实施这一信息的条件，该信息仍旧不能实施，则高值信息就转变为潜值信息了。

潜值信息的存在，要求企业管理者要注意信息的平时积累，只有实现了潜值信息的大量储备，在机遇出现的时候，就可以把握机遇，获得成功。

(3) 低值信息。这是指仅能够维持企业正常运转的那些信息。比如，企业日常活动中的通知、报告、订单、报表、广告、信函等。这些信息不可缺少，没有它们企业就不能维持最起码的运行条件，但是它们只能使企业维持现状，不能使企业获得发展。企业内这类信息比较多也是正常的。但是，如果企业管理者整天埋在公文、报表堆里，把主要精力放在处理这些低值信息上，实在是时间和精力的极大浪费，是本末倒置，是管理的失误，会影响企业竞争力的提升和阻碍企业的发展。

(4) 无值信息和负值信息。这是指没有使用价值甚至起负面作用的信息。这类信息可能是某些人故意制造的假信息，也可能是信息传播过程中由于各种障碍造成的失真信息，还可能是信息采集者的理解不当造成的信息失真，这些信息对企业管理者的决策是没有帮助的，需要信息管理者能够予以识别，并加以排除。

第二节　信息与企业管理

一、企业管理

企业管理是为实现企业的某种经营目标而有效利用资源的过程。这里所指的企业是广义的，它泛指一般的组织，既包括通常所指的工业生产企业、商品流通企业、财政金融企业等，也包括医院、政府机关、学校等机构或组织。

具体地说，管理是运用信息对人力、物力、财力进行控制与调节的过程，是通过信息流对人才流、资金流、物质流进行引导和操纵的过程，实现了信息、人才、资金、物质在组织内部以及组织与外部环境之间的合理流动和交换。

(一) 管理目标

管理目标是管理的首要问题。有多目标（优质、低耗等）或单目标（最大利润等），有总目标（长远规划、总体规划等）和子目标（近期目标、局部目标等）。通常，提高效益是管理目标的主要内容。

(二) 管理要素

管理的要素是人员、资金、物资、能源和信息。其中，人是管理中的第一要素。管理要素构成了人才流、资金流、物料流、能量流和信息流。

（三）管理功能

管理功能应包括以下几方面。

1. 分析

在对内部状态、外界环境、历史背景、现实情况、上级意图、群众呼声进行充分调查研究的基础上，进行系统分析，提出管理目标，明确管理任务。

2. 预测

根据管理目标，对人、财、物的需求和对环境（市场、技术、经济、政治等）的变化发展进行预测。

3. 规划

在预测基础上，制订实现管理目标的总体规划和实施计划。

4. 优化

根据目标需求和环境条件，对各种规划、计划进行优选。

5. 决策

在优化的基础上进行决策分析，选取最优的或满意的决策方案。

6. 组织

根据决策方案，进行人力、物力、财力的组织，以实现所决策的规划和计划。

7. 指挥

通过组织，进行指挥、调度、操纵、奖励、惩罚，将决策方案、规划、计划付诸实施。

8. 监控

对决策、计划、规划的执行过程和实施情况进行监督和控制。

9. 评审

对组织的行为所产生的效益进行评审，即评估审查是否已实现管理目标、完成预定任务。

10. 协调

为实现管理目标，做到人尽其才、物尽其用、人人和谐、人机协调，进行调节和控制，统筹兼顾，相互配合，以求整体协同、全局优化。

二、信息技术作用下的企业管理

随着信息技术的集成化和信息网络化的不断发展，企业信息化程度不断提高，企业不仅在内部形成网络，做到信息共享，使企业组织整体高效运营，而且企业还与外部网络连接，形成互联网络。信息技术、信息系统和信息作为一种资源已不再仅仅支撑企业战略，而且还有助于决定企业战略。企业信息化成为不可阻挡的必然趋势。

（一）信息在企业管理中的作用

企业管理系统中的信息流就是管理信息，它是反映企业各种生产经营活动并对企业管理产生影响的各种消息、情报、资料的统称。管理信息通过数字、文字、图表或声音等形式来反映企业生产经营活动中的运行情况，并通过它来沟通和协调各个环节之间的联系，以便实现对整个企业的有效控制和管理。

在当今全球经济信息化的时代里，从现代化管理角度来看，信息成为企业的重要资产，与厂房、机器和资金等有形资产相比，其重要性越来越显著。有形资产在企业中的重要性有逐步下降的趋势，信息作为资产，其重要性迅速上升。信息是企业宝贵而重要的战略资源，靠信息取胜已是成功企业公认的秘诀。

信息在企业管理系统中的作用主要表现在以下几个方面。

1. 信息是管理活动的基础

为了提高管理决策的科学性和正确性，减少管理活动的盲目性，必须以获得足够的信息为前提条件。人们从事任何一项管理活动，都必须首先了解和掌握与此项活动有关的信息，才能制订出正确的行动计划，才能对计划的执行情况进行组织和控制。

2. 信息是管理活动的核心

企业的任何管理活动都是以信息的处理为基本内容的，通过信息的处理来指导、控制和反映企业生产经营活动的过程。

3. 信息是联系企业管理活动的纽带

企业是一个系统，企业各层次、各个部门的管理活动必须以信息为纽带紧密地联系在一起，使管理者和被管理者之间、管理者和管理者之间，都能围绕着系统的最高目标而从事各项工作。

4. 信息是提高企业效益、增强企业竞争能力的关键

信息是企业宝贵的战略资源和无形资产，因此对信息的充分利用和正确开发必然会给企业带来相应的效益；而企业在激烈的市场竞争中必须及时、迅速获得需要的各种信息，才能知己知彼，做出正确的决策，赢得效益，增强自身的竞争能力。可以说，信息就是企业的生命。

（二）信息化对企业管理的变革

信息技术不仅改变了企业的外部环境，企业内部的管理模式也将因此而发生重大变革，企业的各级决策人员要充分认识到现代信息技术对企业管理的影响。这些影响主要表现在以下几个方面。

1. 更新管理思想

当前盛行多种管理思想：“企业再造工程”主张对业务过程进行重新思考和设计，以显著改善成本、质量、速度、服务等关键性绩效指标；“虚拟企业”主张为顺应日益动荡的市场形势并尽快抓住市场机遇，由不同企业为某一特定任务要求而临时组建经济实体；“学习型组织”主张企业需进行自我调整和改造，以适应调整、变化的环境，求得有效的生存和发展。这些管理思想都同现代计算机信息网络的出现和发展相联系，它们要成为现实，必须以高度发达的网络为前提。

2. 改变管理组织

在传统的管理模式中，随着企业规模的不断扩大，管理层级越来越多，组织结构越来越臃肿，结果造成管理流程复杂，管理效率低下，并且增加了管理成本，减弱了企业的竞争优势。信息技术在企业中的应用使得传统的等级管理向全员参与、模块组织、水平组织等新型组织模式转变，管理幅度可以冲破传统管理模式的限制，垂直的层级组织中大量的中间层已经没有必要，企业内部上下级之间的距离大为缩短，组织结构向扁平化方向

发展。

3. 转变管理方式

管理方式以管理目标为转移，而管理目标由社会和经济发展的需要所决定。现代计算机网络的发展，将促进政府与企业革新管理方法，如政府管理会越来越把重点放在跨部门、跨地区、关系到社会经济发展全局的重大工作上，逐步减少对企业的直接干预。企业管理会更注重职工的培训和学习，以协调职工的整体行动。基于网络的管理方式使得企业内部沟通和协调不再受地理位置的限制，传统的协调以面对面交流为主要手段，企业内部网和各种新型通信手段将改变这种交流模式，也使得内部协调更加高效，成本也更为低廉。这种协调方式也为区域性企业向全国甚至全球范围扩张提供了便利的条件。

4. 增强管理功能

现代信息技术正在成为企业管理的战略手段。它的功能已不只是简单地提高管理效率，而且还将通过管理的科学化和民主化，全面增强管理功能。由于它积极地促进管理业务的合理重组，进一步综合集成各种联系的管理职能，从而使管理工作的面目得到了根本的改观。互联网已经成为现代企业重要的营销工具，网络营销是企业整体营销战略中一个有机的组成部分，是以互联网为基本手段营造网上经营环境，而不仅仅是通过互联网来销售产品。

三、信息与企业战略

（一）企业战略和信息战略

企业战略是相对的、分层次的，一般可分为公司层的总体战略、战略业务单元层的竞争战略和经营层的职能战略。

总体战略决定并揭示企业的目的和目标，提出实现目的的重大方针和计划，确定企业应该从事的经营业务，明确企业的经济类型与人文组织类型，决定企业应当对职工、客户和社会做出的经济的和非经济的贡献。核心问题是确定企业的整体经营范围，在全企业范围内合理配置资源。

竞争战略解决企业如何选择经营的行业和如何选择在一个行业中的竞争地位的问题，包括行业吸引力和企业的竞争地位两个方面。行业吸引力是指由长期营利能力及其影响因素所决定的各行业对企业的吸引力，一个企业所属的行业的内在营利能力是决定这个企业营利能力的重要因素，但无论一个行业的平均营利能力如何，总有一些企业因其所处的有利竞争地位而可以获得比行业平均利润更高的收益。主要问题是如何在市场中竞争，开发哪些产品或服务，这些产品或服务提供给哪些市场，如何更快更好地满足顾客的需要。

职能战略是为实现企业总体战略和竞争战略而对企业内部的各项关键职能活动做出的统筹安排，包括财务战略、人力资源战略、组织战略、研究与开发战略、生产战略和市场营销战略等。主要问题是如何提高企业的竞争力。

20 世纪 80 年代之后，由于信息技术在发达国家的部分企业中逐渐成为核心技术，信息资源管理更多地介入企业战略管理层面，信息战略开始成为一些学者的研究对象。

信息战略是企业战略的有机组成部分，是关于信息功能的目标及其实现的总体谋划。从功能划分的角度来讲，信息战略是一类独立的战略，成为与财务战略、人力资源战略、生产战略和市场营销战略等同等重要的职能战略。但从信息功能实现的角度来看，信息战略又必须与业务战略相整合，因为无论信息多么重要，它都处于从属的地位，是为业务功能的实现而存在的。信息战略是企业的职能管理战略之一，是企业信息功能要实现的任务、目标及实现这些任务和目标的方法、策略、措施的总称。信息战略本身还可以划分为信息技术战略、信息资源战略、电子商务战略、信息组织战略和管理战略。从某种意义上讲，信息战略的开展就是战略信息管理过程。

知识库

信息管理框架模型——IMBOK 模型

IMBOK 模型（information management body of knowledge）是由南非学者柏泽威（Andy Bytheway）于 2004 年（2015 年修订更新）提出的一个信息管理知识主体模型。该模型从信息流程和知识领域两个维度建立起企业战略、管理和运营的完整概念框架。IMBOK 模型包括六个知识领域和四个信息流程。知识领域的功能是区分管理专家和管理能力的不同范畴；信息流程识别出企业价值创造过程中的关键活动，二者相结合，构成一个完整的价值链条：信息技术→（项目）→信息系统→（业务变革）→业务信息和业务流程→（业务运营）→商业利益→（绩效管理）→企业战略。北美、西欧和南非等地区的企业和科研机构广泛接纳并采用了 IMBOK 模型。

（二）信息对企业发展战略的作用

1. 信息技术促进了企业间的协同

信息对企业发展战略产生的作用之一是企业间的协同，企业间可以利用信息系统成为信息伙伴，甚至可以将它们的信息系统联结起来，共享信息资源。信息伙伴关系中，行业内或相关行业公司间进行协作、分享信息，而无须实际合并，最终目的是双方共同获利。例如，航空公司和旅行社达成企业间的协同，航空公司给旅行社一定的优惠，使旅行社可以降低价格，以吸引更多的旅游者，旅行社通过增加游客获利，而航空公司因增加乘客获利。另外，当一些部门的产品能作为另一部门的原材料时，协同好这种企业或部门之间的关系就能降低成本，创造利润。

2. 信息技术有利于获得全行业的竞争优势

使用信息系统还可以取得全行业的竞争优势。工业伙伴协同工作，共同利用信息技术，制订出用于电子化信息交换或商业交易的标准。这将提高全行业效率并减少替代品的威胁，提高了进入成本，因而阻碍了新的竞争者的产生。

3. 信息技术促进了网络经济的发展

网络经济已随着互联网渗透到了全球的各个角落，并深入社会政治、经济、科技和文化的各个层面。网络经济是直接经济。它集中表现在消除中间程序，使生产者与消费者直接进行经济互动。互联网络的本质就在于使时间和空间的距离为零。网络经济是“个性化”经济，之所以能做到“个性化”服务，是因为信息可以无限制地复制和组合。正是因为信息技术手段，使得信息的复制和组合成为一件轻而易举的事情。网络经济是创新型经济。网络经济的核心就是创新，作为创新的一个重要部分就是技术创新，网络经济的发展要依靠先进的信息技术。网络经济是注意力经济。网络公司为了争夺人们的“眼球”，不惜免费提供各种各样的网上服务，最终目的是追求利润。网络经济的特征充分说明了信息技术具有战略性用途。通过采用计算机与通信网络技术，突破时间和空间的概念，使得人们在任何时候、任何地方都可以获取任何所需要的信息。

4. 信息技术促进了业务流程重组

企业业务流程重组（BPR），就是以业务过程为中心，打破企业职能部门的分工，对现有的业务过程进行改革或重新组织，以求在生产效率、成本、质量和服务等方面取得显著改善，提高企业的市场竞争力。业务流程重组已不限于企业内部，而是把供应链上有关的企业与部门都包括进来，是对整个企业供应链的改革。业务流程重组旨在消除低效的业务与部门，减少无效劳动及提高对市场与客户的反应速度，使流程的每一步都能获得价值增值；业务流程重组强调企业整体全局上的最优而不是单个环节或作业任务的最优。业务流程重组的思想在企业管理上早已引起企业的重视，但直到近年来信息技术发展较成熟以后才真正得以实现。信息技术及其在企业的广泛应用为企业实施 BPR 提供了强有力的、必要的支持。使用信息系统进行业务流程重组，可以使企业的业务过程、步骤大大缩短，使产品的生命周期缩短。BPR 离不开信息系统，新设计与建立的业务过程中必须嵌入信息技术的各种系统。

四、信息与企业价值体系

（一）信息与企业价值链

价值链（value chain）是指任何一个企业均可看作是由一系列相互关联的行为所构成，这些对应于物料从供应商到消费者的流动过程，即物料在企业的流动过程。而这一过程就是物料在企业的各个部门不断增加价值的过程，如图 1－4 所示。

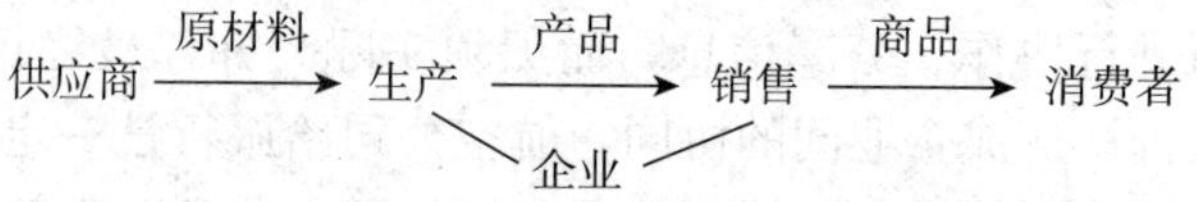

图 1－4　企业价值链

价值链模式强调业务中能最大限度地使用竞争策略并使信息系统产生战略影响。价值链模式能确定出具体的关键点。从战略信息系统中能精确知道什么地方能得到最大利益，采取什么具体做法才能形成新产品和服务，才能扩大市场渗透力，达到密切联系顾客和供应商、降低生产费用的作用。这种模式采取的基本做法，是将公司看作一个系列或“链”，为公司的产品及服务增添新价值。

当企业能提供给顾客更多价值，或能以更低价格提供给顾客相同价值时，企业就具有竞争优势。当信息系统能帮助企业提供比竞争对手更低价格的产品和服务，或能提供跟竞争对手具有相同价值，但更具使用价值的产品和服务时，这样的信息系统就具有战略影响。企业应大力发展能给公司带来最大利益与价值的战略信息系统，从而取得竞争优势。

在价值链的各环节中，应用信息技术可以使企业获得竞争优势。一方面，企业可以通过电子商务网在更大的范围内寻找潜在供应商，比价采购，降低采购成本；另一方面，企业让供应商按生产计划给工厂送货，降低库存费用。利用计算机辅助设计系统进行技术改进，在降低公司成本的同时，还能设计出同类产品中质量更好的产品。经过战略分析，企业看到销售和营销是信息系统大显身手的领域，信息系统把数据收集在一起进行分析，可以有效地降低在目标市场活动中的市场费用。另外，通过网络营销，可以降低销售成本，减少中间环节，节省中间费用。利用信息系统收集、处理客户信息，根据客户需求改进产品，设计新产品，更好地为客户服务。

知识库

迈克尔·波特的价值链模型

从系统的思想看待企业战略与运营，信息系统本身就属于整个企业系统的基础架构，通过集成式的信息功能，服务于企业的业务流程。信息系统与业务流程之间的关系，体现在完整的企业价值链当中。价值链模型是著名管理学家迈克尔·波特在 20 世纪 80 年代提出的。该模型的基本原理是：将企业的各项业务活动或功能区分为主要活动和次要活动（也称为支撑性活动）。主要活动包括：流入物流、生产运营、流出物流、营销与销售、服务；次要活动包括：企业架构、人力资源、技术和研发、采购。企业经营最终的利润，来源于所有环节中实现的价值增值与所耗成本之差。

（二）信息与供应链管理

供应链管理（supply chain management，SCM）是由价值链理论发展而来的。企业内部存在着物流的流动，物料企业与企业之间也存在着这样的流动关系。这样每个企业内部的价值链就通过供需关系联系起来，成为更高层次、更大范围的供应链。一个集成的供应链是围绕核心企业，通过对信息流、物流、资金流的控制，从采购原材料开始，制成中间产品及最终产品，最后由销售网络把产品送到消费者手中的将供应商、制造商、分销商、零售商，直到最终用户连成一个整体的功能网络链结构模式，如图 1－5 所示。

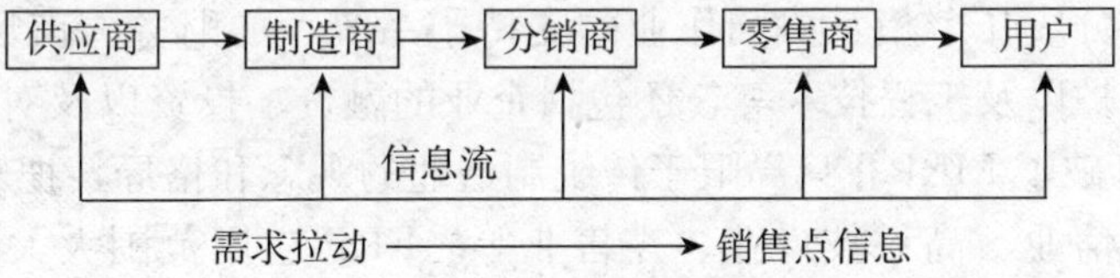

图 1－5　供应链模型

供应链管理就是把客户需求和企业内部的制造活动以及供应商的制造资源整合在一起，并对供应链上的所有环节进行有效的管理。用这个管理过程中的收益把供应商、制造者和最终客户紧密地结合起来，消除或减少了整个供应链中不必要的活动与成本。供应链上的各个企业作为一个不可分割的整体，使供应链上各企业分担的采购、生产和销售等职能彼此衔接，成为一个协调发展的有机体。

供应链管理涉及的主要领域包括供应、生产作业、物流和需求，这是以同步化、集成化生产计划为指导，以各种技术为支持，以互联网或内部网为依托，围绕供应、生产作业、物流和需求满足而展开的过程。供应链管理不单是物流问题，除企业内部及企业之间的运输和实物分销外，供应链管理还包括以下内容：供应链产品需求预测和计划；企业内部及企业之间物料供应与需求管理；基于供应链管理的产品设计与制造管理、生产集成化计划、跟踪与控制；供应商和用户合作伙伴关系管理；基于供应链的用户服务和物流；企业间资金流管理；基于互联网或内部网的供应链交互信息管理。

供应链管理作为一个概念提出来，对其加以研究并得到应用，依靠的是近年来企业信息化程度的提高和信息技术的支持。正是由于信息技术的发展，一方面使信息的传送日益便捷，促进了供应链上各企业间的信息交流；另一方面由于企业内部信息化的进程，管理人员能够随时掌握企业生产与库存等信息，控制企业的能力从广度和深度上都大为增强。

信息技术与供应链管理的发展是一个互相推动的过程，一方面，信息技术对供应链管理起了非常重要的促进作用。主要体现在三个软件包的应用：（1）MRP 是物料需求计划。这是 20 世纪 60 年代发展起来的一种计算物料需求量和需求时间的系统。最初，只是一种需求计算器，是开环的，没有信息反馈，也谈不上控制。20 世纪 70 年代发展成闭环 MRP，物料需求、人力需求和车间采购计划构成一个闭环系统，这时的 MRP 才成为生产计划与控制系统。（2）20 世纪 80 年代，将销售管理、生产计划、生产作业计划、采购管理、能力需求计划、数据管理以及库存管理等功能引入，形成制造资源计划，这就是 MRPⅡ。企业在使用 MRPⅡ管理后，可明显改善库存管理，减少库存资金占用，提高资金周转次数，提高劳动生产率，有效降低成本，从而提高经济效益和企业的市场竞争力。（3）MRPⅡ仅能管理企业内部的物流和资源流。随着全球经济一体化的加速，企业与其外部环境的关系越来越密切，MRPⅡ已不能满足需要。于是新的企业管理理念和软件应运而生。其中影响最深远的就是企业资源计划。以 MRPⅡ为基础发展起来的 ERP 理念和软件逐渐被推广。ERP 把原来的制造资源计划拓展为围绕市场需求而建立的企业内外部资源计划系统。ERP 给出了新的结构，把客户需求和企业内部的经营活动以及供应商的资源融合到一起，体现了完全按用户需求为中心的经营思想。ERP 的基本思想是将企业的业务流程看作是一个紧密联系的供应链，其中包括供应商、制造工厂、分销网络和客户等；将企业内部划分成几个相互协同作业的支持子系统，如财务、市场营销、生产制造、质量控制、服务维护以及工程技术等，还包括企业的融资、投资以及对竞争对手的监视管理。此外，ERP 打破了 MRPⅡ只局限于传统制造业的观念和格局，把触角伸向各个行业，特别是金融业、通信业、高科技产业、零售业等。ERP 应用范围大大扩展了。这些软件使企业管理人员对企业的控制能力大为增强，信息的获取与交流更加迅捷，直接促进了供应链管理的发展。

另一方面，供应链管理的日益需要也影响着企业信息化的进程。首先强调库存和订货管理，在这样的需求下，产生了 MRP 软件。然后，因为需要能够支持企业内部的全面管理的软件，就产生了 MRPⅡ。随着供应链管理的发展，要求把供应商、企业经营活动以及客户紧密联系在一起，产生了 ERP。

企业在经营管理过程中应用信息技术，可以优化产前业务、生产过程、客户服务这一现代企业流程，形成适应市场环境、具有技术创新能力和市场竞争力的企业模式。在管理科学的发展历程中，一些重要的管理思想与理论只是在信息技术充分发展以后才得以实现。这说明信息技术与企业管理理论已经进入相互促进、并行发展的新阶段。

第三节　企业信息管理

全球经济进入了一体化、信息化的时代，企业面临着来自全球范围内的激烈竞争。传统的企业组织结构、运营模式、管理方法都已经不能适应新形势的需要，代之而来是价值链、供应链管理、企业资源计划、客户关系管理、流程再造以及电子商务等新的业务模式。越来越多的实践证明，当今世界所有的国家都必须走社会信息化的道路，不搞信息化就要落后。

一个国家信息化的过程，是先从产品信息化到企业信息化，再就是产业信息化和信息产业化到国民经济信息化，进而就是社会信息化。可见企业信息化是社会信息化的基础，是非做不可的。而要实施企业信息化就必须进行信息管理。

近年来，企业信息化已经在我国全面展开，企业信息化的浪潮已经影响到企业管理的方方面面。随着企业信息化的发展，各级各类企业仅仅添置了信息设备是不能解决信息化问题的，还需要大量配备掌握和使用信息技术设备的人员，增设相应的信息管理机构和部门，建立相应的信息管理、信息安全制度，尤其是要求广大企业管理者确立新的信息管理的理念，增强信息管理意识。

一、信息管理的发展

(一) 信息管理的发展阶段

20 世纪 80 年代中期，美国著名信息管理学家马钱德（Marchand）和霍顿（Horton）在《信息趋势：如何从你的信息资源中获利》一书中将信息管理过程划分为如下五个阶段。

1. 文本管理阶段

文本管理——信息的物理控制阶段（19 世纪晚期至 20 世纪 50 年代）。在 20 世纪之前的漫长时期里，人类信息管理的核心是对信息的物理载体进行管理，信息管理人员更关心信息载体的安全和保护而不是信息资源的传播和利用。与此相对应，信息管理功能是低水平的和辅助性的。进入 20 世纪之后，由于企业规模的扩张和多元化发展，企业内部生产和维护的文本越来越多，用于文本处理和维护的成本直线上升，大型国际化企业意识到有必要控制通信、报告和文字记录的支出，提高相关工作的效率，企业信息管理开始浮出水面。

2. 公司自动化技术管理阶段

20 世纪的六七十年代是公司自动化技术管理阶段。该阶段企业信息管理的标志是电子数据管理、电子通信、办公自动化等计算机应用技术的引进和应用，重点开始由信息载体演变为信息技术，主要目的是提高信息处理速度和效率。20 世纪 70 年代，管理信息系统的出现和流行在一定程度上改变了偏重信息技术的倾向，以信息资源为处理对象的数据库成为 MIS 的有机组成部分，信息管理也因此进入企业的管理层，赢得了企业管理者的认可。

3. 信息资源管理阶段

20 世纪 70 年代末到 80 年代早期是信息资源管理阶段。20 世纪 70 年代末期之后，发达国家的企业信息管理进入了信息资源管理时朝，企业开始把信息内容本身看作是等同于人力资源、物质资源和资金资源的战略资源，把信息管理功能视为等同于市场营销、财务管理、人力资源管理、生产管理和人力资源管理的重要职能。该阶段具有这样一些特征：信息技术扩散到企业的所有领域；企业内部的信息系统开始朝着集成化的方向发展；信息技术规划成为企业业务战略规划的组成部分；信息技术和信息管理的投入持续大幅度增加。

4. 竞争者分析和竞争情报管理阶段

竞争者分析和竞争情报管理阶段始于 20 世纪 80 年代中期。由于国际贸易竞争的加剧，企业认识到必须有效地利用信息来制订更积极的战略，以便降低风险，维持或赢得竞争优势。为此，企业开始研究和开发更复杂的能够支持企业决策的信息系统。马钱德和霍顿认为，该阶段企业的信息管理官员开始进入企业决策层并被企业决策层所接纳，换言之，企业信息主管（chief information officer，CIO）就是在这个时期出现的。

5. 知识管理阶段

信息管理发展的高级阶段叫作知识管理阶段，又叫作战略信息管理阶段。知识本身被视为企业最重要的战略资源，知识管理成为企业管理哲学的重要组成部分并在所有管理层面得到采纳和运用。由于知识管理的深入人心，企业本身变得“聪明”起来。

应该说，马钱德和霍顿关于企业信息资源管理阶段的划分是基本符合事实的，在他们写作的 20 世纪 80 年代中期，信息管理才刚刚进入企业战略管理的视野，他们为此大胆地预测未来，信息资源管理必然发展到知识管理阶段，这是难能可贵和有远见的。当然，他们的划分也存在界限不够清晰等不足，如 20 世纪 80 年代的短短 10 年时间居然被划分为两个阶段，而 20 世纪 50 年代之前的几千年时间仅为一个阶段而已。若再深入分析，第四阶段“竞争者分析和竞争情报管理”与第三阶段“信息资源管理”之间没有质的区别，可以归并为一个阶段，“知识管理”严格地说是 20 世纪 90 年代中期之后形成的。总结上述信息管理发展的五个阶段，可以归并为以文献为中心、以技术为中心、以信息资源为中心的三个关注重点①。

（二）信息管理的关注重点

信息管理是伴随着人类社会对信息的使用而产生和发展的。信息交流是人们使用信息的基本方式。自从有了人类活动，就有了信息交流行为，也就有了社会信息管理活动。人类社会的信息管理最早可以追溯到远古时期。这一时期信息管理的主要特征是：信息交流活动是自发的、无组织的，信息记载材料是天然的，信息记录方法是手工的。由于信息活动主要集中在个体层次上，社会信息量不大，信息管理活动也是零星的、片段的，主要是对信息载体进行封闭式的物理管理，而后信息管理主要集中在文献管理领域。

1. 以文献为中心的信息管理

由于近代工业技术的进步，使得记录各类信息的文献生产效率得到提高，人类信息流愈来愈频繁。这一时期信息管理的主要特征则表现为以文献信息为中心，以解决文献资料

① 左美云. 企业信息管理——强化 IT 项目管理实现企业知识管理. 北京：中国物价出版社，2003：8.

的收集、整理、保存与传播报道问题为主要任务，管理手段基本上是以人力和手工为主并辅以部分机械化作业。

2. 以技术为中心的信息管理

20世纪50年代计算机在数据处理技术上的突破，将计算机应用从单纯的数值运算扩展到数据处理的广阔领域，为计算机在信息管理方面的应用奠定了基础。以计算机技术为基础的各种信息系统应运而生，如20世纪50年代出现的电子数据处理系统、60年代兴起的管理信息系统、70年代产生的决策支持系统和办公自动化系统等。由此形成了这一阶段的信息管理特点，即以计算机技术为核心，以管理信息系统为主要阵地，以解决大量数据处理和检索问题为主要任务。这一阶段的信息管理比较依赖信息技术，虽然信息技术的应用推动了企业信息化的进程，但是忽略了企业组织在进入战略决策高层管理之后更需要的是信息内容资源的利用，技术仅是解决问题方案的一部分，仅仅是一个手段而已。

3. 以信息资源为中心的信息管理

随着经济的发展和竞争的加剧，人们愈来愈意识到合理开发与利用信息内容资源对增强企业竞争实力、获得竞争优势的重要性。因此，将信息资源作为一种经济资源、管理资源、竞争资源的新观念在20世纪70年代末80年代初被人们提出来。人们愈来愈认识到，人类开发信息系统的根本目的是更好地利用信息资源，提高管理和决策水平。以信息资源的开发与利用为中心的信息管理强调信息在战略决策和战略规划等高层管理上发挥资源的作用，强调信息管理不能单靠技术因素，还必须重视将经济和人文因素结合起来共同管理。在管理和决策的目标驱动下，人们对支撑信息资源管理的数据库技术、数据仓库技术进行了大量的研究与实践，企业信息管理进入了一个重视信息内容挖掘、全盘协调各种因素的崭新阶段。

二、企业信息管理的含义

进入20世纪80年代以后，计算机科学的发展，给企业的信息管理带来了新的转机。随着计算机管理信息系统的发展和深化，从MIS、DSS到SIS，各种各样的计算机软件系统给企业管理带来了许多高效处理事务的方便和经济效益。但是，计算机系统毕竟只是工具，并不能帮助管理者处理所遇到的一切信息，更不能代替管理者的思维，不能完全满足企业信息管理的需求。于是，专门适用于企业管理的“企业信息管理”产生了。

企业信息管理是信息管理的一种形式。信息管理作为一个术语，在全世界的范围内已经广泛使用。信息管理是指人类为了实现确定的目标，对信息进行的采集、加工、存储、传播和利用，对信息活动各要素（信息、人、机器、机构等）进行合理的计划、组织、指挥和控制，以实现信息及有关资源的合理配置，从而有效地满足组织自身和社会信息需求的全过程。简言之，信息管理就是对信息和信息活动进行的管理。

根据上述信息管理的定义，司有和在《企业信息管理学》中是这样定义的：企业信息管理就是企业管理者为了实现企业目标，把信息作为待开发的资源，把信息和信息活动作为企业的财富和核心，充分使用信息技术，对信息的采集、加工、传播、存储、创新、共享和利用进行有效的管理，对企业信息活动中的人、技术、设备进行有效的协调和运行，以谋求可能的企业最大效益。简言之，企业信息管理是企业管理者为了实现企业目标，对企业信息和企业信息活动进行管理的过程。

可见，企业信息管理包括两个方面：一是对“企业信息”的管理；二是对“企业信息活动”的管理。只是在许多企业管理者的头脑里只有第一个方面的内容，没有第二个方面的内容。

实际上，企业内有着许许多多的信息活动，如新闻发布会、产品展览会、信息开发创新、注册商标和域名、商务洽谈等。这些信息活动与企业实现自己的目标直接相关，而这些信息活动是需要事先精心策划的。所谓“策划”，就是对信息活动进行管理。企业的信息活动都是为了实现企业的目标而开展的。如果不事先策划，就不能顺利开展相关工作。策划得好，可以为实现企业目标做出大的贡献；策划得不好，就可能会给企业带来损失。

在企业信息管理中，可以从不同的角度进行如下分类：

（1）按照企业信息的内容不同，可分为生产信息管理、营销信息管理、行政信息管理、科技信息管理和文体信息管理。

（2）按照企业信息的载体不同，可分为实物信息管理、人脑信息管理、文献信息管理、数据信息管理、网络信息管理和多媒体信息管理。

（3）按照管理层次的不同，可分为宏观信息管理、中观信息管理和微观信息管理。

（4）按照管理主体的不同，可分为个体信息管理和群体信息管理。

（5）按照管理手段的不同，可分为手工信息管理、信息技术管理、行政信息管理、信息资源管理等。

企业信息管理是管理的一种，所以它具有管理的一般属性特征，诸如管理是为了实现组织的目标、管理主体是具有一定知识和水平的管理者、管理对象是组织活动、管理本身是一个过程等，在企业信息管理中同样具备。

企业信息管理是信息管理的一种，所以它具有作为信息管理而区别于其他管理的特征：一是管理的对象是非人、财、物的信息和信息活动；二是管理行为并不限于在工作现场，企业信息管理是无时不有、无处不在的。

企业信息管理作为一个专门的独立的信息管理类型，还具有区别于其他信息管理、为自己所独有的特征：企业信息管理的客体对象是企业信息和企业信息活动。它是以信息流代替常规管理中的物质流、价值流，企业信息管理原则遵循信息活动的固有规律，建立相应的管理方法和体系，实现企业的各项管理职能。

目前，许多研究领域都涉及有关企业信息管理的研究。企业中的信息管理问题，在现代管理理论的各个学派中都有所涉及，并且有相应的论述，但均没有形成成熟的企业信息管理理论和模式。在管理学领域的研究成果中，虽然涉及企业管理中存在的信息管理问题，但是都还没有明确提出“企业信息管理”的问题，也没有具体探讨企业信息管理的理论。

在国内，近几年信息管理学的研究有较大的发展，有许多代表性的著作，这些著作对我国信息管理学科的发展无疑做出了很大的贡献。但是，它们较多的是研究宏观信息管理的一般规律，具体到微观信息管理问题的研究，又都是图书、档案、情报类等信息企业的信息管理，都没有涉及传统企业的信息管理。很明显，传统企业的信息管理不能套用信息企业管理的原则和方法。

当前，我国乃至全世界企业信息管理理论的研究滞后于企业信息管理的实践，要满足企业信息管理实践的需求，十分迫切需要对企业信息管理的规律、方法等理论进行深入、细致、全面的研究。

新理念·新技术

大数据

随着信息技术的发展，信息创造的规模和信息处理的能力都在持续增长。据统计，从20世纪80年代以来，全球信息存贮总量大约每40个月翻一番。大数据的概念，最早是由世界权威IT研究和咨询机构、美国加特纳（Gartner）公司的前身META集团提出并研究的。2001年，META集团首先提出了数据增长带来的挑战和机遇的三维度模型：容量（数据量）、速率（数据吞吐）、差异性（数据来源和类型）。按照加特纳公司2012年更新后的定义，大数据是指“为改善决策、获取洞见和过程优化，要求采用新的处理方式进行收集、存储、分析、传递和使用的大容量、高速度、高差异性的信息资产”。加特纳的3V模型目前得到广泛认可和应用，其他一些机构和学者在此基础上做了各种扩充。目前，一种典型的大数据分析框架是5V模型：

- 容量（volume）：数据的规模决定了其潜在价值；
- 速率（velocity）：数据产生和处理的速度；
- 差异（variety）：数据来源、类型、性质和载体；
- 变异（variability）：数据集的不一致性会阻碍信息的处理和使用；
- 准确（veracity）：获取信息的质量存在差异，影响数据的分析和使用。

在企业信息管理的范畴中，与大数据相关的理论和实践方法主要是：大数据价值链、大数据生态系统和大数据应用技术。

大数据价值链是由英国学者Edward Curry于2014年提出的，大数据价值链包括五个要素：数据获取（acquisition）、数据分析（analysis）、数据保管（curation）、数据存储（storage）和数据使用（usage）。

大数据生态系统是由欧盟委员会率先提出的，该模型以大数据价值链为核心，分为微观、中观和宏观三个层次，其核心理念是：在单一的数字市场中，所有利益相关者实现无缝交互，从而能够更容易地获得知识、资本和商业机会。大数据生态系统的要素包括：数据提供者、技术提供者、数据用户、数据市场、数字创业企业、研究和学术机构、标准化机构、数字监管机构、投资者、风险投资和孵化器。

根据麦肯锡全球研究院的研究成果，当前大数据应用技术主要包括三大类：数据分析技术，如机器学习、自然语言处理；数据应用技术，如商业智能、云计算和新型数据库；数据呈现技术，主要是数据可视化技术。获得普遍应用的具体技术包括：大规模并行处理数据库、基于搜索的数据应用、数据挖掘、分布式文件系统、分布式数据库、基于云的信息架构（存贮、计算资源和应用）。

本章小结

本章首先介绍了信息和企业信息的一些基本知识。信息的基本概念包括信息的含义、信息与数据的关系、信息的特性和信息的分类。信息生命周期的每个阶段中包括信息的收集、信息的传输、信息的加工、信息的存储、信息的维护以及信息的使用等环节。企业信息是产生于企业内部或应用于企业部门的信息。它不仅具有信息的一般特征，而且具有社会性、经济性、连续性、时效性等自身所独有的特征。根据企业信息的来源不同，企业信息可分为内源性信息和外源性信息；根据信息的内容，分为企业技术信息、企业管理信息和企业文化信息；根据企业信息的价值程度，分为高值信息、潜值信息、低值信息、无值信息和负值信息。

其次，本章还探讨了信息与企业管理的关系，强调信息技术对企业管理的重要影响。信息技术不仅改变了企业的外部环境，企业内部的管理模式也将因此而发生重大变革。信息战略是企业战略的有机组成部分，信息技术对企业发展战略具有重要作用。信息技术与企业价值链、供应链管理的发展是一个互相推动的过程，信息技术对供应链管理的促进作用主要体现在MRP、MRPⅡ、ERP三个软件包的应用。这都说明了信息技术与企业管理理论已经进入相互促进，并行发展的新阶段。

最后，本章讨论了信息管理的五个发展阶段，在此基础上阐述了企业信息管理的有关概念。信息管理的发展经历了文本管理、公司自动化技术管理、信息资源管理、竞争者分析和竞争情报管理、知识管理五个阶段。上述阶段可以归并为以文献为中心、以技术为中心和以信息资源为中心的三个关注重点。企业信息管理是企业管理者为了实现企业目标，对企业信息和企业信息活动进行管理的过程。

关键概念

信息　战略级信息　策略级信息　执行级信息　企业信息　高值信息
潜值信息　低值信息　企业战略　信息战略　业务流程重组　价值链
供应链管理　物料需求计划（MRP）　制造资源计划（MRPⅡ）
企业资源计划（ERP）　企业信息管理

讨论及思考题

1. 数据与信息的区别是什么？试举实例说明。

2. 信息生命周期各阶段包括哪些信息处理的环节？如何把握生命周期，使信息更好地发挥作用？

3. 什么是企业信息？企业信息有哪些自身所独有的特征？

4. 信息技术对企业发展战略的作用有哪些？

5. 如何理解信息技术与供应链管理的发展是一个互相推动的过程？

6. 什么是企业信息管理？为什么说企业信息管理不仅仅是对“企业信息”的管理？

7. 信息管理的发展经历了哪些阶段？联系实际说明当前企业信息管理是强调以信息资源为中心的管理。

第二章　企业信息系统

本章要点提示

- 系统与企业信息系统的有关概念
- 企业信息系统的概念结构、功能结构、软件结构和硬件结构
- 企业信息系统对企业获取竞争优势的作用
- 企业信息系统对企业组织的影响
- 企业信息系统与企业决策的关系

章前案例

蓝星东大的企业信息化

山东蓝星东大化工有限责任公司（以下简称蓝星东大）是隶属于中国化工集团的大型化工企业。从2010年以来，蓝星东大在集团公司的统一部署下，陆续进行了SAP、ERP、HR、OA的实施，企业业务供应链、财务、人事工资、协同办公等都有了相应的信息系统支持。到目前为止，基于信息的蓝星东大管理主要体现在以下的几个方面：

1. 供应链和财务实现一体化，并能够实现财务的监督管控职能，在基础流程和基础数据管理方面能够实现财务和业务的互动，确保经营数据的准确性。

2. 人事工资系统与人事管理和工资管理的实际流程管理结合在一起，在业务团队的努力下，人事数据和工资数据正在协助企业发现企业人力资源方面的风险，在管理层的努力下，制订出风险的应对方法，根据企业的发展现状，逐步消除风险。

3. OA系统覆盖到企业的其他非业务部门，解决移动办公、远程办公及工作协同方面的问题，未来会考虑逐步将办公效率的指标变成各个业务支持部门效率改进的依据。

4. 已经实现了商业智能系统对于日常管理运行的支持，通过对各种相关主题的分析，能够协助业务部门预测未来，总结过去，分析问题，制订应对措施，持续改进。

5. 生产过程管理已经实现了DCS（分布式控制系统）全面管控，正在立项将MES（制造执行系统）与DCS进行自动整合，解决生产过程管控数据支持和分析的问题，提供工艺标准化管理、生产效率精细化分析、消耗精细化分析等生产持续改进的系统支持。

6. 构建了企业私有云，将有力地支持IT服务的灵活性和可靠性：通过缩减物理基础架构和提高服务器/管理员比率，降低数据中心成本；提高硬件和应用程序的可用性，进而提高业务连续性；实现运营灵活性；提高桌面的可管理性和安全性。

目前，蓝星东大已经形成了明确的信息系统支持企业战略发展的系统构架，在这个构架的指导下，结合目前的管理水平和管理变革的风险，统一规划，分步实施，每一个实际的步骤都仔细评估投资回报率，稳健地进行基于信息化的管理体系和制度的构建及持续改进。

资料来源：http：//www.zbeic.gov.cn/art/2012/3/19/art_2258_107897.html.

企业信息系统是客观存在的。它广泛存在于一切企业之中。它和企业组织系统同在，不论企业规模是大是小，不论企业层次是高是低，都是如此。不过，信息系统并不等同于组织系统。一个全面的信息系统构成，要比想象的复杂。纵观企业信息系统的发展，都显示出企业信息系统与企业经营管理的关系，一方面信息系统的每一次更替，受制于企业经营管理的需要和信息技术的进步；另一方面，蕴涵先进信息技术的信息系统又会驱动企业的经营管理向着更好的方向发展，两者之间的作用不断增强。信息系统不仅改变着企业的组织结构，而且影响着企业的管理模式和经营模式。

本章主要介绍系统与信息系统的有关概念及其发展，企业信息系统的结构以及企业信息系统的战略作用。

第一节 系　　统

顾名思义，企业信息系统是与信息有关的“系统”。企业信息系统也是一种系统，必然符合系统的思想和方法。因此有必要先了解系统的一些概念和性质。

一、系统的含义

现实世界中，“系统”一词被广泛使用。自然界存在宇宙系统、生态系统和生物系统；每个人身体内部都有血液循环系统、呼吸系统和神经系统；人类构成的复杂社会中有经济系统、科技系统、企业管理系统以及社会管理系统等。

关于系统的定义很多，我们认为，系统是为了达到某种目的由相互联系、相互作用的多个部分（元素）组成的具有特定功能的有机整体。根据以上定义，企业系统是企业利用人、资金、原料和设备等资源，达到营利目标。对企业对象实施管理的系统称为企业管理系统，它是由销售、生产、财务、人事和后勤等相互联系、相互作用的部分结合成的有机整体，它的目的是完成经营计划。管理过程中使用的信息系统，由人、计算机、软件和信息等组成，它主要进行信息收集、存储、处理、检索和传输，目的是为有关人员提供服务信息。一个科研部门、一项研究计划或一个财务汇总等都可以被看作是一个系统。

关于系统的含义，我们应重点从下面三个方面来理解。

（一）系统是由若干部分（要素）组成的

这些要素可能是一些个体、部件，也可能本身就是一个系统即子系统。所谓子系统是系统中相对来说联系更为密切的，或为完成某种局部功能而结合在一起的元素构成的有机体。销售、生产、财务、人事和后勤等元素组成了企业管理系统。而这些元素本身又都是一个系统，如财务管理子系统中包含资金、出纳、财务和成本等部分。另外，企业管理系统本身又是企业的一个子系统。这就说明系统和子系统是相对的。

（二）系统有一定的功能

要实现某一目的，就需要一定的“功能”。功能是指系统在存在和运动过程中所表现的功效、作用和能力。从某种意义上讲，功能是系统存在的社会理由。在自然界和社会中，某一系统之所以能存在，或能够被允许存在，是因为它（他）表现出某种功能，对自然界或社会的其他系统发挥着某种作用。

（三）系统具有一定的结构

所谓结构是指系统的各要素之间相对稳定地保持某种秩序，是系统组成各要素间相互联系、相互作用的内在方式。企业系统中的人、财、物等各种资源必须按照某种秩序协调动作，才能保证生产活动的正常进行。

由于系统与环境之间相互作用，所以系统为达到某种目标就需由外部施加某些影响来加以控制。当系统行为与目标存在偏差时，还需要按照一定规则产生反馈信号。利用反馈信号来改变对系统施加的影响，以起到控制系统行为的作用。因此，系统结构包含输入、输出、控制器以及检测器等几个部分，系统结构如图 2－1 所示。

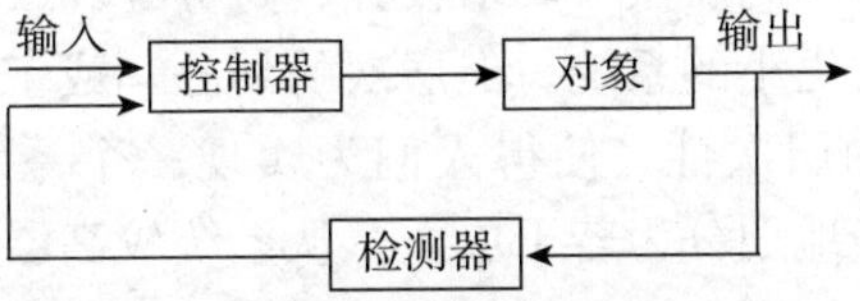

图 2－1　系统结构

系统的输入是外部环境对系统的影响和作用。如企业作为一个系统，则国家宏观经济政策的影响、竞争对手的策略、市场环境的变化都可视为系统的输入。系统的输出是系统对外部环境的影响和作用。企业为社会提供的产品和服务可视为企业系统的输出。控制器是根据给定的目标和检测信号，按照一定的规则或经验做出控制决策，向系统发出控制指令的装置。在企业系统中，各级管理部门起控制器的作用。检测器是将输出信号转换为控制器能够识别的信号的装置，如企业中的质检部门、信息处理部门以及统计部门起到检测器的作用。

虽然系统的定义各种各样，但都隐含了这三个方面的含义。因此，这三点是定义系统的基本出发点。

二、系统的特征

根据系统的含义可归纳出系统的五个特征。

（一）整体性

整体性是系统的基本属性。从系统的含义可以看出，系统是由若干相互联系、相互作用着的部分的有机结合，形成具有一定结构和功能的整体，它的本质特征就是整体性。这表现在系统的目标、性质、运动规律和系统功能等只有在整体上才能表现出来，每个部分的目标和性能都要服从整体发展的需要。整体的功能并不是各部分功能的简单相加，前者大于后者。因此，应追求整体最优，而不是局部最优，这就是所谓全局最优的观点。

（二）目的性

任何一个系统均有明确的目的性，不同系统的目的可以不同，但系统的结构都是按系统的目的建立的。例如，企业的目的是生产出高质量、适销对路的产品，提高经济效益。因此在建设系统的过程中，首先要明确系统目的，然后选取各种方案，从中找出最优方案，实施并监控、修改，最后达到目的。

（三）关联性

系统内部的各个元素之间，以及系统与环境之间都是相互关联和相互作用的。构成系统的各个部分虽然是相互区别、相互独立的，但它们并不是孤立地存在于系统之中的，而是在运动过程中相互联系、相互依存的。这里所说的联系包括结构联系、功能联系和因果联系等。整个系统的目标正是通过各部分的功能及它们之间合理的、正确的协调而达到的。分析系统的相关性是构筑一个系统的基础，在实现一个系统的过程中不单考虑如何将系统分解成若干子系统，而且要考虑这些子系统之间的制约关系。

（四）层次性

系统是分层次的。系统是上一级的子系统（元素），而上一级系统又是更上一级系统的元素；系统由若干个子系统（元素）所组成，以此类推，可以将一个系统逐层分解，体现出系统的层次性。例如，企业系统包括了厂部、车间和班组等不同层次；学校系统中包括校部、院系以及教研室等不同层次。其中校办、财务处和人事处等行政部门以及各系部等又分别是一个相对独立的更小的系统。但层次的划分，或子系统的划分是根据各子系统的功能而定的。由于系统的层次性，使得人们为实现一个系统，可以采用系统分解的方法，把一个系统合理、正确地划分为若干层次。从系统较高层进行分析可以了解一个系统的全貌，从系统较低层分析则可以深入了解一个系统的每一个部分的细节。

（五）适应性

系统处于环境之中，系统与环境之间必然要相互交流、相互影响，产生物质的、能量的、信息的交换，以保持适应状态。所谓系统环境是处在系统以外的与系统有这样或那样联系的元素所构成的整体。系统要达到自己的目的，就要适应外部环境的变化和排除外界的干扰。比如，企业为了实现经营目标，就要适应市场环境，及时了解用户的需求，根据用户的反馈意见，不断改进产品，开发新产品，这样才能生产出适销对路的产品，提高经济效益。

三、系统的基本观点

在企业管理中，需要用系统的方法来分析和解决问题。要正确认识、分析一个系统，必须运用系统的方法，这种方法包括以下几个基本观点。

（一）树立系统的整体观

整体观点是系统的出发点，它是把系统对象作为一个合乎规律的由各个部分组成的有机整体来研究。系统的基本特征表明，单独研究其中的某一部分并不能揭示出系统的规律性；各组成部分的孤立特征和局部活动的总和，也不能反映系统整体的特征和活动方式。因此，整体的观点要求我们首先把系统对象当作整体看待，从整体出发，从整体与部分的关系出发，研究和揭示系统的特征和活动规律。而不是先把系统对象分割成许多简单的部分，分别加以考察后再把它们机械地叠加起来。

（二）系统是可分层的

系统是可分层的，即系统是可分解的。对于复杂的系统对象，由于我们认识水平的限制，往往很难一下子迅速、全面地掌握系统全貌。利用系统的层次性，可将系统由高到低、由表及里、由粗到细地进行分析。按层次去认识事物给我们提供了一种有步骤、逐步求精的手段，这也是我们认识一切复杂事物的必由之路。如企业管理系统是一个多元、多级的复杂系统。在这个系统中，管理可分为若干层次，不同管理层次有着不同的职责和任务。比如，高层管理的任务是根据企业整体的功能和目标，制订决策和计划，发出指令信息，并考核各较低层次的执行情况，解决他们在运行中出现的某些不协调现象；而较低层次的任务则是执行上层命令，组织和实施具体的活动，及时报告执行情况。各管理层次应权责清楚、任务明确，才能正确发挥各自的作用，实现整个企业管理系统的功能。否则，层次不清，任务不明，必然会使整个管理工作陷入混乱、无序的状态。

(三) 系统是动态的、发展的

随着时间的变化，系统不断地从外界环境输入物质、能量和信息，同时也不断地向外界输出物质、能量和信息，而系统自身的状态也按一定的规律发展变化，从一种状态变为另一种状态。系统为了生存和发展的需要，依据客观现实与自身条件，需不断地调整自己，“动态”是绝对的，“静止”是相对的，因此，要从“动态”的角度去分析系统、优化系统。只有这样才能够使得系统立足于千变万化的客观现实世界之中。

动态的、发展的观点，要求我们在分析研究系统对象时，应把它放在客观环境中考察，注意研究和分析环境的变化，及时调整系统的状态，调整系统内部的活动方向和内容，以适应环境特征及其变化的要求；同时也要努力通过系统的活动去利用环境、影响环境、开发环境，引导环境的变化。

在企业信息系统建设中，系统的观点是进行信息系统开发和管理的基础。它揭示出在一定目标下系统的开发首先必须从整个系统出发，追求整体最优而不是局部最优，然后将整个系统由上到下、由粗到细、由表及里地分解，分析系统每个部分所应完成的功能，搞清楚系统各个组成部门之间以及与环境间的关系，同时还应考虑系统的发展变化，为将来系统的发展留有接口。

第二节　企业信息系统的概念与发展

一、企业信息系统的概念

(一) 企业信息系统的含义

对企业信息系统的含义可从整个信息活动的角度去认识，也可从技术和数据管理角度去理解。前者可称为广义的企业信息系统概念，后者则称为一般企业信息系统概念。

广义的企业信息系统是系统的一种，是指能够对信息进行收集、加工、存储、传播，向本企业提供信息服务的职能系统。它自身功能的目标是为了完成企业信息管理的任务，不断地与环境发生信息的交换。企业信息系统由两部分组成：一是企业内设立的、为企业自身服务的专门从事信息处理服务的信息机构所组成的系统；二是企业的组织系统，它又包括企业正式组织系统和非正式组织系统。

在企业信息系统中，使用计算机进行信息管理的系统是在线信息系统，即计算机信息系统，不使用计算机进行管理的系统是非在线信息系统。在企业里，在线信息系统包括：

财务计算机系统、生产计算机系统、CAD、CAM、CAT、MIS、DSS、SIS、OAS、CIMS、MRPⅡ、ERP、SCM、CRM和企业电子商务系统等使用计算机的信息系统。非在线信息系统包括：企业文献信息系统、企业竞争性情报系统、企业战略信息系统、权力指挥信息系统、企业内传统职能科室组成的正式组织系统和企业内非正式组织的信息流通系统等①。

由于在企业信息管理工作中，计算机技术、网络技术和数据库技术已经得到广泛的应用，我们更多地要利用计算机信息系统进行信息的管理。信息管理从工作内容角度来说，包括信息的收集、加工、整理、存储、检索、交流与传输等各类活动，它需要借助和利用计算机、通信设备、各类软件、数据，并遵循一系列标准、规范、法律制度，需要各类管理与技术人员。企业计算机信息系统即企业管理信息系统是企业为了实现其整体目标，对与管理活动有关的信息进行系统综合处理，以支持各级管理决策的计算机硬件、软件、通信设备、数据、法规以及有关人员的统一体。本章所论述的企业信息系统主要是以计算机信息系统为研究对象的。

（二）信息系统的功能

一个完整的、综合的企业信息系统具有以下基本功能：

1. 数据处理功能

能对各种形式的原始数据进行收集、整理、保存和传输，以便向管理者及时、全面、准确地提供所需的各类信息。

2. 计划、控制功能

对各种具体工作能合理地计划和安排，对不同的管理层次提出不同的要求，提供不同的信息，以提高管理工作效率。对整个生产经营系统的各个部门及各个环节的运行情况进行监测，可以及时发现问题，进行纠正。

3. 预测、决策功能

利用各种数学模型、优化方法以及人工智能技术，对企业未来进行预测，为最佳决策提供科学依据，以便合理、有效地利用企业各项资源，提高企业的经济效益。

知识库

信息过载

信息过载（information overload）的概念最早在20世纪60年代提出，70年代开始流行。按照现在被普遍接受的定义：当输入系统的信息量超过了系统的处理能力时，就会出现信息过载。决策者的认知和处理能力是有限的，信息过载会导致决策质量下降。随着信息技术的快速发展，信息系统处理信息的效率不断提高、传播信息的范围不断扩大，信息过载从一个学术概念演变为一种社会现象，信息过载的主体也从决策者个人扩展到信息系统、企业或组织乃至整个社会。

① 司有和．企业信息管理学．北京：科学出版社，2003：43.

(三) 信息系统的特点

1. 信息系统是一个以人为核心的人机系统

人是信息系统的主体，应强调人在信息系统中的重要作用。我国早期的信息系统尤其是大型信息系统的开发绝大多数都失败了，其中最主要的原因就是过分强调计算机的作用，以为所有的事情都得由计算机来处理，而忽视了人的主体作用。实际上，人是信息系统的拥有者和使用者，人能够控制和干预信息系统，应充分发挥人的主观能动性；而计算机具有强大的处理能力、存储能力和通信能力，能对决策进行支持，但不能代替决策者。人机系统的概念说明有些任务最好由人完成，而另一些任务则由机器代替。充分发挥人和机器的特长，组成一个和谐的、有效的系统。因此，只有有机地把人工处理和计算机结合起来，充分重视人的因素，才能开发出高效的、真正实用的信息系统。

2. 信息系统是一个一体化的集成系统

信息系统是以系统思想为指导进行设计和建立的，因此它具有任何一个系统所共有的性质，为实现某一明确目标由输入、处理、输出、反馈和控制这几个过程组成。它从企业管理的总体出发，综合考虑，保证各种职能部门共享数据，减少数据的冗余度，保证数据兼容性和一致性，使整个系统统一和协调。计算机网络技术和数据库技术是实现信息系统一体化的重要技术基础。

3. 信息系统采用数学方法和人工智能技术

这些数学方法不仅包括一般的科学计算、算术运算和逻辑运算，而且还可利用较复杂的数学模型或求解算法来分析数据、辅助决策。模型可以用来发现问题，寻找可行解、非劣解或最优解，如联系于资源消耗的投资决策模型，联系于资源最佳配置的动态规划模型等。而人工智能技术在逻辑推理和知识处理方面的强大功能，使得信息系统能在某个特定领域内，解决复杂问题并达到人类专家的水平。因此模型库、方法库和知识库是信息系统模拟人类思维、朝智能化方向发展的技术基础。

二、企业信息系统的发展与类型

自 20 世纪 40 年代电子计算机问世以来，信息系统进入现代信息系统阶段——计算机信息系统。信息系统用于企业信息管理工作始于 20 世纪 50 年代初，当时科学技术的发展以及管理业务数据量的激增，既对企业管理提出了新的信息处理要求，又为管理信息处理提供了必要的技术手段，计算机信息系统开始成为企业中信息处理的重要工具。美国哈佛大学教授理查德·诺兰（Richard Nolan）于 1979 年将计算机信息系统的发展道路划分为初始阶段、扩展阶段、控制阶段、统一阶段、数据管理阶段、成熟阶段六个阶段。按照诺兰的观点，任何组织在实现以计算机为基础的信息系统时都必须从一个阶段发展到下一个阶段，不能实现跳跃式发展。目前企业信息系统的发展逐步脱离单纯的数据处理阶段，进入事务处理领域，也就是诺兰模型的第六阶段。在这个阶段，信息系统表现出各种形式，如 MIS、ERP、SCM、CRM、CIMS、CAD、CAM、DSS、OA、ES 等。信息处理从数据处理发展到智能处理。与此同时，通信技术融进计算机信息系统中，形成了各种信息网络，使得信息系统的范围空间大大地拓宽，即我们常说的网络信息系统。实际上，我们可以将单机版的计算机信息系统看成网络信息系统的特例，所以我们现在讨论信息系统均是放在网络环境下考虑的。

按照不同的标准，信息系统可分为不同的类型。信息系统的发展主要经历了以下几个阶段。

（一）电子数据处理系统

电子数据处理系统（EDPS）是用计算机代替以往人工进行事务性数据处理的系统，所以也有人称其为事务处理系统（TPS），它产生于20世纪50年代，是计算机应用于管理工作的早期形式。在电子数据处理系统或事务处理系统中，数据的采集、编辑、加工、输出等一系列处理都是严格地按照事先给定的步骤进行的，系统目标与决策无直接关系，其目的仅是为一个部门处理和获取有关数据，因而是一种纯数据处理系统。EDPS位于管理工作的底层，它所处理的问题结构化程度强、处理步骤固定，系统的用户是组织的操作运行人员。电子数据处理系统有一些缺陷，如受限于当时计算机的发展水平和人们对计算机的认知，完全模拟人工系统，数据采集因速度慢且容易出错等问题成了该系统最薄弱的环节。

（二）管理信息系统

管理信息系统（MIS）是20世纪70年代在数据处理系统的基础上发展起来的。通过建立一个全面性的企业信息系统，能为各级管理部门提供所需信息。这个阶段的系统最大的特点是有了公共数据文件或数据库，初步实现了数据的统一管理和资源共享。以数据库、数据通信为基础，以方法库、模型库应用为特点的管理信息系统得到了发展。此后，管理信息系统的发展更为迅速，成了国内外管理领域中一个重要的研究和应用分支。

一般情况下，MIS以职能信息系统的形式出现在各个应用领域。职能信息系统是为了满足职能领域的用户信息需求而产生的MIS子集。如用于营销部门的营销信息系统，用于制造业的物料需求计划（MRP）、制造资源计划（MRPⅡ）或计算机集成制造系统（CIMS），用于财务业务的财务信息系统，用于人力资源部门的人力资源信息系统（HRIS），用于信息服务部门的信息资源信息系统（IRIS）等。

MIS能执行从数据处理到准备管理信息的所有企业的计算机流程。目前比较有代表性的企业资源计划（ERP）就是以企业信息系统的方式开发的。ERP是制造业的MRP概念的延伸。它强调的是企业的整体，通常也扩展到企业的外围：前方的供应链管理（SCM）和后方的客户关系管理（CRM），其中重点是物流管理。

（三）决策支持系统和专家系统

决策支持系统（DSS）的概念是美国学者莫顿于20世纪70年代初首次明确提出的。DSS是以管理学、运筹学、控制论和行为科学为基础，以计算机和仿真技术为手段，辅助决策者解决半结构化或非结构化决策问题的人机交互信息系统。DSS以提高决策效果为目标，对决策者起着支持和辅助作用。其目的在于辅助决策者提高决策能力和决策水平，而不是也不可能代替决策者做出最终决策。DSS的重要特点之一是具有人机接口。这种人机接口注重发挥用户的学习、创造和判断能力，即让决策者在依靠自己经验的基础上，主动地利用DSS的各种支持功能，在人机交互过程中反复对各种决策方案进行分析和判断，最终得到自己认为最佳的方案。这种人机对话式的决策方式，弥补了完全由计算机自动运算给出决策结果的不足，加强了人的思维的能动性，充分利用决策者的经验和判断力，从而提高了管理决策的效果。

专家系统（ES）是基于知识的信息系统——人工智能（AI）的一个子集。专家系统的研究、研制与开发活动始于20世纪80年代中期，作为一个颇有前途的领域，它至今仍方兴未艾。专家系统是一种解决需要经验、专门知识和非结构化问题的计算机应用系统。涉及的问题领域包括复杂的诊断、计划安排、预测、监督与控制、数据分析与解释等。应用专家系统，可以使无经验的人在解决问题时达到有经验的专业人员的水平。专家系统作为人工智能的一种技术，把某一领域内的专家们的知识提炼出来，建成一个知识库，以解决该领域的有关问题和决策。专家系统通过知识库，利用启发式算法、经验规则和推理方法解决难以寻找某些规律或定量描述的困难问题。各种专家系统有四个共同的特点：处理问题的水平与人类专家的水平相当；高度面向具体问题领域；可阐释其推理；可在不确定的条件下提供多种可选方案。

（四）办公自动化系统和多媒体信息系统

严格说来，办公自动化系统和多媒体信息系统只是前文所述的电子数据处理系统（或事务处理系统）、管理信息系统和决策支持系统等几类信息系统的一种综合应用。办公自动化系统在20世纪80年代被广泛应用，多媒体信息系统在90年代兴起，成为各类信息系统应用的方向。

办公自动化系统（OAS）是以计算机、通信设备和办公室专用产品为基础的人机系统，是对以文字为主，包括数字、声音、图像等办公信息进行采集、加工、传输和利用的系统。由于现代社会的办公室应是而且正成为整个组织机构信息化的一个重要组成部分，所以应把办公信息系统的含义理解为：利用现代信息、管理科学和行为科学对各类办公信息进行采集、加工、存储和交换的，具有办公室自动化系统、管理信息系统和决策支持系统等综合功能的人机系统。它除了可进行一般的事务处理和信息处理，以求利用现代化手段提高办公效率和质量外，还可沟通上下级关系、加快信息流动速度；它既可为组织决策提供准确及时的信息支持，还可提供方法、手段和模型等多种辅助决策支持，因此，它无疑是一种综合性的信息系统。

作为数据库技术和多媒体技术集成之结果的多媒体信息系统（MMIS），近年来颇为引人注目，成为广受重视的研究和开发领域。这主要基于两个原因：其一，很多应用本身就是多媒体的。如办公自动化系统、计算机辅助设计与制造（CAD/CAM）和各种演示与展示应用（如产品性能展示、科研实验结果介绍与演示等），它们输入和输出的数据除数值和文本外，还包括声音、图形、图像和视频等多种媒体的数据。其二，实现多媒体信息系统的技术条件已经具备。硬件方面有供输入与演示用的声卡、视频卡、大容量光盘等；软件方面具备了支持多媒体数据的Windows和UNIX环境和高压缩比的压缩、还原新算法与标准；通信方面已可利用可供快速存取的高速宽带数据通信网。因此，在用户需要和技术推动的双重作用下，多媒体信息系统得到迅速发展。可以说，分布式多媒体信息系统是以管理信息系统为代表的信息系统在未来的发展方向。

第三节　企业信息系统的结构

企业管理信息系统作为一个系统必然有一定的结构。信息系统的结构是指各部件的组成框架，对部件的不同理解就构成了不同的结构方式。企业信息系统的结构形式主要有概念结构、功能结构、软件结构和硬件结构。

一、信息系统的概念结构

从不同的角度来观察信息系统，信息系统有不同的概念结构。

（一）从信息系统作用观察

从信息系统的作用观点来看，信息系统由四个主要部件构成，即信息源、信息处理器、信息用户和信息管理者，如图 2－2 所示。

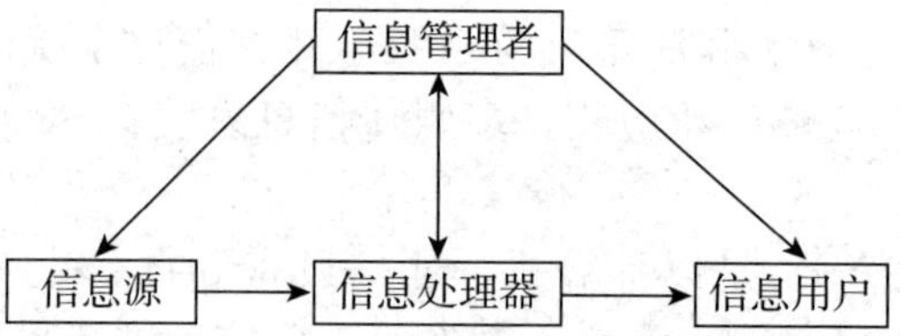

图 2－2　从作用观点上划分信息系统的结构

信息源是信息系统的数据来源，它是信息的产生地。信息源包括内信息源和外信息源两种。内信息源指企业内部生产经营活动中所产生的各种数据，如生产数据、财务数据、销售数据等。外信息源是指来自企业外部环境的各种信息，如国家宏观经济信息、市场信息等。

信息用户是信息的使用者，也就是企业中各不同部门和不同层次的管理人员。

信息处理器负责信息的传输、加工、存储，为各类管理人员即信息用户提供信息服务。

信息管理者是指负责管理信息系统开发和运行的人员，并在系统实施过程中负责信息系统各部分的组织和协调。

（二）从对信息处理过程观察

从信息系统对信息的处理过程来看，信息系统可以看成是由三个基本的行为部件构成，它们是输入、处理和输出，如图 2－3 所示。

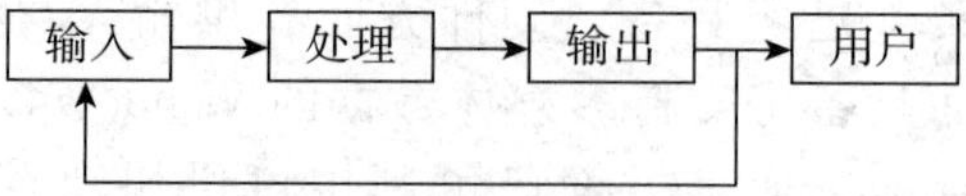

图 2－3　从处理过程上划分信息系统的结构

信息系统收集企业内部和外部环境相关的原始数据，经过适当处理后变成有用的信息输出，输出的信息提供给信息使用者和反馈给信息输入端，信息提供给用户，用于进行辅助决策或解决工作当中的有关问题；反馈给输入端可以参与对输入数据的评价，修正数据输入阶段出现的问题。

(三) 从对信息处理内容及决策层次观察

从信息系统对信息的处理内容及决策层次来看，信息系统可以看成一个金字塔式的结构，如图 2-4 所示。

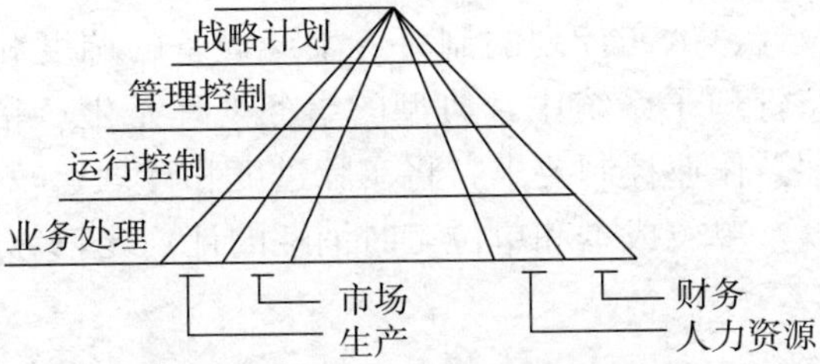

图 2-4 信息系统的金字塔结构

一般的组织管理均是分层次的，分为战略计划、管理控制、运行控制三层，为它们服务的信息处理与决策支持也相应分为三层，并且还有最基础的业务处理。而一般管理按职能划分为市场、生产或服务、财务、人力资源等，处于下层的系统处理量大，上层的处理量小，所以就构成了横向划分和纵向划分相结合的纵横交织的金字塔结构。

知识库

企业信息系统的利益相关者

管理学家爱德华·弗里曼在其 1984 年出版的《战略管理：利益相关者视角》一书中，最早提出并系统阐述了利益相关者理论（stakeholders theory）。这一理论突破了传统的以股东（stockholder）利益为终极目标的传统管理理论，要求管理者必须同等关切所有与企业有重大利益关系的相关方，包括政府机关、政治群体、行业组织、社区、供应商、服务商、客户、雇员、股东、债权人等。从信息管理的角度来看，企业信息系统不应是封闭的，而应向所有利益相关者开放，接受必要的外部信息，对外提供合理的信息服务，与外部环境实现信息协同与共享。企业的内部网（intranet）和外部网（extranet）的概念，就是这一理论的产物。

二、企业信息系统的功能结构

一个信息系统从用户的角度来看，应该有支持整个企业在不同层次的各种功能，这些具有不同功能的部分（子系统）之间又有各种信息联系，构成一个有机的整体，形成系统的功能结构，如图 2-5 所示。

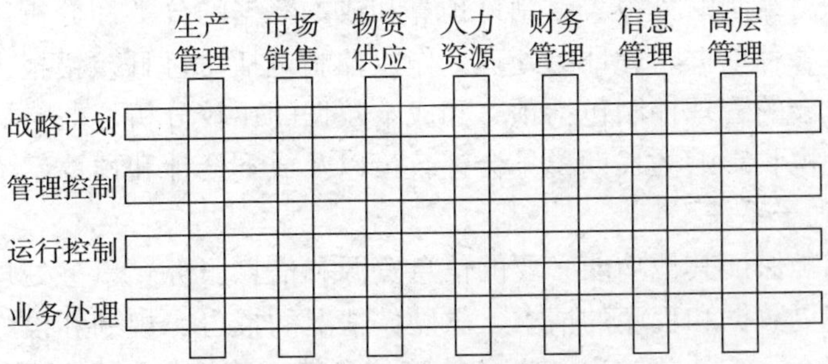

图 2-5 信息系统的功能结构

企业信息系统按各职能部门的管理业务来划分不同的子系统。通常包括以下各子系统。

（一）生产管理子系统

其功能包括产品的设计、生产计划的制订、生产设备的调度和运行、生产人员调配、质量控制和检查等。生产管理子系统中，典型的事务处理是生产指令、装配单、成品单、废品单和工时单等的处理。作业控制要求，将实际进度和计划比较，找出薄弱环节。管理控制方面包括进行总调度，单位成本和单位工时消耗的计划比较。战略计划要考虑加工方法和自动化的方法。

（二）市场销售子系统

它包含销售和推销以及售后服务的全部活动，事务处理主要是销售订单、广告推销等的处理。在运行控制方面，包括雇用和培训销售人员，销售或推销的日常调度，以及按区域、产品、顾客的销售量定期分析等。在管理控制方面，涉及总的成果与市场计划的比较，它所用的信息有顾客、竞争者、竞争产品和销售力量要求等。在战略计划方面包含新市场的开拓和新市场的战略，它使用的信息要用到客户分析、竞争者分析、客户调查等信息，以及收入预测、产品预测、技术预测等信息。

（三）物资供应子系统

它包括采购、收货、库存管理和发放等管理活动。事务处理主要包括库存水平报告、库存缺货报告、库存积压报告等。管理控制包括计划库存与实际库存水平的比较、采购成本分析、库存缺货分析以及库存周转率分析等。战略计划包括新的物资供应战略、对供应商的新政策，以及“自制与外购”的比较分析、新技术信息、分配方案等。

（四）人力资源管理子系统

它主要包括人员的招聘、培训、工作业绩考核、薪资激励等。事务处理主要包括有关雇佣需求、工作岗位责任、培训计划、职员基本情况、工资变化、工作小时和终止聘用的文件及说明。作业控制要完成聘用、培训、终止聘用、工资调整和发放津贴等任务。管理控制主要包括进行实际情况与计划比较，产生各种报告和分析结果，说明雇工职员数量、招聘费用、技术构成、培训费用、支付工资、工资率的分配和计划要求符合的情况。战略计划包括雇佣战略和方案评价、职工培训方式、就业制度、地区工资率的变化及聘用留用人员的分析等。

（五）财务管理子系统

财务的职责是以尽可能低的成本，保证企业的资金运转。会计的主要工作则是进行财务数据分类、汇总、编制财务报表、制订预算和成本数据的分类和分析。与财务会计有关的事务处理包括对各种单据、凭证的处理。作业控制包括对每日差错报告、例外报告等业务报告的处理。财会的管理控制包括预算和成本数据的比较分析。战略计划关心的是财务的长远计划、减少税收影响的长期税务会计政策以及成本会计和预算系统的计划等。

（六）信息管理子系统

该系统的作用是保证其他功能必要的信息资源和信息服务。事务处理有工作请求、收集数据、校正或变更数据和程序的请求、软硬件情况的报告、规划和设计建议等。作业控制包括日常任务调度、统计差错率和设备故障信息等。管理控制包括计划和实际的比较，如设备费用、程序员情况、项目的进度和计划的比较等。战略计划包括整个信息系统计划、硬件和软件的总体结构、功能组织是分散还是集中等。

（七）高层管理子系统

高层管理子系统为组织高层领导服务。该系统的事务处理活动主要是信息查询、决策咨询、处理文件、向组织其他部门发送指令等。作业控制内容包括会议安排计划、控制文件、联系记录等。管理控制要求各功能子系统执行计划的当前综合报告情况。战略计划要求广泛的、综合的外部信息和内部信息。这里可能包括特别数据检索和分析、决策支持系统。它所需要的外部信息可能包括竞争者信息、区域经济指数、顾客喜好、提供的服务质量等。

三、企业信息系统的软件结构

信息系统的软件结构是指支持信息系统的各类软件所构成的系统结构。为了便于了解信息系统的软件结构，下面简单介绍计算机软件技术。

软件是指一组用以调度硬件资源和处理数据的程序。用户无法直接使用硬件设备，而必须通过软件提供的一系列指令来操作硬件，从而发挥硬件的效能。软件分为应用软件和系统软件两大类。应用软件是指为解决各种实际问题而编制的软件，如统计软件、财务软件等。系统软件是指为管理、控制和维护计算机及外设，以及提供计算机与用户界面的软件。系统软件主要包括以下几部分。

（一）操作系统（OS）

操作系统是最基本的系统软件，具有两大功能：首先，OS是计算机系统资源的管理者。OS通过CPU（中央处理器）管理、存储管理、设备管理、文件管理及作业管理对各种资源进行合理的调度与分配，改善资源的共享和利用状况，最大限度地提高计算机在单位时间内处理工作的能力。其次，OS是用户与计算机之间的接口。如果没有OS，用户只能面对难懂的机器语言，有了操作系统之后，用户可以方便地使用接近自然语言的用户界面对计算机进行操作。目前常用的操作系统有视窗（Windows）、磁盘操作系统（DOS）、UNIX操作系统等。

（二）各种语言和它们的汇编或解释、编译程序

常用的语言有汇编语言、C/C＋＋、Visual Basic、Visual C＋＋、Delphi、Java、ASP等。其中汇编语言用于单片机（也是一种计算机）和早期的计算机。Visual Basic、Visual C＋＋、Delphi是视窗操作系统下的可视化开发语言，Java、ASP是用于开发互联网程序的语言。

（三）程序库和数据库管理程序

为了扩大计算机的功能，便于用户使用，计算机中设置了各种标准的子程序，这些子程序构成了程序库。数据库管理程序是一种软件包，它帮助用户开发、使用、维护数据库。

（四）其他程序

其他程序有：计算机的监控管理程序（monitor）、调试程序（debug）、故障检查和诊断程序。

支持信息系统的各种系统软件和应用软件组成了系统的软件结构，如图2-6所示。

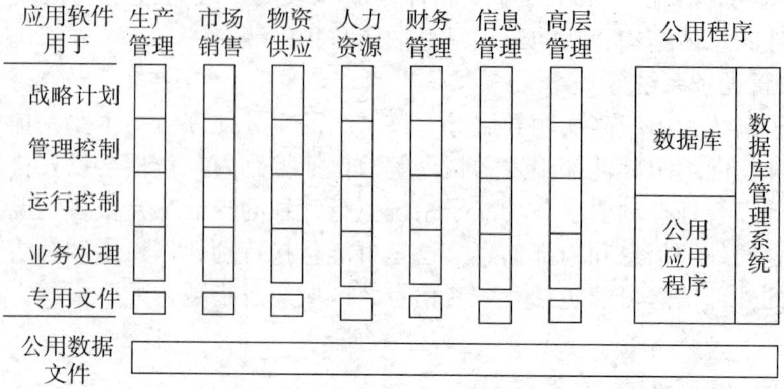

图 2-6　信息系统的软件结构

图 2-6 中每个方块代表一段程序块或一个文件，每一个纵行表示支持某一管理领域的软件子系统，如生产管理子系统、人力资源管理子系统等。每个管理软件子系统又是由支持战略计划、管理控制、作业控制及事务处理的模块所组成，同时各子系统带有自己的专用数据文件。整个系统有为全系统所共享的数据和程序，包括公用数据文件、公用程序、公用模型库及数据库管理系统等。

知识库

IT 架构

架构（infrastructure）一词是 19 世纪后期出现的一个组合词，由拉丁词头（infra）和英语结构（structure）一词组合而成，表示底层结构的意思，最初用于城市交通设施，后扩展到整个城市规划与建设领域。在信息管理领域，信息技术架构是指：为整个信息系统实现其功能提供支撑的，共享、进化、开放、标准和异质的技术方案与设施。从技术要素看，IT 架构包括：硬件、软件、存储、网络、数据中心；从信息要素看，IT 架构包括信息设备、信息服务和数据内容；从数据流程看，IT 架构包括数据的采集、处理、存储、呈现、传播。在企业信息系统中，业务流程中的信息用户通过客户端访问应用与数据，业务应用和数据库依赖于 IT 架构所提供的技术支撑。

四、企业信息系统的硬件结构

信息系统的硬件结构是指信息系统的硬件组成及其网络结构。为了明确信息系统的硬件结构，有必要了解有关信息系统硬件及网络技术。

（一）信息系统的硬件组成

硬件是指对信息进行收集、存储、加工、传递和输出等处理过程中所使用的物理装置，是信息系统的基础。信息系统硬件由以个几部分构成：

1. 计算机及其外部设备

外部设备包括微机系统、小型机系统或大型机系统等，其组成包括：CPU 和内存储器；大容量的外存储器，如磁盘、磁带、光盘等；输入装置，如键盘、鼠标、扫描仪、条码阅读机等；输出装置，如显示器、打印机、绘图仪等。

2. 数据通信及网络设备

数据通信及网络设备包括专用网络服务器、网络连接设备（如网卡、电缆等）、调制解调器，光纤线路等。

3. 办公自动化设备

办公自动化设备包括传真机、复印机、电视会议设备、闭路电视、阅读机、各种语音采集和录放设备等。

（二）计算机网络技术

计算机网络是管理和运行信息系统的基础。由于信息资源分布于不同的计算机上，要将不同位置的计算机连接起来，就需要用到计算机网络。

计算机网络是将分布在不同的地理位置上的具有独立工作能力的计算机、终端及其附属设备由通信设备和通信线路连接起来，并配有网络软件，以实现计算机资源共享的系统。

1. 计算机网络包括的内容

（1）传输介质，是指数据传输的物理通道，有电话线、同轴电缆、双绞线、光纤、微波、卫星信道等。

（2）协议，是指网络设备之间进行通信的一组规则和约定，如 TCP/IP 协议等。

（3）结点，是指网络中某分支的端点或网络中若干条分支的公共交汇点，如工作站、路由器、集线器等。

（4）链路，是指两个相邻结点之间的通信线路。计算机网络从功能上可分为资源子网和通信子网两部分。用户位于终端就可以通过通信子网访问分布在各处主机上的数据信息，从而实现整个系统的软硬件、信息等资源的共享。

2. 计算机网络的分类

计算机网络的分类方法很多，通常按通信距离可分为局域网、城域网和广域网。

（1）局域网，运用于有限距离内的计算机之间进行数据和信息的传递，一般指覆盖范围在 10 千米以内，一个楼房或一个单位内部的网络。由于传输距离直接影响速度，因此，局域网内的通信，由于传输距离短，传输的速率一般都比较高。目前，局域网的传输速率一般可达到 10Mb/s 和 100Mb/s，高速局域网传输速率可达到 1 000Mb/s。

（2）城域网，是介于广域网与局域网之间的一种高速网络，它的大小通常是覆盖一个地区或城市，在地理范围上从几十千米到上百千米。区域网设计的目标是要满足几十千米范围内的大量企业、机关、公司的多个局域网互联的需求，以实现大量用户之间的数据、语音、图形与视频等多种信息的传输功能。

（3）广域网，是指远距离、大范围的计算机网络，覆盖的地理范围从几十千米到几千千米。由于广域网的覆盖范围广，联网的计算机多，所以广域网上的信息量非常大，共享的信息资源很丰富。互联网（internet）是全球最大的广域网，它覆盖的范围遍布全世界。

计算机网络设计的第一步就是要解决在给定计算机的位置及保证一定的网络响应时间、吞吐量和可靠性的条件下，通过选择适当的线路、线路容量、连接方式，使整个网络的结构合理，成本低廉。为了应付复杂的网络结构设计，人们引入了网络拓扑的概念。计算机网络拓扑主要是指通信子网的拓扑构型。网络的拓扑结构是通过网中结点与通信线路之间的几何关系，表现网络结构，反映出网络中各实体间的结构关系，也就是说这个网络看起来是一种什么形式。网络拓扑结构分为总线形、星形、树形、环形和网状结构，如图2-7所示。

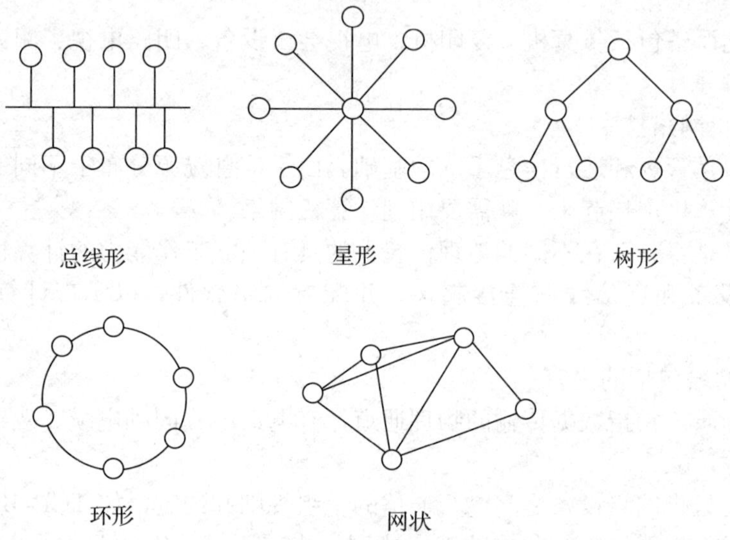

图2-7　网络拓扑结构

1. 总线形拓扑

总线形拓扑使用一条电缆作为主干电缆，网上设备用从主干电缆上引出的电缆加以连接。总线形的物理结构容易安装，只需要逐个将设备进行电缆连接，而无须引入其他设备，结点增删容易。缺点是由于采用分布式控制，故障检测需在各结点进行，不易管理，故障定位隔离比较困难。

2. 星形拓扑

星形拓扑结构使用集线器作为中心设备，连接多台计算机。计算机与中心设备之间的连接是点对点的连接。另外，星形拓扑可以层层连接下去，形成级联结构。星形网络的结构比较简单，便于维护管理，结点增删容易。缺点是通信线路长，安装工作量大，线路成本高，且依赖于中心结点，即中心结点出故障时则全网瘫痪。

3. 树形拓扑

树形拓扑是星形拓扑结构的发展和扩充，具有主要结点和各分支结点，适用于分支管理和控制系统，通信线路总长较短。缺点是依赖于根结点。

4. 环形拓扑

环形拓扑是把多台设备依次连接形成一个物理的环状结构，信息单向沿环路逐点传送。故障诊断定位比较准确，适于光纤连接。但回路中任一结点出故障有可能导致全网不能工作，并且在网络建成后，要对其进行重新配置比较困难，每增加或减少一个结点都需要对物理环形进行修改，这意味着要断开环路进行工作。

5. 网状拓扑

网状拓扑在网间所有设备之间实现点对点的连接，虽然耗费电缆，但有自己的优点。由于网状拓扑中设备与设备间采用点对点的连接方式，没有其他设备争用信道，能够保证通信双方有充分的通信带宽。每条电缆之间都相互独立，当发生故障时，可以容易地将其隔离开进行故障定位。网状拓扑的容错性能极好。任何两站之间都有两条或多条线路可以互相连通，当某条线路上发生故障或拥挤不堪时，信号都可以绕过有故障的网段，保证信息传输的畅通。这一点对于某些对安全性、可靠性要求高的场合是极其重要的。目前实际存在与使用的广域网，基本上都是采用网状拓扑结构的。

按照通信系统的传输方式，计算机网络的拓扑结构又可分为广播式网络结构和点到点网络结构两大类。

(1) 广播式网络结构。在广播式网络结构中，所有联网计算机都共享一条公共通信信道。当一台计算机利用共享通信信道发送报文分组时，所有其他的计算机都会“收到”这个分组。由于发送的分组中带有目的地址与源地址，接收到该分组的计算机将检查目的地址是否与本结点地址相同。如果被接收报文分组的目的地址与本结点地址相同，则接收该分组，否则将它放弃。总线形拓扑结构属于广播式网络结构。

(2) 点到点网络结构。与广播式网络结构相反，在点到点式网络结构中，每条物理线路连接一对计算机。假如两台计算机之间没有直接连接的线路，那么它们之间的分组传输就要通过中间结点的接收、存储、转发，直至目的结点。由于连接多台计算机之间的线路结构可能是复杂的，因此从源结点到目的结点可能存在多条路由，通常是多条路径，并且可能长度不一样。分组从通信子网的源结点到达目的结点的路由需要由路由选择算法来决定。采用分组存储转发与路由选择是点到点网络结构与广播式网络结构的重要区别之一。星形、环形、树形、网状拓扑结构属于点到点网络结构。

(三) 企业信息系统的网络结构模式

信息系统的结构模式有集中式的结构模式、客户机/服务器（C/S）结构模式和浏览器/服务器（B/S)结构模式三种。

集中式结构模式以大型机/小型机为中心，将各种终端设备与主机连接起来，实现分时共享或资源共享。但随着用户的增多，对主机能力的要求提高，而且开发者必须为每个新的应用重新设计出相同的数据管理部件。因而20世纪80年代末，集中式结构逐渐被以PC为主的微机网络所取代，出现了客户机/服务器（C/S）结构模式。这是一种二层体系结构。在C/S模式下，应用被分为前端（客户部分）和后端（服务器部分)。客户端运行在微机或工作站上，而服务器部分可以运行在从微机到大型机等各种计算机上，通过网络连接应用程序和服务器。这种结构的核心是客户端应用程序向服务器发送服务请求，一切由服务器完成，结果发回客户端应用程序，服务器所进行的工作对客户端应用程序是完全透明的。这种在不同逻辑实体中协同工作方式的最大特点在于系统使用了客户机和服务器两方的职能、资源和计算机能力来执行一个特定的任务。此外，与集中式结构模式相比，它还减少了网络流量，提高了响应速度，使应用程序与处理的数据隔离，还充分地利用了客户机与服务器双方的能力，便于组成一个分布式应用环境。

但由于C/S结构存在标准不统一、开发和维护成本较高、不同系统的界面千差万别、客户端比较臃肿、升级困难、安全性较差等缺点，它逐渐有被B/S系统的三层体系结构所取代的趋势。B/S结构不仅具有C/S体系结构的全部优点，而且还能解决C/S结构的上述问题，它是信息系统体系结构发展的趋势。

随着全球经济一体化的出现，企业的规模越来越大，企业的各个部门可能分散在不同的城市、国家，甚至全世界。在这种情况下，一般是将地理位置较集中的若干部门建立各自局域网络，这些局域网可以有不同的网络拓扑结构和运行不同的网络操作系统，企业网络则是要将所有部门及分公司的各个网络联成一个大型的计算机网络系统，即建立广域网。

第四节　企业信息系统的战略作用

在全球经济一体化、信息化的时代里，面对瞬息万变、错综复杂的经营环境，现代企业都把信息视作决定企业生死存亡的关键的重要资源，具有强烈的信息技术意识，高度重视、积极开发和应用现代管理的信息系统。企业信息系统的开发及应用，绝不仅仅意味着提高效率、解放劳动力，而是在企业面临来自组织内部和外部环境的挑战时，运用信息系统技术为企业提供组织上和管理上的一种解决方案，有着更为深远的战略意义。信息系统对企业的事务处理、信息交流、组织结构、管理决策、功能控制、职工素质与激励、战略规划与实施、经营机制、组织效率与效益等都产生深刻影响和重要作用。本节着重讨论信息系统对企业竞争优势，企业内部组织及管理决策所带来的巨大影响，进一步深化信息系统对企业发展的战略作用。

一、信息系统与企业竞争优势

（一）企业竞争优势的类型

20世纪90年代中期，美国信息技术战略家鲍尔（Bernard H. Boar）将企业的竞争优势归纳为以下五种类型：

（1）成本优势。这种优势能够使企业更廉价地提供产品或服务。

（2）增值优势。这种优势能够使企业创造出更吸引人的产品或服务。

（3）聚焦优势。这种优势能够使企业更恰当地满足特定顾客群体的需求。

（4）速度优势。这种优势能够使企业比竞争对手更及时地满足顾客的需求。

（5）机动优势。这种优势能够使企业比竞争对手更快地适应变化的需求。

针对这些优势，企业的奋斗目标或者说企业的战略目标集中在三个方面：一是创造新的优势以增加顾客的满意度并拉开与竞争对手的距离；二是通过延伸固有的优势来增加顾客的满意度并拉开与竞争对手的距离；三是削弱或消除竞争对手的优势。

（二）合理利用信息技术，发挥战略作用

处于“电子反应时代”快速多变的环境中，企业只有合理地和创造性地利用信息系统技术才能实现这些目标。信息系统对企业的吸引力就在于它能够被用于获取上述优势。无论是低级形式的信息系统EDPS，还是高级形式的SIS，只要应用得当，都有可能为企业发挥战略作用。

1. 抗击竞争作用力，获得竞争优势

美国学者波特（Michael Porter）提出了著名的竞争战略分析模型，认为一个企业在竞争中通常受到五种竞争作用力的影响：买方的竞价能力、供应商的竞价能力、潜在进入者的威胁、本行业中替代品的出现、本行业已有的竞争对手的竞争，如图 2－8 所示。企业的竞争战略目标在于使企业内部处于最佳状态，抗击上述五种竞争作用力，有效地运用信息系统有助于企业抗击这五种竞争作用力，从而获得竞争优势。

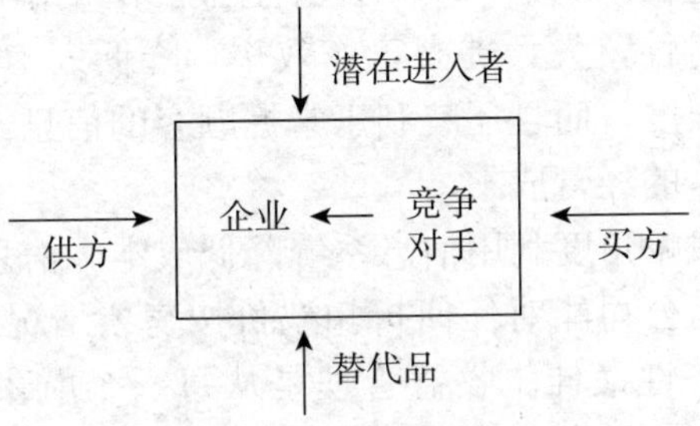

图 2－8　竞争战略分析模型

（1）买方的竞争作用力。这种力量能够制约企业的获利能力，而企业应用信息系统能够提高转换成本，从而改善企业与顾客的关系，限制买方的竞价能力。所谓转换成本，是指顾客将业务从一家企业转移至另一家企业所付出的代价。信息技术的引入及应用，使企业在同行中能做到“人无我有，人有我优”，纷纷通过网络以及信息系统，与顾客的需求直接发生沟通，并为他们提供完善的服务，以便赢得客户的注意力。使企业不仅能锁定原有市场，还能不断吸引新客户，开拓新市场。

（2）供方的竞争作用力。如果企业能够控制供方的力量就能够降低采购成本，有效地与竞争对手展开竞争。企业采用信息系统，通过网络在广大的范围内寻找潜在供应商，进行“比价采购”，实施网络环境中的供应商选择战略，能够限制供方的讨价还价能力。

（3）潜在进入者的威胁。潜在进入者的进入，常常打破一个行业内的平衡，导致行业内部利润的重新分配，对此，企业的一般做法是构筑“进入壁垒”，通过引入信息技术，开发具有自我版权的专利产品，这种高技术产品是最有效的进入壁垒，信息技术提高了有价物的附加值，使企业的规模经济建立在低物耗的知识和信息基础上，从而提高了进入成本，阻碍产生新的竞争者。

（4）替代品的威胁。替代品的优势往往在于拥有较低的价格，企业通过利用信息系统改进产品或服务的性能和价值，能够相对降低成本，从而形成针对替代品的优势。例如，制造业普遍使用的 MRPⅡ系统能合理安排生产，使产销及时配合，提高零部件配套率，避免产生废料，缩短生产周期，合理库存，加速资金周转，降低企业成本。

（5）现有竞争对手的竞争。信息技术同样能够用于企业与本行业的竞争对手之间的竞争，它还能够帮助小企业与同行业中的大企业开展有效的竞争。企业利用信息系统迅速了解市场需求及竞争对手的最新动向，及时调整自己的产品结构或产品开发计划，以便于在竞争中取胜。网络环境下，企业规模上的差距对企业竞争力的影响缩小。如美国亚马逊公司在网上开办了一家大型书店，提供 250 万册图书供客户在线购买。可见，只有两个人管理的网上书店提供的书目和服务几乎可以与 200 人管理的传统书店提供的书目和服务一样。在这种环境下，小企业同样敢和大企业抗衡。

2. 利用信息系统实现竞争战略

企业是在不断与五种竞争作用力的抗争中生存和发展的，针对这五种竞争作用力，波特总结了三种最基本的竞争战略，而这些竞争战略都可以由相应的信息系统来实现。

（1）总成本领先战略。该战略的中心思想是以低成本取得领先地位，具体到管理和实施方面，就是要严格控制成本，确保本企业的成本低于竞争对手。引进和应用信息系统是企业降低成本的一种主要途径。例如，现今世界上最广泛使用的POS系统、EDI系统等，能确保工作的准确性和及时性，大大提高工作效率，降低人工成本，能够改善产品库存，使库存资金占用降至最低限度，而且还有利于掌握顾客的信息，从而增强与供应商讨价还价的能力，进一步降低总体的经营成本。

美国航空公司已经从战略角度利用信息系统降低成本。信息系统已使收益管理技术自动化。收益管理技术让空运公司能对任何折扣票价按售票情况做最经济、最高效的匹配，使机票的价格对公司的经济性最佳。收益管理是从每一个航班座位上榨取最大利润的过程，是决定何时降价或提价或提供促销服务的过程。在此过程中收益管理系统于任一时刻为任意座位定出现价。收益管理不是给出折扣票价使座位尽早订满，而是研究该次航班的售票历史规律和决定留出多少座位给那些愿意在最后时刻付全价的公司总裁们。

（2）差别化战略。该战略的中心思想是以有特色的产品和服务取得领先地位。在本企业提供的产品或服务中增添附加价值或融入特色，使本企业的产品或服务具有独特性，从而赢得溢出价格的优势。消费者需求的个性化发展促使企业重新考虑其经营战略，应该以顾客的个性需求作为提供产品及服务的出发点。计算机辅助设计（CAD）、人工智能等技术的进步，使现代企业具备以较低成本进行多品种、小批量生产的能力，这一能力的增强为个性生产奠定了基础。企业运用信息技术，进行产品服务和创新，一般是不容易被同行效仿的，从而提高了产品和服务的差异化，增强了竞争优势。例如，美国花旗银行于1997年首家开发了ATM（自动柜员机）系统，彻底改变了银行以往定时定点的呆板服务方式，使得花旗银行的储户在任何时间、任何地点只要有ATM即可存取款，极大地方便了储户。这一独特的产品吸引了无数储户，使花旗银行在竞争中取胜。

（3）目标集中战略。该战略的中心思想是主攻某一特定的顾客群、某一特定产品系列中的一个细分区段或某一细分市场。它放弃在广泛的战线上作战，而把力量集中在特定的细分市场，全力满足某类顾客的需求或顾客的某类需求。为了能区分和瞄准各种消费群体，企业通过信息系统收集处理客户信息，如利用客户信息数据库追踪用信用卡的顾客购物记录，向顾客寄出年度维护合同等形式获取客户信息，用来定位具体细分的消费群体。利用数据仓库技术、决策支持系统进行数据分析，找出客户的规律性信息，能识别出对利润贡献大的顾客，赢得他们更多的消费，还可以识别无利可图的顾客群。信息系统将企业已有的信息作为资源，企业可在信息中“淘金”，以增强营利能力和市场渗入，从而能为企业带来竞争优势。

二、信息系统与企业组织

信息系统与企业组织之间存在着双向关系。一方面，组织提出了信息系统的需求，组织的结构形式决定了信息系统的运行方式，信息系统的设计必须以支持原有的组织为前提，为组织内部的各管理层提供服务；另一方面，信息系统的实施反过来又对组织产生深刻的影响。信息技术的影响既作用于宏观层面的组织结构，也作用于微观层面的组织构成要素，如组织效率、组织运行方式和组织的传统技术等。信息系统在此已成为组织的核心技术和构成要素。

(一) 信息系统改变企业组织形式

传统的企业管理是一种层次化的、集中式及程序化的模式。其管理活动从高到低分为战略层、管理层和作业层三个层次，呈“金字塔”形结构，是企业管理组织的基本形式，如图 2－9（a）所示。在工业化经济中，信息技术落后，信息资源无法及时共享，高层管理者不可能直接、及时地从低层获取做出决策所需要的完整信息，因此企业需要大量的中层管理人员。一方面，收集信息、分析信息并将信息传递给高层管理者；另一方面，执行高层管理者的决策、指令并向下层传达。低层的管理人员又依赖于高层决策者设计的标准工作程序，进行日常事务处理并向上报告信息，无权也没有必要做出任何决策，高低两层是不直接接触的。

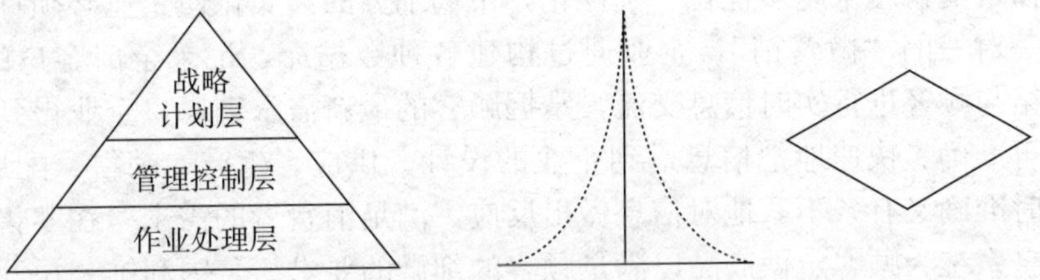

(a)“金字塔”形结构　(b)倒“T”形结构　(c)菱形结构

图 2－9　传统与新型组织形式

随着全球经济一体化的出现，信息技术的飞速发展，企业规模不断扩大，企业所属的部门可能分散在不同的地区、城市、国家，企业的合作伙伴和用户遍及全球，而且市场信息瞬息万变。在这种情况下，企业必须迅速、及时掌握完整信息并立即做出反馈。传统的“金字塔”形组织形式无法适应新时期企业管理的要求。

在信息化时代，信息是管理的核心，获取信息的方式是决定管理组织形式的重要因素之一。由于信息技术的发展，企业管理组织内部引入并运用了各种信息系统，使得任何人在任何时间、任何地点都有可能获取所需要的信息，大大降低了信息的获取成本，拓宽了信息的分布。信息系统能把信息从作业部门直接带给高级管理者，从而减免中层管理者和他们的办公支持人员。通过网络化的通信和计算机，高层管理者能够与作业层的人员直接接触，从而大大减少甚至消除中间管理层的介入。由传统的“金字塔”形变成倒“T”形的管理组织形式，如图 2－9（b）所示。

倒“T”形的组织形式与传统形式相比有什么特点呢？由于低层管理者是企业与外界客户直接联系的部门，他们最先知道客户需求的变化，如果他们有一定的决策权或能及时将市场信息传至高层并直接得到反馈的决策，那么，企业就能迅速对市场变化做出调整，满足客户的需求，从而使企业获利。这正是倒“T”形组织形式的优势所在，而传统“金字塔”形的组织形式是无法做到的。

同样，信息系统的应用使得企业中大量的程序化日常事务处理已完全自动化，如

MRP、CAM、EDPS等，这样可以大大缩减低层的管理人员，同时可适当扩充中层管理人员，用以增强对企业新产品的设计、市场的开拓以及对产品或服务质量进行监控。这样就形成另一种新型的组织形式即菱形结构的管理组织形式，如图2-9（c）所示。至于企业组织形式是采用倒“T”形还是菱形，则由企业所属行业的特点来决定。

企业组织形式变为“扁平”和“横向”还要靠按业务过程对组织重组来代替传统的职能部门。各种“工作小组”将成为企业的基本活动单位，管理方式从控制型转为参与型，实现充分放权。这种组织形式通过水平、对等的信息传递来协调企业各部门、各小组之间的活动，实现了动态管理，有效地提高了企业对市场的快速反应能力，而且极大地调动了组织成员的潜能和积极性，促进了知识和经验的交流，从而更好地适应竞争日益激烈的市场环境。

（二）信息系统促进企业运作方式的改进

信息系统对于改进企业工作效率、生产方式、销售方式以及企业内部运行和管理方式都是非常有效的。

消费的需求变得越来越多样化、个性化，市场细分的彻底化使企业必须针对每位顾客的需求进行一对一的“微营销”，企业通过构建各种数据库，记录全部客户的各种数据，并可通过网络与顾客进行实时信息交流，掌握顾客的最新需求动向，企业得到用户的需求信息后，即可准确、快速地把信息送到企业的设计、供应、生产、销售、配送等各环节，各环节可及时准确又有条不紊地对信息做出反应，满足消费者的需求。在零售业，制造商们开始用信息系统为顾客定做产品以满足顾客的细微的要求。美国利维公司开始在它的零售店里装备个人裤型服务系统，该服务允许顾客按自己的规格设计牛仔裤。顾客将自己的尺寸输入到计算机，计算机再将顾客的尺寸传输到利维公司的工厂。利维公司能够在生产标准产品的生产线上生产特殊定制的牛仔裤。信息系统技术创造着按顾客要求定制的产品和服务，同时也保持了规模生产技术的成本效率。

信息系统的出现从根本上减少了传统商务活动的中间环节，缩短了企业与用户需求之间的距离，使生产“直达”消费。传统的制造业借此进入小批量、多品种的时代，“零库存”成为可能；传统的零售业和批发业开创了“无店铺”“网上营销”的新模式；各种线上服务为传统服务业提供了全新的服务方式。信息系统在企业中的应用，极大地提高了工作效率，改变了企业的生产销售方式。

信息系统对银行业、零售业、物流业、建筑设计、广告业、教育等行业或领域的影响是巨大的和近于质变性的，某些行业因为信息技术的迅猛发展已完全改变了运作方式。

美国联合包裹服务公司（UPS）就是由于在包裹投递过程中引入信息系统，从而改变了企业的内部运行和管理方式。UPS通过创立一个强有力的信息系统，实现了与99%的美国公司和96%的美国居民之间的电子联系。同时，也实现了对每件货物运输即时状况的掌握。UPS能够对每日运送的1 300万个邮包进行电子跟踪，UPS的司机是公司大型电子跟踪系统中的关键人物。他们携带一块电子操作板，称作运送信息获取装置（DLAD），可同时捕捉和发送运货信息。一旦用户在DLAD上签收了包裹，信息将会在网络中传播。寄件人可以登录UPS网站了解货物情况，输入运单跟踪号码，即可知道货物在哪里。当需要将货物送达另一个目的地时，可再次通过网络以及附近的蜂窝式塔台，找出货物的位置，并指引到最近的投递点。同时，司机行驶路线的交通情况，或用户需即时提货等信息也可发放给 DLAD。信息系统将 UPS 中的所有元素集成为一个网络来支持包裹邮递的全过程。

(三) 信息系统加快产品和技术创新，提高产品质量

信息系统在企业生产过程中的应用，可在管理信息系统（MIS）的基础上采用计算机辅助设计与制造（CAD/CAM）、柔性制造系统（FMS）以及生产监控系统建立计算机集成制造系统（CIMS）；可在开发决策支持系统（DSS）的基础上，通过人机对话实施计划与控制，从物料资源规划（MRP）发展到制造资源规划（MRP Ⅱ）和企业资源规划（ERP）。这些新的生产方式把信息技术和生产技术紧密地融为一体，极大地增强了企业生产的柔性、敏捷性和适应性。集成制造技术在产品设计开发中的扩散和渗透，将大规模替代复杂工艺，提高产品质量，使企业工业化大生产升级为工业化精细生产。

应用于产品设计生产的典型系统是 CIMS。CIMS 是基于信息技术、计算机技术、柔性制造技术、自动化技术和现代管理等技术的有机集成，将企业的产品订货、产品设计、加工制造、市场销售和整个管理等过程，通过计算机网络，构成一个完整的系统。CIMS 的应用极大地促进了产品和技术的创新，提高了产品质量。其中 CAD 系统可以简化产品的设计与生产过程，改进设计质量和精度。对于任何产品来说，可以通过减少对产品的处理步骤或减少组成产品的零部件数量来减少出错的机会，从而提高产品质量。CAD 系统能按人与计算机各自的特点，去完成各自最合适的部分。如设计的经验和判断必须由人来完成，而存储和组织数据以及繁重的计算、绘图由计算机来完成。通过计算机模拟仿真免除了要反复进行多次实际制造才能最后定型生产的过程，提高了设计的速度和质量，节省了时间和费用。CIMS 中的质量保证分系统能跟踪从产品设计、制造、检测到售后服务全过程，对出现的质量问题进行分析、评价和质量成本计算。

三、信息系统与企业决策

决策是管理的重要环节，管理的过程是不断决策的过程，也是信息处理的过程。各种决策工具如专家系统、决策支持系统、群体决策支持系统等的应用，使企业在获取、传递、利用信息资源方面，更加灵活、快捷和开放，增强了决策者的信息处理能力和方案评价选择能力，最大限度地减少了决策过程中的不确定性、随意性和主观性，增强了决策的理性、科学性及快速反应，提高了决策的效益和效率。信息系统可以支持企业的决策，不同类型的信息系统能解决不同类型的决策问题。

(一) 信息系统的类型

决策制订的差别可按管理层次分类。不同管理层次的管理职能不同，所以为管理者提供决策支持服务的信息系统类型也不同。

美国信息系统专家肯尼思·C. 劳东（Kenneth C. Laudon）从管理层次对信息系统分类。劳东将一个企业的管理分为四个层次，除了我们已知道的高层战略层、中层管理层及低层作业层外，还有一个介于中层与低层之间的层次，被称为知识层。知识层有两类人员：一类是专业人员，如工程师、建筑师、设计师等，他们为企业开发设计新产品或新服务项目，推动产品和技术的创新；另一类是行政管理人员，如文秘、办事员、职员等，他们的职责是在本部门内部、部门与部门之间、企业与外部环境之间传递信息和协调管理，

保证企业信息流的顺畅。因此，这一层次的人员是一个组织不可或缺的重要组成部分，建立为他们服务的信息系统是十分必要的。劳东将一个组织的信息系统分为四个层次、六大类。

1. 作业层

事务处理系统 TPS 又可称为电子数据处理系统（EDPS）。它面向企业底层的管理活动，对企业每日正常运作必需的常规事务发生的信息进行处理，严格地按照事先给定的步骤进行。如航空铁路的订票系统、零售业中的销售时点管理系统（POS）以及电子数据交换系统（EDI）等。

2. 知识层

知识运用系统 KWS 和办公自动化系统 OAS。KWS 是一种以计算机为辅助工具的应用系统，它建立在应用领域所涉及的相关学科的基本知识及理论的基础上，帮助企业中的专业人员高效地工作。KWS 的应用分为两大类：一类需要计算图形学支持，主要用于工业工程方面，如 CAD 系统；另一类是能对大量数据进行快速存取并用数学方法进行分析，主要用于财务、金融等方面。OAS 是一个集文字、数据、语言、图像为一体的综合性的人机信息处理系统。为有关办公人员提供信息服务，提高办公效率，如电子邮件系统、档案管理系统、视频会议系统等。

3. 管理层

管理信息系统 MIS 和决策支持系统 DSS。MIS 是针对企业各种事务的全面、集成的管理过程，MIS 大多基于汇总后的分析报表，向中层管理者提供有意义的信息，如制造资源计划、企业资源计划等。DSS 是 MIS 的更高一级，它的作用是支持中、高层管理者针对具体问题形成有效的决策，运用数据库、模型库、知识库等技术解决半结构化和非结构化的问题。

4. 战略层

经理支持系统 ESS。ESS 是专门为企业最高层决策者设计的，具有通用的计算能力和通信能力，主要是帮助高层领导从宏观上、战略上管理企业，解决一些不断变化的非结构化问题。

（二）决策问题类型

西蒙（Simon）将与企业有关的决策问题分为结构化决策、半结构化决策和非结构化决策三类。

1. 结构化决策

结构化决策是指决策过程和决策方法有固定的规律可遵循的决策问题。这些问题是重复的、程序化的、经常发生的，且具有处理问题的确定做法，可以用定量的数学方法进行问题描述和求解。如工资核定、材料收发、订单处理等具体事务处理活动。一般是作业层管理者所面临的问题。

2. 半结构化决策

半结构化决策是指决策过程和决策方法有一定的规律可遵循，但又不完全确定的情况。只有问题的一部分可用公认的做法得到明确的答案。如生产计划、预算编制、库存控制等。一般是管理层的管理者所面临的问题。

3. 非结构化决策

非结构化决策是指决策方法和决策过程没有规律可遵循的决策问题。难以用定量的数学方法进行描述和求解。只能凭借决策者本人的思维、经验知识以及相关的信息做出判断和评价。如企业发展战略、新产品开发、新市场的开拓等。这类问题大多是战略层的管理者和知识层的专业人员所面临的问题。

（三）决策类型与系统类型

不同层次的管理人员面临不同类型的决策问题，这就需要有不同类型的信息系统以支持各层次的管理者解决不同类型的决策问题。表 2－1 给出了在各个管理层次上，决策问题的类型与信息系统类型以及所服务的人员之间的对应关系。

表 2－1　决策类型与信息系统类型在不同管理层次上的对应关系

管理层次	信息系统类型	服务的人员	决策问题类型
作业层	TPS（EDPS）	低层管理者	结构化
知识层	OAS	行政管理者	结构化和半结构化
	KWS	专业人员	非结构化
管理层	MIS	中层管理者	结构化
	DSS	中、高层管理者	半结构化和非结构化
战略层	ESS	高层管理者	非结构化

从表 2－1 中可见，TPS（EDPS）支持作业层的管理人员解决结构化决策问题；OAS 支持知识层的行政管理人员解决结构化及一部分半结构化的决策问题；KWS 和 ESS 分别支持知识层的专业人员和高层管理者解决非结构化问题；MIS 支持中层管理者主要解决结构化决策问题；DSS 支持中、高层管理者解决半结构化和非结构化问题。当然，以上这种信息系统的类型与决策类型的关系并不是完全对应的。例如 MIS 也可能解决少量的半结构化决策问题，只不过不是 MIS 支持决策的主要内容。

新理念·新技术

企业 2.0

麻省理工学院斯隆管理学院数字商务中心的首席研究科学家安德鲁·麦卡菲，在 2006 年的《斯隆管理评论》上发表的一篇文章中，首次提出了企业 2.0 的概念。其基本定义是：在企业内部或企业之间、企业与顾客之间应用新兴的社交软件，采用在线标签（tagging）、评价（rating）、联网（networking）、内容聚合（RSS）和分享等技术手段进行广泛的信息交流。企业 2.0 为新经济时代的企业管理注入新的活力：建立和提升用户之间的信息交流与共享，使用户更快、更容易地获取企业信息，提升企业信息的质量和准确性，简化流程并提升成本效率。

在企业信息管理范畴中，企业 2.0 的理念和手段为企业创造出一系列新的信息能力：

• 专家定位赋予企业解决复杂问题的能力，而传统管理手段往往不能有效地解决这些难以准确表达和交流的非结构化决策问题。

• 企业日志（博客）为企业内部、企业与利益相关者之间提供了高效的日常沟通渠道，日志的标签和评价功能能够帮助用户迅速找到所需要的信息。

• 企业维基为企业内部各领域专业人士提供一种易于使用的权威信息发布平台，便于企业员工和合作伙伴检索使用。

• 内部社区平台创造一个虚拟论坛的信息环境，供企业员工分享观点、经验、信息和知识。

• 创意和创新，如今许多企业采用一种理念管理系统（idea management system）随时向员工和顾客征求意见，从中发现和培育创新管理理念和产品创意。

企业2.0的核心在于“集中群体智慧，激活人员动力”，通过将分散于企业员工大脑中的知识汇聚起来，降低企业内部信息的沟通成本，形成对外的信息优势。企业2.0的应用有助于企业培养员工的社区意识，对于那些分散在多个地区又需要协同工作的团队，企业2.0的应用可以帮助其集合在一起，共享知识，并在某个项目上密切合作。同时，企业2.0理念对于企业内部知识的积累和共享也有重大意义。

本章小结

企业信息系统本身也是一个系统，必然具有系统的本质和特征。本章首先介绍了系统的基本概念，包括系统的含义、系统的特征、系统的基本观点。在企业信息系统建设中，系统的观点是进行信息系统开发和管理的基础。必须树立系统是整体的、可分层的、动态的和发展的等基本观点。

在明确系统有关概念的基础上，阐述了企业信息系统的含义、功能和特点。对企业信息系统的含义可从整个信息活动的广义角度去认识，也可从技术和数据管理的狭义角度去理解。从信息系统的发展和系统特点来看，信息系统经历了电子数据处理系统、管理信息系统、决策支持系统和专家系统、办公自动化系统和多媒体信息系统四个阶段。

企业信息系统的结构形式主要有概念结构、功能结构、软件结构和硬件结构。从信息系统的作用观点、对信息的处理过程以及对信息的处理内容及决策层次来看，信息系统有不同的概念结构。企业在不同层次的各个子系统构成了系统的功能结构。信息系统的软件结构是指支持信息系统的各种系统软件和应用软件所构成的系统结构。信息系统的硬件结构是指信息系统的硬件组成及其网络结构。为了明确信息系统的硬件结构，介绍了有关信息系统硬件及网络技术，包括计算机网络分类、网络拓扑结构、信息系统网络结构模式等。

本章还讨论了信息系统对企业竞争优势，企业内部组织及管理决策所带来的巨大影响，进一步深化信息系统对企业发展的战略作用。有效地运用信息系统有助于企业抗击五种竞争作用力，从而获得竞争优势。信息技术的影响既作用于宏观层面的组织结构，也作用于微观层面的组织构成要素，如组织效率、组织运行方式和组织的传统技术等。不同层次的管理人员面临不同类型的决策问题，这就需要有不同类型的信息系统以支持各层次的管理者解决不同类型的决策问题。

关键概念

系统　子系统　企业信息系统　在线信息系统　非在线信息系统
电子数据处理系统（EDPS）　管理信息系统（MIS）　决策支持系统（DSS）
专家系统（ES）　办公自动化系统（OAS）　多媒体信息系统（MMIS）
应用软件　系统软件　计算机网络　局域网　城域网
广域网　网络拓扑结构　广播式网络结构　点到点网络结构
客户机/服务器模式（C/S）　计算机集成制造系统（CIMS）　结构化决策
半结构化决策　非结构化决策

讨论及思考题

1. 什么是系统？结合一个企业的管理系统，说明系统的特征。
2. 为什么管理者要用系统方法解决问题？
3. 什么是企业信息系统？信息系统的发展经历了哪几个阶段？
4. 从不同的角度来观察信息系统有不同的概念结构，分别简述其结构形式。
5. 结合你所熟悉的一个企业的信息系统，试分析其硬件结构。
6. 举例说明企业运用信息系统可以获得竞争优势。
7. 如何理解信息系统促进了企业组织的变革？
8. 决策问题分为哪几类？联系实际说明决策问题的类型与信息系统类型以及所服务的人员之间的对应关系。

第三章　企业信息系统战略规划

本章要点提示

- 企业信息化发展阶段的著名模型，即信息技术扩散模型和诺兰模型
- 企业信息系统战略规划的概念、原则、内容和步骤
- 企业信息系统战略规划的主要方法
- 企业信息系统战略规划与业务流程重组之间的关系

章前案例

莫德罗啤酒的全球化战略转型

2013 年，世界最大的酿酒企业百威英博公司（Anheuser-Busch InBev），以 140 亿欧元的价格，收购了全球十大酿酒企业之一、墨西哥最大的啤酒生产企业——莫德罗啤酒(Grupo Modelo)。由此，莫德罗实现了从地区性企业向全球企业的转变。与此同时，为了应对企业规模的扩大和来自全球市场的竞争，莫德罗也面临着从原来的产品品质管理向流程效率管理的重大转型。

莫德罗与世界知名的咨询企业德勤合作，部署全新 SAP 企业管理系统。新系统基于一个面向所有业务单元的单一数据库，覆盖了从全部七个酿造厂直到便利店销售终端的整个分销网络，从而将相互分隔的业务单元整合到一起，实现单一软件环境下的集成管理。建设全新的信息系统的第一步，是识别、记录和计量企业的全部业务流程，这一过程花费了数年时间。随后，管理者们要识别出最重要的关键流程并部署相应的管理机制。例如，面对整个企业内部的数千个业务流程，谁来分别负责对它们的管理？谁来管理这些流程中的风险？谁来确保每一个员工都能遵从企业的业务规范？这些问题构成了现代管理思想中的 GRC 管理框架（G：治理，R：风险，C：合规）。莫德罗从传统地方性企业向现代全球化企业的转型，同时提出了文化变革和技术投资的双重挑战。

莫德罗实现企业转型的基本指导思想是，打造全新的流程导向型企业（process-oriented firm)。SAP 企业软件的多个模块，以及直观的自动仪表板功能，使得管理者们能够实时、直观地观察企业全部流程的运行状况。

莫德罗全新的企业信息系统，在第一时间为管理者提供对企业流程运行的直观信息，将一个全球经营的大型企业集成为一个统一整体。新系统实施后，管理者感受到的变化包括：更加可靠的企业安全管理、工作流自动化、对于流程和风险的自动监控，以及分散在

全球范围的管理人员，能够以明确而统一的方式制订更加高效、优质的决策。

资料来源：KENNETH LAUDON，JANE LAUDON. Management information systems，managing the digital firm. 14th ed. Pearson Education Limited，2016.

企业信息系统在当前激烈的竞争环境下正日益显示出其重要性。现代企业用于信息系统的投资越来越多。信息系统的建设是个投资巨大、历时很长的工程项目，规划不好不仅自身造成损失，由此而引起企业运行不好的间接损失更为可观。所以系统规划是信息系统建设成功的关键。这就要求我们从战略上对企业信息系统建设进行规划，了解企业信息化的发展阶段，在此基础上，采用适当的方法对信息系统进行总体规划，从而有计划、有重点、有步骤、低风险地开发各个子系统，满足企业信息支持的内在需求。

本章介绍企业信息化发展阶段的著名模型，概述信息系统战略规划的概念、原则、内容和步骤，阐述信息系统战略规划的常用方法，并分析信息系统战略规划与业务流程重组之间的关系，以及如何将业务流程重组和信息系统战略规划结合起来。

第一节　企业信息化的发展模型

对不同企业来说，企业信息化的发展阶段不同，信息系统的发展水平是不一样的。有的企业可能刚刚起步，简单地利用信息技术来替代原有技术，计算机开始应用于财务、库存等系统，而有的企业可能已将 ERP 系统运用于供应链管理，进行流程重组，并使企业成长为一个知识型企业。每个企业的信息系统建设都有一个成长过程。对于企业信息化的发展阶段，不同的学者有不同的论述，建立了不同的模型。比较著名的模型有两个：一个是世界银行报告中提出的信息技术扩散模型，包括替代、提高和转型三个阶段；另一个是诺兰模型，包括初始、蔓延、控制、集成、数据管理和信息管理六个阶段。本节对这两个模型展开阐述。

一、信息技术扩散模型

按照世界银行纳格·汉纳（N. Hanna）等提出的信息技术扩散模型，信息技术在企业中的扩散可以划分为替代阶段、提高阶段和转型阶段三个阶段。

（一）替代阶段

替代阶段是指简单地利用信息技术来替代原有技术。比如用电子数据处理系统（EDPS）替代手工数据处理，利用计算机辅助制造（CAM）替代手工操作。

（二）提高阶段

提高阶段是指信息技术的采用使生产率和生产效益有了实质性的提高。如采用制造资源计划系统（MRPⅡ）和企业资源计划系统（ERP）。

（三）转型阶段

转型阶段是指管理流程和组织结构都在市场需求的引导下发生了重要的变化，从而使企业成长为一个学习型的组织。

在上述三个阶段中，每个阶段的内部又分别由四个环节组成：信息环节、分析环节、获取环节和使用环节。其中信息环节是指企业获取信息技术的供给与需求信息；分析环节是指企业对信息技术的有关信息进行处理和分析；获取环节是指投资信息技术和建立信息系统；使用环节是指重组企业流程和组织，使信息系统发挥作用。

随着信息技术在企业经营管理过程中的扩散和逐渐渗透到企业总体素质中，企业信息化的中心问题逐渐从简单替代手工操作、单项管理、单纯计算机辅助设计和制造，发展到建立企业信息管理系统，采用制造资源计划系统（MRPⅡ）和企业资源计划系统（ERP），再进入到计算机集成管理（CIMS）阶段。进入转型阶段，企业为了更好地发挥信息技术的作用，使信息和知识成为企业增殖的主体，企业开始进行流程再造，逐渐转变为学习型组织和知识型企业。

二、诺兰模型

美国哈佛大学教授诺兰（R. Nolan）根据大量历史资料与对实际发展状况的考察，提出了信息系统发展的六阶段论，即诺兰模型，如图 3－1 所示。

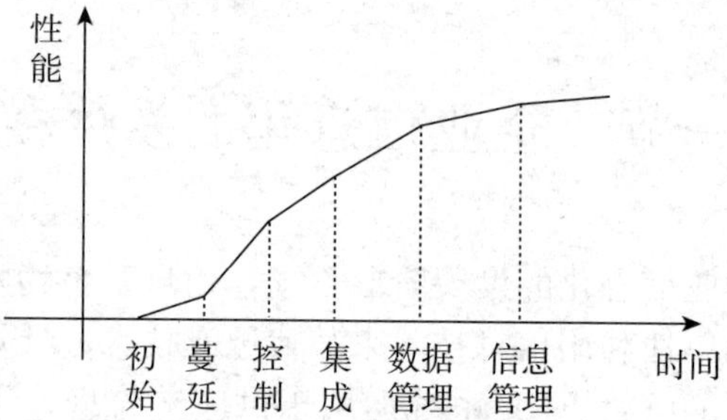

图 3－1　诺兰模型

（一）初始阶段

这个阶段人们对计算机从不了解到有初步认识，这些计算机所产生的效率或效益使人们对信息技术的认识大大提高，企业引进少量的计算机尝试用于财务、统计、库存方面。

（二）蔓延阶段

随着初期尝试的成功，计算机的应用开始蔓延到企业大多数部门，一些简单的信息系统得到开发和利用，大量的手工数据处理转向计算机处理，提高了效率。信息系统从事务型向管理型发展。但此阶段，由于各部门的应用系统的独立开发，导致一些问题有待解决，如数据的冗余、不一致性、不能共享等。

（三）控制阶段

在这个阶段，投入使用的应用系统多起来，投资和开发费用急剧增长。由于缺乏全局考虑，各单项应用之间不协调，并未取得预期的效益。企业领导意识到综合计划的必要性，开始控制信息技术的应用，统一制订企业信息系统的发展规划，对系统集成的要求越来越迫切。

（四）集成阶段

企业通过总结经验教训，开始认识到运用系统的方法，从总体出发，全面规划，切实从管理的实际需要出发，进行信息系统的建设与改造。实现信息系统在统一数据库基础理论的高度化集成。

（五）数据管理阶段

在系统集成基本完成的情况下，企业信息管理提高到一个以计算机为技术手段的有效的数据管理水平上，实现了数据的共享，日常数据处理工作已经普遍由计算机完成。

（六）信息管理阶段

信息系统面向企业整个管理层次，从低层的事务处理到高层的预测与决策都能提供信息支持。信息被认为是一种战略性的资源，信息系统成为企业获取竞争优势的保障。

诺兰认为，这是一个客观发展规律，一般各阶段是不能超越的。诺兰模型对制订信息系统规划具有指导意义。我们应当根据本单位的实际情况，利用该模型分析企业信息系统开发所处的阶段，实事求是地规划我们的工作。企业的信息系统开发建设处于初始阶段时，应首先选择易于实现的系统，如库存系统，然后逐步推广；对处于蔓延阶段的信息系统，应加强引导，避免盲目发展，加强部门协调；当处在控制阶段时，应采用数据库技术、网络技术等，对各系统综合开发，保证实现数据共享，等等。

总之，在上述模型中，基本上反映了信息系统应用的一个共同趋势：从单项应用走向系统集成，从对具体业务的支持走向对企业管理流程和组织结构的支持。在企业信息系统开发建设中，要正确判定企业信息化发展的阶段，制订系统战略规划。

第二节　企业信息系统战略规划概述

一、信息系统战略规划的概念

随着信息系统在企业应用中的不断发展，人们开始尝试利用计划的手段对信息系统的发展进行有效的控制。实际上，从20世纪70年代开始，信息系统的管理者们已经比较广泛地使用信息系统计划（information system plan，ISP）来促进与信息系统用户之间的交流，为高层管理提供支持，有效地预测和配置组织的信息系统资源，为信息系统部门寻找和确定高回报的计算机应用项目等。20世纪80年代以后，由于信息系统战略思想的兴起，信息系统计划的概念被逐渐地拓展为信息系统战略规划（information system strategic planning，ISSP）的概念。ISSP和ISP的最重要区别在于ISSP在ISP基础上进一步强调了信息系统对竞争优势的创造性贡献。Earl提出定义ISSP的两个关键方面是“确保信息系统投资和企业经营目标相适应”和“应用信息技术来提高竞争优势”。Doherty等人通过综合上述观点，给出了以下对ISSP的综合定义：一种识别计算机应用组合的过程，这个过程既可以和企业战略紧密匹配，又能创造出超越竞争对手的优势。

信息系统战略规划是信息系统的长远发展计划，是企业战略规划的一个重要组成部分。制订ISSP的目的体现在两点：一是使信息系统为企业战略提供各种必要的信息支持，有助于企业战略目标的实现。因此，信息系统的发展规划应当与企业战略规划有机地配合，使信息系统的发展战略与整个企业的发展战略保持一致。二是制订信息系统战略规划是信息系统开发成功的关键，信息系统开发周期长、投资大且复杂，制订信息系统战略规划可以降低系统开发风险，避免人力、物力和财力资源的浪费。

随着人们对ISSP概念认识上的拓展，ISSP的范围也得到了明显的扩展，不仅是传统的信息系统领域（事务处理和办公自动化）要考虑规划问题，而且在数据通信、用户终端计算、数据分配等领域也越来越重视规划问题。ISSP 不再仅仅关注确定开发活动的优先次序，而且也开始考虑可供选择的信息系统战略的组织内涵和信息技术发展的总体战略内涵。利用信息系统去获取竞争利益越来越受到重视。这种变化拓宽了规划的范围，并使人们愈益认识到 ISSP 的重要性。总的来说，ISSP 使得组织可以对未来信息系统事件施加有利的战略影响，帮助组织成员参与信息系统活动，控制组织信息资源，以确保信息系统规划与企业战略计划的有效集成。

知识库

企业信息战略与企业数字战略

企业数字战略的概念最初是由加特纳公司高级副总裁戴夫·阿兰于 2013 年的巴塞罗那论坛上提出的。按照他的解释，企业的数字战略与信息战略密切相关，但具有完全不同的内涵。他认为，企业的信息战略（IT strategy）是如何用技术手段解决业务问题，即如何通过部署完备的信息系统实现现有的业务目标。制订和实施信息战略的前提是企业战略（corporate strategy），信息战略属于企业总体战略实施的一个方面。而企业的数字战略（digital strategy）则完全不同，其本质是如何用业务的手段解决企业面临的数字问题，即在一个数字化程度日益提高的世界里，企业如何实现业务流程重组和企业结构演化，以适应新的市场环境。数字战略并非是另一个单独的战略，而是从数字化视角重新审视原有的企业战略。数字化思维应当渗透到企业战略中的每一个方面。

二、信息系统战略规划的原则

一个有效的战略规划可以使信息系统和用户有较好的关系，可以做到信息资源的合理分配和使用，从而可以节省信息系统的投资。一个好的规划还可以作为一个标准来考核信息系统人员的工作，明确他们的方向，调动他们的积极性。要制订有效的信息系统规划必须遵循一定的原则。

（一）信息系统的战略规划应支持企业的战略目标

信息系统是企业系统的有机组成部分，信息系统的目标应与企业整体目标相一致，信息系统的发展规划应当与企业战略规划有机地配合，从企业目标出发，分析企业的信息需求以及企业的内外环境，从而确定信息系统的目标、策略以及总体结构。

（二）信息系统的战略规划是面向全局的长远规划

一方面，信息系统战略规划应体现全局最优的思想，应使系统的功能大于各个组成部分功能的简单叠加；另一方面，由于企业内外环境因素和技术方面的因素存在许多不可预测性，系统战略规划不宜过细。制订系统规划的目的是为整个系统确定发展战略、总体结构，而不是解决系统开发中的具体问题。

（三）信息系统的战略规划应表达出各个管理层次的要求

一般管理层次由高到低分为战略计划层、管理控制层和作业处理层三个层次，不同层次的管理活动有不同特点的信息需求，这就要求信息系统的战略规划不仅立足高层管理，而且能兼顾各个管理层的要求，为企业各个管理层提供信息支持。

（四）信息系统的战略规划应具有适应性

信息系统的战略规划应摆脱系统对组织机构、管理体制的依赖。规划应从企业的管理活动入手，定义企业的过程，分析信息系统应具有的功能，这样即使企业的组织机构、管理体制发生变化，只要企业过程不变，系统仍具有较强的适应性。从企业过程出发制订系统规划也有利于企业业务流程重组。

（五）信息系统的战略规划应具有动态性

信息系统战略规划是企业规划的一部分，由于企业所处的内外环境是不断发展变化的，企业规划并不是一成不变的，所以系统战略规划也要不断修改、补充。

总之，信息系统规划的原则就是要着眼于企业的发展战略目标，把当前利益和长远利益结合起来，从整体和全局出发，自上而下，全面铺开与重点调查相结合来完成系统规划的任务。

三、信息系统战略规划的内容

信息系统的战略规划的内容包含甚广，由企业的总目标到各职能部门的目标，以及它们的政策和计划，直到企业信息部门的活动与发展。系统规划能保证信息系统资源得到良好运用，并在系统如何随时间发展方面提供指导。

信息系统战略规划需要解决以下三个方面的内容。

（一）了解企业概况及现行系统的状况

对于企业概况的分析包括：组织结构、规模、管理目标和制度、资源、经营方针、业务范围和流程以及企业的外部环境等。

对于现行系统的分析包括两方面内容：一是现行系统的运行环境和状态：现行系统的规模、资源状况及当前的管理方式和信息处理方式等；二是现行系统存在的问题：从管理体制、业务信息处理方式及性能等方面发现存在的问题和薄弱环节，并调查在人员、资金、工作的效率及有效性等方面有哪些限制条件和规定。

（二）确定信息系统的总目标和总体结构

信息系统战略规划是企业战略规划的一个重要部分。因此信息系统的总目标必须服从于企业的总目标。应根据企业的战略目标及内外约束条件，确定信息系统的总目标。它确定了系统应实现的功能。

确定信息系统总体结构即提供信息系统开发的总体框架。从系统的观点出发，确定信息系统的各组成部分（子系统）的各个部分之间的关系，信息系统与企业其他系统、组织外部环境的信息联系和接口以及系统类型等。

（三）对相关信息技术发展的预测

现代信息技术发展迅速，而信息技术决定信息系统性能的优劣。信息系统战略规划必然受到信息技术发展的影响。因此，对规划中涉及的软、硬件技术和网络技术的发展变化及其对信息系统的影响做出预测，以便在规划时尽可能吸取最新技术，保证信息系统的先进性。

四、信息系统战略规划的步骤

进行信息系统的战略规划一般应包括以下一些步骤，如图 3-2 所示。

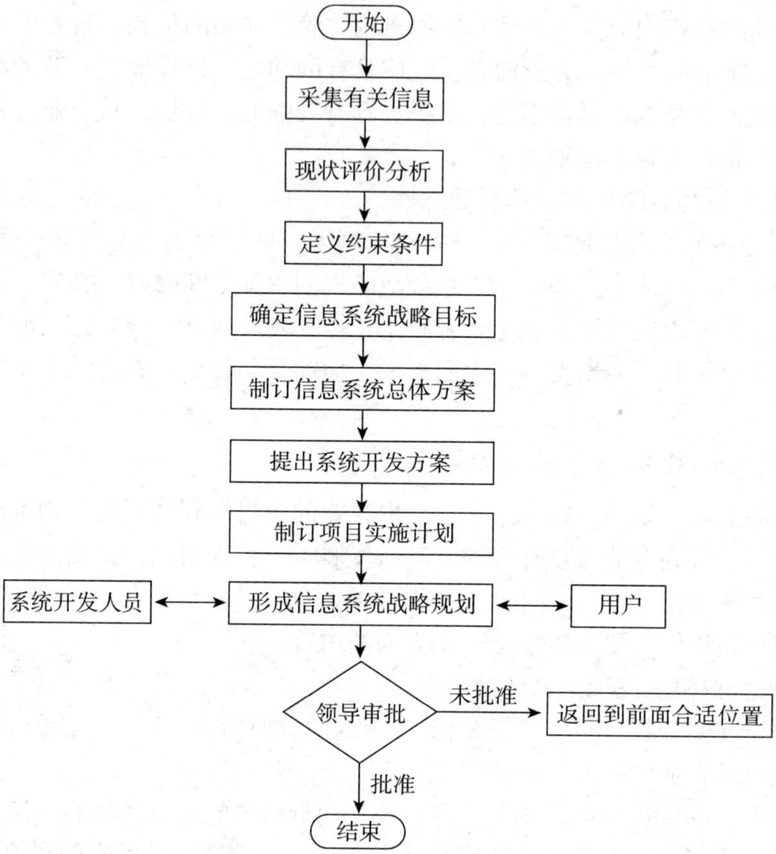

图 3-2　信息系统战略规划步骤

（一）采集有关信息

首先应对企业有关的情况进行调查研究，掌握企业全面、真实的信息，在此基础上才能制订好战略规划。主要收集四个方面的信息：一是企业的历史和现状信息，包括企业的人力、物力、财力和信息资源条件等；二是企业环境信息，包括社会环境、市场情况、技术环境以及所遵循的法律、制度等；三是现行系统状况信息，包括硬件、软件、人员、费用、开发项目的进展及应用系统的状况；四是用户需求信息，从组织内部管理、运作的特点及外部环境的影响和潜在危机出发，了解用户对系统的需求，预期系统要达到的目的，包括性能要求、可靠性要求、运行维护要求和安全保密要求等。

（二）现状评价分析

对收集的信息进行整理，在此基础上进行现存状态分析评价。包括明确企业目标和发展战略、信息需求、现行系统开发方法、系统的性能、成本、效益分析、硬件和软件的质量、系统运行实用性和设备运行效率的评价、信息资源的利用率、信息部门情况、安全措施等，进一步明确现行系统存在的问题和薄弱环节。

(三) 定义约束条件

通过对企业的人员、硬件、软件、资金、信息等资源情况的调查和分析，定义信息系统的资源约束条件。

(四) 确定信息系统战略目标

根据相关信息的分析和企业资源限制，从企业战略目标出发，确定信息系统的战略目标。明确信息系统应具备的功能、服务范围和质量等。

(五) 制订信息系统总体方案

在信息系统战略目标的基础上，给出信息系统的总体框架，包括子系统的划分等。

(六) 提出系统开发方案

确定系统开发方法和开发策略，设定项目开发优先级等。

(七) 制订项目实施计划

主要包括设定项目的时间进度、费用预算及完成期限等。

(八) 形成信息系统战略规划

把长期战略规划书写成文，在此过程中还要不断与用户和系统开发人员交换意见。最后规划要经领导审批才能生效，否则重新进行规划。

知识库

战略性信息和运营性信息

企业信息系统是服务于企业整体运营的基础设施，必须同时满足战略和运营两个层面的业务需求。通常从信息来源、信息粒度、信息寿命、信息结构化程度等维度来区分两类信息。战略性信息以外部信息为主，信息粒度大、寿命长、结构化程度低；运营性信息以内部信息为主，信息粒度小、寿命短、结构化程度高。对于运营性信息，通常采用美国学者加尔布雷斯（Galbraith）提出的矩阵模型，从业务职能和管理层级两个维度来描述。对于战略性信息，较为常用的是南非学者柏泽威提出的战略性信息组合模型。该模型从信息来源和结构化程度识别出四类战略性信息之间的相互流动：结构化外部信息↔非结构化外部信息↔非结构化内部信息↔结构化内部信息。信息的增值伴随着从外向内、从非结构化向结构化的转化过程而实现。

第三节 企业信息系统战略规划的主要方法

用于信息系统规划的方法很多，最常用的方法有战略目标集转化法（SST）、关键成功因素法（CSF）和企业系统规划法（BSP）。下面我们就对这三种方法分别介绍。

一、战略目标集转化法（SST）

战略目标集转化法是通过识别企业战略目标得出信息系统目标的一种结构化方法。以下介绍的是战略目标集转化法的情况。

战略目标集转化法把企业的总战略、信息系统战略分别看成“信息集合”。战略目标规划的过程则是由组织战略集转换成信息系统战略集的过程，如图 3-3 所示。

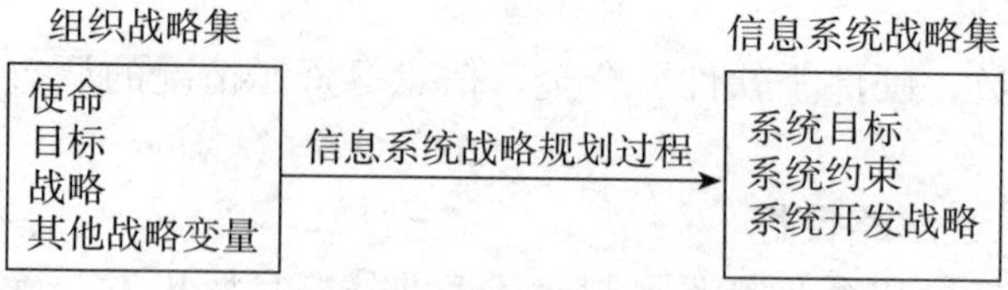

图 3－3　战略目标集转化法（SST）

（一）识别组织的战略集

组织的战略集由组织的使命、目标、战略和其他一些与信息系统有关的组织属性（如管理的复杂性、改革习惯以及重要的环境约束）等组成。

可能会有一些书面形式的组织战略，如组织的战略计划或长期计划，但这些还不够，还需要把企业全面的战略目标以书面的形式概括出来，这就需要采取以下步骤：

（1）描绘出与组织有关系的关联集团以及企业中的各类人员，如客户、供应商、竞争者、贷款人、股东、经理、雇员等；

（2）识别每类人员的要求和目标；

（3）定义组织相对于每类人员的任务和战略。

（二）将组织战略集转化成信息系统战略

信息系统战略应包括系统目标、系统约束以及开发策略和设计原则等。这个转化的过程包括针对企业战略集的每个元素识别对应的信息系统战略约束，然后提出整个信息系统的结构。

二、关键成功因素法（CSF）

关键成功因素法（CSF）由哈佛大学 William Zani 教授提出，用以满足高层管理层的信息需求。之后，麻省理工大学 John Rockart 教授把 CSF 提升成为 MIS 战略。该方法的主要用途是解决高层管理者经常遇到大量的计算机报表却难以从中寻找到有价值信息的问题，帮助高层管理者确定他们所需信息以进行有效的规划和控制。

关键成功因素指的是对企业成功起关键作用的因素。CSF 就是通过分析找出关键成功因素，然后再围绕这些关键成功因素来确定系统的信息需求，进而进行系统规划。

它包含以下四个步骤：

（1）识别企业目标；

（2）识别关键成功因素；

（3）识别各关键成功因素的性能指标和标准；

（4）识别测量性能指标和标准的数据，即定义数据字典。

以上这四个步骤可以用一个图表示，如图 3－4 所示。

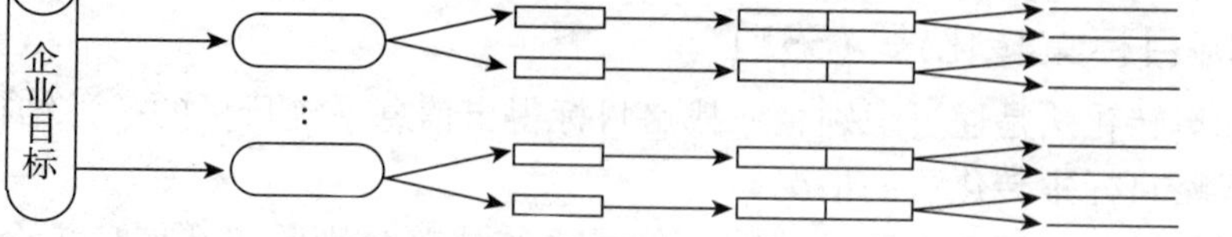

图 3－4　关键成功因素法（CSF）步骤

关键成功因素法源自企业目标，通过目标分解和识别、关键成功因素识别、性能指标识别，一直到产生数据字典。这如同建立了一个数据库，一直细化到数据字典，因而有人又把这种方法用于数据库的分析与建立。关键成功因素就是要识别联系于系统目标的主要数据类及其关系，识别关键成功因素所用的工具是树枝因果图。可以用树枝图画出影响系统目标的各种因素，以及影响这些因素的子因素，像树枝一样一层一层地列出与该问题有关的因素。然而如何评价这些因素中哪些因素是关键成功因素，不同的企业是不同的。对于一个习惯于高层人员个人决策的企业，主要由高层人员个人在树枝图中选择。对于习惯于群体决策的企业可以用德尔斐法或其他方法把不同人设想的关键因素综合起来。关键成功因素法在高层应用，一般效果好，因为每一个高层领导人员日常总在考虑什么是关键因素。对中层领导来说一般不大适合，因为中层领导所面临的决策大多数是结构化的，其自由度较小，对他们最好应用其他方法。

关键成功因素法的主要优点是使管理者可以决定自己的关键成功因素，并且为这些因素建立良好的衡量标准，确定需求信息及其类型，据此开发数据库，进而开发一个对管理者有意义的信息系统。

三、企业系统规划法（BSP）

企业系统规划法是 IBM 公司 20 世纪 70 年代用于内部系统开发的一种方法。BSP 采用自上而下的方法，从企业目标入手，识别企业过程，分析数据需求，然后再自下而上地确定信息系统的总体结构，以支持系统目标。这样从企业目标到信息系统的目标和结构，逐步规划。其工作流程如图 3-5 所示，分为定义企业目标、定义企业过程、定义数据类、定义信息系统结构四个基本步骤。其中定义企业过程是 BSP 的核心。

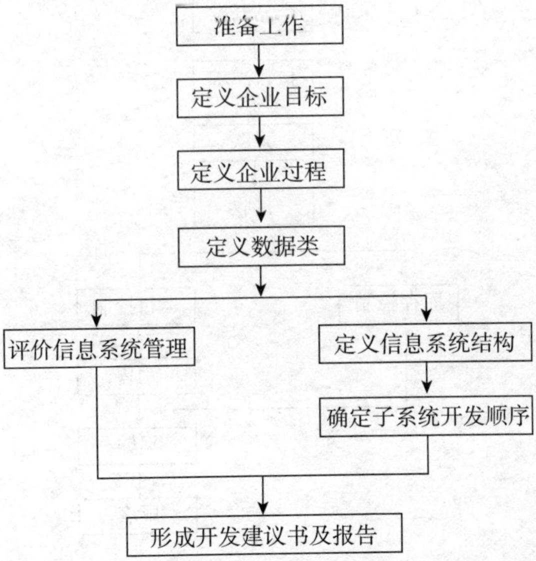

图 3-5　企业系统规划法（BSP）工作流程

（一）定义企业目标

BSP 是把企业目标转化为信息系统战略的全过程。首要问题是确定各级管理的统一目标，BSP通过若干个子系统支持企业各层次的目标，各个层次的目标要服从总体目标。通过对企业目标的定义，才能界定信息系统的目标。

（二）定义企业过程

企业过程定义为逻辑上相关的一组决策和活动的集合。这些决策和活动是管理企业所必需的，如产品设计开发、生产计划、销售等。识别企业过程可对企业如何完成其目标有深刻的了解，按企业过程所开发的信息系统，在企业组织变化时可以不必改变，或者说信息系统相对独立于组织。而且，定义企业过程有助于分析系统数据和定义系统功能和结构。下面介绍定义企业过程的具体内容。

与企业有关的活动大体由三部分组成，即计划和控制活动、有关产品和服务的活动以及与支持资源有关活动。对于上述不同的企业活动，应采用不同的方法识别过程。

1. 计划和控制

应收集有关资料，和有经验的管理人员讨论、分析、研究，确定企业战略规划和管理控制方面的过程。

2. 产品和服务

任何产品都有其生命周期，对于每个阶段用一些过程对它进行管理。根据产品的生命周期各阶段画成流程图的形式，这有助于深刻理解企业过程，并有利于进一步识别、合并、调整过程，如图3-6所示。

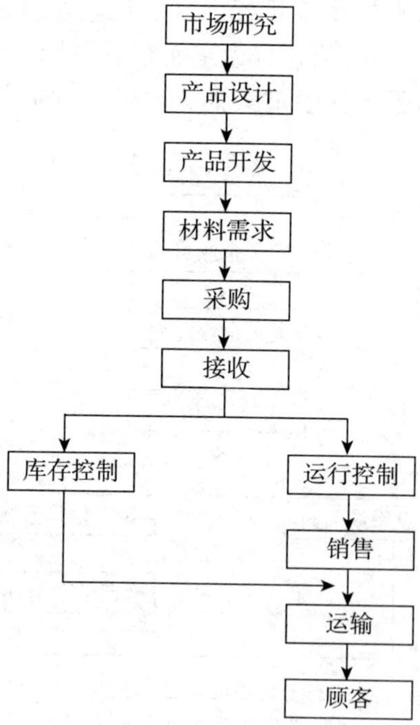

图3-6 产品/服务过程流程图

3. 支持资源

一般企业资源包括人员、资金、材料和设备等。这些资源也具有生命周期，分为要求、获得、服务、退出四个阶段。应由资源的生命周期出发列举企业过程，具体如表3-1所示。

表 3-1　　　　支持资源生命周期各阶段过程

资源	生命周期			
	要求	获得	服务	退出
人员	人员需求	招聘	补充和收益	终止合同
资金	财务计划	资金获得	会计总账	会计支付
材料	材料需求	采购	库存控制	订货控制
设备	设备计划	购买	机器维修	设备报损

企业识别过程后，应写出简单的过程说明，以描述其职能。同时进行过程分组，分析过程与组织关系，识别关键过程，最后修改确认过程，其流程如图 3-7 所示。

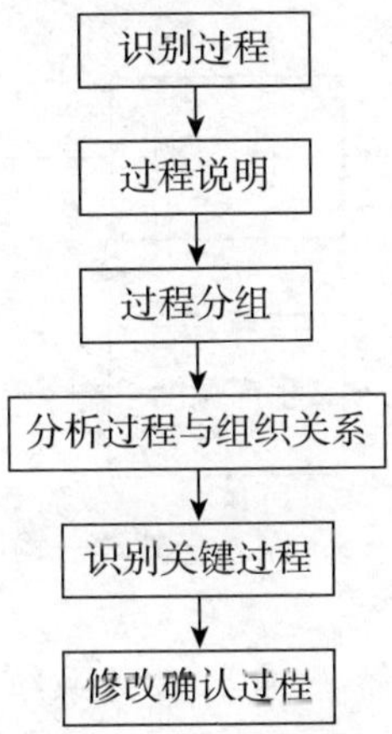

图 3-7　BSP 识别过程

（三）定义数据类

在识别企业过程的基础上，对由这些过程所产生、控制和使用的数据进行识别和分类。对数据实体进行分析，将联系密切的实体划分在一起，形成实体组，即数据类。所谓数据类，就是逻辑上相关的一组数据，如材料数据，包括材料需求数、材料消耗量、材料采购量等。定义数据类的方法一般有企业实体法和企业过程法两种。

1. 企业实体法

首先列出企业的实体，企业中客观存在的事物都可定义为实体，如产品、现金、设备、材料、人员等。联系每个实体的生命周期阶段可用计划类、统计类、存档类、业务类四种类型数据来描述。

（1）计划类数据：包括战略计划、预测、预算和模型。

（2）统计类数据：反映历史和综合的数据，用作对企业的度量和控制。

（3）存档类数据：记录资源的状况，仅与一个资源直接有关。

（4）业务类数据：反映因获取或推出活动而引起存档类数据的变更。

企业实体法是列出实体/数据类矩阵，一般情况下，在水平方向上列出企业实体，在垂直方向上列出数据类，如表 3-2 所示。

表 3-2　　　　实体/数据类矩阵

实体数据类	产品	现金	设备	材料	人员
计划类	产品计划	预算	设备计划	材料需求	人员需求计划
统计类	产品需求	财务统计	设备利用	材料消耗	人员构成
存档类	成品零件	会计总账	设备维护	入库材料	职工档案
业务类	订货	接收支付	设备订货	采购订货	招聘解聘

2. 企业过程法

利用上述识别的企业过程，分析每一个过程产生的数据、使用的数据，或者说每一个过程的输入和输出的数据。企业过程法可以用输入—处理—输出图来形象表达，如图 3-8 所示。

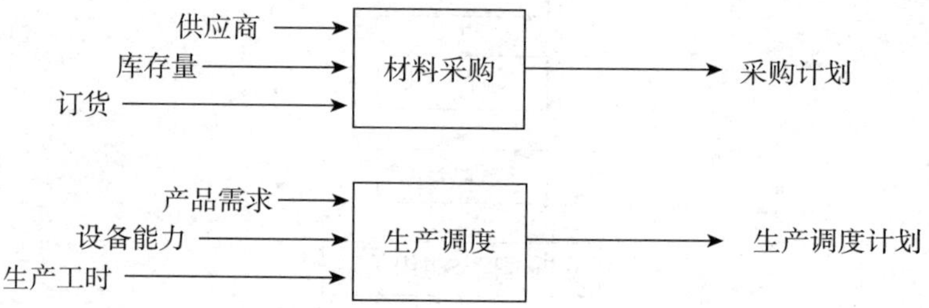

图 3-8　输入—处理—输出图

（四）定义信息系统结构

定义信息系统结构即划分子系统，确定信息系统各个部分及相关数据之间的关系。BSP 是根据信息的产生和使用来划分子系统的，尽量把信息产生的企业过程和使用的企业过程划分在一个子系统中，从而减少子系统之间的信息交换。具体做法是用 U/C 矩阵图，U 表示使用（use），C 表示产生（create）。定义信息结构的步骤如下：

（1）在 U/C 图中，左边第一列是企业过程，第一行列出数据类。如果某过程产生某数据，就在某行某列交叉点处写 C；如果某过程使用某数据，则在其对应交叉点处写 U。开始时数据类和过程是随机排列的，U、C 字母在矩阵中排列也是分散的，如表 3-3 所示。

表 3-3　　　　U/C 矩阵

数据类 企业过程	客户	订货	操作顺序	材料表	成本	零件规格	成品库存	职工	销售区域	财务	计划	机器负荷	材料供应	工作令	材料库存	产品
经营计划					U					U	C					
财务计划					U			U		U	U					
资产规模										C						
产品预测	U								U		U					U

续前表

数据类 企业过程	客户	订货	操作顺序	材料表	成本	零件规格	成品库存	职工	销售区域	财务	计划	机器负荷	材料供应	工作令	材料库存	产品
产品设计开发	U			U		C										C
产品工艺				C		U									U	U
库存控制							C						U	U	C	
调度												U		C		U
生产能力计划			U									C	U			
材料需求				U									C			U
操作顺序			C									U	U	U		
销售区域管理	C	U														U
销售	U	U							C							U
订货服务	U	C														U
发运		U					U									U
通用会计	U							U								U
成本会计		U			C											
人员计划								C								
人员考核								U								

（2）有了U/C矩阵以后，还要对矩阵中的过程和数据的顺序进行重新排列。一般情况下，首先按关键资源的生命周期的顺序排列过程，依次为：计划过程、度量和控制过程、直接涉及产品的过程、管理支持资源过程；接下来根据过程产生数据的顺序安排数据类。通过调换过程和数据类的顺序方法，尽量使C和U字母集中到对角线上排列，如表3-4所示。

表3-4　　　　调度后的U/C矩阵

数据类 企业过程	计划	财务	产品	零件规格	材料表	材料库存	成品库存	工作令	机器负荷	材料供应	操作顺序	客户	销售区域	订货	成本	职工
经营计划	C	U													U	
财务计划	U	U													U	U
资产规模		C														
产品预测	U		U									U	U			
产品设计开发			C	C	U							U				

续前表

数据类 企业过程	计划	财务	产品	零件规格	材料表	材料库存	成品库存	工作令	机器负荷	材料供应	操作顺序	客户	销售区域	订货	成本	职工
产品工艺			U	U	C	U										
库存控制						C	C	U		U						
调度			U					C	U							
生产能力计划									C	U	U					
材料需求			U		U					C						
操作顺序								U	U	U	C					
销售区域管理			U									C		U		
销售			U									U	C	U		
订货服务			U									U		C		
发运			U				U							U		
通用会计			U									U				U
成本会计														U	C	
人员计划																C
人员考核																U

（3）在建立了U/C矩阵后，要对数据进行正确性分析，基本原则是“数据守恒原理”，即数据必定有一个产生的源，而且有一个或多个用途。结合U/C矩阵图可以概括为三点原则：每一列只能有一个C；每一列至少有一个U；不能出现空行或空列。

（4）U/C矩阵求解目的是划分子系统，其方法是在数据正确性检验后的U/C矩阵中划出一个个小方块，如表3-5所示。

表3-5　划分子系统和子系统之间的联系

数据类 企业过程		计划	财务	产品	零件规格	材料表	材料库存	成品库存	工作令	机器负荷	材料供应	操作顺序	客户	销售区域	订货	成本	职工
经营计划	经营计划	C	U													U	
	财务计划	C	U													U	U
	资产规模		C														
技术准备	产品预测	U		U									U	U			
	产品设计开发			C	C	U							U				
	产品工艺			U	U	C	U										

续前表

数据类 企业过程		计划	财务	产品	零件规格	材料表	材料库存	成品库存	工作令	机器负荷	材料供应	操作顺序	客户	销售区域	订货	成本	职工
生产制造	库存控制						C	C	U		U						
	调度			U					C	U							
	生产能力计划									C	U	U					
	材料需求			U		U					C						
	操作顺序								U	U	U	C					
市场销售	销售区域管理			U									C		U		
	销售			U									U	C	U		
	订货服务			U									U		C		
	发运			U				U							U		
财务会计	通用会计			U									U				U
	成本会计														U	C	
人力资源	人员计划																C
	人员考核																U

划分时应同时遵循两点原则：沿对角线一个接一个地画小方块，既不能重叠，又不能漏掉任何一个数据和过程；小方块的划分是任意的，但必须将所有的C元素都包含在小方块内。

每一个小方块即一个子系统。按这种划分，整个系统可分为经营计划、技术准备、生产制造、销售、财会、人力资源管理等子系统。子系统的划分不是唯一的，具体如何划分要根据实际情况来定。子系统划定之后，在小方块（子系统）内所产生和使用的数据，主要放在本子系统的设备上处理。留在小方块外还有若干个U元素，表示一个系统用另一个子系统的数据，这就是子系统之间的数据联系，即共享的数据资源。表3-5中用带箭头的线举了一个具体的例子，表示技术准备子系统和生产制造子系统共享产品数据。这些数据资源考虑放在网络服务器上供各个子系统共享或通过网络来相互传递。

根据U/C矩阵中每个子系统被其他子系统共享的数据量，按照有较多子系统共享的数据应较早实现的原则确定系统开发顺序。完成了子系统的划分，确定了信息结构，还要对每个子系统的内容进行分析和说明，并把它们写成文档。

下面我们对上述三种系统规划的方法做简单比较：

关键成功因素法（CSF）：抓住主要矛盾，使目标的识别突出重点。由于该方法与传统方法衔接得比较好，经理们比较熟悉这种方法。用这种方法所确定的目标，经理们乐于努力去实现。此方法最有利于确定企业的管理目标。

战略目标集转化法（SST）：从另一个角度识别管理目标，反映了各种需求，而且给出了按这种要求的分层，然后转化为信息系统目标的结构化方法。它能保证目标比较全面，疏漏较少，但在突出重点方面不如前者。

企业系统规划法（BSP）：虽然也首先强调目标，但它没有明显的目标导引过程。它通过识别企业“过程”引出了系统目标，企业目标到系统目标的转换是通过企业过程/数据类矩阵的分析得到的。由于数据类也是在企业过程基础上归纳出的，所以说识别企业过程是 BSP 战略规划的中心，绝不能把 BSP 方法的中心内容当成 U/C 矩阵。

把这三种方法综合起来使用，称作 CSB 方法（即 CSF、SST 和 BSP 结合）。这种方法先用 CSF 方法确定企业目标，然后用 SST 方法补充完善企业目标，并将这些目标转化为信息系统目标，用 BSP 方法校核两个目标，并确定信息系统结构，这样就补充了单个方法的不足。当然这也使得整个方法过于复杂，削弱了单个方法的灵活性。可以说至今为止信息系统总体规划没有一种十全十美的方法。由于总体规划本身的非结构性，可能永远也找不到一个唯一解。进行任何一个企业的系统规划不应照搬以上方法，而应当具体情况具体分析，选择以上方法的可取之处，灵活运用。

第四节　企业信息系统战略规划与业务流程重组

信息系统的战略规划与组织变革密切相关，为了适应不断变化的环境，寻求新的发展，引进新产品、新技术，或者拓展新市场，都需要进行变革。引进信息系统将导致新的组织结构产生，而现存的组织结构又对信息系统的设计、引进的成功与否产生重要影响。因此，在规划和实施信息系统时，必须从企业的组织结构和企业业务流程入手，规范企业数据并重新设计企业业务流程，在此基础上调整和设计新的组织结构。业务流程重组（BPR）作为一种新的组织变革理念，对信息系统规划产生非常重要的影响。本节阐述业务流程重组的概念和内涵，信息系统的战略规划与业务流程重组之间的关系，以及如何将业务流程重组和信息系统战略规划结合起来。

一、业务流程重组的概念

业务流程重组（business process reengineering，BPR）是最早由美国学者哈默（Michael Hammer）和杰姆培（Jame Champy）提出，在 20 世纪 90 年代达到全盛的一种管理思想。关于 BPR 有不同的译法，如企业过程再造、企业流程再造、企业过程再设计等。根据哈默和杰姆培的定义，“业务流程重组就是对企业的业务流程进行根本性的再思考和彻底性的再设计，从而获得可以用诸如成本、质量、服务和速度等方面的业绩来衡量的戏剧性成就”。其中，“根本性”“彻底性”“显著性”和“流程”是定义所关注的四个核心领域。

根本性表明业务流程重组所关注的是企业核心问题，如“我们为什么要做现在的工作?”“我们为什么要用现在的方式做这份工作?”“为什么必须是由我们而不是别人来做这份工作?”等。这些根本性问题促使企业对管理方法以及所从事的业务进行思考，通过对这些根本性问题的仔细思考，企业可能发现自己赖以存在、运转的商业规则和假设是过时的甚至错误的，因而是不适用的，所从事的业务是没有必要再做的。

彻底性再设计意味着对事物追根溯源，对既定的现存事物不是进行肤浅的改变或调整修补，而是抛弃所有的陈规陋习、忽视一切规定的结构与过程，创造发明全新的完成工作的方法；它是对企业进行重新构造，而不是对企业进行改良、增强或调整。

显著性意味着业务流程重组追求的不是一般意义上的业绩提升或略有改善、稍有好转等，而是要使企业业绩有显著的增长、极大的飞跃。业绩的显著增长是BPR的标志与特点。例如，能够成本降低40%，顾客满意度提高40%，企业收益提高40%或市场份额增长25%。

业务流程重组关注的是企业的业务流程，一切“重组”工作全部是围绕业务流程展开的。“业务流程”是指一组共同为顾客创造价值而又相互关联的活动。哈佛商学院教授迈克尔·波特将企业的业务过程描述成一个价值链，竞争不是发生在企业与企业之间，而是发生在企业各自的价值链之间。只有对价值链的各个环节（业务流程）实行有效管理的企业，才有可能真正获得市场上的竞争优势。

总之，业务流程重组强调以业务流程为改造对象和中心，以关心客户的需求和满意度为目标，对现有的业务流程进行根本的再思考和彻底的再设计，利用先进的制造技术、信息技术以及现代化的管理手段，最大限度地实现技术上的功能集成和管理上的职能集成，以打破传统的职能型组织结构（function-organization），建立全新的过程型组织结构（process-oriented organization），从而实现企业经营在成本、质量、服务和速度等方面的巨大改善。它的重组模式是：以作业流程为中心，打破“金字塔”形的组织结构，使企业能适应信息社会的高效率和快节奏，适合企业员工参与企业管理，实现企业内部的有效沟通，具有较强的应变能力和较大的灵活性。

知识库

BPR中的关键信息技术

BPR理念的鼻祖哈默和杰姆培在1993年出版的《企业再造：商业革命宣言》一书中，归纳出企业实施BPR时所采用的八项“颠覆性技术”（disruptive technologies）：

1. 在企业的不同部门之间共享数据库；
2. 建立专家系统，由专业的人完成专业的任务；
3. 部署恰当的电信网络，使企业同时实现集中化和去集中化（centralized and decentralized）；
4. 基于信息系统建立适应各个层级的决策工具；
5. 运用无线通信和移动计算技术，使所有的现场人员都拥有独立的办公环境；
6. 运用交互式视频技术与潜在客户进行实时沟通；
7. 运用自动识别与跟踪技术实时跟踪所有原料、中间品和成品；
8. 高性能计算设备实现动态规划和修订过程。

二、业务流程重组的实施

根据BPR的思想精髓，可以将BPR的实施结构设想成一种多层次的立体形式，整个

BPR 实施体系由观念重建、流程重建和组织重建三个层次构成，其中以流程重建为主导，而每个层次内部又有各自相应的步骤过程，各层次也交织着彼此作用的关联关系。

（一）BPR 的观念重建

这一层次所要解决的是有关 BPR 的观念问题。即要在整个企业内部树立实施 BPR 的正确观念，使企业的员工理解 BPR 对于企业管理的重要性。它主要涉及以下三个方面的工作。

1. 组建 BPR 小组

由于 BPR 要求大幅度地变革基本信念、转变经营机制、重建组织文化、重塑行为方式和重构组织形式，这就需要有很好的领导和组织的保证。所以，在企业内部要成立专门的领导小组负责业务流程重组工作。

2. 前期的宣传准备工作

它可以帮助企业员工客观地从整个企业发展的角度，看待并理解业务流程重组及其对本企业带来的重要意义，以避免员工的不理解，造成企业内部的人心恐慌和员工对 BPR 的抵触情绪。

3. 设置合理目标

这是为了给业务流程重组活动设置一个明确的要达到的目标，以便做到“心中有数”。常见的目标有：降低成本、缩短时间、增加产量、提高质量、提高顾客满意度等。

（二）BPR 的流程重建

流程重建是指对企业的现有流程进行调研分析、诊断，再设计，然后重新构建新流程的过程。它主要包括以下三个环节。

1. 现有业务流程分析与诊断

深入调查现有的业务过程，对业务流程进行描述，找出影响效率和导致浪费的因素，发现其中存在的问题，并进而给予诊断，寻找重组的机会，同时确定重组的方式是渐进的还是彻底的。调查时应特别了解信息是如何流通和连接的，包括信息的获取、处理、传送和等待的时间。

2. 业务流程的再设计

针对前面分析诊断的结果，充分运用信息技术及其他技术按一定的重组原则对业务过程进行重新设计，使其趋于合理化。流程再设计的具体方法主要有以下几种：

（1）合而为一法。将多道工序合并，由多个人完成的工序，归于一人完成。

（2）同步工程法。将串行式流程即原来先后连续完成的工序，改为并行同步工程。

（3）团队模式法。将原来分别由不同部门完成的任务，现在由一个多职能团队完成。

3. 业务流程重组的实施

这一阶段是将重新设计的流程真正落实到企业的经营管理中。

（三）BPR 的组织重建

组织重建的目的，是要给业务流程重组提供制度上的维护和保证，并追求不断改进。

1. 评估 BPR 实施的效果

对新建的业务过程进行监测和评价，看看是否达到重组的既定目标，如在时间、成本、品质等方面的改进有多少。据调查分析，重组之后，新业务过程可使时间缩短 80%，成本降低 48%，差错减少 60%，以此作为一个衡量的标准。

2. 建立长期有效的组织保障

这样才能保证流程持续改善的长期进行。具体可以包括：建立流程管理机构，明确权责范围；制订各流程内部的运转规则与各流程之间的关系规则，逐步用流程管理图取代传统企业中的组织机构图。

3. 文化与人才建设

企业必须建立其与流程管理相适应的企业文化，加强团队精神建设。同时，新的业务流程对员工提出了更高的要求，这也要求企业注重内部人才建设，以培养出适应流程管理的复合型人才。

三、信息系统战略规划与 BPR

(一) 信息系统是 BPR 的利器

企业为了提高效益与竞争能力而对它的业务过程进行根本性的重组，即进行 BPR，这是信息化的必然要求。BPR 的实现必然要依靠信息技术的支持，而信息技术在企业中的典型应用就是各种类型的信息系统。可以说，信息系统是 BPR 的利器，主要表现在以下几方面。

1. 信息生成和信息处理一体化

过去大部分企业都建立了这样一些部门，它们的工作仅仅是收集和处理其他部门产生的信息。这种安排是因为信息获取、处理的手段落后，认为低层组织的员工没有能力处理自己产生的信息，而对大量信息，单靠一个职能部门根本不可能高效、准确地处理。信息系统的建立和应用则能实现信息生成和信息处理一体化，信息处理工作完全可以由低层组织的员工完成，将信息处理工作纳入产生这些信息的实际工作中。

福特公司就是个很好的例子。在旧流程中，验收部门虽然产生了关于货物到达的信息，却无权处理它，必须将验收报告交至应付款部门。在新流程下，由于福特公司采用了新的信息系统，实现了信息的收集、储存和共享，使得验收部门自己就能够独立完成产生信息和处理信息的任务，极大地提高了流程效率，使得精简 75%员工的目标成为可能。

2. 分散资源的集中处理

随着全球经济一体化的加剧，企业的资源（包括人、资本、设备、材料、信息等）可能是分散在全球范围内，分散给资源的利用带来了便利，但引起了冗余，导致资源浪费、难以控制且规模不经济。信息系统能将各地分散的资源整合。采用数据库、远程通信网络以及标准处理系统，企业完全可以在保持灵活服务的同时获得规模效益。例如，总公司与各制造单位使用一个共同的采购软件系统，各部门依然是订自己的货，但必须使用标准采购系统。总部据此掌握全公司的需求状况，并派出采购部与供应商谈判，签订总合同。在执行合同时，各单位应用数据库，向供应商发出各自订单。

3. 并行工作的相互联系

并行工作可以节约时间，提高工作速度，而这些工作最终必须组合到一起。新产品的开发就属于并行工作的典型。并行的好处在于将研究开发工作分割成一个个同时进行的任务，缩短了开发周期。但是传统的并行流程缺乏各部门间的协作，因此，在组装和测试阶段往往会暴露出各种问题，从而延误了新产品的上市。现在配合各项信息技术，如网络通信、共享数据库和远程会议，企业可以协调并行的各独立团体的活动，而不是在最后才进行简单的组合，这样可以缩短产品开发周期，减少不必要的浪费。

4. 自我决策与控制

在大多数企业中，执行者、监控者和决策者是严格分开的。这是基于一种传统的假设，即认为底层工作者既没有时间也没有意愿去监控流程，同时他们也没有足够的知识和眼界去做出决策。这种假设构成了整个“金字塔”形管理结构的基础。如今，信息技术能够捕捉和处理信息，专家系统拓展了人们的知识，于是底层工作者可以自行决策，在流程中建立控制，这就为压缩管理层次、由“金字塔”形组织结构转变成扁平组织结构提供了技术支持。一旦员工成为自我管理者自我决策者的时候，就能大大提高对市场变化的响应速度。

5. 从信息来源地一次性获取信息

在信息难以传递的时代，人们往往会重复采集信息。但是，由于不同人、部门和组织对于信息有各自的要求和格式，不可避免地造成企业业务延迟、输入错误和额外费用。然而今天，信息系统、网络通信技术等的应用，使得任何人在任何时间、地点从根源上一次性获取信息成为可能。EDI 系统、POS 系统等的应用，使得企业的原始业务数据的收集、存储、传递和共享方便迅捷。

BPR 离不开信息系统，新设计与建立的业务过程中必须嵌入信息技术的各种系统。信息系统的规划与业务流程重组密切联系且相互作用、相辅相成。

一方面，信息系统规划要以流程再造为前提，并且在系统规划的整个过程中以业务流程为主线。随着业务流程再造的深入，要求业务信息系统不断提高其集成化、智能化和网络化的程度，对信息系统规划提出了新的要求：信息系统定位应面向客户、面向不断变化的业务流程。

另一方面，面向流程的信息系统规划驱动企业的业务流程再造。信息系统的科学规划，使得信息的收集、存储、整理、利用和共享更为方便快捷，使得同一产品的市场调研、产品构想、工程设计、生产制造、销售服务等环节的并行成为可能，从而打破了企业传统的专业化分工，为业务战略的实现设计新的业务流程或改造已有流程，借助信息系统的规划与信息系统的最终实施来实现企业业务流程的重建。基于流程再造的信息系统规划能够适应企业当前或未来的发展需要，使信息系统的建设更具有效性与灵活性。

(二) 基于业务流程再造的信息系统规划的主要步骤

前面介绍的企业系统规划法（BSP），从过程的观点出发来看待企业，实际上已建立了过程模型。它根据企业过程模型去建立信息系统，但主要是从企业现有的过程出发，虽然也涉及企业过程的一点改进，但力度很小。在这样基础上建立的信息系统仅仅是用计算机系统模拟原手工管理系统，并不能从根本上提高企业的竞争能力。为了充分发挥信息系统的潜能，重要的是重组企业过程按照现代化信息处理的特点，对企业过程进行重新设计和思考。基于业务流程重组的系统规划一定要突破以现行职能部门为基础的分工式流程的局限，从供应商、组织、客户的价值链出发，确定企业信息化的长远目标，选择核心业务流程为再造的突破口，在业务流程创新和规范化的基础上，进行系统规划和功能规划。

基于业务流程再造的信息系统规划主要有以下几个步骤。

1. 系统战略规划阶段

本阶段的任务是明确企业的战略目标，认清企业的发展方向，了解企业运营模式；进行业务流程调查，确定成功实施企业战略的成功因素，并在此基础上定义业务流程远景和信息系统战略规划，以保证流程再造、信息系统目标与企业的目标保持一致，为未来工作的进行提供战略指导。

2. 系统流程规划阶段

面向流程进行信息系统规划，是数据规划与功能规划的基础。本阶段的主要任务是选择核心业务流程，并进行流程分析，识别出关键流程以及需要再造的流程，并画出重构后的业务流程图，直至流程再造完毕，形成系统的流程规划方案。

3. 系统数据规划阶段

在流程重构的基础上识别和分类由这些流程所产生、控制和使用的数据。首先定义数据类，然后进行数据的规划。按数据是否共享可以分为共享数据和部门内部使用数据，按数据的用途可分为系统数据（系统代码等）、基础数据和综合数据等。

4. 系统功能规划阶段

在对数据类和业务流程了解的基础上，下一步就是建立数据类与过程的关系矩阵（U/C 矩阵），对它们的关系进行综合，并通过 U/C 矩阵识别子系统，进一步进行系统总体逻辑结构规划，即功能规划、识别功能模块。

5. 实施阶段

在实施阶段进行系统的总体网络布局，针对这些应用项目的优先顺序给予资源上的合理分配，并根据项目优先顺序进行具体实施。

在实际工作中，BPR 与信息系统的规划是相互衔接的，企业可以选择先进行 BPR，再做信息系统的规划；也可以在进行信息系统规划的过程中融入 BPR 的思想，系统实施前进行 BPR。作为企业的管理者，应充分认识到 BPR 与信息系统之间的关系，将信息系统的规划与 BPR 紧密结合起来，充分发挥信息系统的战略作用。

新理念·新技术

BPR、BPM、BPMS 和 BPME

业务流程重组（BPR）的思想最早是由哈默和杰姆培于 20 世纪 90 年代初提出的。按照他们最初的定义，BPR 是指“对原有业务流程从根本上重新考虑并彻底地重新设计，从而显著改善成本、质量、服务和速度等现代绩效指标”。建立完善的信息系统是实现这一目标的关键性步骤。

随着 BPR 在实践中的广泛应用，这一现代管理思想也在不断发展和演变。进入 21 世纪以来，先后有多家学术和咨询机构在原有的 BPR 概念基础上，提出业务流程管理（BPM）的思想。加特纳（Gartner）公司提出 BPM 的定义是：聚焦于管理流程而非具体任务，提高业务绩效和运营的灵活性。将业务流程拓展到企业边界之外，实现人、信息流、信息系统和其他战略资产的高度融合，从而为顾客和社会创造并交付价值。

近年来，一些软件企业开始提供业务流程管理系统（BPM System）。如果说 BPM 是由管理人员和技术人员共同进行的一项管理活动，那么 BPMS 就是从事这项工作的信息技术工具。一些领先的IT企业已经逐步将BMPS纳入企业信息管理系统之中，使之成为后者的一个子系统或通用模块。一个典型的BPMS的主要功能包括：流程梳理与诊断咨询、流程建模与运行、后端应用集成与新应用、统一门户与身份管理、流程分析与优化、流程模板与应用套件、流程与知识管理、企业平台化战略、升级协同解决方案。

2014年，针对物联网（IoT）技术日益普及所带来的企业流程智能化、动态化趋势，美国工作流管理联盟（Workflow Management Coalition）率先提出了将物联网技术融入工作流程管理当中的创新管理理念BPM Everywhere（简称BPME），根据该联盟负责人纳撒尼尔·帕尔默（Nathaniel Palmer）的阐述，BPME把工作流程管理中的快速适应与成本效率融合在一起，依托信息技术创造出下一代应用开发平台，以应对物联网技术对企业流程管理带来的冲击。

本章小结

企业信息化的发展阶段不同，信息系统的发展水平是不一样的。制订企业信息系统战略规划要根据企业的实际情况。本章首先介绍了企业信息化发展阶段的两个著名模型即信息技术的扩散模型和诺兰模型。信息技术的扩散模型，包括替代、提高和转型三个阶段；诺兰模型，包括初始、蔓延、控制、集成、数据管理和信息管理六个阶段。

本章概述了企业信息系统战略规划的概念、原则、内容和步骤。信息系统战略规划是信息系统的长远发展计划，是企业战略规划的一个重要组成部分。其内容主要包括了解企业概况及现行系统的状况、确定信息系统的总目标和总体结构以及对相关信息技术发展的预测。

本章介绍了用于系统战略规划的三个常用方法即战略目标集转化法、关键成功因素法和企业系统规划法。SST法是通过识别企业战略目标，从而得出信息系统目标的一种结构化方法。CSF法就是通过分析找出关键成功因素，然后再围绕这些关键成功因素来确定系统的信息需求，进而进行系统规划。BSP法采用自上而下的方法，从企业目标入手，识别企业过程，分析数据需求，然后再自下而上确定信息系统的总体结构，以支持系统目标。分为定义企业目标、定义企业过程、定义数据类、定义信息系统结构四个基本步骤。

本章阐述了业务流程重组的概念、内涵以及业务流程重组的实施，分析了信息系统的规划与业务流程重组之间的关系，信息系统是BPR的利器，信息系统的规划与业务流程重组密切联系相互作用，相辅相成。为了充分发挥信息系统的潜能，重要的是重组企业过程，在业务流程创新及规范化的基础上，进行系统规划与功能规划。

关键概念

信息系统计划（ISP）　信息系统战略规划（ISSP）　战略目标集转化法（SST）
关键成功因素法（CSF）　企业系统规划法（BSP）　企业过程　企业实体法
企业过程法　U/C矩阵　业务流程重组（BPR）

讨论及思考题

1. 简述企业信息化发展阶段的信息技术扩散模型和诺兰模型，并结合企业的实际情况，分析信息系统的发展水平。

2. 试述信息系统战略规划的内容与步骤。

3. 如何采用企业系统规划法（BSP）进行系统战略规划？

4. 试比较战略目标集转化法（SST）、关键成功因素法（CSF）、企业系统规划法（BSP）三种常用的系统规划方法。

5. 什么是业务流程重组？说明信息系统的战略规划与业务流程重组之间的关系。

第四章　企业信息系统开发

本章要点提示

- 信息系统的生命周期
- 信息系统开发的方法
- 信息系统分析的内容与方法
- 信息系统设计的内容与方法
- 信息系统实施的内容

章前案例

博思格部署信息系统使三大事业体实现共赢

博思格钢铁（中国）是澳大利亚在中国投资最大的制造业项目。博思格钢铁（BlueScope Steel）于1983年在中国设立压板工厂博思格来实（Lysaght）；2004年4月，收购预制轻钢结构制造企业巴特勒（Butler）集团，进一步扩大在华业务。至此，博思格钢铁、博思格巴特勒及博思格来实三大事业体，共同为中国市场提供全面的建筑解决方案。然而，在经营形式多元化、业务不断增长的同时，博思格也面临着新的挑战：

1. 集团内部信息统一化程度不高，容易产生矛盾和摩擦；

2. 需要一个权限分级的管理平台，便于高层管理者对于各事业体的营销计划有全盘了解；

3. 三个事业体之间需要建立资源共享平台，整合个别优势，才能真正发挥合并效益；

4. 销售作业流程复杂，影响业务顺利进行，需要一个简易的工作平台，提高效率。

三个事业体虽然合并了，但彼此之间信息不同步；同时，各事业体快速增长，沿用公司原有的ERP平台中的销售模块已经无法满足销售人员对于信息共享的需要，于是管理层决定建立一个更高级的整合平台，管理所有的客户和业务。在选择CRM系统的过程中，他们对各种解决方案做了深入的评估，最终选择了SaaS（软件即服务）模式。

博思格巴特勒从2008年初开始部署基于SaaS的CRM解决方案，仅花了六个月的时间就完成上线。刚开始，销售人员对新系统不适应甚至抵触。然而，经过一年的磨合后，销售人员逐渐认识到这个SaaS系统实际上简化了现有的报告流程，所有业务活动都不必发短信或邮件申请，销售常用的报表格式也都存放在系统里，节省了来回请示的时间，也真正实现了无纸化办公。有了这个共同的平台，基层销售人员很快就可以了解到集团内的重要项目、成功案例，有助于明确和实现个人营销目标；对于管理高层来说，最大的好处就是通过系统设置，可以尽早发现可能冲突的项目，进行集团内部协调、资源优化配置，发挥最大效益，创造三个事业体共赢的理想结果。

博思格CRM项目总负责人李祖德表示："当集团业务开始往下游延伸，形成完整的产业链时，仅靠组织的合并是不够的，更需要在观念、文化以至于管理手段上使用现代化的方式整合。从这个角度来说，SaaS帮助我们形成了一种无形的、强大的力量，使整个集团变得更加紧密、更具竞争力。"

资料来源：http：//cio. it168. com/a2010/0326/866/000000866121. shtml.

企业信息系统既具有技术性，又具有社会性。它不仅仅是单纯的计算机系统，而且是辅助企业进行管理的以人为核心的人机系统。系统开发不仅涉及系统理论、管理理论、计算机技术、通信技术及工程化方法等多方面的问题，系统建设的成败还受企业内外部环境、体制、政策法规、观念等因素的影响。信息系统建设周期长，综合了多种学科，这决定了信息系统比一般的技术工程有更大的难度和复杂性。许多企业在系统开发之初就缺乏正确的指导思想，过分强调信息系统的技术性，而忽略或轻视企业自身作为信息系统主体的管理行为和积极参与，从而导致系统开发失败。因此，只有在正确的系统开发思想指导下，制订合理的开发目标，采用恰当的系统开发方法，才能确保系统开发成功。目前，系统开发的方法很多，不同类型的信息系统要选择不同的开发方法。随着科学技术的发展和人们认知的不断深入，更先进、实用和有效的方法也在研究和完善之中。

本章首先介绍企业信息系统的生命周期，然后讲述结构化方法、原型法和面向对象方法三种常用的系统开发方法。由于结构化方法是系统开发中最成熟、应用最广泛的方法，所以重点介绍了结构化方法各个开发阶段具体的任务和方法。

第一节　企业信息系统生命周期

任何事物都有产生、发展、成熟、消亡的过程，信息系统也一样有它的生命周期。信息系统在使用的过程中随着生存环境的变化，需要不断维护、修改，直到它不再适应的时候就要被新系统代替，这样的周期循环被称为信息系统的生命周期。它是信息系统开发的基本规律。信息系统的生命周期划分为五个阶段：系统规划，系统分析，系统设计，系统实施，系统运行、维护与评价。其中后四个阶段构成了一个项目开发周期，这个周期周而复始地进行。一个系统开发完成后随着内外部环境的变化，会不断地积累新的问题，当问题积累到一定程度的时候就需要重新进行系统分析，开始新的系统开发，必要时还要重新进行系统规划。信息系统的生命周期及相应的具体工作如图4－1所示。

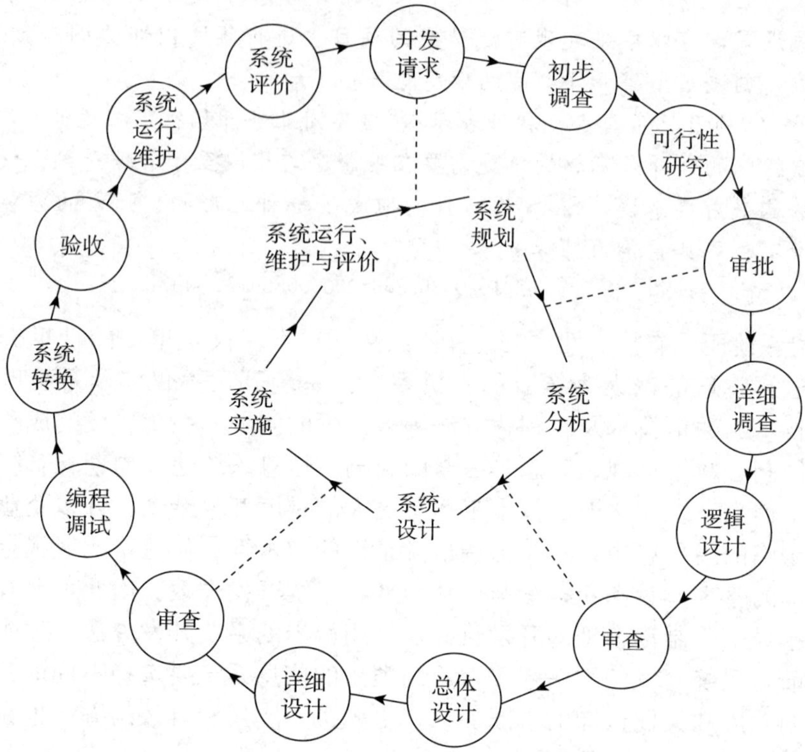

图 4－1　信息系统的生命周期

一、系统规划阶段

系统规划的主要任务是对系统做全面长远的考虑，对企业概况及现行系统的状况进行初步调查，根据企业的目标和发展战略，对系统的需求做出分析和预测，研究系统的必要性和可行性，确定信息系统目标、信息系统的主要结构，根据需要和可能给出拟建系统的备选方案，并对备选方案进行可行性分析，写出可行性报告。可行性报告审议通过后，将新系统建设方案及设施计划写成系统设计任务书。

二、系统分析阶段

系统分析阶段的任务是解决系统"做什么"的问题。根据系统设计任务书，对现行系统进行详细调查，描述现行系统的业务流程，并在此基础上进行分析，确定系统的基本目标和逻辑功能要求，完成系统数据的收集、分析，确定系统数据流程图和系统方案，提出新系统的逻辑模型，写出系统说明书。这一阶段是系统开发的关键阶段，也是系统设计阶段的基础和依据。

三、系统设计阶段

系统设计阶段要回答的问题是系统"怎么做"的问题。这个阶段的主要任务是根据系统分析阶段确定的方案，按照系统的功能要求，结合实际条件，具体设计实现逻辑模型的技术方案，即设计新系统的物理模型。系统设计包括系统的总体结构设计和具体物理模型设计两个方面。其中，总体结构设计是指在系统分析的基础上，对整个系统的划分（子系统）、机器设备的配置、数据的存储方式以及整个系统实现规划等方面的合理安排；具体物理模型设计包括代码设计、数据库设计、输入/输出设计以及模块功能与处理过程设计。

四、系统实施阶段

系统实施阶段主要进行系统具体实施，包括计算机等设备的购置、安装和调试，程序编制，系统调试与转换以及人员的培训等。这几个任务是在同一时间展开的，它们之间互相联系、互相制约，因此必须精心安排和组织。

五、系统运行、维护与评价阶段

系统运行、维护与评价阶段的主要任务是对运行系统进行维护和质量效益评价，具体包括记录系统运行的情况，根据一定的规则对系统进行必要的修改，评价系统的工作质量和经济效益。其中系统的维护包括对硬件设备的维护和对软件系统及数据的维护。对于不能修改或难以修改的问题记录在案，对积累的问题准备新的系统需求，定期整理成新需求建议书，为下一周期系统规划做准备。这标志着老系统生命结束，新系统的诞生。这个全过程就是系统开发生命周期。

知识库

系统开发生命周期（SDLC）

系统开发生命周期（systems development life cycle）是信息系统开发和软件工程当中的一个通用概念，用来描述信息系统的规划、建立、检验和部署过程。有一系列不同的SDLC模型，适用于不同的系统复杂程度和用户需求，如“瀑布法”“螺旋法”“增量法”“敏捷开发”“快速原型”“同步稳定”等。众多的SDLC模型可以被视作从“敏捷”到“迭代”、再到“序列”的方法谱系。敏捷方法专注于轻量化流程的快速部署，不必严格遵循完整的SDLC范式；迭代方法通过多次迭代解决有限范围内的功能扩展和改善；序列方法适用于需要精心规划的大型开发项目，并且提供可预测的开发成果。

ISO/IEC 12207－2008《系统和软件工程——软件生命周期过程》是国际标准化组织提出的软件系统开发过程管理的国际标准。按照这一标准，信息系统开发过程划分为六个主要过程：获取、供应、开发、运行、维护、销毁。在这六大过程之下，具体包含43个过程、95项活动、325项任务、224项结果。

第二节　企业信息系统开发方法概述

信息系统开发的方法是人们在实践过程中逐渐总结出来的，是针对人们在信息系统开发过程中出现的问题而提出来的一种指导系统开发的科学方法。从20世纪五六十年代开始发展到今天，信息系统的开发方法已经发生了很大变化，从最初的“无组织”的原始开发方法到结构化方法，以及后来出现的原型法和面向对象方法，每一种方法都有自己的特点和适用环境，至今还没有一种对任何系统开发都行之有效的方法。但也确有一些方法在系统开发的不同方面和不同阶段带来了有益的帮助。从工程技术角度分析，较有影响的系统开发方法有：结构化方法、原型法、面向对象方法、组件化方法、CASE方法等。其中面向对象的方法、基于构件的方法和CASE方法是目前正在流行的方法，具有广阔的发展前景。这些开发方法是不断发展变化的，多数情况下综合运用各种方法。下面具体介绍三种常用的开发方法：结构化方法、原型法和面向对象方法。这三种开发方法各有所长，也各自具有一定局限性。

一、结构化方法

结构化方法（structured system analysis and design，SSA&D）产生于20世纪70年代中期，是信息系统开发方法中最早、最传统的系统开发方法，也是应用最普遍、最成熟的一种方法。“结构化”的含义是指用一组标准的准则与工具从事某项工作。在结构化程序设计思想被广泛采纳之前，编程更多地被看作一门艺术，每一个程序员都按照自己的习惯和思路编写程序，没有统一的标准与方法。同一个任务，不同的程序员的编程效率与程序的质量相差很大，而且这些程序可读性很差。1964年，波姆（Bohn）和雅可比尼（G. Jacopini）提出结构化程序设计的理论，也就是使用顺序、选择和循环三种基本逻辑结构来编写程序。这三种基本逻辑结构的嵌套，可以完成各种复杂编程任务的要求。人们正是从结构化程序设计中得到了启发，将模块化思想引入系统开发设计中，将一个系统设计成层次化的程序模块结构，形成了结构化系统分析与设计的基本思想。

知识库

数据（信息）的结构化

数据（信息）结构是建立信息系统的基础。按照数据的数学或逻辑关系把大量数据组织起来实现标准化，是信息系统高效运行的重要前提。这里的数学或逻辑关系，就是数据模型。数据模型依赖于企业的业务模型，也是业务模型的技术支撑。按照数据的结构化程度，可以划分出五种数据（信息）类型：

• 原始数据（raw data）：信息系统从数据源采集的数据，未经任何处理和操作，结构化程度为零。原始数据的概念是相对于信息系统而言的。

• 非结构化数据（unstructured data）：没有任何预定义的数据模型的数据，难以被常规软件和程序所理解和处理。

• 半结构化数据（semi-structured data）：具有区分语义单元的标签（tags）和一定的层级结构，但不符合规范数据模型的数据，如互联网上网页或邮件等。

• 结构化数据（structured data）：严格按照规范的数据模型组织起来的数据，最常见的数据模型是标准数据库和语义标注。

• 元数据（metadata）：通俗地讲就是描述数据结构（模型）的数据，它是对原始数据进行处理的规范和依据。

（一）结构化方法的基本思想

结构化方法从系统的观点出发，按照面向用户的原则进行结构化、模块化，是自上而下地对系统进行分析和设计的一种开发方法。具体来说，就是把整个信息系统开发过程划分为若干相对独立的阶段，如系统规划、系统分析、系统设计、系统实施及系统运行、维护与评价阶段等。在前三个阶段坚持从整体全局考虑，自上而下地对系统进行结构化划分，即对企业概况及现行系统的状况进行初步调查，对系统的需求做出分析和预测，确定信息系统目标与主要结构，提出新系统的逻辑模型和物理模型，从宏观整体入手，具有全局最优的思想。在系统实施阶段，从基层模块做起（编程），最后逐个实现，按照系统设计的结构，将各模块拼装在一起进行调试，自下而上，逐渐构成整个信息系统。系统运行、维护与评价阶段的任务主要是对现行系统的管理、评价和维护，直至产生新的系统。结构化方法自上而下地将复杂的系统分成若干易于控制和处理的子系统，又将子系统分解成更小的子任务，最后将子任务独立编写成子程序模块，自下而上地实现。

（二）结构化方法的优、缺点

1. 结构化方法的优点

结构化方法克服了传统方法的许多弊端，是最成熟、应用最广泛的一种工程化方法。这种方法的突出优点如下：

(1) 按照系统的观点，自上而下地完成系统的分析与设计。强调系统开发过程的整体性和全局性，强调在整体优化的前提下考虑具体的分析设计问题。保证了系统的整体性和目标一致性。

(2) 严格区分工作阶段，把整个系统开发过程划分为若干个工作阶段，每个阶段都有明确的任务和目标。在实际开发过程中严格按照划分的工作阶段，一步步地展开工作，每一步工作都要及时总结，发现问题及时反馈和纠正，从而避免开发过程的混乱状态。

(3) 面向用户，根据需求设计系统。在系统开发过程中面向用户，充分了解用户的需求和愿望。在系统设计阶段之前，深入实际，全面、细致地调查研究，努力弄清实际业务过程的每一个细节，然后分析研究，制订出科学合理的新系统设计方案。根据用户需求开发，系统具有较强的适用性。

(4) 充分预料变化情况。系统开发工作是一项周期很长的工作，一旦周围环境变化，都会直接影响到系统的开发工作。结构化方法强调在系统调查和分析时对将来发生的变化给予充分的重视，强调所设计的系统对环境的变化具有一定的适应能力。

(5) 开发过程工程化。在系统开发的每一步骤和每一阶段，都按工程标准建立标准化的文档资料，有利于系统的维护。

2. 结构化方法的缺点

结构化方法不可避免地存在下列不足和局限性：

(1) 开发周期长。一方面，用户在较长时间内不能得到一个实际可运行的系统；另一方面，系统难以适应环境变化，一个规模较大的系统经历较长时间开发出来后，其生存环境可能已经发生了变化。

(2) 难以具体实施。由于用户或系统分析员与管理者之间的沟通问题，在系统分析阶段很难把握用户的真正需求、管理状况以及预见可能发生的变化。在实际工作中实施有一定的困难。

(3) 结构化程度低的系统在开发初期难以锁定功能要求。

结构化方法能全面支持整个系统开发过程，尤其是在占系统开发工作量最大的系统调查和系统分析这两个重要环节。这种方法主要适用于信息需求明确、规模较大、结构化程度较高的系统的开发。

二、原型法

原型法（prototyping）是20世纪80年代初兴起的一种开发方法，它是随着计算机软件技术的发展，在关系数据库和第四代程序生成语言（4GL）等开发环境的基础上，提出的一种方法。原型法克服了结构化系统开发方法的缺点，通过快速建立供用户使用的原型反映用户的信息需求，加快了系统开发过程中用户需求的获取，缩短了开发周期，降低了开发风险，有助于解决一些规模不大但不确定因素较多的管理决策问题，在一定程度上提高了系统开发的效率和有效性。

（一）原型法的基本思想与工作流程

原型法的思想基础在于系统所有的需求并非都能首先定义，信息系统开发过程中大量反复是必要的，也是系统具有更强适应性所要求的。它没有严格遵循信息系统的生命周期进行开发与研制，扬弃了结构化方法那种一步一步周密细致的调查、分析，然后逐渐整理出文字档案，最后才能让用户看到结果的烦琐做法，而是一开始就凭借着系统分析人员对用户要求的理解，在强有力的软件环境支持下，尽快给出一个满足用户基本要求的交互式的初始原型系统，然后系统分析人员和用户一起对此原型进行评价，根据评价结果，再对原型进行修改，如此反复，直到完全满意为止，形成实际系统。原型法分为进化原型法和实验原型法两种，进化原型法是将修改完善后的原型作为目标系统，而实验原型法是原型经修改形成目标系统蓝图后即被废弃，重新开始目标系统的设计与实施。

利用原型法开发信息系统分为以下四个步骤，其工作流程如图4-2所示。

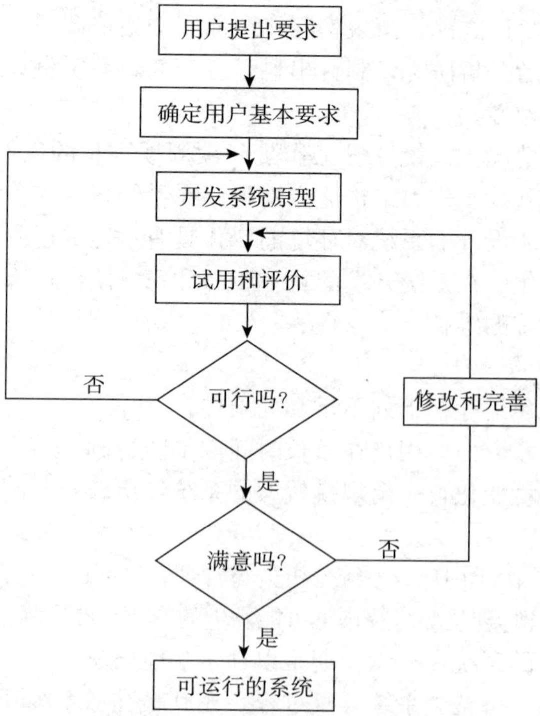

图4-2 原型法工作流程图

1. 确定用户基本需求

系统开发人员通过对用户的调查访问，明确用户对系统的基本要求。开发人员据此确定输入/输出要求、系统应具备的基本功能、人机界面的基本形式等。在该阶段中，不需要开发人员费很大力气去全面、细致地了解整个系统，了解可以是不完全的，这在以后的几个阶段的工作中可以进一步发现和修正。

2. 开发系统原型

系统开发人员依据系统的基本要求和功能，选用合适的原型建造工具和其他快速生成软件工具，以尽可能快的速度建造一个仅包含系统主要功能的、符合用户基本信息需求的可运行的交互式原型系统。

3. 试用和评价

用户亲自试用建造好的原型，在试用过程中了解信息需求得到的满足程度和存在的问题，并与系统开发人员进行充分的交流，形成对原型试用后的评价。与此同时，系统开发人员借这一具体的系统去引导、启发用户进一步明确表达对系统的最终要求，对原型中不合理、不满意的部分提出比较具体的改进意见。这一阶段是整个开发过程的关键。

4. 修改和完善

开发人员根据用户的评价和意见对原型进行修改、扩充和完善，及时让用户试用。后两个步骤是反复进行的，直到用户满意为止，最终形成一个符合用户需求的、可运行的新系统。

(二) 原型法的优、缺点

1. 原型法的优点

从以上的开发过程可以看出，原型法具有如下优点：

(1) 开发周期短，开发成本低。原型法充分利用最新的软件工具很快形成原型。一方面，将系统调查、系统分析、系统设计三个阶段融为一体，缩短了开发周期，并且原型使用方便、灵活、容易修改，提高了用户的积极性。另一方面，初始原型的开发成本低，即使用户不满意而废弃此原型，也不会造成太大的浪费，降低了系统开发的风险。

(2) 用户的主导作用。结构化方法强调面向用户的观点，但用户参与较多的是系统分析阶段。而采用原型法进行系统开发，用户在整个开发过程中起主导作用。由于用户信息反馈及时、准确，使问题得到及时解决。而且随着反复修改，用户对系统模型的描述逐步明朗、精确，使得开发的系统完全符合用户的需求。

(3) 引入模拟手段。原型法首先根据分析人员对用户要求的理解，模拟出一个系统原型，然后针对原型讨论。它缩短了用户与系统分析人员之间的距离，讨论问题都是围绕一个确定原型进行的，彼此之间不存在误解和答非所问的可能，并且原型能启发人们对原来想不起来或不易准确描述的问题有一个比较确切的描述，从而有效地辨认用户的需求。所以，系统开发的成功率高，增加了系统的可靠性、适用性。

2. 原型法的缺点

原型法的局限性在于，对于大系统、复杂系统很难快速建立原型，也就难以直接使用原型法；原型法缺乏统一规划和对开发系统的精细安排，使得开发过程难以管理控制，整个开发过程要经过“修改—评价—再修改”多次反复，开发过程管理要求高，如控制不好盲目地进行修改会导致系统开发周期变长，无限拖延开发进程；原型法缺乏规范化的文档资料，给系统的维护工作带来困难。

由上面分析可以看出，原型法的主要优势在于能更有效地识别用户需求。为此，原型法适用于用户需求不高，且需求经常发生变化，管理及业务处理不稳定，系统规模较小且不太复杂的情况。一般将原型法和结构化方法有机地结合起来，彼此取长补短。首先采用结构化方法对系统做总体规划，自上而下，能充分考虑到各子系统的关联和数据库的设计；而具体开发到某个子系统时则采用原型法，加速开发过程，让用户较早地参与到系统开发中去，用原型法进行需求分析，将经过修改、确认的原型系统作为系统开发的依据。这种组合方法把原型法的交互能力强和结构化方法的阶段分工结合起来，这样形成的开发方法可能会更有效。

三、面向对象方法

自20世纪80年代各种面向对象程序设计语言出现以来，面向对象技术迅速发展，并随之产生了一种新的软件工程方法——面向对象（object oriented）方法，简称OO方法。现在一些发达国家，几乎所有的软件开发都全面或部分地采用面向对象技术。面向对象的分析和设计方法已逐渐取代了传统的方法，成为当今软件开发的主流方法。虽然OO方法目前还处在发展阶段，但是人们普遍认为OO方法将是信息系统开发的核心技术和发展方向。

OO方法是一种运用对象、类、继承、封装、聚合、消息传送、多态性等概念来构造系统的软件开发方法。为了更好地掌握OO方法，我们先简单介绍有关面向对象的一些基本概念。

（一）面向对象方法的基本概念

1. 对象（object）

在面向对象系统中一切概念上的实体（客观存在的事物或抽象的事件）都抽象为对象，它既可以是具体的物理实体的抽象，如一架飞机、一台电视，也可以是人为的概念，如一条法规等都可以作为对象。每个对象都有属性和操作，属性表示事物的静态特征，描述了对象的状态，而操作表示事物的动态特征，这些操作是对象的行为。

2. 类（class）

把具有相似属性和操作的所有对象归为一个对象类，简称类。类是这些对象的抽象描述，每个对象是它所属类的一个实例。在面向对象系统中用类创建对象。实际上，类所代表的是一个抽象的概念或事物，并不真正存在。在客观世界中实际存在的是类的实例，即对象。比如，“车”是一个类，一辆具体的货车、客车就是“车”类的一个对象。

3. 封装（encapsulation）

对象是一个很好的封装体。它向外提供的界面包括一组数据结构（属性）和一组操作（服务），而把内部的实现细节（如函数体）隐藏起来，把最不稳定的部分封装起来。也就是说，对用户来讲“功能”是可见的，而具体实现细节是隐藏的。封装机制保证了每个对象的实现都有独立于其他对象的细节，从而保证了对象之间的独立性，提高了系统的可维护性。

4. 继承（inheritance）

继承是指子类可以自动拥有父类的全部属性和操作，体现了一种共享机制。子类除了继承父类的所有特性外，还可以定义自己特有的属性和方法。一个子类可以有多个父类，这样它可以同时使用两个以上父类的属性和方法。面向对象方法的继承机制使得在定义子类时不必重复定义那些已在父类中定义过的属性和方法，只要声明自己是某个类的子类，集中精力定义自身所特有的属性和方法即可，从而简化了对现实世界的描述，有助于软件可重用性的实现。

5. 消息（message）

消息是指对象之间在交互中所传送的通信信息。对象的封装性使得对象之间的通信只能通过消息传递来实现。通常，一个对象向另一个对象发消息请求某项服务，接收消息的对象响应该消息，激发相应的操作，并返回操作结果。

6. 多态性（polymorphism）

同一消息发送到不同的对象可能产生完全不同的结果，称为多态性。这种多态性为用户提供了一种方便，即用户只需发出一个通用的消息，而实现的细节则由接受对象自行决定，因而一个通用的消息可以调用不同的方法。多态性有助于提高软件的可重用性和可扩充性。

（二）面向对象方法的基本思想与开发过程

OO 方法认为，客观世界是由各种各样的对象组成的，每个对象都有各自的内部状态和运动规律，不同对象之间的相互作用和联系就构成了各种不同的系统。在我们设计和实现一个客观系统时，如能在满足需求的条件下，把系统设计成由一些相对稳定的对象组成的最小集合，虽然对象的使用依赖于应用的细节并且随系统开发过程不断变化，但是对象的性质不会随周围环境及用户需求的不断变化而改变。那么，这样设计出的系统就把握了事物的本质。

OO 方法的基本思想是：以对象考察客观事物，从客观事物的共性中抽象出对象类，通过封装和继承，构造系统的类层次结构，并根据对象间的联系建立对象（类）的消息通信机制，用户通过消息的改善与传递，实现对象的操作，从而求得问题的解。

OO 方法的开发过程一般可以分为以下四个阶段。

1. 系统调查

这一阶段的主要任务是对待研究的问题领域进行调查，了解现行系统存在的问题以及用户的需求。

2. 面向对象分析（OOA）

这一阶段的主要任务是在调查的基础上，抽象地识别出对象和类，确定对象的内部特征（属性与操作），并分析对象之间的各种外部联系，建立信息系统的对象模型。

3. 面向对象设计（OOD）

在 OOA 阶段得到的对象模型的基础上，做进一步的抽象、归类和整理，所得到的设计模型是原 OOA 的分析模型的精化，它含有有关实现的细节特征。这一阶段的主要作用就是从计算机实现的角度进一步规范整理 OOA 分析的结果。

4. 系统实现

用面向对象的程序设计语言（OOPL）将 OOD 阶段整理的系统设计模型直接映射为应用程序软件。

以上四个阶段是 OO 方法开发过程必然包括的，但与结构化方法是不同的，在整个系统开发过程中是循环往复地进行这几个阶段，而不是一种线性开发。

（三）面向对象方法的优、缺点

OO 方法之所以会成为今天的主流技术，其中一个突出优点是 OO 方法以对象为基础，利用特定的软件工具直接完成从对象客体的描述到软件之间的转换。这种直接映射使得从分析设计直到编程、测试和维护成为自然且连续的过渡过程，从而使软件开发各阶段能够形成紧密的衔接。OO 方法解决了传统结构化开发方法中客观世界描述工具与软件结构不一致的问题，避免了从分析和设计到模块结构之间多次转化映射的繁杂过程，使各阶段交接顺利。从而大大降低整个开发过程的难度，减少工作量和出错的可能，缩短开发周期。

在 OO 方法中，系统模型的基本单元是对象，是客观事物的抽象，具有相对稳定性，因而 OO 方法开发的系统有较强的应变能力。

面向对象技术的多态性和继承机制可以提升软件的可重用性，从而减少软件开发的时间和成本。

面向对象的封装机制有利于程序的测试和维护。

OO 方法的不足之处在于，和原型法一样，OO 方法需要有一定的软件基础支持才可应用。另外，对大型系统而言，采用自下向上的 OO 方法开发系统，易造成系统结构不合理、各部分关系失调等问题，易使系统整体功能的协调性差，效率降低等。

OO 方法特别适合于多媒体和复杂系统。一般将原型法与 OO 方法相结合，OO 方法设计的软件具有极强的可维护性、适应性和很好的重用性，提供了丰富的软件构件。原型法可充分利用这些软件构件快速构造系统原型。两者的结合大大提高了系统开发的效率。

以上介绍了三种常用的信息系统开发方法。在实践中，信息系统规模大小不同，处理的功能繁简不一，所涉及的管理层次也有高、中、低之分。如何根据实际情况选择合适的开发方法，是影响系统开发效率和质量的主要因素。

结构化方法是公认的标准化方法，是真正能较全面支持整个系统开发过程的方法，因其过程严密、思路清楚，使该方法处于系统开发过程中的主导地位。但它总体思路上比较保守，是以不变应万变的方式适应环境的变化，一般可以采用其他方法作为结构化系统开发方法在局部开发环节上的补充。原型法强调开发人员与用户的交互，该方法开发的信息系统具有较强的动态适应性，原型法对于中小型的信息系统开发效果较好，但在计算机的开发工具上要求较高。面向对象方法是一种新颖、具有独特优点的方法，特别适合系统分析和设计，缺点在于在没有进行全面的系统性调查分析之前，把握这个系统结构有困难。以上三种方法从对使用者的要求来看，结构化方法离计算机人员近一些，原型法离用户近一些，而面向对象方法介于二者之间。在实际开发中，较为有代表性的观点认为，单纯地采用哪一种方法来进行开发都是片面的、有缺陷的，最好是将各种方法综合起来使用，以取长补短。

第三节　信息系统分析

信息系统分析是信息系统生命周期的第二阶段，系统分析也称为系统的逻辑设计。所谓逻辑设计，是指在逻辑上确定信息系统的功能，解决信息系统能“做什么”的问题。这一阶段的主要任务是：系统分析人员与企业各部门管理人员一起，描述、分析对新的信息系统的要求，并把双方的理解用系统分析说明书表达出来。

这个阶段从一个信息系统的开发项目开始，通过对现行系统的详细调查，明确用户需求，运用一系列的图表工具进行详细分析。主要包括业务流程分析，数据流程分析，确定新系统的功能结构，建立一个可行的、优化的新系统的逻辑模型，交付新系统的逻辑设计说明书。这是新系统逻辑模型的设计阶段，它表达的是系统的本质，也就是逐步明确系统的基本功能，而不考虑新系统是如何实现的。这一阶段的工作成果是系统设计阶段的依据。

一、系统调查

要研制出适合某组织需要的信息系统，必须从该组织或系统的具体情况出发。新系统是在现行系统基础上经过改建或重建得到的。由于在新系统的分析与设计工作之前，必须对现行系统做全面、充分的调查研究和分析，所以系统分析从调查现行系统开始，这时所进行的调查为详细调查。系统分析员采用访问、座谈、填表、查阅资料、深入现场等多种调查研究的方法，得到现行系统的各种有用资料。这个阶段为新系统开发进行了原始资料的准备，并使得系统开发人员对现行系统取得了感性和理性的认识。有人也称本阶段为需求分析，通过调查得到了用户对新系统的各种需求情况。

(一) 调查内容

系统分析员向用户单位的各部门管理人员、业务人员及其他有关人员进行多种调查，内容大致如下。

1. 系统界限和运行状态

对系统界限和运行状态的调查包括现行系统的发展历史、目前规模、经营效果、业务范围及与外界联系等，以便确定系统界限、外部环境和接口以及衡量现有的管理水平等。

2. 组织机构和人员分工

组织机构和人员分工的调查包括：现行系统的组织机构、领导关系、人员分工的配备情况等。从中不仅可以了解现有系统的构成、业务分工，而且可以进一步了解人力资源、发现组织人事等方面的不合理现象。

3. 业务流程

不同系统进行不同的处理。分析人员要尽快熟悉业务，全面细致地了解整个系统的业务流程，以及物料和信息的流动情况。除此之外，对各种输入、输出、处理内容、处理速度和处理量等都要进行详细的了解。

4. 各种计划、单据和报表的处理

调查中要收集各类计划、单据和报表，了解它们的来龙去脉及各项内容的填写方法，进一步落实现行系统的数据收集、整理、输入、存储、处理、输出等环节，以便得到完整的信息流程。

5. 资源情况

除了人力资源，还要了解现行系统的物资、资金、设备、建筑平面布置和其他各项资源的情况。若已配置了计算机，则要详细调查其功能、容量和外设配置，以及目前使用情况、存在的问题等。

6. 约束条件

现行系统在人员、资金、设备、处理时间和处理方式等各方面的限制条件和规定。

7. 薄弱环节

现行系统的薄弱环节正是新系统要解决和关心的主要问题，往往也是新系统目标的重要组成部分。因此要注意收集用户的各种要求，善于发现问题并找到问题的关键所在。

（二）调查方法

系统调查的过程就是运用各种方法使现行系统的组织结构、管理功能、业务流程、数据流向等信息再现的过程，并以书面文件形式表现出来。

对各项业务的详细调查，涉及人多，业务面广，需要各层次的管理人员的密切配合以及各部门的协调工作。因此，要使详细调查工作能顺利地进行，就必须事先制订周密的调查进度计划，掌握合理的调查顺序，采取有效的调查方法。

一般来讲，调查的顺序有自顶向下和自底向上两种。自顶向下的顺序适合于业务层次性较强、功能划分比较明确的系统；自底向上的顺序适合于业务相对分散且层次性不很强、功能划分不十分明确的系统。在实际调查中，可以综合这两种调查顺序。先自顶向下作初步调查，了解全局、总体，提纲挈领，摸清脉络，在此基础上再自底向上进行具体调查，立足基层，疏而不漏。

常用的调查方法有访谈法、问卷调查法和观察法。

1. 访谈法

通过对现行系统有关人员的直接访问，获取有关现行系统的详尽资料。为了保证每次访问都得到足够多的信息，系统调查者应明确每次访问的任务，列出访问计划，做到有的放矢。准确选择访问对象，应选对访问任务最了解、对建立新系统最有信心的人员作为被访问的对象。要注意访问的方式，应态度友善和善于引导被访对象。及时做好访问记录，并在访问完毕后加以归纳整理，使之文档化，最终形成一整套系统调查资料。

2. 问卷调查法

问卷调查法是由系统分析员将要调查的内容写成表格、问题或选择方式的题目，以问卷形式发给调查对象，填好后收回。这种调查法适用于大系统的调查，因为系统大、分散，被访人员多，系统分析员有限，无力进行广泛的面谈。问卷调查法的范围广，收集的信息具有代表性，可以节省人力、物力和时间。但是，设计调查问题比较困难。由于书面文字有限，不易将问题表达清楚，易被误解，因此回收的信息会有较大的误差，回收率较低。

3. 观察法

通过以上两种方法获取的资料都是间接得来的，因此系统分析员可能认识比较模糊，而实地观察恰好克服了这一缺点，通过亲临实际操作现场观看、记录，乃至参与实际工作，使得调查人员学会现行系统的工作原理，充分了解现行系统的特性，取得具有感性认识的第一手材料。但这种方法效率低、难度大。在调查中，一般是在使用前面几种方法之后，用这种方法作为辅助调查的手段。

以上三种方法各有其特点，在实际调查中一般将这三种方法联合起来使用。

系统分析员的调查过程主要是大量原始素材的汇集过程。分析员必须对这些内容进行整理、研究和分析，需要借助一定的技术和工具。这里说的工具是指将有关内容绘制成描述现行系统的各种图表。直观的图表可以帮助系统分析员理顺思路，在短期内对现行系统有全面细微的了解，也便于与用户交流。

二、组织结构与功能分析

组织结构与功能分析是整个系统分析工作中的首要环节。组织结构与功能分析主要包括组织结构分析、业务过程与组织结构之间联系的分析以及业务功能分析。组织结构分析是通过组织结构图来实现的。业务过程与组织结构之间联系的分析是对组织内部各部分之间的联系程度，组织各部分的主要业务职能和它们在业务过程中所承担的工作等进行分析。业务功能分析是通过业务功能一览表反映的，把组织内部各项管理业务功能用一览表的方式罗列出来。

1. 组织结构分析

组织结构是指组织内部的部门划分以及它们的相互关系。现行系统中信息的流动关系是以组织结构为背景的。在组织中，各部门之间存在着各种信息和物质的交换关系。在物流运动的同时，反映物流变化的信息流也从组织的各个部分中产生，它们通过一定的渠道流向管理部门，经加工后再流向组织领导，组织领导按上下级关系下达各种命令给各基层部门。描述组织结构的方法，通常采用组织结构图。图 4－3 为某企业的组织结构图。

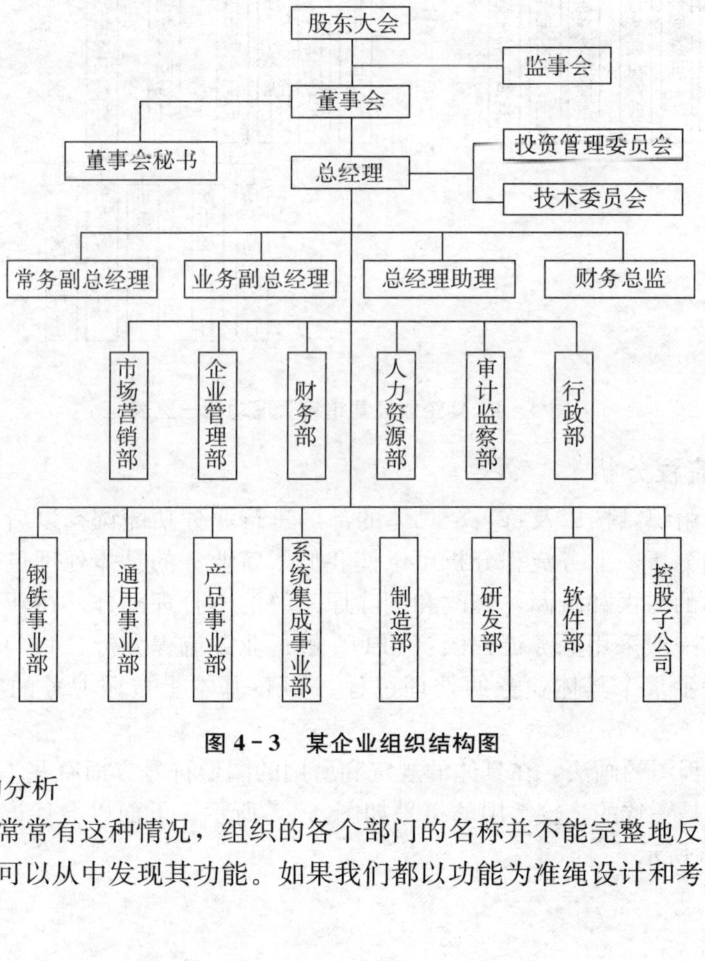

图 4－3　某企业组织结构图

2. 功能结构分析

在组织中，常常有这种情况，组织的各个部门的名称并不能完整地反映该部分所包含的所有业务，但可以从中发现其功能。如果我们都以功能为准绳设计和考虑系统，那么系统将会对组织结构和变化有一定的独立性。因此，在分析组织情况时，还应画出业务功能一览表来。图 4-4 为某企业经营销售管理功能一览表。

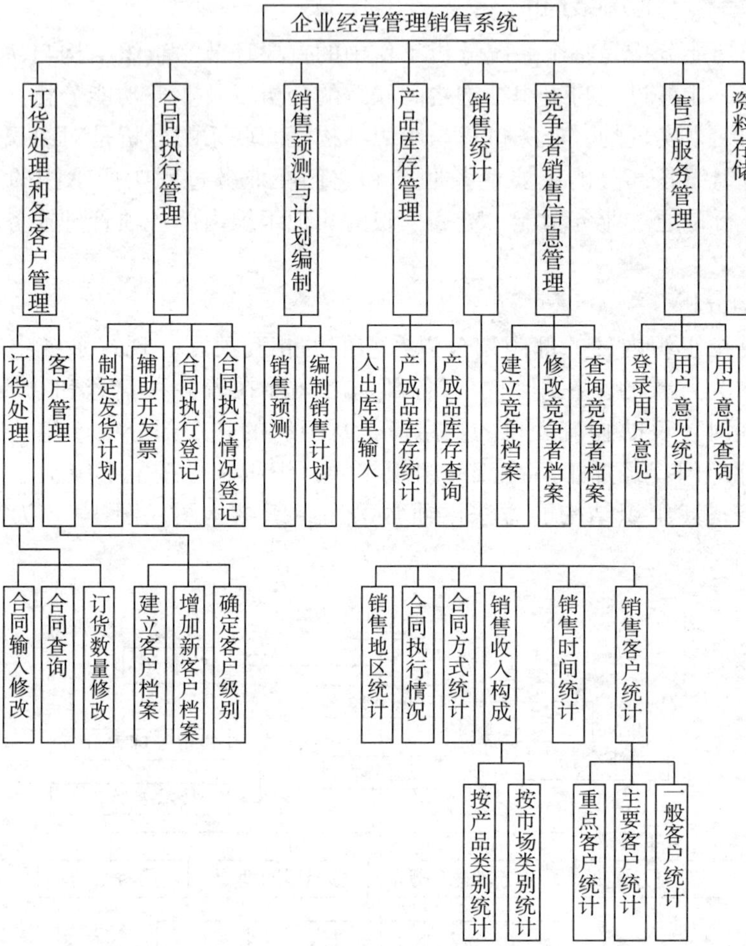

图 4-4　某企业经营销售管理功能一览表

三、业务流程分析

在对系统的组织结构以及每一个具体的部门进行业务功能调查以后，需要对其业务流程做进一步的分析。业务流程分析可以使我们了解业务的具体处理过程，发现和处理系统调查工作中的错误和疏漏，修改和删除原系统的不合理部分，在新系统基础上优化业务处理流程。一般采用业务流程图（TFD）进行业务流程分析。TFD 是用一些规定的符号及连线来表示某个具体业务的处理过程。TFD 基本上按照业务的实际处理步骤和过程绘制。

有关业务流程图的画法，在具体的规定和所用的图形符号方面有些不同，但在准确反映业务流程方面是一致的。较常用的符号如图 4-5 所示。下面以会计记账业务为例，其流程图如图 4-6 所示。

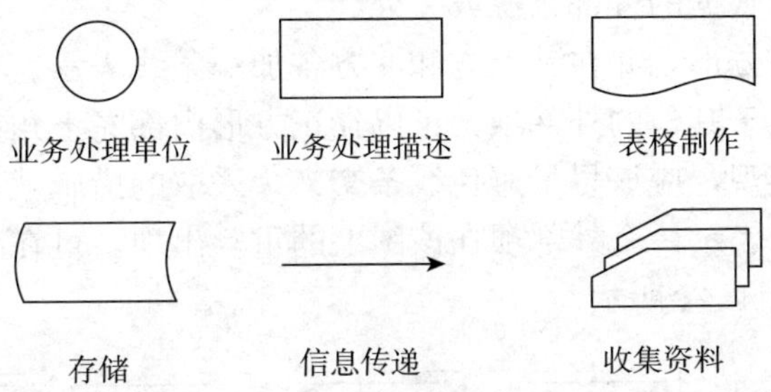

图 4－5　业务流程图常用符号

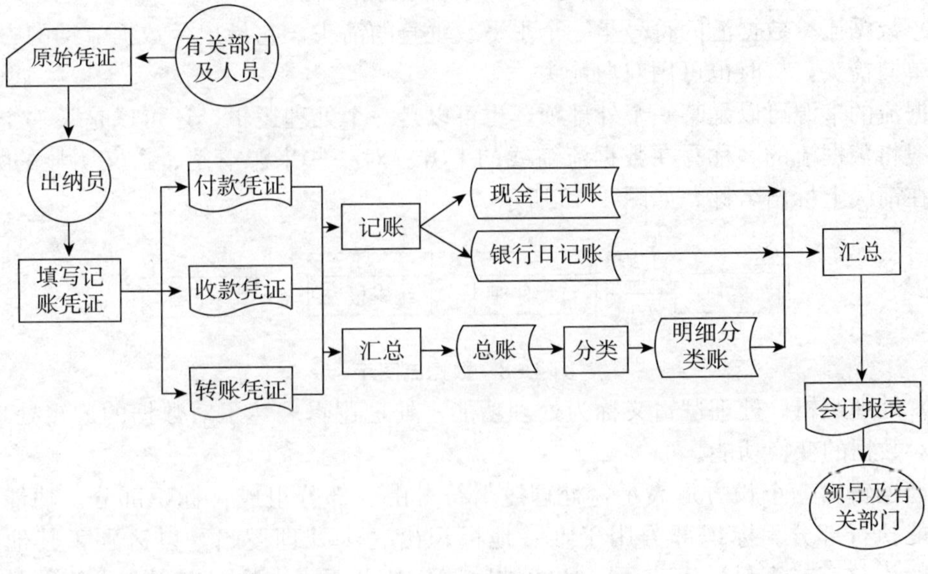

图 4－6　会计记账业务流程图

四、数据分析

信息系统是以数据为核心的，合理地组织和设计数据库是以充分的数据分析为前提的，因此，数据分析是系统分析的重点与关键。数据分析的出发点是业务流程图，结果是数据流程图（DFD）、数据字典（DD）以及处理逻辑说明。

（一）数据流程图

数据流程图是结构化系统分析的主要工具。结构化系统分析采用自顶向下、逐层分解的方式来理解一个复杂的系统，用介于形式语言和自然语言之间的描述方式，通过一套分层次的图表工具描述系统。数据流程图描述数据流动、存储、处理的逻辑关系，它不但可以表达数据在系统内部的逻辑流向，而且可以表达系统的逻辑功能和数据的逻辑转换。

1. 数据流程图的基本符号

数据流程图由四种基本符号组成，即外部项、数据流、处理逻辑和数据存储。

（1）外部项。外部项是指处在系统以外，不受系统控制的事物、人或部门，如客户、经理、财务科、销售处等。当然，外部项也可以是另外一个信息处理系统。在数据流程图中，外部项表达了系统数据的外部来源或去处。

外部项是用一个正方形，并在其上方和左方各加一条线表示。在正方形内写上这个外部项的名称。为了区别于其他的外部项，可以在正方形内部左上角用一个字符表示。考虑到数据流图的整洁、美观，应该尽量避免线条交叉，采取的措施就是让同一个外部项在一张图上出现多次。为了表示一个外部项在该图上的重复出现，可在外部项的图示右下角画斜线。外部项图示如图 4-7 所示。

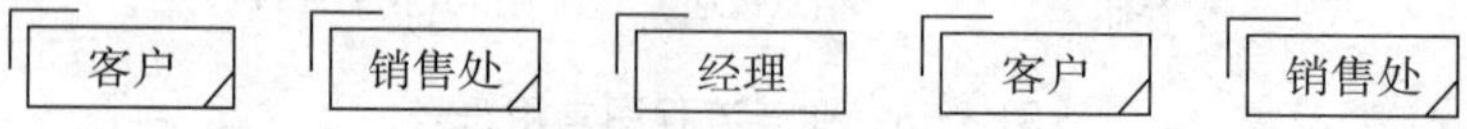

图 4-7　外部项图示

（2）数据流。数据流的符号是一个水平或垂直的箭头，它指出了数据流动的方向。一般采用单向箭头，有时也可用双向箭头。

数据流的来源可以是某一个外部项，也可以是一个处理逻辑，还可以是某一个数据存储。一般将数据流的名称写在数据流箭线的上方。对一些来源清楚、含义明显的数据流，可以不在箭线上标出名称，如图 4-8 所示。

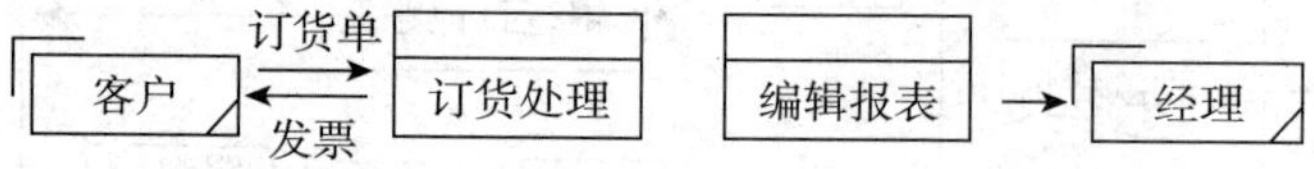

图 4-8　数据流图示

（3）处理逻辑。处理逻辑又称为处理功能，处理逻辑表达了对数据的逻辑处理功能，也就是对数据的变换功能。

处理逻辑由一个长方形表示，处理逻辑符号由三部分组成：标识部分、功能描述部分和功能执行部分。标识部分用于唯一地标识出这个处理逻辑，以区别于其他处理逻辑，一般用数字或字母数字表示。功能描述部分是必不可少的，它用非常简单的一句话直接表达出这个处理逻辑要做的事，也就是它的逻辑功能是什么。一般是一个动宾词组，如编辑订货单、查询库存量、计算金额等。功能执行部分表示的是处理逻辑的执行者，可以是人，也可以是部门，这是一个说明部分，不是必需的。处理逻辑示意图如图 4-9 所示。

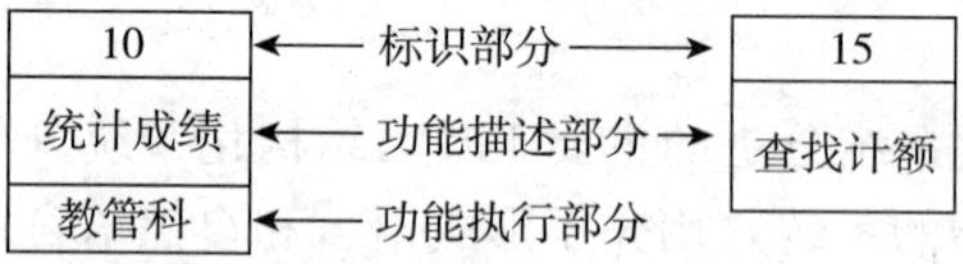

图 4-9　处理逻辑示意图

（4）数据存储。数据存储表示数据保存的地方，这里“地方”并不是指保存数据的物理地址或物理介质，而是指数据存储的逻辑描述。

数据存储用一个右边开口的长方形表示。在长方形内部写上该数据存储的名称，为了区别和引用方便，再加上一个标识，用字母 D 和数字组成。与外部项一样，为避免数据流的交叉，在一张数据流图上重复出现相同的数据存储，采取在重复出现的数据存储符号的左侧再加上一条竖线的方式，如图 4-10 所示。

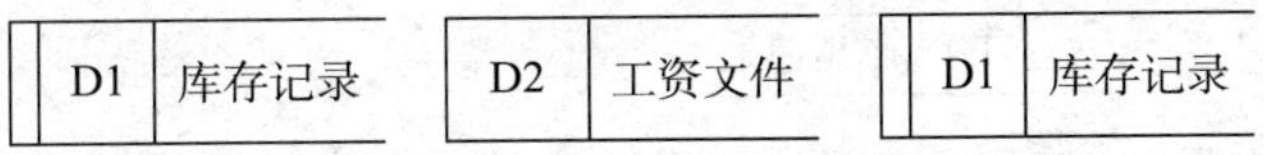

图 4-10 数据存储图示

2. 数据流程图的绘制原则

数据流程图的绘制是针对每一项业务的业务流程图进行的。绘制数据流程图的方法有多种。但无论采用哪种方法，都应该从现行的系统出发，由总体到部分、由粗到细逐步展开，将一个复杂的系统逐步地加以分解，画出每一个细节部分，直到符合要求为止。正确绘制流程图应遵循以下原则：

(1) 自顶向下分层展开绘制。对一个庞大而又复杂的系统，如果系统分析员一开始就注意每一个具体的逻辑功能，很可能要画出几百个甚至上千个处理逻辑，它们之间的数据流像一团乱麻似的分布在数据流程图上。这张图可能很大，要用几百张纸拼起来，不但使人难以辨认和理解，甚至连系统分析员自己也会搞糊涂。为了避免产生这种问题，最好的解决办法就是"自顶向下"分层展开绘制。先用少数几个处理逻辑高度概括地、抽象地描述整个系统的逻辑功能，然后逐步扩展，使其具体化。也就是将比较繁杂的处理过程当成一个整体处理块来看待，先绘制出周围实体与这个整体块的数据联系过程，再进一步将这个块展开。如果内部还涉及若干个比较复杂的数据处理部分，同样先不管其内部，而只分析它们之间的数据联系，这样反复下去，依次类推，直至最终搞清了所有的问题为止。下面以订货处理业务为例，来绘制相应的 DFD。

首先，绘制订货处理系统顶层 DFD。因订货处理是一个比较复杂的处理过程，把它视作一个整体处理块，表示订货处理系统与外部实体之间的关系，而不急于表示订货处理的内部业务过程，如图 4-11 所示。顶图说明了系统的边界，即系统从外部接收的输入和提供给外部的输出，顶图只有一张。

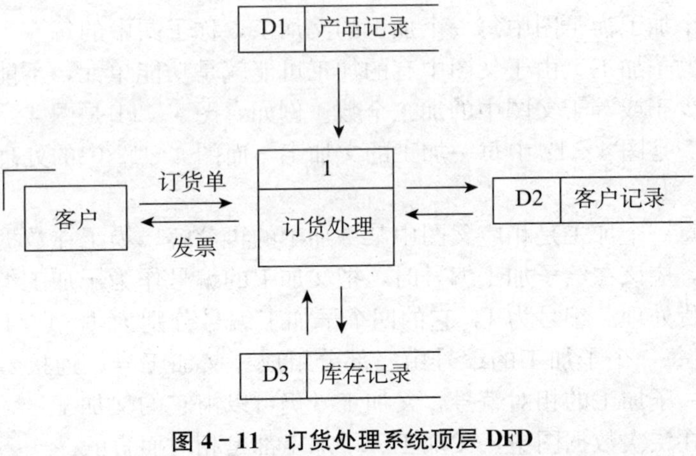

图 4-11 订货处理系统顶层 DFD

其次，将订货处理系统顶层 DFD 展开，得到第二层 DFD，如图 4-12 所示。在这张 DFD 中，将订货处理展开为查找产品与计算金额、信贷检查与处理、库存处理、发货通知四个处理逻辑，绘制它们之间的数据关系。通过这张图可以基本清楚订货处理业务的具体过程。

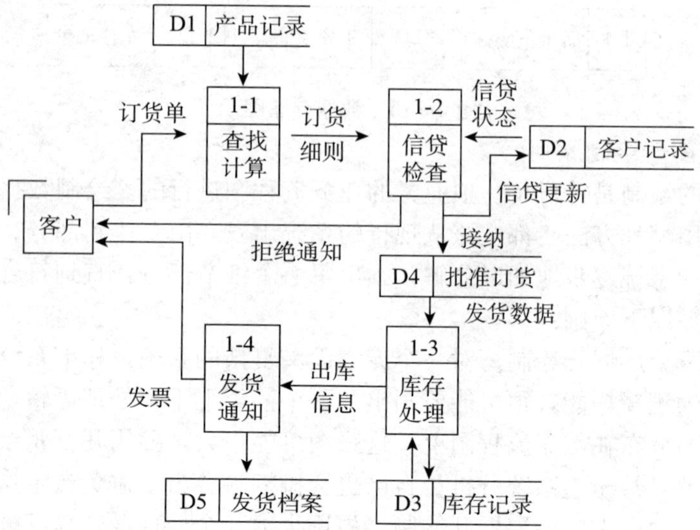

图 4-12　订货处理系统第二层 DFD

如果第二层 DFD 的某些处理逻辑和数据流向还是比较复杂，难以理解，可以再次展开，绘制更详细的第三层或更低层次的 DFD。至于一个系统要分为多少低层次的功能，这要由具体情况分析确定。

（2）由左至右绘制。绘制 DFD 一般先从左侧开始，标出外部项。左侧的外部项通常是系统主要的数据输入来源，然后画出由该外部项产生的数据流和相应的处理逻辑，如果需要将数据保存，则在数据流程图上添加数据存储。最后在数据流程图的右侧画出接受系统输出数据的外部项，右侧的外部项是系统数据的输出去向。

（3）合理进行编号。常用数字对分层 DFD 进行编号，例如，顶层称为 0 层，称它是 1 层的父图，而 1 层是 0 层的子图，依次类推，子图是父图中某个加工的分解图。同时称父图中被分解的那个加工为子图中每一个加工的父加工，称子图中的每一个加工为父图中被分解的那个加工的子加工。由于父图中有的加工可能就是功能单元，不能再分解，所以父图拥有的子图数少于或等于父图中的加工个数。例如，图 4-11 是图 4-12 的父图，处理逻辑“订货处理”是图 4-12 中每一加工的父加工，而图 4-12 中的处理逻辑是“订货处理”的子加工。

因为子图中每一个加工是相应父图中某一加工的再分解，为了在数据流程图中能清楚地看到这种关系，应该在给子加工编号时，把父加工的编号作为子加工编号的一部分。例如，父加工“订货处理”编号为 1，它的四个子加工编号分别为 1-1、1-2、1-3 和 1-4。一般情况下，每一个子加工的编号由三部分组成：父加工号、连接号、局部号。局部号是指子图中每一子加工的相对编号，父加工号仍可以由它的父加工号、连接号和局部号组成。这是因为在层次数据图中，父加工、子加工都是相对而言的。

遵循以上原则编号后，每一加工都有自己的编号，而且是唯一的。我们能明确知道，每个子加工在层次数据流程图中的位置，可以从子加工号推出其父加工的位置。这样编号不仅构图规范化，而且上下层数据流程图之间层次分明、条理清楚，减少出错的可能性。

（4）父图与子图的平衡。子图与父图的数据流必须平衡，这是分层数据流程图的重要性质。这里的平衡指的是子图的输入、输出数据流必须与父图对应加工的输入、输出数据流相一致。如果子图中某些输入、输出数据流比父加工中描述得更详细，那么这个子图不仅是在对父加工进行分解，而且同时在对数据流进行分解，这是允许的。

此外，正确绘制数据流程图，要与程序流程图相区别，前者不反映时间的顺序，只反映数据的流向、自然的逻辑过程和必要的逻辑数据存储，而后者有严格的时间顺序。同时，绘制数据流程图还要尽量避免线条的交叉，必要时可以用重复的外部项和数据存储符号。数据流程图中各种符号布局要合理、清楚，分布要比较均匀。

（二）数据字典

数据流程图描述了系统的框架，即描述了系统由哪几部分组成，各部分之间的联系等，但并没有说明系统中各个部分的含义与内容，如数据流、数据存储的数据结构，外部项和处理逻辑的具体描述在数据流程图上是无法看出来的。而这些细节对理解和表达系统却十分重要，数据字典就是为描述这些细节而建立的。

对数据流程图中每一个成分给出精确的定义，并将所有成分的定义按一定次序排列起来，便组成了一本数据字典。数据字典可以用人工方式建立，事先印好表格，填好后按一定顺序排列，成为一本字典。也可以建立在计算机内，数据字典实际上是关于数据的数据库，便于使用维护。

数据字典中包括数据项、数据流、数据存储、处理逻辑和外部项五类条目，不同类型的条目有不同的属性需要描述。

1. 数据项条目

数据项又称为数据元素，是最小的、不可再分割的数据单位。如商品编号、基本工资等。数据项由数据项名称、别名、类型、长度、取值范围五部分组成。例如，“商品编号”条目，数据项名：商品编号；别名：C-NO；类型：数值；长度：5；取值范围：1－99999。

2. 数据流条目

数据流条目说明数据流是由哪些数据项组成。在一个数据流程图上，数据以数据流为单位传输。在数据字典中对数据流的定义包括：数据流名称及其编号、数据流的来源（可能来自一个外部项、一个处理逻辑或一个数据存储）、数据流的去向、数据流的组成（它所包括的数据项）、数据流的流通量（单位时间的传输次数）、高峰时期的流通量等。

3. 数据存储条目

数据存储是数据停留或保存的场所，常以文件形式存储数据。数据字典中对数据存储的定义有：数据存储的名称及其编号、流入与流出的数据流、数据存储的组成（包含的数据项）、存储方式以及存储频率等。

4. 处理逻辑条目

处理逻辑又称为加工或数据处理，是数据字典中的主要成分。对处理逻辑一般是给予简明的描述。包括：处理逻辑的名称和编号、对处理逻辑的简明的描述、处理逻辑的输入和输出数据、处理逻辑的主要功能描述。一般采用结构式语言，简单地概括它的逻辑处理功能，使系统分析员看后对处理功能有一个明确的功能要求的概貌。而在单独的处理逻辑说明（又称“小说明”）中，以结构化语言、判定树、判定表为工具，具体规定处理逻辑的功能。

5. 外部项条目

外部项是数据的来源或去向。关于外部项，数据字典包括：外部项的名称及编号、外部项有关的数据流（输入数据流和输出数据流）以及该外部项的数量。外部项的数量对于估计本系统的业务量有参考作用，尤其是关系密切的主要外部项。

（三）处理逻辑说明

数据字典补充说明系统所涉及的数据，是数据属性的清单。数据字典包括对各个处理功能的一般描述，但这种描述是高度概括的。在数据字典中不能过多地描述各个处理功能的细节。为此，需要另一种工具——处理逻辑说明（又称为小说明或基本说明）来完成。

数据流程图是自顶向下分层展开绘制的，上层的数据流程图表达系统的主要逻辑功能，直到最低层的数据流程图，详细地表达出系统的全部逻辑功能。因此，系统的最小功能单元就是最低层数据流程图的每个处理加工，称为基本处理（不再进一步被分解的加工）。只要对所有基本处理的逻辑功能描述清楚，整个系统功能也就说明清楚了。

处理逻辑说明就是对基本处理的说明。基本说明应准确地描述一个基本处理“做什么”，包括处理的激发条件、加工逻辑、优先级、执行频率、出错处理等。其中最基本的是加工逻辑。加工逻辑是指用户对这个加工的逻辑要求，即输出数据流与输入数据流之间的逻辑关系。

编写基本说明应注意：数据流程图中的每一个基本处理，都必须有一个基本说明；基本说明表达每一个基本处理的输入、输出数据流以及其间的处理步骤；应该把冗余度控制在最低。

此外，应该用一组标准的方法书写基本说明，既要简单明确，又要具有较高的可读性。因为系统分析阶段的任务是理解和表达用户的要求，而不是考虑系统怎么做和怎样实现。不是用编程语言来具体描述加工处理的过程。理想的基本说明要严格、精确，这样容易被软件人员和用户理解。目前采用结构化语言、判定表和判定树三种半形式化的方式编写基本说明。

五、建立新系统的逻辑方案

系统分析的目标是设计新系统的逻辑模型。在建立新系统时，应引入新的信息处理手段，这必然会引起现行系统处理方式和方法的变化。为此，首先要对现行系统的逻辑模型加以改进，形成新系统的逻辑模型，然后整理提交新系统的总体逻辑说明书。

新系统逻辑模型是系统分析阶段的成果，也是今后进行系统设计和实施的依据。逻辑模型的内容包括以下几方面：

（1）新系统的业务流程，这是业务流程分析的结果。具体内容包括：原系统的业务流程的不足及其优化过程、新系统的业务流程（画新系统的业务流程图）、新系统的业务流程中的人机界面划分（人与机器的分工）。

（2）新系统的数据流程，这是数据分析的结果。具体内容包括：原数据流程的不合理之处及优化过程、新系统的数据流程（画新系统的数据流程图）、新的数据流程中的人机界面划分。

(3) 新系统的逻辑结构与数据分布。分两部分：一是新系统中的子系统划分；二是新系统数据资源的分布方案。如哪些数据在本系统设备内部，哪些数据在服务器或主机上。

(4) 新系统中的管理模型。确定在某一具体管理业务中采用的管理模型和处理方法。系统分析中要根据数据流程图对每个处理过程进行认真分析，研究每个管理过程的信息处理特点，找出相适应的管理模型。

系统分析阶段最终要提交一份系统分析说明书，它反映了这一阶段调查分析的全部情况，是下一步设计与实现系统的纲领性文件。系统分析说明书不但能充分展示前段调查的结果，而且还能反映系统分析结果。主要内容包括：用户需求与新系统的目标、开发的可行性、现行系统状况和问题、新系统的逻辑模型以及系统开发工作量与开发费用估算。

新系统分析说明书须提交企业领导、管理人员及有关专家讨论、审核，批准通过后，才能进入下一阶段的工作。

第四节 信息系统设计

系统设计是信息系统生命周期的第三阶段，主要任务是依据系统分析阶段确立的新系统的逻辑模型，设计出一个物理模型——系统设计方案。前一阶段即系统分析阶段，提出的逻辑模型是面向管理业务的，解决了新系统“做什么”的问题，它与计算机的具体实现方法还有一定距离。因此，在系统设计阶段，要解决的是“如何做”的问题，也就是根据新系统逻辑功能的要求，考虑实际条件，进行各种具体设计，确定系统的实施方案，即设计一个能由计算机技术具体实现的物理模型。

系统设计阶段的工作通常可分为总体设计和详细设计。总体设计是根据系统分析所得到的系统逻辑模型和需求说明书，导出系统的功能模块结构图，并确定合适的计算机处理方式和计算机总体结构及系统配置。详细设计是系统总体设计的深入，对总体设计中各个具体的任务选择适当的技术手段和处理方法。详细设计主要包括：代码设计、输出设计、输入设计、数据库设计、对话设计、处理流程设计等。

系统设计的指导思想是结构化，是指用一组标准的准则和图表工具将系统分解为若干具有独立功能的模块，确定每个模块的功能以及模块之间的相互联系，从而构成最好的系统结构，在此基础上进行详细设计。

一、模块设计

系统设计阶段首先要进行信息系统结构设计，就是采用结构化设计方法，从计算机实现的角度出发，设计人员对系统分析阶段划分的子系统进行校核，使其界面更加清楚明确，并在此基础上，根据数据流程图和数据字典，借助一套标准的设计准则和图表工具，将子系统进一步逐层分解，直至划分到大小适当、功能单一、具有一定独立性的模块为止，把一个复杂的系统转换成易于实现、易于维护的模块化结构系统，如图 4-13 所示。由此可见，合理进行模块分解和定义是系统设计的主要内容。

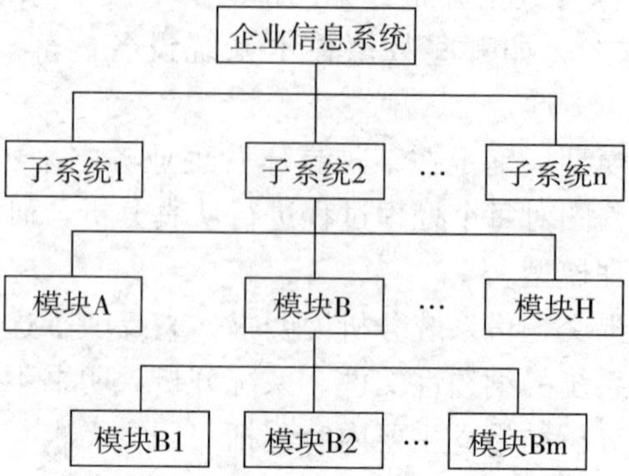

图 4－13　模块化结构图的一般形式

（一）模块

模块是可以组合、分解和更换的单元，是组成系统、易于处理的基本单位。一个模块应具备以下四个要素：

（1）输入和输出：输入来源和输出去向，在一般情况下是同一调用者。

（2）功能：指模块把输入转换成输出所做的工作。

（3）内部数据：指仅供该模块使用的数据。

（4）程序代码：指用来实现模块功能的程序。

前两个要素是模块的外部特性，即反映了模块的外貌。后两个要素是模块的内部特性。由于每个模块功能明确，具有一定的独立性，所以能方便地更换和独立地进行设计。当把一个模块加到系统中或从系统中删除时，只是使系统增加或减少这一模块所具有的功能，而对其他模块没有影响或影响较小。正是模块的这种独立性，能容易查找错误，并能有效地防止某个模块出现的错误在系统中扩散，从而使系统具有良好的可修改性和可维护性。

一个复杂系统可以分解为几个大模块（子系统），每个大模块又可以分解为多个更小的模块。在一个系统中，模块都是由层次结构组成的，从逻辑上说，上层模块包含下层模块，最下层是工作模块，执行具体任务。

（二）模块的层次功能分解

数据流程图是系统逻辑模型的主要组成部分，反映了系统数据的流动方向以及逻辑处理功能，但数据流程图上的模块是逻辑处理模块，不能说明模块的物理构成和实现途径，并且，数据流程图不能明确表示出模块的层次分解关系。所以，在系统设计中，必须将数据流程图上的各个处理模块进一步分解，确定系统模块层次结构关系，从而将系统的逻辑模型转变为物理模型。进行模块层次功能分解的一个重要技术就是 HIPO 图方法。

任何功能模块都是由输入、处理、输出三个基本部分组成，HIPO 图方法的模块层次功能分解正是以模块的这一特性以及模块分解的层次性为基础，将一个大的功能模块逐层分解，得到系统的模块层次结构，然后再进一步把每个模块分解为输入、处理和输出的具体执行模块。

HIPO 图由以下三个基本图表组成：

（1）总体 IPO 图。它是数据流程图的初步分层细化结果，根据数据流程图，将最高层处理模块分解为输入、处理、输出三个功能模块。

（2）HIPO 图。根据总体 IPO 图，对顶层模块进行重复逐层分解，而得到关于组成顶层模块的所有功能模块的层次结构关系图。图 4－14 是由订单处理的数据流程图转化为 HIPO 图。

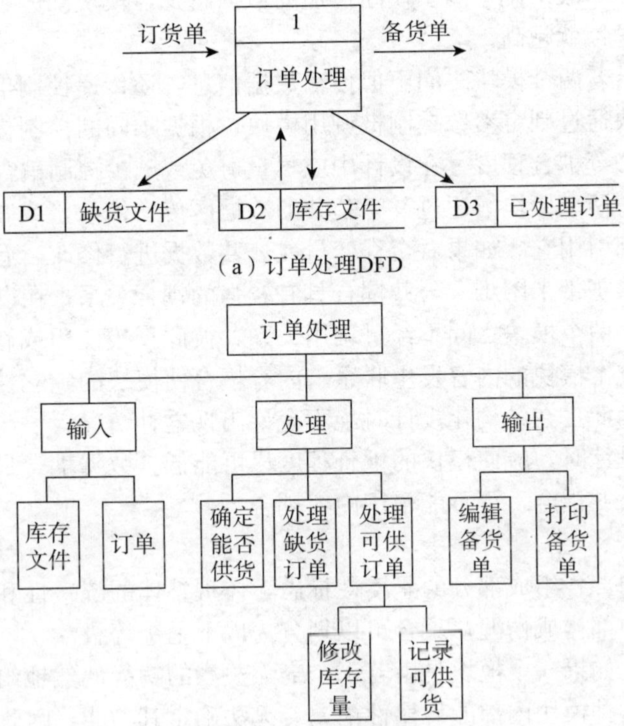

（a）订单处理DFD

（b）订单处理HIPO

图 4－14　DFD 转化 HIPO 图

（3）低层主要模块详细的 IPO 图。由于 HIPO 图仅仅表示了一个系统功能模块的层次分解关系，还没有充分说明各模块间的调用关系和模块间的数据流及信息流的传递关系。所以，对某些输送低层上的重要工作模块，还必须根据数据字典和 HIPO 图，绘制其详细的 IPO 图，用来描述模块的输入、处理和输出细节以及与其他模块间的调用和被调用关系。

（三）模块分解设计的原则

系统结构设计的主要内容是模块的分解设计。简单地说，模块的分解设计包括内部设计和外部设计，即定义模块内部逻辑构成和设计模块间的相互连接关系。因此，模块分解设计的合理性直接决定了系统设计的质量。那么，如何衡量模块分解的独立性和设计的合理性呢？对于模块的块内联系和块间联系，我们引入模块耦合和模块聚合的概念来加以说明，同时在模块分解设计中应遵循几个基本原则。

1. 模块耦合

耦合是指一个系统内两个模块之间的相互依赖关系。我们把模块耦合作为衡量不同模块间彼此依赖的紧密程度的指标。耦合程度越低，表明模块之间联系越简单，每个模块的独立性就越强。这样当一个模块出错时就不容易扩散影响到其他模块，使系统具有良好的可修改性和可维护性。两个模块间的主要连接形式有如下四种：

（1）数据耦合。如果两个模块之间传递的信息全部是数据信息，则这种耦合方式称为数据耦合。这是一种最理想的耦合，耦合程度最低。为了减少接口的复杂性，应尽量防止传输不必要的数据。一般来说，两个模间传递的数据越少，模块间的独立性就越强，模块的可修改性和可维护性就越高。

（2）控制耦合。若两个模块之间不但传输数据信息，还传递控制信息，则该耦合称为控制耦合。调用模块通过判定参数控制被调用模块，根据不同的控制标志执行不同的处理功能。控制耦合是中等耦合程度，在设计中应尽量避免或减少控制耦合。

（3）公共耦合。两个模块间通过一个公共的数据区传递信息，或者系统中建立一个全程变量，几个模块都引用它。如果对全程变量或公共数据进行修改，有可能引起有关模块的修改，给系统的维护带来困难。公共耦合具有较强的耦合关系，在设计时应设法避免。

（4）内容耦合。两个模块之间不经过调用关系，彼此直接使用或修改对方的数据，使一个模块直接与另一个模块的内容发生联系。内容耦合使模块的独立性、系统的可修改性和可维护性最差。因此，在结构化设计时绝不允许出现这种情况。

总之，在模块设计时，应使模块的耦合程度尽可能低。数据耦合最理想，少用控制耦合，尽量避免使用公共耦合，更不能采用内容耦合。

2. 模块聚合

聚合是指模块内部各组成部分的紧凑性标志，体现整体的统一性和模块功能专一性的程度。根据模块的内部构成情况，聚合可以划分为以下七个等级：

（1）偶然聚合。如果一个模块是由若干个毫无关系的功能偶然地组合在一起的，则称为偶然内聚模块。这种模块内部的规律性最差，无法确定其功能，因此内聚最低。

（2）逻辑聚合。模块是由若干个结构不同，但具有逻辑相似关系的功能组合在一起的，这种模块称为逻辑聚合模块。对逻辑聚合模块的调用，常常需要有一个功能控制开关，由上层的调用模块向它发出一个控制信息，在多个相似功能中选择某一个功能。聚合程度较差。

（3）时间聚合。若干个关系并不密切的功能，由于它们是几乎在相同的时间内执行的，所以把它们放在一起构成一个模块，这种模块称为时间聚合模块。聚合程度为中等偏差。

（4）过程聚合。过程聚合模块是由若干个为实现某项业务处理并且执行次序受同一个控制流支配的功能组合在一起的。聚合程度为中等。

（5）数据聚合。数据聚合是指模块的内部各组成部分的处理功能是对相同的输入数据进行处理或产生相同的输出数据。聚合程度为中上。

（6）顺序聚合。顺序聚合是指模块的内部各个处理功能密切相关、顺序执行，一个处理的输出直接作为下一个处理的输入，如“编辑和打印”模块、“查询和计算”模块。聚合程度较好。

（7）功能聚合。功能聚合是指模块内部是由一个单独的能够定义的处理功能组成的，如“编制报表”模块、“数据查询”模块等。它对确定的输入进行一定的处理，并输出可以预见的结果，是一种最理想的聚合方式。

聚合程度的高低标志着模块构成的质量，在设计中，为了达到较高的模块质量，总是尽量使其聚合程度较高，当一个模块执行少量有关系的功能时，由于任务专一，从而简化了设计和编码，提高了系统的可修改性和可维护性。

综上所述，模块分解设计的原则是系统中每一个模块内部有高度的聚合性，各个组成部分彼此密切相关，为完成一个共同的功能组合在一起。同时，模块之间应有低耦合性，模块内部的各个组成部分应避免与其他模块内的各个组成部分发生密切关系。提高模块的聚合程度与减少模块之间的耦合程度是相辅相成的。

（四）模块化结构图

模块结构图是用一组特殊的图形符号按一定的规则描述系统整体结构的图形，它是系统设计中反映系统功能模块层次分解关系、调用关系、数据流和控制信息流传递关系的一种重要工具。模块结构图由模块、调用、数据、控制信息四种基本符号组成，如图 4－15 所示。图 4－16 为修改库存文件的过程结构图示例。

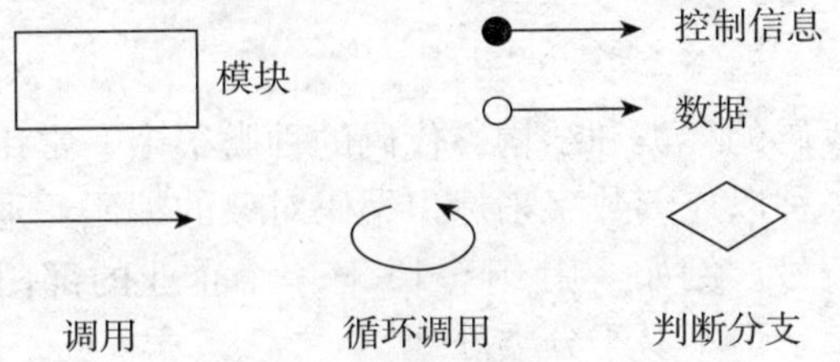

图 4－15　结构图基本符号

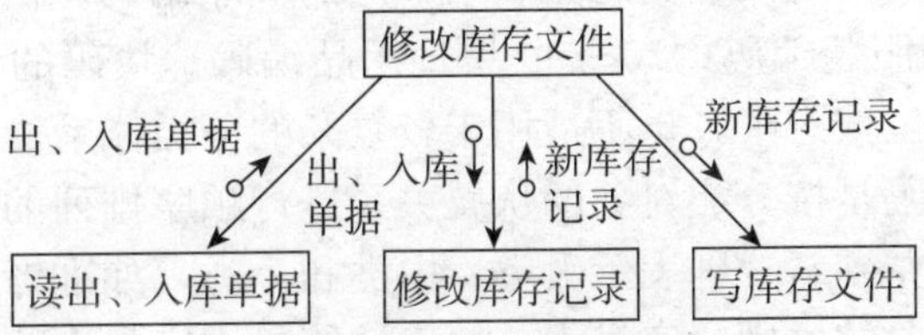

图 4－16　结构图示例

结构图与数据流程图既有本质区别，又相互联系。数据流程图反映的是系统的逻辑模型，表明了数据在系统中的流动方向以及系统对数据的逻辑处理功能。而结构图是系统的物理模型，反映了系统构成模块的层次结构和功能关系。结构图是数据流程图和 HIPO 图发展和延伸的结果，表示了系统构成的模块以及模块间的调用关系。

模块化结构图的设计过程可以分两个阶段进行。首先从数据流图出发导出初始结构图，即先把整个系统当作一个模块，然后对其逐层分解。分解时，要遵守划分模块的基本原则和完成数据流程图所规定的各项任务及其处理顺序。其次是对结构图进行改进，即从提高系统的可变性目标出发，检查每一个模块是否还可以降低耦合、提高聚合，直至不可能再改进为止。

二、代码设计

代码是用来表征客观事物的一组有序的符号。代码设计就是以数字或字符来代表各种客观实体。这有利于计算机识别和处理客观事物或抽象的概念，也有利于加快处理和查询的速度。

（一）代码设计的原则

代码设计应遵循以下基本原则：

（1）唯一性：在一个编码体系中，一个对象只能对应唯一的代码。

（2）可扩充性：代码结构应留有充分的余地，以备将来不断扩充的需要。

（3）规范性：国家有关编码标准是代码设计的重要依据，已有的标准必须遵循。在一个代码体系中，代码结构、类型、编写格式必须统一。

（4）简单性：代码结构应尽可能简单、尽可能短，以减少各种差错。

（5）适用性：代码尽可能反映对象的特点，满足原有习惯，便于人工记忆和计算机识别处理。

（6）系统性：建立完整的代码体系，应有一定的分组规划，从而在整个系统中具有通用性。

（二）代码的种类

代码设计就是确定代码的种类和结构。代码的种类很多，常用的有以下几种：

（1）顺序码。它是一种以连续数字来标识编码对象的编码，通常编码是从头开始，顺序地、连续地编上后续编号。例如，用01～15对一个企业的部门进行编码。顺序码的优点是编码简短，方法简单，但不易于分类处理。

（2）块码。块码是一种特殊的顺序码。它是将顺序编码分为若干段（系列），并与分类对象的分段一一对应，给每段分类对象赋予一定的顺序编码。例如，商品编号：01～39为食品编码；40～69为服装编码；70～99为日用品编码。块码的优点是能表示编码对象的一定的信息，缺点是位数有限，也不适用于较复杂的分类体系。

（3）分组码。分组码是按分类对象的从属关系进行顺序排列的一种编码。代码的每一组都有一定的含义，从左到右分别表示大类、中类和小类，如准考证号、身份证号等。分组码能明确表示分类对象的类别，容量大，便于计算机排序与汇总，但使用位数较多。

（4）助记码。助记码是将编码对象名或缩写符号作为代码的一部分，如TV-C-29表示29寸彩电。优点是直观便于记忆，缺点是不便于处理。

（三）代码设计步骤

代码设计可按下列步骤进行：

（1）确定代码对象。

（2）确定代码使用范围和期限。

（3）根据实际情况选择代码的种类与类型。

（4）确定代码结构。

（5）编写代码表。

三、数据库设计

数据库设计是信息系统设计阶段的核心。所谓数据库的设计，是指对于一个给定的应用环境，确定最优的数据库模式，选择恰当的数据库管理系统，然后据此建立数据库的过程。应保证所设计的数据库既能有效地、安全地和完整地存储所需数据，又能满足用户对信息处理的要求。

数据库是某企业、组织所涉及的数据的集合。计算机不可能直接处理现实世界中的这些具体事物，需要把具体事物经人的大脑识别，抽象形成信息世界，而后再转换成计算机世界能够处理的数据。实现其转换的工具是数据模型，在数据库中，是用数据模型来抽象、表示和处理现实世界中的数据和信息的。因此，数据库的设计过程实质上是定义概念模型、逻辑模型和物理模型三个层次的设计活动，从而将现实世界中反映客观事物及其联系的数据转换成计算机世界中能为计算机处理的形式。将数据库设计原理应用于企业信息系统开发中，数据库设计的步骤主要分为需求分析、概念结构设计、逻辑结构设计和物理结构设计四个阶段。

(一) 需求分析

分析收集到的用户需求是数据库设计的基础。调查用户的要求，包括用户的数据要求、加工要求和对数据安全性、完整性的要求。在此基础上，通过对信息流程及处理功能的分析，得到一个系统所需的数据及其关系。即确定数据库的任务，包括对现行系统的管理业务现状、数据流内容、数据流程及其有关限制的调查分析，在信息系统的总体功能目标下确定数据库为哪些用户和应用服务，有哪些数据处理要求。

(二) 概念结构设计

概念结构设计的主要任务是根据用户需求，设计信息世界的数据库概念模型。概念模型是从用户角度看到的数据库，它能明确表达用户的数据要求，而与数据库如何实现无关，与特定的数据库管理系统无关，作为数据库结构的基础模型。下面简单介绍目前较为流行的概念模型设计方法，即实体联系方法（entity relationship approach，E-R 方法）。

用 E-R 方法建立的模型称为 E-R 模型。E-R 模型采用 E-R 图来表示信息世界中实体及其联系。如图 4-17 所示，E-R 模型中有实体、联系和属性三种基本图素，具体表示是：方框表示实体；椭圆形表示实体的属性；菱形表示实体之间的联系。

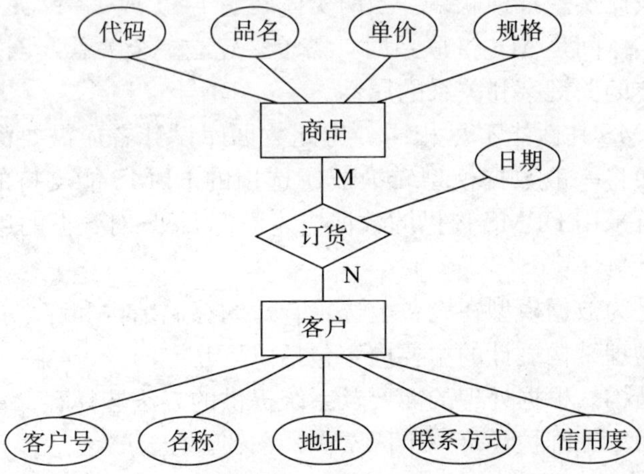

图 4-17　E-R 图示例

E-R方法的基本步骤如下：

（1）确定实体的数量及类型，如产品、客户、供应商等。

（2）明确实体的属性，如产品的属性有产品号、价格、规格型号。

（3）确定实体间的关系及类型，关系的类型主要有一对一（1∶1）、一对多（1∶N）和多对多（M∶N）。

（4）识别关系是否具有属性。实体有属性，关系也可能有属性。

（5）画出E-R图。

（三）逻辑结构设计

设计DBMS支持的数据模型，即数据的逻辑结构。对于关系模型，我们可以比较容易地将上一步骤得到的E-R模型转化为关系模型，如图4-18所示。

商品关系框架：

商品代码	品名	单价	规格

客户关系框架：

客户号	名称	地址	联系方式	信用度

订货关系框架：

商品代码	客户号	日期

图4-18　关系模型

E-R模型转化为关系模型规则如下：

（1）将E-R图中的每一个实体集转化为一个关系，实体集的各个属性转化为关系中的各个属性。

（2）实体集的标识属性作为关系的关键字。

（3）对于E-R图中的联系，应根据联系方式的不同，采用不同方法以使被它联系的实体所对应的关系彼此实现某种联系。当两实体间是1∶1或1∶N关系时，不需要单独建立一个关系；而两实体间是M∶N联系时，需单独建立一个关系，该关系的属性中要包括它所联系的双方实体的关键字和关系的属性。

通常不同的DBMS其性能不尽相同。为此数据库设计者还需要深入了解具体DBMS的性能和要求，以便将一般数据模型转换成所选用的DBMS能支持的数据模型。对已设计好的数据模型，可采用DBMS提供的数据描述语言DDL对数据的逻辑结构进行描述。

（四）物理结构设计

物理结构设计是为数据模型在设备上选定合适的存储结构和存取方法，以获得数据库的最佳存取效率。物理结构设计的主要内容包括以下几方面：

（1）确定存储结构。根据处理的需要及系统提供的方法选择存储结构。主要考虑存取时间、存储空间利用率和维护代价三个因素。

（2）确定数据存放的位置。根据数据应用情况将数据划分为不同的组，如把数据的易变部分和稳定部分分开，把经常存取或存取要求快的数据存放在高速存储器上。

（3）确定存储分配。DBMS 大多提供一些存储分配的参数，供设计者进行优化处理。这些参数的选择会影响到存取时间和存储空间的利用好坏。

（4）确定存取路径。数据库应提供数据库的多个存取口，也就是提供多条存取路径。设计要根据实际需要进行定量分析，然后根据计算结果确定存取路径。

知识库

关系式数据库与标准查询语言（SQL）

在企业信息系统中普遍采用关系式数据库组织和存储各类业务信息。关系式数据库的基本特征是把各种业务数据组织成多个相互关联的、由行一列所组成的二维表（表称作“关系”），每个表代表一个（业务）实体类型，一个表列代表该实体的一种属性（attribute，也称为字段 field），一个表行代表该实体的一个实例（instance，也称为记录 record）。不同数据库的记录之间通过主键（primary key）相互链接。在关系式数据库中，所有数据都按照特定关系存储和访问。存储数据的关系称为“基底关系”，按照基底关系组织的数据叫作“表”。当用户对关系式数据库进行操作时，信息系统会根据用户需要随时生成新的关系，这种临时生成的关系叫作“衍生关系”，按照衍生关系组织的数据叫作“视图”或“查询”。

几乎所有的关系式数据库都采用结构化查询语言（SQL）访问和维护数据库。SQL 是一种特殊目的的编程语言，包括三类子语言：数据定义语言、数据操作语言和数据控制语言。SQL 语言的操作范围包括：数据的插入、查询、更新和删除、基模（schema）创建和修改、数据访问控制等。

四、输入输出设计

系统输入、输出设计对于用户和今后系统使用的方便和安全可靠性来说是十分重要的。一个好的输入系统设计可以为用户和系统双方带来良好的工作环境，一个好的输出设计可以为管理者提供简捷、实用的管理和控制信息。

（一）输出设计

输出是信息系统通过人机接口设备为用户提供所需要信息的过程。在系统设计中，输出设计占很重要的地位。因为，一方面，计算机系统对输入的数据进行加工处理的结果，只有通过输出才能为用户所使用，并且输出的内容与格式是用户关心的问题。另一方面，从系统开发的角度来看，输出决定输入，即输入数据只有根据输出要求才能确定。

输出设计可按以下步骤进行。

1. 确定输出内容

从使用者方面要求，包括使用目的或用途、使用频率、份数、安全等；从具体内容方面要求，包括输出的项目、数据类型、宽度、精度、数据生成算法等。

2. 选择输出方式

信息的用途决定输出方式，主要输出方式有屏幕显示和打印。屏幕显示的优点是实时性强，但输出的信息不能保存。打印一般用各种报表、发票等，这种方式输出的信息可以长期保存和传递。

3. 设计输出格式

输出格式设计必须考虑到用户的要求和习惯，报表是最常用的一种输出形式。为了便于编写输出程序，其格式要尽量与现行表格形式相一致，以免在调试程序时反复修改。形成格式时，最好先在方格纸上拟出草图。

（二）输入设计

输入设计的目标是在保证输入信息正确和满足输出需要的前提下，做到输入方法简便、迅速和经济。

1. 输入设计的原则

输入设计应遵循以下基本原则：

（1）输入量最小，这是保证满足处理要求的前提下使输入量最小。输入量越小，出错机会越少，花费时间越少，数据一致性越好。

（2）避免重复输入，特别是数据能共享的系统。

（3）输入简单性，输入数据的汇集和输入操作应尽可能简单易行，从而减少错误的发生。

（4）减少输入转换，输入数据应尽早用其处理所需的形式进行记录，以便减少或避免数据由一种介质转换到另一种介质时可能产生的错误。

2. 输入设计的内容

（1）确定输入数据内容。输入数据的内容设计，包括确定输入数据项名称，数据内容、精度、数值范围。

（2）确定数据的输入方式。数据输入方式与数据发生地点、发生时间、处理的紧急程度有关。根据实际情况可以采用联机终端输入或脱机输入。

（3）确定输入数据的记录格式。记录格式是人机之间的衔接形式，因而十分重要。设计得好，容易控制工作流程，减少数据冗余，增加输入的准确性，并且容易进行数据校验。

（4）输入数据的正确性校验。输入设计最重要的问题是保证输入数据的正确性。对数据进行必要的校验，是保证输入正确的重要环节。

（5）确定输入设备。输入设备有键盘、鼠标、读卡机、光电阅读器、条码扫描器、扫描仪等。设备的选择应考虑数据的来源和形式、输入的数据量与频率、输入速度和准确性、校验方法以及费用等因素。

以上输入输出设计是人机界面设计的主要内容，此外，还包括人机对话设计，即人与计算机系统之间通过屏幕、键盘等设备进行一系列交互的询问与回答。人机对话设计的好坏，关系到系统的应用和推广，友好的用户界面是信息系统成功的条件之一。

至此，设计阶段的主要工作基本完成，将上述各项设计的有关文档综合、整理形成系统设计说明书。系统设计说明书是系统设计阶段的主要成果，是新系统的物理模型，也是下一步系统实施的重要依据。

第五节　信息系统实施

系统实施是信息系统生命周期的第四阶段，是将系统设计阶段的结果在计算机上实现，也就是将新系统的物理模型转换为可执行的应用软件系统。系统实施的主要内容包括购置和安装软硬件设备、程序设计与调试、数据的准备与录入、人员培训、系统转换。

一、购置和安装软硬件设备

这一阶段要购置、安装、调试软硬件设备。硬件设备包括计算机主机、输入/输出设备、存储设备、辅助设备（稳压电源、空调设备）、通信设备等。软件包括操作系统、数据库管理系统以及应用软件。购买来的操作系统、数据库管理系统和应用软件需要安装、设置。该阶段工作在系统实施初期就必须完成，因为后续工作如编程、调试及数据准备都要在这一套物理设备系统上进行。

二、程序设计与调试

根据系统设计阶段产生的HIPO图、低层主要模块详细的IPO图、系统结构图和其他设计说明书，开发人员按照统一选定的程序设计语言和计算机系统提供的有关资料进行程序设计。在程序设计时应采用结构化程序设计方法，使程序的编写趋向标准化，提高程序的可读性、可修改性和可维护扩展性。

通常在编写出每个模块后要对该模块进行必要的测试，一般模块的编写者与测试者是同一人。模块测试后，对软件系统还应进行各种综合测试，由专门的测试人员承担。程序测试的目的是尽可能多地暴露程序中的错误，而最终目的是改正错误。因此，在程序测试后，还必须改正程序中的错误，这就是调试的任务。

系统的调试过程可以分为程序调试、模块调试、子系统调试和系统调试。针对每一个具有独立功能的模块进行调试完成之后就必须进行联调，即先进行子系统内各模块之间的联合调试，而后在子系统调试的基础上对整个系统的功能进行调试工作。

三、数据的准备与录入

数据的收集、整理、录入是一项繁重、细致而重要的工作。首先，要对现行系统中的原始数据进行整理。对于原始记录不全、信息缺少或记录与实际不符的情况，需要有经验的管理人员进行补充或修改。整理工作通常在系统分析阶段后期就可逐步开始。其次，将整理好的原始数据按照已设计好的数据库的要求，编辑转化为新系统所需要的格式。最后，将这些已按照一定格式转换好的数据录入到计算机中去。

四、人员培训

人员培训工作贯穿于系统开发工作的各阶段中，在系统开发之初，就要对中、高管理人员进行培训，使他们了解信息系统对管理工作的促进作用。在系统实施阶段进行的人员培训，更多的是关于新系统操作基本应用知识。为保证系统实施与运行以及系统交付用户后系统的运行、维护与发展工作，其中所需要的各类人员，包括企业领导、管理人员、操作人员和计算机技术人员都应接受不同层次的培训。

五、系统转换

信息系统经过规划、分析、设计、编程、安装、调试，并且验收合格，就可以实际投入使用，逐渐替代原来的系统。为保证企业业务工作的正常进行，有一个新旧信息系统的交替过程，也就是老的信息系统逐渐退出，由新的信息系统替代，这个过程称为系统的转换。

系统转换有三种不同方式：直接转换、并行转换和分段转换，如图 4-19 所示。

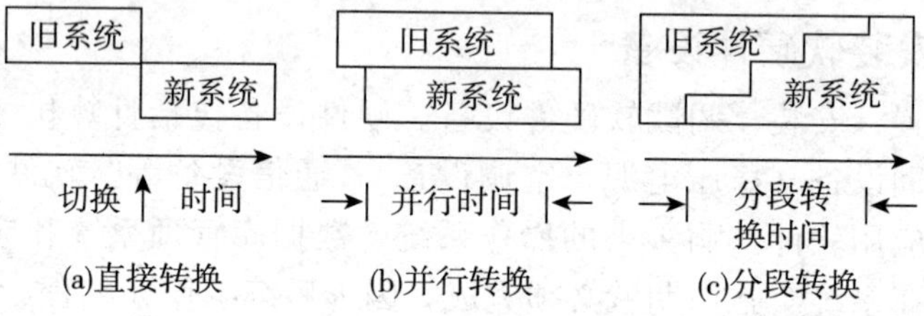

图 4-19　系统转换的方式

（一）直接转换

直接转换就是在某一时刻由新系统直接替换老系统，没有过渡阶段。这种方式转换简单，节省费用，但有很大的风险。因为，新系统还没有真正地承担实际工作，很可能出现某种预想不到的问题。因此，直接转换方式适用于小系统或者是在正式运行之前可以进行多次真实测试的系统。

（二）并行转换

并行转换方式要经历一个新旧系统并存的时期，这样不仅可以保持转换期间工作不受影响，而且可以对两个并行的系统互相校对，以便发现新系统在调试中未能发现的问题，减小系统转换风险。并行转换方式的主要问题是业务工作人员要完成两套系统的工作，负担重，费用高。

（三）分段转换

分段转换，又称向导转换，吸收了上述两种方式的优点。这种转换方式由新系统一部分一部分地替代旧系统，比如一个子系统一个子系统地转换成新系统，或一个业务功能一个业务功能地转换成新系统。该方式既保证了系统可靠转换，又不至于使得费用过大，但要注意子系统之间、功能之间的接口问题。一般在比较大的系统转换中多采用这种方式。

以上三种方式各有优缺点，应该根据系统规模的大小、难易复杂程度以及企业的具体情况决定选用。

新理念·新技术

云计算

云计算是一种为计算机或其他设备提供基于互联网的共享的计算资源和数据资源。这种模式提供一种无处不在的、对可配置共享资源池（网络、服务器、存储、应用和服务）的按需访问，从而以最低的管理成本实现计算资源的快速部署。云计算和云存储方案为用户和企业提供具有多种处理和存储能力的第三方的数据中心。这种模式依靠资源共享实现一致性和规模经济性，类似于网络上的公共事业。

云计算能够使企业避免前端架构成本，使用户聚焦于商业活动而非信息架构，并且使企业能够更快地启动和运行各种应用，改善信息管理，减少维护需求，更便捷地调节IT资源，以适应难以预料的商业需求波动。云提供商通常采用一种称作“即付即用”（pay as you go）的方式。

按照美国国家标准和技术研究院（NIST）的定义，云计算的基本特征是：

• 按需自助服务：顾客可以根据自身需要单方面设定计算能力，如服务器使用时间和网络存储容量。

• 广泛的网络访问：顾客可以使用各种异质的薄或厚的客户平台（如智能电话、平板电脑、笔记本或工作站），按照标准联网机制通过网络获取计算能力。

• 资源池：云服务提供商的计算资源构成共享资源池，采取多租户模型（multi-tenant model），根据不同顾客的需求，动态地向多个顾客提供不同的物理或虚拟资源。

• 快速弹性：计算能力能够弹性地配给和释放，在某些情况下这种配给和释放是自动实现的。对用户而言，这意味着在任何时间获得任何数量的无限资源。

• 可计量服务：云计算体系通过对各种服务类型（存储、处理、带宽、活跃用户数量等）的计量能力，实现计算资源的自动控制和优化。对于服务供应商和用户而言，资源使用情况可以随时监控、控制、报告，实现资源使用的透明性。

本章小结

本章首先介绍了信息系统的生命周期，分为系统规划、系统分析、系统设计、系统实施、系统运行、维护与评价循环往复的五个阶段。其中后四个阶段构成了一个项目开发周期。

其次介绍了结构化方法、原型法和面向对象方法三种常用的开发方法，分别讨论了这三种开发方法的基本思想、优点、缺点和适用范围。三种开发方法各有所长，也各自具有一些局限性。

信息系统分析是信息系统生命周期的第二阶段，通过对现行系统的详细调查，明确用户需求，运用一系列的图表工具进行详细分析，主要包括组织结构与功能分析、业务流程分析、数据流程分析，确定新系统的功能结构，建立一个可行的、优化的新系统逻辑模型，交付新系统的逻辑设计说明书。组织结构与功能分析是整个系统分析工作中的首要环节，包括组织结构分析、业务过程与组织结构之间的联系分析以及业务功能分析。一般采用业务流程图（TFD）进行业务流程分析。数据流程分析是系统分析的重点与关键。数据分析的出发点是业务流程图，结果是数据流程图（DFD）、数据字典（DD）以及处理逻辑说明。本章重点阐述了数据流程图的基本符号和数据流程图的绘制原则。

信息系统设计是信息系统生命周期的第三阶段，系统设计阶段首先要进行信息系统结构设计，在此基础上，进行代码设计、输入/输出设计、数据库设计等。模块设计介绍了模块的含义、模块层次功能分解的重要技术HIPO图方法、模块分解设计的原则以及模块结构图。代码设计阐述了代码设计的原则、类型和步骤。输入/输出设计包括输出设计的步骤、输入设计的原则和内容。数据库设计是信息系统设计阶段的核心。数据库设计的步骤主要分为需求分析、概念结构设计、逻辑结构设计和物理结构设计四个阶段。

信息系统实施是信息系统生命周期的第四阶段，是将系统设计阶段的结果在计算机上实现，也就是将新系统的物理模型转换为可执行的应用软件系统。系统实施的主要内容包括购置和安装软硬件设备、程序设计与调试、数据的准备与录入、人员培训、系统转换。

关键概念

结构化方法（SSA&D）		原型法（prototyping）		面向对象方法（OO）	
对象	类	封装	继承	消息	多态性
业务流程图(TFD)		数据流程图(DFD)		数据字典(DD)	外部项
数据流		处理逻辑	数据存储	模块	模块耦合
数据耦合		控制耦合		公共耦合	内容耦合
模块聚合		模块结构图		代码	顺序码
分组码		助记码		E-R 图	直接转换
并行转换		分段转换			

讨论及思考题

1. 企业信息系统的生命周期分为哪几个阶段？各阶段的主要任务是什么？

2. 结构化开发方法的基本思想是什么？画图说明原型法的工作流程。

3. 结构化方法、原型法和面向对象方法这三种常用的系统开发方法，各有什么特点？主要适用于哪些系统？

4. 为什么说系统分析是信息系统开发过程中最重要的一环？

5. 如何正确绘制数据流程图？分析你所在单位的实际情况，绘出业务流程图、数据流程图，并提出新系统逻辑方案。

6. 简述模块分解设计的原则。

7. 数据库设计主要包括哪几个步骤？联系实际进行数据库设计。

8. 系统实施的主要内容包括什么？

第五章　企业信息系统管理

本章要点提示

- 信息系统开发项目管理的基础、工作流程和主要内容
- 信息系统运行与维护管理的概念和具体的工作程序
- 信息系统审计的概念和内容
- 信息系统评价的类型和经济效益的评价
- 信息系统安全管理的重要性以及安全管理的方法

章前案例

民生银行搭建新一代信息系统安全平台

中国民生银行自1996年创建以来，在全国已拥有超过350家分行和支行，主要关注非国有企业、中小型企业和高净值零售客户。2013年，民生银行新建数据中心，选择并部署了瞻博网络的系列业务网络产品，搭建新一代系统安全平台，达到行业领先的高性能及可扩展性，并实现数据整合。同时，瞻博网络的业务网关与民生银行安全平台相结合，提供高达100Gbps的防火墙吞吐量，使民生银行能够根据数据中心的扩展同步提升安全水准。

瞻博网络SRX3600和SRX5600业务网关可用于增强数据中心、互联网、内网和外网门户的安全性，帮助民生银行在所有的数据中心接点上构建一套强大、统一的安全解决方案。在网络的关键点上，瞻博网络SRX系列网关的主动/被动高可用性设定，可提供卓越的弹性，确保在线业务99.999%可用。

民生银行数据中心运营部主管谢大鹏表示："中国的银行业竞争十分激烈。为确保客户忠诚度并在竞争中保持优势，我们需要有强大的IT基础设施，并且有新的数据中心为其提供支持。在瞻博网络SRX平台的帮助下，新的数据中心网络投入运行，我们能够更安全地将吞吐量规模扩展到兆兆位（terabit）水平。"

瞻博网络大中国区副总裁、企业总经理竺宏表示："安全和可用性是银行业保持竞争优势的关键因素。这对于民生银行这样一家将自身定位为非国有领域领先的银行来说更为突出，无缝以及安全的在线客户体验至关重要。我们与民生银行紧密合作，构建了一个高度灵活的网络，以满足其不断扩大的需求，同时为其客户提供所需的速度、可靠性和安全性。"

资料来源：http：//security. zhiding. cn/security _ zone/2013/0927/2991230. shtml.

大量事实表明：管理工作的好坏，尤其是对企业信息系统开发、运行与维护阶段管理如何，在很大程度上决定了系统建设的成败，决定了系统是否能够发挥作用，是否能真正满足企业中管理决策活动的需求。因此，必须进行科学的管理。科学的管理理论与方法的指导，再加上经验的积累，才是管理好信息系统的有效途径。将项目管理的理论与方法应用于信息系统管理工作已被实践证明是行之有效的。

本章首先介绍信息系统开发项目管理的有关概念、特点、工作流程、主要内容以及信息系统项目管理的软件，然后介绍信息系统的运行与维护、信息系统审计与评价的基本知识，进而介绍信息系统经济效益评价，重点阐述成本测算的方法，最后简单介绍信息系统的安全管理。

第一节　信息系统开发项目管理

一、项目管理基础

项目管理作为管理技术复杂、需要多学科协作的一种特殊工具逐渐被人们所认识，并不断得到了迅速发展和不断完善。虽然项目管理已被公认是一种生命力极强并能够实现复杂企业目标的良好方法，但是，项目管理并非万能管理，项目及项目管理均有其明确的范围和特点。在开始一项新项目之前，首先需要判断的是它能否适于应用项目管理的思想和方法。在项目开始以后，在组织、计划以及控制等多方面必须遵循项目管理的基本原则和方法，只有这样才有可能取得成功。

（一）项目的概念

美国著名的项目管理协会（Project Management Institute，PMI）给出的项目定义是：项目（project）是一种组织单位，是指具有明确目标的一次性任务，具有明显的生命周期，阶段性强。

对项目的含义可以这样来理解：项目是在一定的资源约束下，为了实现特定的目标而进行的相互联系的一类工作任务。通常，项目这类工作任务具有如下的特征。

1. 目标性

目标性是指每一个项目均应有一个明确界定的目标——一个期望的结果或产品。例如，某信息系统开发项目的目标是在 6 个月内，投入 20 万元人民币，完成市场营销子系统的建设，使之能投入初步使用，并达到系统建设所规定的目标、功能和性能要求。

2. 一次性

项目的一次性指任何项目之间不存在所有属性完全相同的情况，即每个项目都有自己的起点和终点，有自己的工作范围和工作条件，一般不会有完全相同可以照搬的先例，将来也不会有完全相同的重复。

3. 项目中任务的关联性

通常在项目实施过程中，要通过完成若干相互关联且具有先后顺序的任务才能达到项目的目标。例如，在信息系统开发项目中，按照生命周期的划分及工作任务、活动的分解，可以分成系统初步调查、可行性研究、系统详细调查、提出新系统逻辑模型等若干个具有先后顺序和逻辑关系的工作任务，这些工作任务相互连接起来，从而最终达到系统建设的目标。

4. 项目组织的临时性

项目的实施需要一定的人员进行相应的组织。很多情况下项目进行的不同阶段所需人员的类别、数量及其在项目中承担的职能等会有较大的差别。例如，在信息系统开发项目中，系统分析阶段需要用户（来自高、中、低各管理层）和系统分析员的更多参与；而到了系统设计阶段，则是以技术人员为主进行工作；系统实施阶段，所涉及的人员就更多，任务也更复杂，有软件编程人员、软件测试人员、硬件工程师、用户等。

5. 项目成果的产品性

项目成果的产品性是指项目的实施具有样品即产品的特点，其产品是一次成功的，即没有样品。样品就是产品，一旦失败，就失去了重新实施原项目的机会。因此，项目的实施是一个具有较大风险的过程，必须精心组织、科学设计、严密控制才行。

从以上特点我们可以看出，通常项目的实施具有目标性、风险性和复杂性，因此需要科学的管理。

对于信息系统项目而言，有关研究成果表明，影响信息系统项目成功的关键因素主要有以下10条：

（1）清楚、明确地界定目标和项目任务；

（2）高层管理者的支持；

（3）有能力的项目经理；

（4）有能力的项目队伍；

（5）充足的资源；

（6）用户的参与；

（7）良好的沟通；

（8）对用户的积极反应；

（9）适当的监控和反馈；

（10）正确的技术。

从信息系统项目的实践来看，上述若干因素在信息系统开发项目中非常重要，上述结论具有很强的普遍性。

（二）项目的阶段性及生命周期

任何项目均有从开始到结束的过程，这个过程又可以划分为若干个阶段，从而构成了项目发展的生命周期。一般来说这个生命周期包括了项目机会的确认、项目规划与方案制订、项目实施与执行、项目结束与收尾四个阶段。

（三）项目管理的概念

前面我们了解到项目具有一次性、创新性、风险性和复杂性。因此，对项目的管理就必须科学、有效。

项目管理是指在一定约束条件下，为了高效率地实现项目的目标，按照项目的内在规律和程序，对项目的全过程进行有效的计划、组织、领导和控制的系统管理活动。具体而言，项目管理就是将知识、技能、工具和技术应用于项目活动，以满足项目的需求。项目管理的目的是谋求“多、快、好、省”，即任务多、进度快、质量好、成本省这四者的有机统一。

项目管理具有以下基本特点：

(1) 复杂性。复杂性是指项目管理是一项复杂的工作。

(2) 创造性。项目具有一次性的特点，由此决定项目管理既要承担风险又必须发挥创造性。

(3) 阶段性。项目具有可以预知的寿命周期。项目在其寿命周期中，通常有一个较明确的阶段顺序。

(4) 适用性。项目管理并非万能管理，它只有在适当条件下应用才会有效。由于项目具有创新性，因此，项目管理可以理解为实现创新的管理，这种管理更具有挑战性。

在项目管理中涉及参与项目各方的目标与需求。例如，在信息系统项目中可能会涉及用户方、咨询公司、软件开发商、硬件提供商等各方的需求，这些需求可能存在差别，有的甚至相互抵触。这就需要项目管理者对此加以协调，以求得某种平衡，照顾各方利益，使各方均以积极的态度、饱满的热情投入项目之中。

项目管理中涉及各种资源的组织、管理和有效利用，这些资源包括：人力、物资、资金、设备、资料、数据等。其中有些属于软资源，有些属于硬资源，而且它们大多是临时获取和使用的（因为项目具有一次性的特点）。所以，对资源的管理在项目管理中主要体现在如何按需要的时间和数量获取资源，如何在各阶段高效地使用多种资源。按计划协调分配与控制各种资源，成为项目中资源管理的重点。

项目的进度计划与控制是项目管理中的重要方面。一是项目本身有时间价值，超过一定的时限可能其效果会大打折扣，甚至所有工作全无意义。二是由于在一定范围内项目的质量、进度与成本存在相互制约的关系，即当成本一定时，质量要求越高则进度就越慢；当质量要求一定时，进度太快或太慢均会导致成本的增加，因此进度需保持在适中的水平；当进度要求一定时，质量要求越高，则成本越高。上述关系由图 5-1 形象地予以表示。

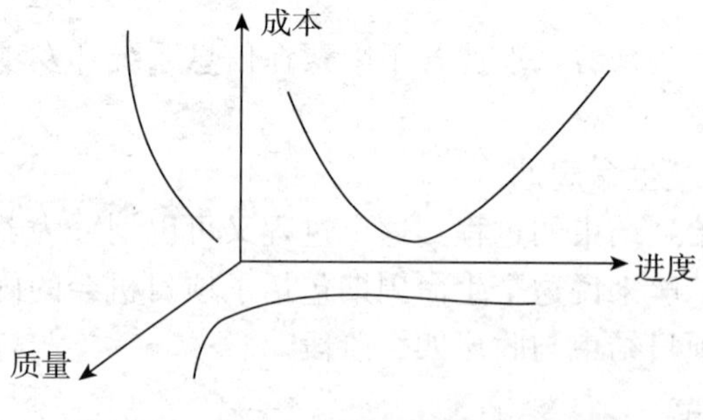

图 5-1　成本、质量、进度之间的关系

总之，项目管理提供了一种科学、有效的管理方法。信息系统的开发项目包含信息系统分析、设计和实施的整个过程。它由项目负责人（项目经理）负责，利用可获得的资源为用户组织系统的建设。

信息系统开发项目（常简称为信息系统开发）管理的基本问题就是如何按所选择的研

制方法，进行有效的计划、组织、控制。像其他工程项目一样，研制一个信息系统也需要在给定的时间内计划、协调、合理使用各种资源，因而对信息系统进行项目管理是一种有效的管理方法。

二、信息系统开发项目管理的特点与重要性

（一）信息系统开发项目管理的特点

信息系统开发项目是众多类型项目中的一种，除具备一般项目的特点之外，还有其独特之处，主要表现在以下几个方面。

1. 信息系统开发项目是最复杂的项目之一

信息系统开发项目的复杂性主要体现在它所面临的是管理环境，而管理环境本身复杂多变；信息系统开发项目在组织中涉及面广，通常涉及组织的长期、中期目标的实现，举足轻重，影响大；信息系统开发项目涉及许多先进技术，这些技术花样繁多，日新月异，选择难度大，并且要考虑其发展趋势与更新升级，这也使信息系统开发项目增加了复杂性。

2. 人力资源管理的难度较大

信息系统开发项目涉及具有不同专业背景、来自用户方/开发方及其他有关方面的不同人员，而且信息系统开发是智力密集型和劳动密集型的项目。首先，开发项目不仅涉及开发方，而且存在对用户的依赖性，项目执行过程中的绝大多数问题需要用户参与才能解决。其次，在信息系统开发项目中，大量工作带有较强的技术性，需要高强度的脑力劳动。同时整个开发项目中也有许多的工作由手工完成。由此可以看出，在信息系统开发项目中人力资源的管理以及沟通与协调任务是十分繁重的。

3. 定义信息系统开发项目的质量要求比较困难

质量评价常常带有许多主观因素，缺乏第三方支持。

（二）信息系统开发项目管理的重要性

基于以上特点，对信息系统开发项目的管理就非常重要了，其重要性主要体现在以下两个方面。

1. 项目管理贯穿于信息系统整个生命周期

项目管理是保证管理信息系统开发项目顺利、高效完成的一种过程管理技术，它贯穿于信息系统的整个生命周期。信息系统开发是一项长期的任务，必须根据组织的改革、发展需要和可能，分成若干个项目，分步骤进行开发。项目管理方法完全可以应用在管理信息系统开发项目的管理之中。

2. 项目管理是信息系统有效的管理方法

对信息系统进行项目管理是一种有效的管理方法。信息系统的项目开发管理的基本问题就是如何按所选择的研制方法，进行有效的计划、组织、控制。与其他工程项目一样，研制信息系统也需要在给定的时间内计划、协调和合理使用各种资源。因此，对信息系统进行项目管理是一种有效的管理方法。

将项目管理的思想、原理和方法应用于信息系统开发，项目可以较小的投入，得到较好的效果。项目管理是使信息系统项目能得以成功的有效途径。

三、信息系统开发项目管理的工作流程

信息系统开发项目管理可以分成立项与可行性研究、项目实施管理两个阶段。

（一）立项与可行性研究

信息系统开发的前期过程可分成两个步骤：第一个步骤是进行初步调查，提出项目建议书。一旦项目建议书被主管部门批准后，该项目就被正式列入计划，也就是通常所说的项目立项。第二个步骤是进行可行性研究，即进入正式研究阶段。项目能否正式实施还有待于可行性研究报告是否能通过主管部门的审批。

从项目前期管理决策角度来看，可行性研究是项目开发前期最重要的一项工作。它主要对项目进行考察和鉴定，目的是判断该项目在开发技术、开发经济、开发管理等方面是否可行，同时将最佳方案推荐给投资者。

（二）项目实施管理

信息系统的项目被批准实施之后，就应该开始项目实施的管理工作，主要目的是通过计划、检查、控制等一系列措施，使系统开发人员能够按项目的目标有计划地进行工作，以便成功地完成项目。

1. 项目实施管理的主要内容

（1）项目开发管理，主要包括规定应交付的文档、资源需求估算、费用估算、工期估算、制订工序表、进度管理、质量保证管理、开发总结报告、处理意外情况等。

（2）项目测试管理，主要包括制订测试计划、测试分析报告、编制用户手册等。

（3）项目运行管理，主要包括人员的组织与管理、设备和资料管理、财政预算与支出管理、作业时间管理等。

（4）项目后评价管理，主要包括技术水平与先进性评价、经济与社会效益分析、系统的内在质量评价、系统的推广使用价值评价、系统的不足之处与改进意见。

信息系统开发项目管理的工作流程往往与信息系统的生命周期和系统开发过程的阶段划分有关。与系统开发周期相适应，我们将管理信息系统开发的项目管理划分为如图 5－2 所示的从定义项目目标到项目结束的若干步骤，即信息系统开发项目管理的工作流程。

2. 实行项目管理应注意的问题

项目实施管理贯穿系统分析、系统设计、系统实施、系统运行、维护和评价的整个系统开发过程。项目管理的工作程序和组织界限非常重要，所以有必要建立项目管理的总体框架。通常要特别关注以下几个问题：

（1）弄清问题。对项目应当认真研究和估价其变革的程度、项目的内涵和最终实现的成本。

（2）正确地选择项目。应控制项目规模，选择成功可能性较大的项目。大型项目可以分成子项目。

（3）正确地定义项目范围。

（4）选任项目负责人。

（5）具体指明各有关人员尤其是用户负责人及其他人员的责任。用户负责人应主持、决定整个项目中用户参与程度并提供相应的资源。项目负责人要直接向用户负责人汇报工作。

（6）建立项目计划和确定工作标准。

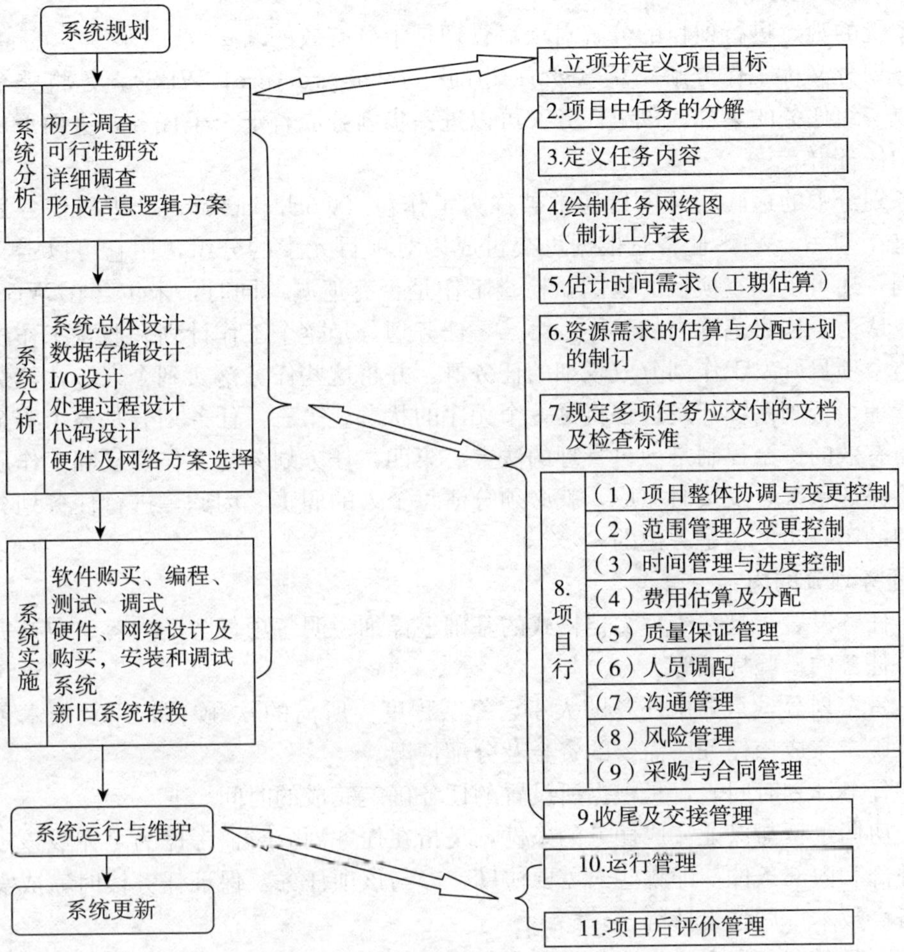

图 5－2　信息系统开发项目管理的工作流程

(7) 限定任务。计划中应具体指明任务细节。必须决定要完成哪些任务、如何去完成、哪些资源能用、谁来完成，以及用多长时间完成等。

四、信息系统开发项目管理的主要内容

在系统开发过程中，具体实施项目管理，应包括以下主要内容：

(1) 项目范围的定义与任务划分；

(2) 项目的计划安排；

(3) 项目的经费管理；

(4) 项目执行状况的跟踪与控制；

(5) 风险管理；

(6) 信息系统开发的人力资源管理；

(7) 信息系统项目管理中的质量控制；

(8) 信息系统开发中的文档管理。

（一）任务划分

按系统的观点进行项目的分解对项目管理是十分有效的。

任务划分又称工作分解结构（work break down structure，WBS），是将整个开发工作定义成一组任务的集合。该组任务又可以进一步划分成若干个子任务，进而形成具有层次结构的任务群。

任务划分中的最底层的项目通常被称为工作包（work package）。进行任务划分的原因主要有：第一，WBS通常是根据可交付成果对项目元素的分组，用它可以定义整个项目的范围，还可以核查项目的范围，检查工作是否有遗漏。同时，未包含在WBS中的工作将不被认为是项目范围内的工作。第二，任务划分是整个工作计划和监督工作执行的基础。将整个项目开发工作划分成较细的任务群，并将这些任务落实到个人，才能进行有效的项目管理，否则系统开发过程将是一个无序的状态。第三，任务划分是整个资金分配的基础，而有效的资金控制是项目管理的法宝。第四，任务划分与工作责任和工作质量密切相连，要保证系统开发按时完成，就必须分清每个人的职责。因此，进行任务划分是实施项目管理的第一步，也是关键的一步。

1. 任务划分的内容

（1）任务设置，是在统一文档格式的基础上详细说明每项任务的内容、应该完成的文档资料、任务的检验标准等。

（2）资金划分，是根据任务的大小、复杂程度、所需的软/硬件，以及技术条件等多种因素来确定完成该任务所需要的资金及分配情况。

（3）任务计划时间表，是根据所设置的任务确定完成的时间。

（4）协同过程与保证完成任务的条件，是指在任务划分时要考虑为了完成该项任务所需要的外部和内部条件，即哪些人需要协助、参与该项任务，保证任务按时完成需要的人员、设备、技术、后勤支持等。

在进行任务划分之后，将这些任务落实到具体的人，并填写一张任务划分表，在这张表中标明任务标号、任务名称、完成任务的责任人等。

2. 任务划分的主要方法

（1）按系统开发项目的结构和功能进行划分。例如，可将整个开发系统分成硬件系统、系统软件、应用软件系统等。硬件系统可分为服务器、工作站、计算机网络环境等，考虑这些硬件的选型方案、购置计划、购置管理、检验标准、安装调试计划等内容，制订相应的任务；系统软件可划分为网络操作系统软件、数据库管理系统、开发工具等，考虑这些软件的选型、配件、购置、安装调试等内容，并制订相应的任务；应用软件系统承担输入、显示、查询、打印、处理等功能，根据需求分析、总体设计、详细设计、编程、测试、检验标准、质量保证、审查等内容制订相应的任务。

（2）按系统开发阶段进行划分。例如，按系统开发中的系统分析、系统设计、系统实施中的各个阶段来划分出每个阶段应该完成的任务、技术要求、软/硬件支持、完成的标准、人员组织及责任、质量保证、检验及审查等内容。同时还可根据完成各阶段任务所需的步骤将这些任务进行更细一级的划分。

（3）将上述两种方法结合起来进行任务的划分。采用这种方法主要是从实际应用考虑，兼顾两种方法的不同特点而进行。

3. 进行任务划分过程中应注意的事项

（1）任务划分的数量不宜过多，但也不能过少。过多会引起项目管理的复杂性与系统集成的难度；过少则每项任务会太复杂。任务划分对项目组成员，特别是项目负责人有较高的要求，处理不好会影响整个项目的开发。

（2）在任务划分后应该对任务负责人赋予一定的职权，明确责任人的职责和权限，确定约束机制和管理规则。

任务划分是实现项目管理科学化的基础。

（二）计划安排

计划安排是指在任务划分完毕以后，制订出整个开发计划和项目管理计划，并产生任务时间计划表，表明任务的开始时间、约束时间，以及任务之间的相互依赖程度。例如，应用软件开发计划包括将用户需求转化为相应的项目、软件开发过程、集成软件的过程、测试软件的过程；测试和评估计划包括整个系统的集成、整个系统的测试、给用户展示系统的工作情况、准备给用户使用系统等。另外，开发计划还包括配置计划、验收计划、资源计划和成本预算、质量保证计划、组织与人员计划、沟通计划、风险及其应付计划、采购计划、系统工程管理计划和项目整体管理计划等。

将开发计划和项目管理计划制订出来以后，就可以采用某种方法画出任务时间计划表，标明任务的开始时间、结束时间。任务时间计划表可以按照任务的层次形成多张表，这些表是所有报告的基础，可以利用它们对整个计划实施监控。在建立任务时间表的过程中，通常可以采用多种方法。例如，既可以采用表格形式，也可以采用图形形式，还可以使用软件工具。具体采用哪种方式，主要取决于实际应用的需要。

（三）经费管理

经费管理是信息系统开发项目管理的关键因素，项目经理可以运用经济杠杆来对整个开发工作进行有效的控制。经费的有效运用可以起到事半功倍的效果，反之，也许投入了很多资金，开发工作却毫无进展。

在经费管理中要完成两件最重要的工作，通常需要制订两个重要计划，即经费开支计划和经费预测计划。经费开支计划包括完成任务所需的资金分配、确认任务的责权和考虑可能的超支情况、系统开发时间表及相应的经费开支；经费预测计划包括了解项目完成的百分比及经费支出情况、估计今后各时间段所需的经费情况、分析成本变化的原因并决定是否需要采取纠正措施、有计划地进行必要的经费调整。

（四）项目执行状况的跟踪与控制

项目执行状况的跟踪是整个项目管理的重要部分，它对于整个系统开发能否在资源预算的范围内按照任务时间表来完成相应的任务起着关键的作用。项目执行状况的跟踪与控制主要包括以下几方面：

（1）制订系统开发的工作制度。按照所采用的开发方法，针对每一类开发人员制订工作过程中的责任、义务、质量标准等。

（2）制订审计计划。按照总体目标和工作标准制订出进行审计的计划。

（3）分析审计结果。按照计划对每一项任务进行审计，分析执行任务计划表和经费的变化情况，确定需要调整、变化的部分。

（4）控制。根据任务时间计划表和审计结果，掌握项目进展情况，及时处理开发过程中出现的问题，修正开发工作中出现的偏差，保证系统开发工作的顺利进行。对于项目开发中出现的各种变化情况，项目经理应该及时与用户和主管部门进行联系，取得他们的理解和支持，及时针对变化情况采取相应的对策。

（五）风险管理

由于项目实施过程中存在着一定的风险，所以任何一个项目都应该有风险管理。风险管理包括识别风险、风险分析（定量分析和定性分析）、风险缓和、风险控制，以避免项目风险，或最大限度地减少风险所带来的损失。识别风险是指确定可能会出现的风险。风险分析是指分析风险概况（比如风险出现的个数和时间等）。风险缓和是指确定风险等级，对高级的风险制订出相应的对策，并采取特殊措施进行处理。风险控制是指对辨识后的风险进行跟踪管理，以便根据实际情况及时修正计划。

（六）人力资源管理

人力资源管理的目的是使参加项目的人员均能最有效地发挥作用。在项目进行过程中，具有各种不同专业背景、工作习惯、工作方式的人聚集在一起工作，而且项目的组织机构多为临时设置，许多人又是身兼多职的，所以人力资源的管理在项目管理中也尤为重要。它包括制订人力资源计划、进行人员培训、做好人员的沟通与协调等工作。

（七）质量管理

项目质量管理是指为使项目能达到用户满意的预先规定的质量要求和标准所进行的一系列管理与控制工作。包括进行质量规划、安排质量保证措施、设定质量控制点、对每项活动进行质量检查和控制等。

（八）文档管理

要建立一个良好的信息系统，不仅要充分利用各种现代化信息技术和正确的系统开发方法，同时还要做好文档的管理工作。信息系统文档管理应该从以下四个方面着手：

（1）文档的标准化与规范化。在统一标准的制约下，开发人员负责建立所承担任务的文档资料。

（2）维护文档的一致性。如果需要对某一文档进行修改，则必须及时准确地修改与之相关联的其他文档；否则，将会引起信息系统开发工作的混乱。

（3）维持文档的可跟踪性。必须按文档的不同版本进行修改，同时还需要建立相应的文档版本管理制度。

（4）文档管理的制度化。必须建立一整套文档管理制度，并据此来协调和控制信息系统开发工作，对每一位开发人员的工作进行评价。另外，由于信息系统建设中各个阶段的工作是一个不断产生草稿、经反复讨论和修改后形成正式文档的过程，所以在条件允许的情况下，应该尽可能地充分利用现有的CASE工具，以及其他处理软件在计算机上对文档进行管理，以确保文档的一致性、可跟踪性，保证信息系统的最终开发质量。

在很多情况下，项目结束之后都存在一个收尾的过程。例如，在信息系统开发项目完成之后，便要进入运行阶段，这时就存在大量的交接工作：各类人员的培训，各种资料的交接，对系统出现的问题的处理，系统目标、质量、效率的再评估等，这个过程对项目成果的实际应用是十分重要的。项目收尾管理（合同收尾、管理收尾）分别包含在沟通管理和采购管理工作之中。

总之，项目管理是非常具有挑战性的、复杂的管理工作，管理者必须具有相关知识技能。

五、信息系统开发项目管理软件

（一）项目管理软件的主要功能

目前，市场上存在着数以百计的项目管理软件，它们具有不同的功能。大多数项目管理软件具有的功能主要包括以下几方面：

（1）成本预算和成本控制功能。

（2）计划制订和资源管理功能。

（3）项目监督和项目跟踪功能。

（4）图形生成和报表生成功能。

（5）信息存取和电子邮件功能。

（6）多项目和子项目处理功能。

（7）排序和筛选功能。

（8）安全管理功能。

（9）假设分析功能。

（二）主要项目管理软件介绍

据不完全统计，目前共有一百多种项目管理软件，根据软件的功能和价格水平划分，可将其分为两种档次：一种是高档项目管理软件，供专业项目管理人士使用，这类软件功能强人，如 Primavera 公司的 P3、Gores 技术公司的 Artemis、ABT 公司的 Workbench、Welcome 公司的 Open Plan 等；另一种是低档项目管理软件，适用于一些中小型项目，这类软件的功能不是很齐全，但价格较便宜，如 TimeLine 公司的 TimeLine、Scitor 公司的 Project Scheduler、Primavera 公司的 SureTrak、微软公司的 Microsoft Project 等。下面介绍目前市场上常见的几种项目管理软件的概况。

（1）Primavera Project Planner（简称 P3）是国际上项目管理软件的佼佼者，是由美国 Primavera 公司开发的高档项目管理软件，主要用于工程项目进度计划的编制和流动控制，以及资源和费用的预算管理与动态控制等方面。P3 软件适合用于任何工程项目，能够有效地控制大型和复杂的项目，用户可以用它同时管理多个项目。

（2）Microsoft Project 由美国微软公司开发，是一个易于使用、功能齐全的优秀项目管理软件包。它是强有力的计划、分析和管理工具，可以用于控制简单或者复杂的项目。它能帮助用户建立项目计划，对项目进行管理，并在执行过程中追踪所有的活动，使用户可以实时掌握项目进度的完成情况、实际成本与预算的差异、资源的使用情况等信息。Microsoft Project 中新增的 Microsoft Project Central 组件还允许工作组成员、项目经理以及其他风险承担者在 Web 站点上交换和处理项目信息、交流合作计划或者状态报表。

（3）Project Scheduler 是 Scitor 公司推出的一个简单易用、功能强大的项目管理软件，用户可以用它来管理项目中的各种活动。利用项目分组，用户还可以观察到多个项目中的一个主进度计划，并且可以进行分析更新。数据可以通过工作分解结构（WBS）、组织分解结构、资源分解结构等进行调整和汇总。

（4）SureTrak Project Manager（简称 SureTrak）是 Primavera 公司推出的用于管理中小型项目的管理软件。SureTrak 是一个高度视觉导向的程序，利用其中的图形处理方式可以方便快捷地建立项目进度并实施跟踪，它支持多项目进度计算和资源计划，并用不同颜色来区分不同的任务。此外，SureTrak 中还提供了 40 多种标准报表，可以任意选用；利用电子邮件和网上发布功能，可以进行数据交流。

（5）Project Management WorkBench（简称 PMW）是应用商业技术公司（ABT）开发的项目管理软件。PMW 提供了对项目建模、分析和控制的图形化手段，具有项目管理所需的各种功能，可以用来管理各种复杂项目，所以深受广大工程技术人员的欢迎。PMW 可用不同的视图来创建项目计划，进行进度安排、资源定义以及资源分配、项目跟踪。

（6）CA-SuperProject 是 Computer Associates International（简称 CA）推出的一个常用项目管理软件，适用于 Windows、OS/2、UNIX、DOS、VAX/VMS 等多种操作系统平台。该软件采用了先进、灵活的进度安排，允许用户在多个项目之间调整进度表和资源，还可以根据整个预定计划、当前完成情况、剩余情况等精确地重新制订剩余部分的执行计划，并采用多层密码方式保护项目数据的安全性。

第二节　信息系统的运行与维护管理

一、信息系统运行管理的概念

信息系统运行管理是指对信息系统的运行进行控制，记录其运行状态，并进行必要的修改与扩充。信息系统运行管理的主要目标是：使信息系统真正符合管理决策的需要，为管理决策者服务。

从内容上看，信息系统的运行管理应包括运行管理的人员组织、运行管理的制度建设与规范化，以及日常运行情况的记录、检查、评价等管理工作。

二、信息系统运行管理制度

为保证系统运行期正常工作，就必须保证系统的工作环境、保证系统的安全，手工管理方式相应地有一整套管理规则，明确规定各类人员的职权范围和责任，出现问题也有一套规则进行处理。用信息系统实现的各项管理活动也同样需要一套管理制度，为此要建立和健全信息系统管理体制，有效地利用运行日志对运行系统施行监督和控制，这也是系统正常运行的重要保证。从制度建设上看，信息系统的运行管理制度主要包括机房管理制度、数据及软件管理制度、运行日志记录制度、档案管理制度等。

（一）机房管理制度

机房管理制度的主要内容包括：明确操作人员的各种操作行为，制订机房人员的出入规定，明确机房的电力供应，明确机房的温度、湿度、清洁度等指标，制订机房的安全防火等制度，制订防止计算机病毒感染和传染的相应制度，建立专用机房专人管理制度。

(二) 数据及软件管理制度

运行管理制度的主要内容包括：对系统运行过程中的异常情况要做好记录，及时报告，以免酿成大问题；严禁在任何情况下以非正常方式修改信息系统中的各种数据；建立明确的数据备份制度，以确保系统数据的绝对安全。建立对重要软件的管理制度，对系统软件的升级、应用软件的更新等有相应的管理办法。

(三) 运行日志记录制度

系统运行日志不仅可以为信息系统的运行情况提供历史资料，而且可以为查找系统故障提供线索。因此，必须准确记录并妥善保存系统运行日志。系统运行日志主要包括时间、操作人员、系统运行情况、异常情况记录、值班人员签字、负责人签字等内容。

(四) 档案管理制度

信息系统运行管理中的系统档案主要包括可行性分析报告、系统说明书、系统设计说明书、程序清单、测试报告、用户手册、操作说明、评价报告、运行日志、维护日志等文档，它们都是信息系统的重要组成部分。要做好分类、归档工作，要妥善、长期保存。同时，对档案的借阅要有严格的管理制度和必要的控制手段。

三、信息系统运行管理的主要工作任务

信息系统的运行管理工作是系统研制工作的继续，其主要工作任务包括日常运行的管理、运行情况的记录以及对系统的运行情况进行检查与评价。这些任务的完成既需组织的保证，又必须建立相应的制度以严格管理和控制。

(一) 日常运行的管理

信息系统投入使用后，日常运行的管理工作是相当繁重的。日常运行管理主要包括以下几方面。

1. 数据收集

具体包括数据收集、数据校验及数据录入。数据收集工作常常是由分散在各业务部门的业务管理人员进行的。因此，组织工作往往是难以进行的。然而，如果这一工作做不好，整个系统的工作就会像建立在沙滩一样，没有坚实的基础。

2. 完成例行服务工作

在保证基本数据的完整、及时和准确的前提下，系统应完成例行的信息处理及信息服务工作。常见的工作包括：例行的数据更新、统计分析、报表生成、数据的复制及保存、与外界的定期数据交流等。一般来说，这些工作都是按照一定的规程，定期或不定期地运行某些事先编制好的程序，由软件操作人员来完成的。

3. 设备设施的运行维护

为了完成前面所列的数据录入及例行服务工作，要求各种设备始终处于正常运行的状态之下。为此，需要有一定的硬件工作人员，负责计算机的运行与维护。对于大型计算机，这一工作需要有较多的专职人员来完成；对于微型机，则不要求那么多的人员及专门设备，这是微型机的一个重要优点。

4. 信息系统的安全管理

信息系统安全管理也是日常工作的重要部分。信息系统安全问题在第五章第四节中有

专门讨论，在此不再赘述。

上面讨论的四项任务是日常运行中必须认真组织、切实完成的。信息系统的主管人员必须全面考虑这些问题，组织有关人员按规定的程序实施，并严格要求、严格管理，否则，信息系统很难发挥其应有的实际效益。除了这些例行工作之外，常常还会有一些临时的信息服务的要求向计算机应用系统提出。例如，临时查询某些数据、生成某些一次性的报告、进行某些统计分析、进行某种预测或方案测算等，其作用往往要比例行的信息服务大得多。

（二）运行情况的记录

系统的运行记录对系统管理、评价是十分重要、宝贵的资料。信息系统的主管人员应该从系统运行的开始就注意积累系统运行情况的详细材料，对信息系统的各种工作情况进行详细的记录。需要记录的内容包括以下几方面。

1. 有关工作数量的信息

这部分信息包括开机的时间，每天、每周、每月提供的报表的数量，每天、每周、每月录入数据的数量，系统中积累的数据量，修改程序的数量，数据使用的频率，满足用户临时要求的数量等。这是反映信息系统功能的最基本的数据。

2. 工作效率信息

工作效率信息即系统为了完成所规定的工作，占用了多少人力、物力及时间。例如，完成一次年度报表的编制，用了多长时间、多少人力等。随着经济体制的改革，各级领导越来越重视经营管理。任何新技术的采用，如果不注意经济效益是不可能得到广泛应用的。

3. 信息服务质量信息

信息服务和其他服务一样，不能只看数量，不看质量。使用者对于提供的方式是否满意、所提供信息的精确程度是否符合要求、信息提供得是否及时、临时提出的信息需求能否得到满足等，这些都属于信息服务的质量范围之内。

4. 系统维护修改情况

系统中的数据、软件和硬件都有一定的更新、维护和检修的工作规程。这些工作都要有详细、及时的记载，这不仅能够保证系统的安全和正常运行，而且有利于系统的评价及进一步扩充。

5. 系统故障情况

这里要注意的是，我们所说的故障不只是指计算机硬件本身的故障，而是对整个信息系统来说的，如故障的发生时间、现象、故障发生时的工作环境、处理方法、处理结果、处理人员、善后措施、原因分析。

对于信息系统来说，各种工作人员都应该担负起记载运行信息的责任。硬件操作人员应该记录硬件的运行及维护情况，软件操作人员应该记录各种程序的运行及维护情况，负责数据校验的人员应该记录数据收集的情况，包括各类错误的数量及分类，录入人员应该记录录入的速度、数量、出错率等。总之，要努力通过各种手段，尽量详尽准确地记录系统运行的情况。

（三）对系统运行情况进行检查与评价

信息系统在其运行过程中除了不断进行大量的管理和维护工作外，还要定期对系统的运行状况进行审核和评价。在高层领导的直接领导下，由系统分析员或者专门人员定期对信息系统的运行状态进行审核和评价，目的是估计信息系统的技术能力、工作性能，以及系统的利用率，为信息系统的改进和扩展提供依据。

四、信息系统的维护管理概述

(一) 信息系统维护的目的与任务

信息系统维护的主要目的是：保证信息系统正常而又可靠地运行，并能使系统不断得到改善和提高，以充分发挥作用。信息系统维护的主要任务是：有计划、有组织地对信息系统进行必要的改动，以确保系统中各个要素随着环境的变化始终处于最新的、正确的工作状态。

(二) 信息系统维护的对象与类型

信息系统维护的对象主要包括系统应用程序维护、数据维护、代码维护、硬件设备维护、机构和人员的变动等。系统应用程序维护是信息系统维护的一项主要内容。一旦程序发生问题或业务发生变化，就必然引起程序的修改和调整。数据维护工作主要包括更新数据、增加数据、调整数据结构、备份与恢复数据等内容。代码维护是指对信息系统中的各种代码根据需要进行一定程度的增加、修改、删除，以及设置新的代码。硬件设备维护是指对主机、外设的日常维护和管理（如对机器部件的清洗和润滑、设备故障的检修、易损部件的更换等）。机构和人员的变动是指为了使信息系统流程变得更加合理而对机构和人员进行相应的变动。这种调整应该有利于设备和程序的维护。

信息系统维护的重点是系统应用软件的维护工作，根据软件维护的不同性质可将其分为纠错性维护、适应性维护、完善性维护、预防性维护四种类型。纠错性维护是指诊断和修正信息系统中遗留下来的各种错误，通常是在信息系统运行过程中发生异常或者出现故障时进行的。适应性维护是指为了使信息系统适应环境的变化而进行的维护工作。完善性维护是指为了满足用户对原有系统提出的新要求而进行的维护工作。预防性维护是指对将要发生变化或者进行调整的信息系统进行的维护工作。

(三) 信息系统的可维护性

系统维护工作直接受到系统可维护性影响。信息系统可维护性是指对信息系统进行维护的难易程度的度量。影响信息系统的可维护性主要有可理解性、可测试性、可修改性等因素。可理解性主要表现在外来读者理解信息系统的结构、接口、功能及其内部过程的难易程度。可测试性主要表现在对信息系统进行测试和诊断的难易程度，系统中具有良好的系统文档、可用的测试工具和调试手段是十分重要的。可修改性主要表现在对信息系统各个组成部分进行修改的难易程度，如系统的模块化程度、模块之间的耦合与内聚、控制域与作用域的关系以及数据结构的设计等都直接影响系统的可修改性。

上述三个可维护性因素是密切相关的，只有正确的理解才能进行恰当的修改，只有通过完善的测试才能保证修改的正确，防止引入新的问题。由于这三个因素很难量化，所以必须通过能够量化的维护活动的特征来间接地定量估算系统的可维护性。例如，1979 年 T. Gilb 提出把维护过程中各项活动所消耗的时间记录下来，用以间接衡量系统的可维护性，其内容包括以下几方面：

(1) 识别问题的时间；

(2) 管理延迟的时间；

(3) 维护工具的收集时间；

(4) 分析、诊断问题的时间；

(5) 修改设计说明书的时间；

(6) 修改程序源代码的时间；

(7) 局部测试的时间；

(8) 系统测试和回归测试的时间；

(9) 复查的时间；

(10) 恢复的时间。

显然这些数据是可以度量的，记录这些数据对于了解系统的可维护性是有益的。

五、信息系统维护的计划与控制

系统的维护不仅范围广，而且影响因素多。通常，在进行某项维护修改工作之前，要考虑下列三方面的因素：

(1) 维护的背景，包括系统的当前情况、维护的对象、维护工作的复杂性与规模。

(2) 维护工作的影响，包括对新系统目标的影响、对当前工作进度的影响、对本系统其他部分的影响、对其他系统的影响。

(3) 资源要求，包括对维护提出的时间要求、维护所需费用（与不进行维护所造成的损失相比以判断是否合算）、维护所需的工作人员。

维护计划的内容应包括：维护工作的范围、所需资源、确认的需求、维护费用、维修进度安排以及验收标准等。维护管理员将维护计划下达给系统管理员，由系统管理员按计划进行具体的修改工作。修改后应经过严格的测试，以验证维护工作的质量。测试通过后，再由用户和管理部门对其进行审核确认，不能完全满足维护要求的应返工修改。只有经过确认的维护成果才能对系统的相应文档进行更新，最后交付用户使用。

系统维护工作不仅是技术性工作，为了保证系统维护工作的质量，需要付出大量的管理工作。系统投入运行后，事实上在一项具体的维护要求提出之前，系统维护工作就已经开始了。进行系统维护工作，首先要建立相应的组织，确定进行维护工作所应遵循的原则和规范化的过程，此外，还应建立一套适用于具体系统维护过程的文档及管理措施，以及进行复审的标准。

六、信息系统维护的工作程序

信息系统维护工作的程序如图 5－3 所示。用户的每个维护请求都以书面形式的“维护申请报告”向维护管理部门提出。对于纠错性维护，报告中必须完整描述导致出现错误的环境，包括输入数据、输出数据以及其他系统状态信息；对于适应性和完整性维护，应在报告中提出简要的需求规格说明书。维护管理员根据用户提交的申请，召集相关的系统管理员对维护申请报告的内容进行核实和评价。对于情况属实并合理的维护要求，应根据维护的性质、内容、预计工作量、缓急程度（或优先级），修改所产生的变化结果，编制维护报告，提交维护管理部门审批。维护管理部门从整个系统出发，从业务功能合理性和技术可行性两个方面对维护要求进行分析和审查，并对修改所产生的影响做充分的估计。

对于不妥的维护要求必须在与用户协商的条件下予以修改或撤销。通过审批的维护报告，由维护管理员根据具体情况制订维护计划。对于纠错性维护，估计其缓急程度。如果维护要求十分紧急，严重影响系统的运行，则应安排立即开始修改工作；如果问题不是很严重，可暂缓修改，与其他维护项目统筹后选择适当之时再安排。对于适应性或完善性维护要求，任务单一、复杂程度较低的可安排在维护计划中进行修改；对任务较复杂、维护工作量较大的可视为一个新的开发项目组织开发。

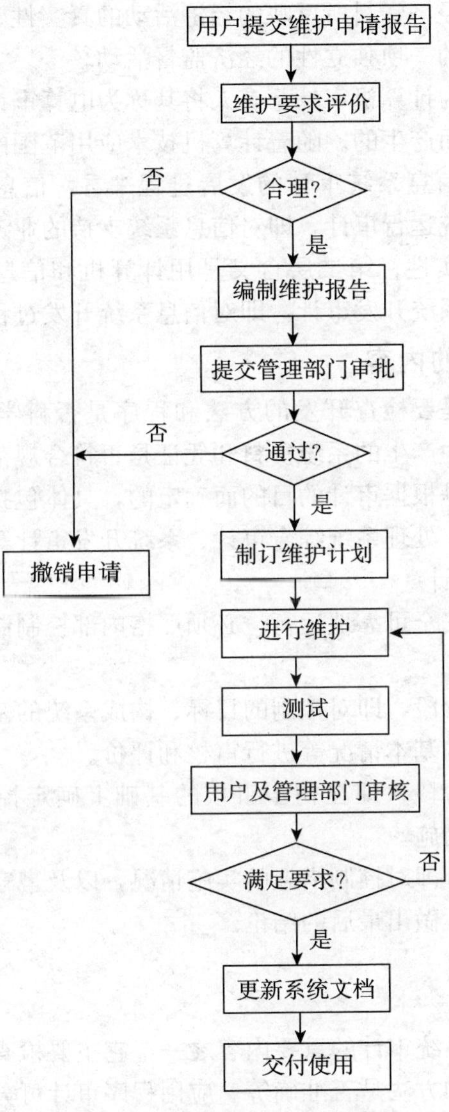

图 5-3　系统维护工作的程序

为了评价维护的有效性，确定系统的质量，记载系统所经历过的维护内容，应将维护工作的全部内容以文档的规范化形式记录下来。维护工作的内容主要包括维护对象、规模、语言，运行和错误发生的情况，维护所进行的修改情况，以及维护所付出的代价等，作为系统开发文档的一部分，形成历史资料，以便于日后备查。

第三节　信息系统审计与评价

一、信息系统审计的概念

审计有审查与监督之意，是指由独立的专门机构和专门人员对被审计单位的会计记录、财务事项，以及其他经济资料所反映的经济活动的真实性、合法性、合理性、效益性等进行审查、评价和鉴定的一项独立性的经济监督活动。

信息系统审计最早称为计算机审计，有人将其称为电算审计，主要是随着计算机在财务、会计等领域中的应用而产生的。随着计算机技术应用范围的不断扩大，信息系统审计的含义也在不断扩展。从信息系统审计的发展过程来看，信息系统审计包含以下三层含义：第一层含义是信息系统运行审计，即对信息系统支持的业务信息或者业务数据进行审计，以检验其正确性和真实性；第二层含义是用计算机和信息系统做工具，辅助审计工作；第三层含义是指信息系统开发审计，即对信息系统开发过程进行审计。

二、信息系统审计的内容

审计的目的有二：一是要检查开发的方法和程序是否科学合理、是否受到恰当的控制；二是要检查开发过程中产生的系统资料和凭证是否符合规范。

信息系统审计的内容是根据审计的目的而确定的，具体包括内部控制制度审计、应用程序审计、数据文件审计、处理系统综合审计、系统开发审计等内容。

（一）内部控制制度审计

为了使信息系统能够安全可靠地运行，必须严格内部控制制度。内部控制制度的审计程序包括以下四个阶段：

（1）初步审核和评价阶段，即对控制的目标、构成系统的基本要素、主要环境控制措施、应用系统和应用项目的基本情况等进行审核和评价。

（2）详细审核和评价阶段，即在初步审核的基础上确定控制领域、控制点、控制目标，以及必要的内部控制措施。

（3）符合性测试阶段，即对控制措施的实施情况，以及遵守情况进行测试，以便对内部控制制度的强弱和可靠性做出最后的结论。

（4）最后评价阶段。

（二）应用程序审计

应用程序审计是信息系统审计的重要内容之一，它主要检查计算机的程序控制功能是否可靠、处理业务的程序和方法是否准确等。应用程序审计可分为对程序进行直接检查以及通过数据在程序上运行所进行的间接检查两种类型。

（三）数据文件审计

数据文件审计包括对计算机打印出来的数据文件，以及存储在各种介质上的数据文件所进行的审计，需要利用信息技术来进行测试。测试内容主要包括以下三个方面：一是测试信息系统数据文件安全控制的有效性，二是测试数据文件控制功能的可靠性，三是测试数据文件内容的真实性和准确性。

(四) 处理系统综合审计

处理系统综合审计是指对信息系统中的硬件功能、输入数据、程序和文件等要素进行综合审计，以便确定整个信息系统的可靠性和准确性。

(五) 系统开发审计

系统开发审计是指对信息系统开发过程进行的审计。

同其他审计一样，信息系统审计也有监督、评价和鉴定等三项主要职能。审计的结果以审计报告形式表现出来。审计报告一般包括审计概况、审计范围、审计过程中发现的问题和审计结论等内容。

三、信息系统评价的概念

系统建成以后需要了解信息系统对组织的贡献有多大、系统运行效果如何、系统性能怎样、是否达到设计目标、还存在哪些不足，等等。要回答这样一些问题，必须进行系统评价工作。

评价是指根据确定的目标来测定对象系统的属性，并将这些属性变为客观的定量数值或者主观效用的行为。简言之，评价是指对某一事务所进行的考核，没有评价就没有鉴别，没有鉴别就不可能有发展，信息系统的建设和应用是在比较、评价和鉴别中不断改进和提高而发展起来的。而信息系统评价，是指对一个信息系统的功能、性能，以及使用效果等进行全面的估计、检查、测试、分析和评审，包括用实际指标与计划指标进行比较，以求确定系统目标的实现程度。

知识库

能力成熟度模型（CMM）

能力成熟度模型（capability maturity model，CMM）是20世纪80年代美国国防部制订的一套评估承包商开发能力的模型，现在广泛用于各类信息系统的开发和部署。“成熟度”是指项目开发过程的规范化和优化程度。CMM包括五个方面：成熟度水平、关键过程域、目标、共同特性、关键作业。其中成熟度水平分为五级：

- 第一级：初始（无序），开始采用某种新的或未建档的重复性过程；
- 第二级：可重复，初步建档的可重复过程；
- 第三级：已定义，完整定义或验证的标准化业务过程；
- 第四级：已管理，按照议定标准实行量化管理的过程；
- 第五级：优化，经过审慎优化或改善的过程。

四、信息系统评价的类型

信息系统评价可分为广义评价和狭义评价两种类型。

(一) 广义信息系统评价

广义信息系统评价是指从信息系统开发的开始到结束的每一阶段都需要进行评价。如果按评价的时间与信息系统所处阶段之间的关系划分，则可将广义信息系统评价分为事前评价、事中评价、事后评价三种类型。

（1）事前评价，又称立项评价、预测性评价，是指信息系统方案在系统开发之前的预评价，它通常与项目的可行性研究结合在一起进行。

（2）事中评价，又称中期评价。通常有以下两种理解：第一种理解是指项目方案在实施过程中，因外部环境出现重大变化，需要对项目方案重新评价，以决定是否继续执行该方案；第二种理解又称阶段评价，即在信息系统正常开发的设计、实施阶段，对总体中的各个子系统和各个部门进行的详细评价和统计分析，经汇总后将作为设计报告的组成部分。

（3）事后评价，又称结项评价，是指信息系统正式投入运行之后根据系统设计规格说明书的要求，对系统运行的实际效果进行全面综合的测试、分析、检查和评估。

（二）狭义信息系统评价

狭义信息系统评价是指在信息系统投入运行之后所进行的全面综合性评价，又称为信息系统综合评价。不仅需要对费用、经济效益、财务等经济性目标进行考察，而且需要对技术先进性、可靠性、适用性、易维护性、用户友好性等技术性能指标进行考察，还需要对改善员工劳动强度、增强市场竞争力等社会效益目标进行考察。

信息系统综合评价工作主要包括以下三方面的内容：

（1）综合评价指标体系及其评价标准的建立；

（2）采用定性或者定量的方法确定各指标的具体数值（即指标评价值）；

（3）各评价值的综合（包括综合算法和权重的确定、总评价值的计算等）。

信息系统综合评价体系是指一套能够反映所评价信息系统的总体目标和特征，并且具有内在联系、起互补作用的指标群体，它是信息系统整体状况的客观反映。

五、信息系统的经济效益与评价

（一）信息系统经济效益的概念

经济效益是指社会经济活动中得到的实际经济利益。经济效益有两种含义：一种是广义的经济效益概念，另一种是狭义的经济效益概念。广义的经济效益概念，是指社会经济活动中取得的有用劳动成果与投入的资金、劳动力以及其他资源之间的投入/产出关系，即投入量与产出量之间的一种比较关系。狭义的经济效益概念，是指社会活动中得到的实际经济利益。在实际工作中，人们通常是从广义角度去理解经济效益。

如果依据不同的标准，则可将经济效益分成不同的类型。

1. 直接经济效益和间接经济效益

按受益面划分，可将经济效益分为直接经济效益和间接经济效益。直接经济效益是企业内部经济效益与直接受益部门、单位的经济效益之和。间接经济效益则指直接受益部门和企业自身经济效益以外的经济效益，通常是指对社会、环境、生态等的影响。

2. 宏观经济效益和微观经济效益

按层次划分，可将经济效益分为宏观经济效益和微观经济效益。宏观经济效益是指全社会、整个国民经济的经济效益，它是社会生产、分配、交换、消费等整个经济活动过程的经济效益。微观经济效益通常指的是一个企业、组织、项目或者措施等的经济效益。

3. 近期、中期、远期经济效益

按时间划分，可将经济效益分为近期经济效益、中期经济效益和远期经济效益。近期经济效益通常是指 2～4 年内获得的经济效益。中期经济效益一般是指 5～9 年内获得的经济效益。远期经济效益则指的是 10 年以上时间内获得的经济效益。

4. 有形、无形、准有形经济效益

按测定的难易程度划分，可将经济效益分为有形经济效益、无形经济效益以及准有形经济效益。有形经济效益是指能够用货币形式定量计算的经济效益，主要来自生产成本的节约和减少。无形经济效益是指难以用货币形式定量计算、不能用货币形式来体现的经济效益，主要是指企业或者组织机构的各种行为的有效性的增强。准有形经济效益则指的是介于有形经济效益与无形经济效益之间的经济效益。

信息系统的经济效益（用 E 表示）是指信息系统所带来的成果与为此而付出的资源费用之差，即投入与产出之差。如果用 B 表示投入，用 C 表示产出，则信息系统的经济效益用公式表示即为：

$$E=B-C \tag{5-1}$$

或者

$$E=C\times(e-1) \tag{5-2}$$

其中，e 表示信息系统的经济效果（指该系统被售出所得的货币收入与系统开发费用之比）。

$$e=B/C \tag{5-3}$$

（二）信息系统经济效益的特征

信息系统经济效益的主要特征包括广泛性、间接性、转移性、相关性、递进性、迟效性、无形性、不可估价性、不确定性。

1. 广泛性

信息系统的应用所带来的经济效益广泛存在于企业的各个层次和各个领域。

2. 间接性和转移性

信息系统主要是通过对管理活动的支持来间接取得经济效益的，不如其他工程项目那样可直接实现或体现经济效益，这就是信息系统经济效益的间接性。此外，信息系统的投资通常发生在管理部门，但其效益却往往产生在生产和流通领域，这就是信息系统经济效益的转移性。

3. 相关性

相关性是指信息系统经济效益一般包含在企业或者组织机构的总体经济效益之中，它与其他因素产生的经济效益密切相关。

4. 递进性和迟效性

企业中的信息系统通常是逐步建设、发展和成熟的。因此信息系统的经济效益也将在一个较长时期内逐步体现，形成一个递进过程。此外，一个新的信息系统投入运行，需要进行新旧系统的切换，需要全体有关人员的熟悉和适应，其经济效益要在一段时间的试运行后才能逐步体现，这就是迟效性。

5. 无形性和不可估价性

信息系统经济效益中很大一部分是无形效益，如经营决策水平的提高、市场竞争能力的增强等。这部分效益虽然客观存在，但难以通过货币价值直接度量和估计。

6. 不确定性

信息系统的经济效益通常会受到用户态度、企业管理水平等多种外部环境因素的制约和影响，因而具有不确定性。

（三）信息系统经济效益评价的方法

按照评价方法所涉及的学科领域，可以将目前国内常用的经济效益评价方法分为专家评价法、经济模型法、组合评价法等类型，每一种类型还可以进一步细分。

（1）专家评价法是指以领域专家的主观判断为基础的一种评价方法，包括评分法、类比法、相关系数法等具体方法。专家评价法的特点是：操作简单，直观性强，可以用于信息系统定性或者定量经济效益指标的评价，一般采用多位专家评价等措施来克服主观性强和准确度不高的缺点。

（2）经济模型法是一种定量评价方法，包括生产函数法、费用/效益分析法等具体方法，它具有客观性强、实用程度高等特点，适合对信息系统的直接经济效益进行评价。

（3）APF 法是一种十分典型的组合评价法，它把层次分析（AHP）、多元统计中的主成分分析（PCA）和模糊评判等方法相组合，综合利用各种方法的不同特性对评价对象做出较全面的评价。

这里，我们着重讨论费用/效益分析法。

所谓费用/效益分析，是从国家即经济整体角度出发，通过对项目的费用和效益进行划分、量化和对比等步骤来计算若干评价指标，以确定项目对国民经济的净贡献的一种经济评价方法，它与财务分析法的目的、观点、数据和结果都不同。但是从分析所采用的指标形式来看，费用/效益分析与财务分析同样都采用现金流量折现的分析方法，最后也采用净现值、净现值率和内部收益率等评价指标。实际应用时，往往在指标前面冠以“经济”二字，如经济净现值、经济净现值率和经济内部收益率等，以示与财务指标的区别。

对于信息系统项目的建设和应用来说，一方面，作为一个普通的工程项目，它在规划阶段进行经济可行性研究时，可以采用传统的财务分析方法为决策提供依据；另一方面，作为一个应用于管理领域的人—机系统，信息系统的投入/产出或费用/效益有着与普通工程项目不同的特征。例如，信息系统在开发中凝结着较一般项目要多的脑力劳动价值，这给开发成本的计量带来困难。在应用中，由于效益实现的间接性，即通过企业管理水平的提高来实现系统自身的价值，并且系统获得的效益较大程度地依赖于系统的应用水平，这就给系统的收益计算造成不便，等等。这些现象我们已经分别在信息系统的成本、信息系统的价格内容中做过讨论。

费用/效益分析一般用于信息系统的事前评价，即运用于系统规划阶段的可行性研究中。当对多个系统开发方案进行费用/效益分析并作比较时，通常可根据具体情况采用下述三种方式之一：当效益相同时，比较各方案费用，少者为佳；当费用相同时，比较效益的高低，高者为佳；在费用与效益相对变化的条件下，则比较效益与费用的比率，比率高者为佳。

六、信息系统的成本测算

信息系统通常是一个规模大、复杂程度高的人—机系统，它的开发、使用、维护和管理等过程是一项复杂的系统工程，需要投入大量的人、财、物资源，需要各种硬、软件的支持，这一切就构成了信息系统的成本。

（一）信息系统的成本构成

在现实的经济活动中，成本是一个应用十分广泛的概念，它反映产品生产过程中所消耗的各项费用总和。在成本分析活动中，根据不同的目的，可以从不同角度对成本进行分类，常见的分类方法就达十余种。例如，按信息系统生命周期阶段划分，可将信息系统成本首先分成开发成本和运行维护成本两大类；按信息系统成本项目划分，则可将信息系统的成本项目分为硬件购置费用、软件购置费用、基建费用、通信费用、人工费用、水电费用、消耗材料费用、培训费用、管理费用、其他费用等十种类型。

（二）信息系统成本测算的过程与原则

信息系统成本测算是指根据待开发信息系统的成本特征，以及当前能够获得的有关数据和情况，运用定量和定性分析方法对信息系统生命周期各个阶段的成本水平、变动趋势进行科学估计。一项成功的信息系统成本测算，必须满足真实性与预见性、透明性与适应性、方便性与稳定性等基本原则。

信息系统开发成本测算的一般过程如图 5-4 所示。

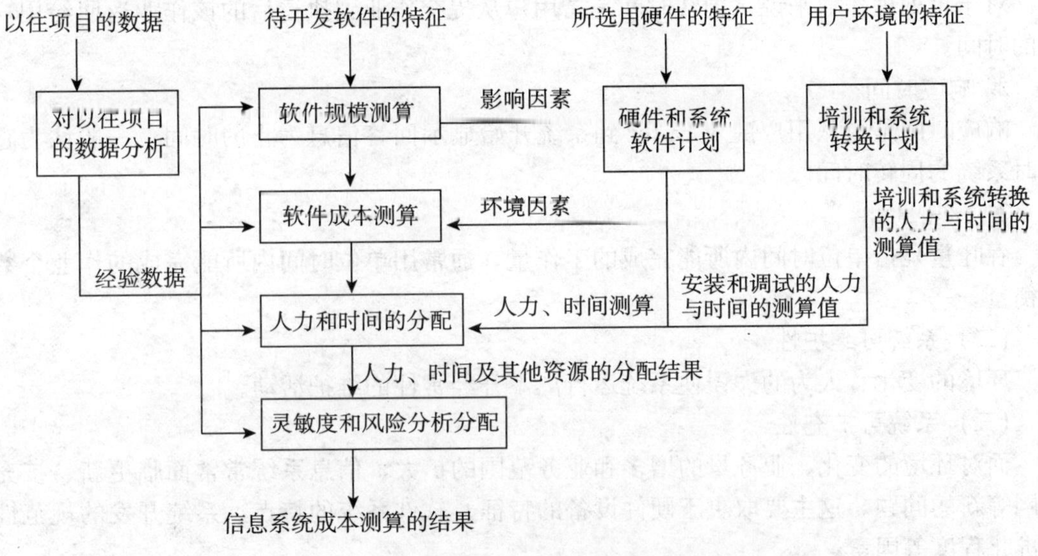

图 5-4 信息系统开发成本测算的一般过程

图 5-4 中，硬件和系统软件成本既包括计算机设备、通信设备和机房其他设施的安装、调试成本，也包含操作系统软件和数据库系统等应用软件的购买、安装和调试成本；软件成本包括信息系统软件的分析、设计、编程和系统调试等阶段中涉及软件开发的全部费用。此外，还包括用户培训、数据收集与整理、新旧系统转换等不能计入前面两类的成本费用。

从图 5-4 中可以看出，信息系统开发成本测算首先应该建立在对过去项目成本情况进行数据分析的基础上，历史的经验和教训对于成本测算的各个阶段均有参考价值。其次，要进行硬件成本及用户方面（培训、数据收集、系统转换等）成本的测算，这是因为该两项成本的处理相对于软件成本而言要容易一些，同时它们对软件成本的分析有着一定的影响，对此先做测算可以减少软件成本测算中的不确定因素。再次，是软件成本测算，通常分两步走：第一步是测算软件的规模或程序量；第二步是利用参数模型测算出在该种规模下的软件成本。也可运用专家评价等方法将这两步合并直接测算成本。软件成本测算是整个信息系统成本测算中最为复杂的一个环节。最后，将硬件、软件和其他成本数据分配到信息系统开发的各个阶段，并进行灵敏度分析和风险分析。

七、信息系统的性能评价

信息系统的性能是信息系统的各个组成部分（即计算机软/硬件资源、数据、人员、规程和各种规章制度）有机地结合在一起，并作为一个总体对使用者所表现出来的技术特性。信息系统的性能通常使用如下指标进行评价。

（一）系统效率

系统效率是指系统完成各项功能所需的计算资源。系统效率是系统对用户服务所表现出来的与时间有关的特性，主要由组成系统的计算机硬件和软件所决定。常用的系统效率指标主要有以下几方面。

1. 周转时间

对于批处理作业来说，周转时间是指用户从提交作业到执行后的该作业返回给用户所需的时间。

2. 响应时间

响应时间是指从用户键入 Enter 到系统开始显示回答信息为止的时间，一般认为它是分时系统的周转时间。

3. 吞吐量

吞吐量是指单位时间内所能完成的工作量，通常用单位时间内所能完成的作业个数加以衡量。

（二）系统可维护性

环境的变化、人为的失误使系统运行离不开经常性的维护活动。

（三）系统可扩充性

面对环境的变化、业务量的增多和业务范围的扩大，信息系统常常面临更新、扩充及联网等新的问题。这主要取决于硬件设备的特征、软件系统的特点、系统开发的规范性和标准化程度等因素。

（四）系统可移植性

系统可移植性指将系统从一种硬件配置及（或）软件环境中移植到另一种硬件配置及软件环境中所需的努力。系统可移植性取决于系统中硬件设备的特点、软件的特征和开发环境，以及在系统分析和设计中关于通用性的考虑。

（五）系统适应性

系统适应性指系统在运行环境、约束条件或用户需求有所变动时的适应能力。

（六）系统安全可靠性

系统的可靠性和安全性既有区别，又有密切联系。可靠性是系统为了避免来自系统内部的差错、故障而采取的保护措施；而安全性则是系统为了防止来自系统外部对系统资源特别是信息资源不合法的使用和访问，或有意无意地破坏而采取的安全和保密手段。两者面向的目标不同，在采取的措施和方法上也有所不同，但从系统的功能和性能上看又是彼此促进、相辅相成的。

第四节　信息系统的安全管理

一、信息系统面临的安全问题

由于信息系统所具有的开放特性和资源共享特性，使它存在潜在的威胁和容易受到攻击。这主要表现在两个方面：一是对实体的威胁和攻击；二是对信息的威胁和攻击。此外，计算机犯罪和计算机病毒这两种形式严重危害信息系统的安全，它们均包括了对计算机信息系统实体和信息这两方面的威胁和攻击。

（一）对实体的威胁和攻击

计算机信息系统实体主要包括：计算机、外部设备以及通信网络等三部分。因此，对信息系统实体的威胁和攻击主要指对计算机的威胁和攻击、对外部设备的威胁和攻击、对通信网络的威胁和攻击三个方面的内容。对信息系统实体的威胁和攻击，不仅会造成国家财产的重大损失，而且会使信息系统的机密信息严重泄露和破坏。因此，对信息系统实体的保护是保证系统安全的首要一步，也是防止对信息威胁和攻击的重要屏障。

（二）对信息的威胁和攻击

对信息的威胁和攻击主要有两种：一种是信息泄露；另一种是信息破坏。

1. 信息泄露

信息泄露是指偶然地或故意地获得（侦听、截获、窃取或分析破译）目标系统中的信息，特别是敏感信息，造成泄露事件。这类事件是很多的。例如，1988 年，德国汉诺威大学计算机系 24 岁的学生马蒂亚斯·斯佩尔将自己的计算机与美国军方和军工承包商的 30 台计算机连接，在两年时间内收集了美国国防部的大量机密信息。其中有关于“星球大战”计划、北美战略防空司令部核武器和通信卫星等方面的资料，震惊了美国国防部和联邦调查局。

2. 信息破坏

信息破坏是指由于人为因素或偶然事故，使系统的信息被修改、删除、添加、伪造或非法复制，导致信息的正确性、完整性和可用性受到破坏。

人为破坏有以下几种手段：

（1）滥用特权身份；

（2）不合法的使用；

（3）修改或非法复制系统中的数据；

（4）利用系统本身的脆弱性。

偶然事故有以下几种可能：

（1）软、硬件的故障引起安全策略失效；

（2）工作人员的误操作使信息严重破坏或无意中让别人看到了机密信息；

（3）自然灾害的破坏，如洪水、地震、风暴、泥石流、雷击等，使计算机系统受到严重破坏；

（4）环境因素的突然变化造成系统信息出错、丢失或破坏。

信息破坏方面的例子屡见不鲜，由此造成的损失也是极其巨大的。例如，1994 年 12 月，美国海军学院的计算机系统被不知名的黑客所袭击。袭击者是从英国、芬兰、加拿大和美国的堪萨斯大学和亚拉巴马大学发动进攻的。他们攻击了 24 个服务器，在其中的 8 个植入了“嗅探程序”（这是一种植入计算机系统后可以截取其数据如密码等的程序）；1 个主要路由器被破坏；1 个系统的名字和地址被更改，使得合法用户无法进入该系统；1 个系统的备份文件和来自其他 4 个系统的文件被删除，其他 6 个系统被破坏；2 个加密密码文件被破坏，12 000 多个密码被窜改。

知识库

信息安全与信息技术风险

国际标准化组织将“信息安全”定义为“保护信息的机密性、完整性和可用性。此外，还涉及真实性、责任性、不可抵赖性和可靠性”。具体指防止对信息的非法访问、使用、披露、破坏、修改、审阅、检查、记录或销毁。信息安全的核心概念是：

- 机密性：作为财产的信息不能向非法的个人、主体或流程披露或供其使用；
- 完整性：在数据的整个寿命周期内保证和维护其准确性和完备性；
- 可用性：存储和处理信息的计算机、保护信息的安全措施、使用信息的通信渠道必须正确地发挥功能。

国际标准化组织对“信息技术风险”的定义是：某种给定的威胁会利用某项资产的漏洞对组织造成损害。信息技术风险用事件发生的概率及造成的后果进行计量。世界上许多国际组织或机构都制订了防范信息风险的监管措施，其中较为完备的是国际标准化组织的 ISO 27000 系列。该系列国际标准包括 27 个已颁布标准和 9 项拟定中的标准，系列总标题是“信息技术—安全技术”。

二、信息系统的安全管理组织机构及其职能

安全管理机构是实施系统安全、进行安全管理的必要保证，主要作用体现在以下几个方面：制订安全计划和应急救灾措施；制订防止越权存取数据和非法使用系统资源的方法和措施；规定系统使用人员及其安全标志，实施有效的管理制度；对系统进行分析、设计、测试、监测和控制，保证信息系统安全目标的实现；随时记录和掌握系统安全运行情况，防止信息的泄露和破坏，对不安全情况应该随时采取必要的措施；定期巡回检查系统设施的安全防范措施，及时发现不正常情况。

安全管理组织机构通常由以下几个部分组成。

（一）安全审查机构

安全审查机构是负责国家安全的权威机构，负责重要部门所应用的保密文件的密码编

码的审查。

(二) 安全决策机构

安全决策机构的主要职能是根据安全审查机构对安全措施的审查意见，确定安全措施实施的方针和政策。

(三) 最高主管领导

最高主管领导负责制订安全策略和安全原则，并经常询问计算机信息系统的安全问题。

(四) 系统主管领导

系统主管领导的任务是制订保密策略、协调安全管理、监督检查安全措施的执行情况，以防止泄密事故的发生，确保机密信息的安全。

(五) 安全管理机构

信息系统的安全管理机构主要由安全、审计、系统分析、软硬件、通信、保安等有关方面的人员组成。在安全管理机构中，安全管理机构负责人的责任重大，他主要负责整个系统的安全。

三、信息系统安全管理的原则与内容

(一) 信息系统安全管理的原则

1. 多人负责原则

多人负责原则是指除特殊情况以外，从事与安全有关的每一项活动都必须有两个或者两个以上的人员在场。

2. 任期有限原则

任期有限原则是指任何人一般不宜长期担任与安全有关的职务。因此，工作人员应该不定期地循环任职，强制实行休假制度。

3. 职责分离原则

职责分离原则是指，除非经过主管领导批准，任何工作人员不要打听、了解或者参与其职责范围以外的任何与安全有关的事情。

(二) 信息系统安全管理的内容

1. 同一性检查

同一性检查是指用户在使用系统资源时，事先检查是否规定了用户有访问数据资源的权力。

2. 用户使用权限检查

用户使用权限检查是指检查用户是否有权访问想要访问的数据。

3. 建立系统运行日志

系统运行日志是记录系统运行时产生的特定事件，是确认、追踪与系统的数据处理和资源利用有关的事件的基础，提供发现权限检查中的问题、系统故障的恢复、系统监察等信息，也为用户提供检查自己使用系统的情况。通过建立系统运行日志，可以大大减少恶意窃取的机会和系统运行的错误。

四、信息系统的安全管理技术

信息系统的安全管理技术主要包括实体安全、数据安全、软件安全、运行安全、计算机病毒与计算机犯罪的防治等。

（一）实体安全

信息系统的实体安全是指在全部计算机和通信环境内，为保证信息系统安全运行，确保系统在信息采集、传输、存储、处理、显示、分发和利用的过程中，不致受到人为的或自然因素的危害而使信息丢失、泄露和破坏，对计算机系统设备、通信和网络设备、存储媒体和人员所采取的措施。实体安全管理是确保信息系统安全的前提，主要包括以下内容。

1. 场地环境安全

信息系统的主场地，主要是机房等中心区域的选择，应远离有害的气体源及存放腐蚀、易燃、易爆物品的地方；远离强的动力设备和机械，避开高压线、雷达站、无线电发射台和微波中继线路；远离强振动源和噪声源；有较好的防风、防火、防水、防地震及防雷击的条件等。

2. 设备安全

信息系统应根据实际需要选择和配置设备，除了考虑设备本身稳定可靠以外，主要应从以下两个方面提高设备的安全性：

（1）防电磁泄漏。电磁泄漏问题对信息系统的安全和国家安全造成威胁，防电磁泄漏是信息系统安全的一个重要环节。抑制信息外泄的方法有以下两种：

1）采用电子屏蔽技术来掩饰计算机的工作状态和保护信息。

2）采用物理抑制技术，有两种方法：一种方法是对线路单元、设备乃至系统进行屏蔽，以阻止电磁波的传播；另一种方法是从线路和元器件入手，从根本上解决计算机及外部设备对外辐射的电磁波，消除产生较强电磁波的根源。通常将两种方法结合起来应用，以起到双保险的作用。

（2）抗电磁干扰。计算机及其外部设备工作时产生的寄生电磁辐射，在空间以电磁波的形式传输，当辐射出的能量超过一定程度时就会干扰计算机本身和周围的电子设备。通常，抑制电磁干扰的基本方法主要有：

1）电磁屏蔽。凡是受到电磁场干扰的地方，可用屏蔽的办法削弱干扰，以确保信息系统正常运行。不同干扰场采用不同的屏蔽方法，如电屏蔽、磁屏蔽或电磁屏蔽，并将屏蔽体良好接地。

2）接地系统。采用接地系统，不仅可以消除多电路之间流经公共阻抗时所产生的共阻抗干扰，避免计算机电路受磁场和电位差的影响，而且可以保证设备及人身安全。

3）电源系统。电源电压波动或负载幅度变化引起的瞬态电压、电流冲击，会通过电源进入计算机，不但会使计算机信息出错，还会威胁计算机及其器件的寿命与安全。为了保证信息系统的稳定性和安全，系统的主机机房应采用双路供电或一级供电；应配有不间断电源（UPS），其容量最好能维持主机设备在短暂跳闸或断电后持续工作30分钟以上，以确保设备和人身安全；系统电源不应与其他电器设备，特别是强力和冲击电力设备共用，以避免过压、欠压冲击、电压波动和瞬时尖峰；电器系统应接地良好。

3. 存储介质安全

信息系统中的信息都存在存储介质中，而存储介质的安全是保证数据安全的重要一环，应引起足够的重视。目前的存储介质主要有磁盘、磁带、光盘等，应分门别类，按照一套严密的科学管理制度和方法进行管理。存储介质的主要防护要求有防火、防高温、防潮、防霉、防水、防震、防电磁场和防盗等。对存储介质要定期检查和清理。

(二) 数据安全

数据安全主要是指为保证信息系统中数据库或数据文件免遭破坏、修改、泄露和窃取等威胁和攻击而采取的技术方法。它包括存取控制技术、数据加密技术、用户识别技术，以及建立备份、异地存放、妥善保管等技术和方法。

(三) 软件安全

软件安全主要是指为保证信息系统中的软件（如操作系统、数据库系统或应用程序）免遭破坏、非法复制、非法使用而采取的技术和方法。它包括口令的控制与鉴别技术、软件加密技术、软件防复制和防动态跟踪技术等。软件安全除了采用计算机软件的安全方法外，也可以采用高安全性软件产品（如高安全级系统软件和标准工具软件、软件包等）。对自己开发的软件，应建立一套严格的开发及控制技术，保证软件无隐患，满足某种安全标准。此外，不要随便复制未经检测的软件。

(四) 运行安全

运行安全包括安全运行与管理技术、系统的使用与维护技术、随机故障维修技术、软件可靠性与可维护性保证技术、操作系统的故障分析与处理技术、机房环境的监测与维护技术、实测系统及其设备运行状态的记录及统计分析技术等，以便及时发现运行中的异常情况，及时报警，同时提示用户采取适当措施，或进行随机故障维护和软件故障的测试与维护，或进行安全控制、审计和跟踪。

(五) 计算机病毒与计算机犯罪的防治

计算机病毒的防范涉及两方面的内容，即防范计算机病毒的技术手段和管理措施。

1. 技术手段

防范计算机病毒的技术手段主要包括软件预防和硬件预防两方面。

(1) 软件预防，是指通过采用病毒预防软件来防御病毒的入侵。安装病毒预防软件并使其常驻内存后，就可以对侵入计算机的病毒及时报警并终止处理，从而达到不让病毒感染的目的。

(2) 硬件预防，主要是通过硬件的方法来防止病毒入侵计算机系统。采用的主要硬件预防方法包括设计病毒过滤器、改变现有系统结构、安装防病毒卡等。

2. 管理措施

预防计算机病毒的另一有效措施是加强管理，这样做既可以控制病毒的产生，又可切断病毒的传播途径。各级部门应根据本单位数据资料的重要程度、系统的性质等情况制订防范计算机病毒的相应策略，并在计算机用户内部实施计算机管理制度。

对于计算机犯罪，必须采取综合措施，打击和防范并举。主要防范措施包括两方面：

(1) 提高计算机技术防范能力。目前主要有建立防火墙、安全检查、加密、数字签名以及内容检查等措施。

(2) 建立信息系统的安全制度。主要包括：重要程序和软件资料应该备份，程序和资料进出计算机房应填写登记簿、建立责任制度，对计算机安全控制措施进行评估，定期进行安全检查。

新理念·新技术

信息治理

企业信息技术治理（corporate governance of IT）是企业治理的一个分支学科，聚焦于信息技术在企业中的绩效和风险管理。从学术上讲，信息技术治理关注的是“组织内正确使用信息技术的权利机制与责任框架”；在应用范畴，侧重于企业如何运用信息技术来管理绩效和创造价值。信息技术治理主要目标是：

• 确保信息技术的应用能够创造商业价值；

• 对于信息系统的绩效进行监管；

• 防范因使用信息技术而导致的风险。

企业信息技术治理与信息技术管理（IT management）紧密相关但又相互区别。信息技术治理以企业利益相关者的名义管理企业的信息资源，即企业通过信息技术资源实现了什么样的价值。与之相对，信息技术管理是关于信息资源的“计划、组织、领导和控制”，即企业如何运用信息资源。

国际标准化组织在借鉴参考澳大利亚的相关标准基础上，于2008年发布了ISO/IEC 38500国际标准《企业信息技术治理》（后经2015年修订），该标准适用于各种规模的组织、公共或私人企业、政府机关和非营利组织，为各类组织提供了有效运用信息技术的指导性原则。该标准提出了信息技术治理的六项基本原则：

• 职责：组织内的个人或团体理解并接受与信息技术供需相关的职责和权利；

• 战略：组织的业务战略应当考虑信息技术的能力，信息技术的战略应当满足组织当前和未来的业务战略需要；

• 获取：基于当前和未来需求、依据合理的理由制订信息技术的采购决策，合理权衡短期和长期的利益、成本、机会、风险；

• 绩效：信息技术应该能够支撑组织的当前和未来的业务目标，满足组织对信息资源的需求和服务质量的要求；

• 合规：信息技术必须符合强制性法律法规的要求，应该制订并实施明确的合规管理方针和管理措施；

• 人员行为：信息技术的方针、政策、应用和决策都必须表现出对人的尊重，包括当前和未来的所有业务过程中的相关人员。

本章小结

本章主要介绍的是企业信息系统的管理的各个方面以及管理的方式等。首先介绍了信息系统开发项目管理，包括项目管理的基础、工作流程和主要内容以及目前在企业信息系统中普遍使用的一些项目管理软件，在分析了项目管理概念的基础上，重点介绍了信息系统项目开发管理的工作流程和主要内容。

其次，介绍了信息系统的运行与维护管理的概念和具体的工作程序，以及运行和维护管理应该采取各种措施、计划和控制方法。

再次，介绍了信息系统审计的概念和内容，并重点阐述了信息系统评价的类型和经济效益的评价、成本的测算等。

最后，简单阐述了信息系统的安全管理的重要性以及安全管理的方法。

关键概念

项目　项目管理	信息系统开发项目管理		运行管理	信息系统维护
风险管理	任务划分	进度	审计	评价
信息系统评价	事前评价	事中评价	事后评价	信息系统经济效益
系统性能评价	成本测算		吞吐量	周转时间
响应时间	信息泄露			

讨论及思考题

1. 试分析信息系统开发项目管理的重要性。
2. 信息系统开发项目管理一般包括哪几方面内容？哪些内容是比较重要的？
3. 信息系统运行管理的主要工作任务有哪些？
4. 简单描述信息系统维护管理的工作过程。
5. 什么是信息系统审计？审计的主要目的是什么？
6. 广义信息系统评价有哪几种类型？
7. 信息系统性能评价的作用是什么？有哪些性能评价的指标？
8. 信息系统面临哪些安全问题？如何进行信息系统的安全管理？

第六章 企业信息资源管理

本章要点提示

• 企业信息资源管理的有关概念

• 信息资源管理过程，即信息资源采集、加工、存储、传播、利用和反馈的内容与方法

• 企业信息资源的集成战略，即信息组织集成、信息资源集成、信息系统集成

• 企业竞争情报的含义与企业竞争情报系统的构成

章前案例

语义网进入商业应用

美国箱包零售网站 eBags.com 在 2010 年的假日销售季中取得了令人瞩目的业绩，销售额比 2009 年增长了 33%（同期整个线上零售业的增长率是 15%）。eBags 公司联合创始人 Peter Cobb 说，公司在“黑色星期五”和“网络星期一”的销售额都创造了纪录。

Cobb 把这一成果归功于由 Endeca 技术公司开发的网络零售平台，该平台使用语义网技术分析购物者的关键字选择和点击情况，然后从大类、小类到细目，对信息逐级进行筛选。Cobb 说：“最终的结果是极其快速地把购物者引导到他们所中意的产品上。”

购物者在浏览 eBags 网站时，可以用导航软件提供的帮助，按照类型、品牌、价格和尺寸等对产品进行筛选。Cobb 说：“我们有 500 多个品牌的 40 000 多款箱包，因此在几年前我们就认识到语义搜索和导购对于改善购物体验是多么重要。”

该公司的首席技术官 Chris Cummings 表示，语义网可以为产品及其属性，以及不同类别之间的关系提供非常详细的描述，从而使 eBags 在网络搜索结果中的排名处于更高的位置。

语义网正在逐步普及，从电子商务、电子出版、健康保健到营销、金融服务等行业的企业用户，都已经感受到语义网带来的便利。同时，一种基于语义网的情感分析方法（sentiment analysis）脱颖而出，能够帮助管理者判断出顾客对企业和产品的真实想法。

与此同时，IBM、甲骨文、SAS 和微软等企业软件供应商，已开始把语义搜索和 W3C 标准纳入它们的平台，以及谷歌、微软必应和雅虎等网络搜索引擎当中。

资料来源：http：//net.it168.com/a2011/0407/1175/000001175519_all.shtml.

当今社会，信息已成为一种战略资源，它同物资、能源一起成为推动企业发展的支

柱，它是组织运行的基础，也是企业利用现代化管理的理念和方法进行高效管理的基础。信息的收集、加工与利用将为企业运作注入新鲜血液，为企业获取最大的经济效益提供强有力的保证。企业在市场上的竞争实质演变为信息的竞争，谁掌握、利用了大量有价值的信息，谁就掌握了市场的主动权，谁就能在竞争中取得胜利。占有和利用信息的能力已成为衡量一个企业是否具有市场能力的关键标准。因此，实现科学的信息资源管理已成为企业生存与发展的决定性因素，成为企业经营战略的重要内容。企业的信息资源管理系统是一个全面的、庞大的、利用现代管理硬件和软件实施的现代管理系统，它具有统揽全局的功能。该系统的实施，是企业进入现代管理的一项重要标志，既具有现实价值，又具有广阔的前景。

本章首先概述企业信息资源的概念和企业信息资源管理的内容与作用，然后阐述信息资源管理过程的各个环节，在此基础上讨论企业信息资源的集成管理。因为竞争情报是企业获取竞争优势的一种重要的信息资源，所以本章介绍企业竞争情报管理的基本知识。

第一节　企业信息资源管理概述

一、信息资源的概念与类型

（一）信息资源的概念

信息资源（information resources）首先是美国人在 20 世纪 70 年代使用的概念。目前，国内外对信息资源这一概念的认识并未达成共识。有人认为信息资源等价于记录型信息，有人认为信息资源等价于文献信息，还有人认为信息资源等价于数据信息。综合国内外现有的研究成果，有两种观点具有代表性。一种观点是狭义的理解，认为信息资源是指人类社会经济活动中经过加工处理的有序化并大量积累起来的有用信息的集合，如科技信息、政策法规信息、企业信息、市场信息等都是信息资源的重要构成要素。另一种观点是广义的理解，认为信息资源是信息、人员、技术、设备等信息活动要素的集合，也就是说，信息资源包括下述几个部分：

（1）人类社会经济活动中经过加工处理并大量积累起来的有用信息的集合。

（2）为某种目的而生产信息的信息人员的集合。

（3）加工、处理和传递信息的信息技术的集合。

（4）信息设备、信息设施、信息活动经费等信息活动要素的集合。

广义的理解把信息活动的各种要素都纳入信息资源的范畴，相对来说，更有助于全面、系统地把握信息资源的内涵。在本书中，我们持广义的理解，但又不否认信息活动中信息要素的核心地位。我们给出如下定义：所谓信息资源，就是指人类社会信息活动中积累起来的可以控制和利用的信息及其相关信息活动要素（信息技术、设备、设施、人员等）的集合。这个概念强调这样几点：第一，强调信息资源与人们的相关性，即信息资源对于个人、组织和社会的可控性与可用性，如果信息集合是不能控制的或不可使用的，对于具体的用户来说则不是信息资源；第二，信息资源的组织性，即信息资源是人类所开发与组织的信息，是人类脑力劳动或者说认知过程的产物，只有组织化的信息集合才具有资源性和可用性；第三，强调信息资源的要素性，即信息集合是由信息内容、信息人员、信息技术、信息设备等基本要素构成的，因为要控制和利用信息，就必须有相应的人力、物力和技术要素。

（二）信息资源的类型

信息资源分类的目的是认识信息资源的特征，对信息资源进行开发、利用和管理。无论从哪种角度划分，不同种类信息资源之间并没有绝对的界限，彼此之间有交叉和重叠。信息资源究竟应该按照何种方式来划分并没有固定的标准，主要取决于人们分析问题的不同需要。从便于对信息资源进行管理的角度出发，我们按形式和内容特征划分信息资源。

1. 按形式特征划分的信息资源类型

从形式上划分信息资源，可分为非数字化和数字化信息资源。非数字化信息资源又可分为文献信息资源和缩微声像信息资源，数字化信息资源分为网络信息资源和单机信息资源。

（1）文献信息资源，主要指传统纸质文献，包括图书、期刊、报纸、档案、标准、研究报告、说明书等。文献是重要的信息资源类型，具有知识性、社会性、价值性、累积性、传递性等属性。它具有内容可靠、便于阅读等特点，但传播及转换较电子文本困难。

（2）缩微声像信息资源，是指通过缩微技术、磁技术或者光技术制成的大量的缩微胶片、磁带、录像带和照片等。规模较大的图书馆、档案馆和科技信息中心都提供缩微胶片这类信息。磁带、录像带以及相片往往是对组织内部或外部活动的真实记录，相对可靠。

（3）网络信息资源，是指在互联网上以各种方式存在并传播的信息集合。网络信息资源内容和类型都非常庞杂，常见的有联机目录、网上参考工具书、网上全文资料、网络数据库和电子邮件等。公共图书馆联机目录，向用户提供图书馆的各种资源。网上参考工具书包括各种网络版的辞典、百科全书、指南、名录、网络电子书刊等。网络数据库资源包括各种综合与专科数据库、全文数据库、事实数据库等。

（4）单机信息资源，是指一切本地的数字化信息资源的统称。它与网络信息资源的区别就在于其存储的空间范围，随着计算机存储设备容量的不断扩大以及计算机网络技术的不断发展，这两类信息资源的差别也越来越小。单机信息资源也有很多种类型，常见的有本地文件系统、本地光盘系统、本地数据库等。

2. 按内容特征划分的信息资源类型

以信息内容的知识成熟程度为特征，可以把信息资源的类型概括为知识型信息资源、资料型信息资源和消息型信息资源三大类型。

（1）知识型信息资源，是人类在生产活动和其他活动中积累的各种成熟的知识系统与尚未成熟的感觉知识，以及内化的知识、智慧、经验等。这些人类知识可以划分为两大类型：显性知识与隐性知识。

显性知识是人类已经生产和积累下来的记录知识，包括记载在文献中的各门学科的知识，在社会各级教育系统中分配的知识，各种知识生产机构（研究机构）和传播机构中生产、传递的知识等。

隐性知识是以大脑为载体、未能用文字记述并难以交流的知识。这部分知识存储在人的大脑中，以手工技能、实际行动表现出来，包括经验、技能、能力、预见性等，它是无形的财产。

(2) 资料型信息资源，是关于社会现象的客观记录及自然现象的静态描述，它是客观现实的真实记载，其特点是保存价值大，有较强的积累性，是科研、决策的重要信息，如公开资料、内部资料、企业资料、技术资料等。

(3) 消息型信息资源。消息是关于社会和自然世界发展变化情况的动态描述，是对客观事物最新情况的报道。消息是动态性最高的信息，它的时效性最强、生存周期短、更新快。根据消息的发布情况，可以把消息分为正式消息与非正式消息两大类型。正式消息是经正式的新闻媒介发布的消息，一般有较高的真实性和可信性。非正式消息是人们口头传播或者只在一定范围内传播的非公开消息。如具有亲密关系的人之间传递的消息、组织内部分享的消息等。

二、企业信息资源的含义与特点

(一) 企业信息资源的含义

企业是在与外部环境的相互作用中得以生存、取得发展的，企业与外部环境的相互作用是通过资源的交换实现的。企业资源从外部环境进入到企业，通过企业的转换后，又输出到外部环境。企业资源包括四种资源，即人力资源、资金资源、物质资源（材料、设备和能源），以及包括数据在内的信息资源。前三种资源称为物理资源，因为人员、资金、物质资源是物理存在的，是有形的。第四种资源称为概念资源，因为信息和数据的价值不在于它们的物理存在，而在于它们所表现的内容。在企业中管理者利用概念资源来管理物理资源，最大限度地优化企业资源。

企业信息资源是相对于企业的人员、资金、物质资源而言的一种非物质形态的社会财富。从狭义上讲，企业信息资源就是企业收集、开发、加工、利用的文献资料和数据。在这个层面上，信息就是信息资源。从广义上讲，企业信息资源是企业信息的收集、加工整理、存储、处理、传递、利用，以及相关的技术设施、资金和人才。广义的企业信息资源是把信息系统的所有投入作为一种资源。一般而言，企业信息资源采用的是广义的定义。

由广义的定义可知，企业信息资源不仅限于企业信息本身，而且也包括用以产生企业信息的资源。一个企业信息系统由输入部分、信息处理部分和输出部分组成。数据经信息处理器处理后输出信息，信息处理器是进行概念资源转换的核心，其中既包括系统的硬件、软件、网络以及安置这些资源的设施，也包括开发和使用系统的人员。从以上观点出发，可以认为企业信息资源由以下三要素组成：

(1) 具有经济价值的信息（包括数据资源）。

(2) 信息基础设施，如计算机硬件、软件以及网络系统。

(3) 人的因素，如系统开发人员、系统使用人员。

(二) 企业信息资源的特点

在讨论开发企业信息资源之前，我们应该首先明确企业信息流中哪些信息是有显著经济价值的，这样才能确保信息资源开发是对有战略意义的信息资源以及信息流运动过程中的关键环节的开发。并非企业的所有数据和信息都可以称得上企业的信息资源，也并非所有信息资源都具有开发空间和价值。那些明显属于企业信息资源范围的信息，如产品销售状态信息、客户的需求信息、竞争对手的战略信息等，都具有以下一种或几种特征：对企业有战略意义或者管理意义，辅助企业决策；有一定的历史积累，数量大，作用时效长；可以被有条件共享。这些特征限定了企业信息资源的范围，剔除了非资源型的信息，使企业的开发行为有明确的对象和目标，避免盲目开发和资源浪费。

企业信息资源除具有信息资源的有用性、可扩散性、增值性、能动性等特征外，还具有自己的特点。

1. 企业信息资源的专业性

企业是经济运行的微观主体和基本单元，企业信息资源和其他信息资源有较大的差异，表现出很强的专业性。企业信息资源主要是根据企业的自身特点和行业需求，开发、收集、加工整理的本企业生产经营资料，以及有关的政策、法规、技术创新、行业发展动态、新产品开发、竞争对手状况等方面的资料。其信息载体包括图书、报刊、软盘、光盘等。

2. 企业信息资源的共享性

企业信息可以被企业内部多个部门和个人使用，具有共享性。企业信息资源管理就要打破部门之间信息资源管理的限制，进行集成管理。一方面可以避免信息的开发、收集的重复和交叉，提高采集效率和降低管理费用；另一方面可以相互协调，分工协作，发挥整体优势，便于信息的综合利用。

3. 企业信息资源的及时性

由于企业所处的市场环境瞬息万变，对信息的及时性要求较其他单位更为强烈，对信息的需求呈现出很强的动态性。为此，企业要及时掌握市场各方面的变化和本企业的生产、经营、管理、营销状况，及时跟踪更新信息，及时做出分析、判断。只有这样，才能为企业发展提供准确的决策依据。信息失去及时性就失去了有用性，这要求企业利用先进的技术对信息资源进行集成管理。

三、企业信息资源管理的内容与作用

所谓企业信息资源管理是指在企业范围内，利用计算机和网络等先进的信息技术来研究信息资源在企业生产经营活动中被开发利用的规律，并依据这些规律来科学地对信息资源进行组织、规划、协调和调控的活动。信息资源管理是对信息资源开发利用的全局管理，是将信息技术与管理科学结合起来，从经济学的角度来管理信息、人和社会因素，追求一种将技术因素与人文因素结合起来协调解决问题的方法，形成独立的管理领域，把信息当作一种资源进行优化配置和使用。企业信息资源管理是微观层次的信息资源管理，它是企业管理工作中非常重要的内容。

（一）企业信息资源管理的内容

企业信息资源管理的任务是要有效地获取、处理和应用企业内部和外部信息，最大限度地提高企业信息资源的质量、可用性和价值，并使企业内各个部门都能够有选择地共享、利用这些信息资源，从而从整体上提高企业的竞争力和现代化水平。

具体来说，企业信息资源管理的内容主要包括以下几方面：

（1）提高企业全体人员对信息价值的认识并促进企业活动对信息的需求。

（2）建立适合企业特点的信息组织和信息结构，合理配置信息人员。

（3）扩大企业获取信息的途径，提高企业获取有效信息的数量和质量。

(4) 对企业信息进行统一的标准化，提高信息的可检索性，保护企业机密信息，避免高价值信息泄露，加强企业信息资源的集成管理。

(5) 提高信息在企业不同部门和不同群体之间的共享水平，增强企业信息对企业决策的支持度，通过广告、信息发布等手段改善企业形象、提高品牌价值等。

根据以上内容，可以确定信息资源管理活动至少有三个重点：一是对未知信息的获取；二是对已知信息的整理、加工和管理；三是对有效信息的共享利用。

信息的获取就是努力改善企业内部交换和传递信息的速度与效率，提高企业从外界获取所需信息的数量、质量和速度等。收集信息时，企业组织管理人员首先应对各个层次的需求信息进行界定，明确各领域的信息范围，再对信息收集的可行性进行分析，明确当前可收集信息和将来可收集信息的范围和途径，然后通过恰当的途径有针对性地收集信息。收集到的信息形式可能是多种多样的，应由专门人员对信息进行处理，合理的人员配置可使收集到的信息准确、实用。

信息的处理与管理的实质就是通过一定的信息技术、策略和制度提高企业信息管理的效率，进而为信息利用营造良好的技术和人文环境。在处理过程中应遵循逻辑规则，掌握信息的内在逻辑结构关系，注意信息的时序关系。在分析过程中应使用科学的方法，充分发挥信息人员的主观能动性，提高他们的信息分析能力。

信息的共享利用就是挖掘信息资源的价值，提高企业从信息中获取价值和知识的能力，进而吸收有效信息，借以实现其他资源的节约和升值，共同增加企业收益，促进企业的成长和进步。

(二) 企业信息资源管理的地位与作用

企业信息资源管理是企业整个管理工作的重要组成部分，也是实现企业信息化的关键，加强企业信息资源建设和管理，对于企业的生存和发展具有特殊的作用和意义。

1. 企业信息资源管理是增强企业竞争能力的重要途径

现代企业的竞争是企业经济能力的竞争，在很大程度上取决于信息管理的能力。任何一个企业要想开拓市场、占有市场，首先要熟知市场情况，选准企业的目标市场，并根据企业优势采取相应促销策略，从而达到巩固既有市场、开拓新市场的目的。加强企业信息资源的管理，有助于企业及时、准确地收集、掌握信息，开发、利用信息。现代企业的信息资源管理中心是企业内外信息系统的交汇中心，是企业的神经网络和导航系统，它能使企业资产重组、机构调整易于实现；能使企业各层次做出的决策更民主、更科学；能使企业不断进行技术革新，改进生产，开发新产品，提高企业的市场竞争力。

2. 企业信息资源管理是企业科学化管理和正确决策的需要

企业的重大决策，无论是生产经营目标、方针的制订，还是管理体制的改革，除了企业领导的胆识、经验、才能和智慧外，更重要的是进行形势分析、方案比较和决策优选，而这些都需要企业信息系统提供及时、准确、有价值的信息作为科学化管理和正确决策的依据。

3. 企业信息资源管理是提高企业经济效益的根本措施和保障

企业的生产活动是人、财、物、信息四大要素结合的过程，而通过企业信息资源的科学化管理就能使生产经营活动过程中的人流、物流、资金流、信息流处于最佳状态，以最少的投入获得最大的产出，从而大大提高生产经营效率。借助信息资源管理，可以实现对传统组织形式的重建，使企业以全新的方式运作，扩大生产能力，提高产品质量，节约费用，提高企业经济效益。

第二节　信息资源管理过程

对信息资源概念的理解包括狭义和广义两种观点。其中，狭义的信息资源是指信息内容本身；广义的信息资源是指信息及其相关要素（如信息工作者、信息技术等）的集合。

本节主要探讨狭义的信息资源管理过程，它由一系列有序的相关环节组成，包括信息资源的采集、加工、存储、传播、利用、反馈等环节，如图 6-1 所示。

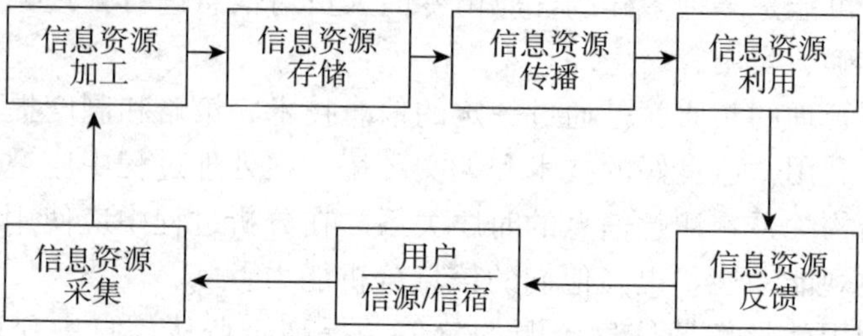

图 6-1　信息资源管理过程

由于信息资源管理过程是围绕用户信息需求的产生和满足而形成的闭环系统，所以又称为“信息资源管理系统”。从系统角度来看，信息资源管理系统本身是由信息资源、信息用户、信息技术、管理信息、信息资源管理人员等构成的一个整体，它的运行需要依赖计划、组织、指挥、协调、控制等管理功能的实现。其中，用户既是信息资源管理过程的出发点，又是其必然归属，所以它是信息资源管理过程的核心。信息技术是信息资源管理的支持手段，它主要由硬技术（即计算机信息系统）和软技术（即信息资源管理所需的知识、程序和技能等要素之和）构成。信息资源管理过程主要是由信息资源管理人员所控制和操作的，用户信息需求的满足在很大程度上取决于信息资源管理人员的整体结构、素质和能力。

一、信息资源采集

信息资源采集是根据用户的特定需求或信息管理工作规划的需要，用科学的方法收集、检索和获取特定信息资源的活动过程。信息资源采集是信息管理的首要环节，这要求信息工作者经常研究信息的分布和传播渠道，对信息资源进行评价和选择，在具体收集时遵循一定的原则，根据需要有针对性地采集信息资源，提高信息资源管理、开发和利用的效率。

（一）信息资源采集的原则

1. 针对性原则

信息数据庞大、内容繁杂，但用户需求的范围又是一定的。所以，信息资源采集必须有明确的目的性。信息资源采集要根据本企业的目标和服务对象的实际需求，有针对性、有重点、有选择性地采集利用价值较大并且符合本企业用户需求的信息。为此，信息资源采集人员必须对本企业内外环境和发展战略有明确的了解，仔细调查信息需求和信息来源，大力开辟采集渠道，才能获取具有较强针对性的信息。

2. 系统性原则

所谓系统性，是指时间上的连续性和空间上的广泛性。应尽可能全面地采集符合本企业所需求的信息，注意重点需求信息的连续性和完整性。

3. 及时性原则

所谓及时性，是指所采集到的信息能够反映出当前社会活动的现状，包括别人未发现和未使用过的独具特色的信息，以及能及时准确地反映事物个性的信息。及时性是信息的一个重要属性。过时的信息不仅其价值会降低或丧失，而且会造成工作上的损失，所以要力争在最短时间内向用户提供最新、最急需的信息。

4. 计划性原则

采集信息时，既要满足当前需要，又要照顾未来的发展；既要广辟信息来源，又要做到持之以恒，日积月累。要根据本企业的任务、经费等情况制订比较周密详细的采集计划和规章制度，详细列明有关信息采集的目的、范围、方式、人员配备、时间限定、经费数额以及来源等情况。

5. 科学性原则

当代信息资源数量大、形式多样、内容重复分散、品种繁杂，给信息的选择和收集带来了极大的困难。因此，需要经常采用科学方法研究信息资源的分布规律，选择和确定信息密度大、信息含量多的信息源。

6. 预见性原则

信息资源采集人员要掌握社会、经济和科学技术的发展动态，随时留意新信息源和信息渠道的产生及发展，采集信息时既要着眼于现实需求，又要有一定的超前性，充分估计用户未来的信息需求，有预见性地采集信息资源。

（二）信息资源采集的方法

信息采集方法是获取信息的步骤、程序和过程的总和，它通常随信息源的不同而变化。就总体而言，企业信息资源管理常用的信息采集方法主要包括调查法、询问法、媒介分析法、咨询和网络查询法等。

1. 调查法

调查法是最常用的信息采集方法之一，调查法本身又可进一步细分，以问卷调查和访问调查最为常见。

问卷是为了索取信息而设计的一组问题或变量指标体系，有结构式问卷、非结构式问卷和混合型问卷之分。问卷设计、印制完毕后，将问卷分发给抽样选择的样本群体，并设法寻求回答者的合作和尽可能高的回收率。问卷调查法的优点是易于管理且花费较少；对于结构式问卷，所收集的数据能以一种统一的格式组织起来，因此数据分析相对要容易一些。这种方法的缺点是有效性比较差，因为人们倾向于回避一些敏感的问题，而且问卷回收率较低；问卷设计对于调查成功与否甚为重要，问卷必须具有严密的逻辑性，所提问题必须避免模棱两可，因此对于问卷的设计要求高。

2. 询问法

询问法又称采访方法，包括个别访问、座谈采访、现场观察、参加会议、电话采访和通信采访等多种方式。这种方法要求访问者善于应变，善于提问，善于引导，善于观察，善于利用各种先进的现代化采访工具等。访问方法的主要优点能够就一些复杂的议题展开讨论，同时，它又富于灵活性和互动性，能够在很大程度上消除误解和含糊其辞的问题，并赢得很高的回答率。访问方法的主要限制因素是成本较高，访问还容易因访问者个性和偏见等因素的影响而出现信息失真。

3. 媒介分析法

媒介分析法是通过对信息媒介的分析，可以获取三方面的信息：一是媒介的内容信息，即媒介所论述或报道的内容。二是媒介的形式信息，包括媒介名称、责任者和出版发行数据等。三是关于媒介信息的信息，包括目录、索引、文摘、快报、综述和评论等。媒介分析的对象包括图书、报纸、杂志、论文、实验报告、日记、档案、电视栏目和广播节目等。

4. 咨询和网络查询法

咨询和网络查询也是常用的信息采集方法。它们的原理相同，但技术基础不同。咨询多指传统的人工咨询，网络查询则是基于现代化技术的机器咨询。咨询和网络查询都建立在这样的基础上，即被咨询方或被查询方都拥有一个信息源“数据库”，据此可以提供信息采集线索或所需信息。咨询和网络查询本身也包含检索过程，对于用户而言，检索也是一种信息采集方法，是一种行之有效的获取信息的方法。

信息采集是以信息选择为核心的过程，是一个科学的、客观的过程。选择什么信息并不取决于采集人员的主观意志，而是取决于用户信息需求的分析结果和信息源实际能够提供什么信息。但这还不够，实际的信息采集工作还需分析和熟悉信息采集的原则、评估指标、工具与技术、信息获取渠道、本企业的信息积累等。这是一个能否满足和能够在多大程度上满足用户信息需求的决策过程。

二、信息资源加工与存储

（一）信息资源加工

所谓信息资源加工，是指对采集来的大量原始信息进行筛选和判别、分类和排序、计算和研究、著录和标引、编目和组织而使之成为二次信息的活动。

1. 信息资源加工的原则

信息资源加工的基本原则包括以下几条：

（1）系统性。为了更好地使用信息，使其最大限度地发挥效能，在信息资源加工过程中应该使其具有系统性。只有系统化的信息，才能使人发现其中隐藏的某些共性规律。

（2）标准性。为了方便国内外的信息交流，在对信息进行加工时需要按标准化要求进行操作，遵循国际国内相关标准。否则，该信息的利用价值就会大打折扣。

（3）准确性。加工以后的信息只有具有准确性，才能为使用者提供一定的经济效益。反之，会使信息使用者误入歧路，导致重大损失。

（4）可推广性。经加工后的信息一定要便于推广，其内容务必通俗易懂，只有人们看了以后能明白其内容的信息，才能被人们充分利用。

2. 信息资源加工的基本内容

信息资源加工的基本内容包括以下几方面：

（1）信息的筛选和判别，是指对原始信息有无作用的筛检和挑选，或是对原始信息真伪的判断和鉴别。

（2）信息的分类和排序。信息的分类是指根据选定的分类表，对杂乱无章的原始信息进行分门别类。信息的排序是指在信息分类的基础上，按照一定规律前后排列成序。

（3）信息的计算和研究，是指对分类排序后的信息进行计算、分析、比较和研究，以便创造出更为系统、深刻，更具使用价值的新信息的活动。

（4）信息的著录和标引。信息的著录是指按照一定的标准和格式，对原始信息的外表特征（如名称、来源、加工者等）和物质特征（如载体形式等）进行描述并记载下来的活动。信息的标引是指对著录后的信息载体按照一定规律加注标识符号的活动。

（5）信息的编目和组织，是指按照一定的规则将著录和标引的结果另外编制成简明的目录，提供给信息需求者作为查找信息工具的活动。

（二）信息资源存储

信息资源存储是指将经过加工处理后的信息资源，按照一定的格式与顺序存储在特定的载体中的一种信息活动。信息存储的目的是便于信息管理者和信息用户快速准确地识别、定位和检索信息，对于非数字化信息资源而言主要是形成各种文献信息检索工具书，对于数字化信息资源而言则主要是形成各种数据库、联机检索工具、光盘检索工具、因特网检索工具等。信息资源存储是有组织的信息的一种表现形式，它必须考虑两方面的因素：一是存储介质的空间容量问题，无论人的大脑还是纸张、磁盘、计算机网络，其容量都是有限的，而信息存储的根本问题就是如何通过有效的信息组织高效率地利用有限的存储空间。二是存储信息的利用问题，信息存储的最终目的是为人们的异时利用提供方便，如仅考虑空间的集约，就可能妨碍人们对存储信息的利用。例如图书馆全部实行密集式藏书排架就会大大降低藏书的利用率，书报杂志的小号字密集式排版也会使一部分人根本无法利用。因此，信息存储的关键就是设法在节约存储空间和提高信息利用率之间寻找平衡点。

信息资源存储的作用主要表现在以下四个方面：

（1）便于查询检索。将加工处理后的信息资源存储起来，形成信息资源库，就为用户从中检索所需信息提供了极大的方便。

（2）便于管理。将信息资源集中存储到信息资源库中，就可以采用先进的数据库管理技术定期对其中的信息内容进行更新和删除，剔除其中已经失效老化的信息内容。

（3）利于共享。将信息资源集中存储到信息资源库中，为用户共享其中的信息内容提供了便利，人们还可以反复使用，提高了信息资源的利用率。

（4）延长寿命。信息资源存储还可以有效地延长信息资源的使用寿命，提高信息资源的使用效益。

传统的信息资源存储技术主要是指纸张存储技术，现代信息资源存储技术主要包括缩微存储技术、声像存储技术、计算机存储技术以及光盘存储技术，它们具有存储容量大、密度高、成本低、存取迅速等优点，所以获得了广泛应用。各种存储技术各有其优缺点，它们将在相当长的一段时期内并存，发挥各自的优势。

三、信息资源传播与利用

（一）信息资源传播

信息资源传播是信息资源价值得以实现的重要条件，它是指以信息提供者为起点，通过传输媒介或者载体，将信息资源传递给信息接收者的过程。

信息资源通过传播才能实现其价值，发挥其作用。各类企业的主管领导在进行决策、计划、组织、控制、指挥等管理过程中，都离不开信息资源的传播。企业信息管理者通过信息传播才能把企业组成一个有机的整体，使广大员工按管理者的意图统一行动，实现企业目标。企业的信息传播是企业管理者的有意识行为，是为了完成具体的工作任务而进行的，并且非常强调接收者（员工）必须按信息的内容去行为，以保证传播目的百分之百地实现。企业的信息传播不仅要注意提高传播信号的质量，分析接收者心理，按接收者心理和需求进行编码，而且要直接、严密地控制接收者的行为，以保证传播目的的实现。

信息资源从信源传送给信宿时需采用具体传播方式，信息资源传播方式的选择恰当与否，直接影响着信息资源传播的时效和质量。以下列举的是企业中常见的几种信息资源传播方式。

1. 按信息资源的流向划分

按信息资源的流向划分，可将企业信息资源传播方式分为以下四种模式：

（1）单向传播，是指信息资源传递者直接将信息资源传递给单个信息资源接收者的传递方式。

（2）多向传播，是指信息资源传递者直接将信息资源传递给多个信息资源接收者的传递方式。

（3）相向传播，是指信息资源传递者和信息资源接收者之间相互传递信息的方式。

（4）反馈传播，是指信息资源传递者和信息资源接收者根据对方的需要向对方传递信息资源的方式。

2. 按信息资源的传播范围划分

按信息资源的传播范围划分，可将企业信息资源传播方式分为以下两种模式：

（1）内部传播，是指一个企业内部的上下级之间、平级之间、工作部门之间所进行的信息资源传播。它通常具有封闭性的特点。如果企业内部机构庞杂、层次繁多，上层管理者的信息往下传播时，每经过一个层次，信息就要受到该层次管理者的一次整合，并根据自己的理解再传播出去，这样不仅传播速度慢，而且容易导致信息失真。企业内的信息传播系统不健全、分工不明确、责任不清，也会影响传播速度，造成信息传播中断。扁平式组织是近代社会变革的产物，在这类组织中，由于等级层次减少，信息在这类组织中传播速度较快，传播面较广，失真少，信息耗散少。

（2）外部传播，是指一个企业与其他企业之间、企业与社会之间所进行的更为广泛复杂的信息资源传播。它通常具有开放性特点。企业的信息外部传播渠道包括邮政、电信、广播、电视、报刊、文件专递、网络、E-mail 等。

3. 按信息资源的传播载体划分

按信息资源的传播载体划分，可将企业信息资源传播方式分为以下四种模式：

（1）语言传播，主要是指通过对话、座谈、会议、讲座、录音、技术交流和推广人员口授等形式传递信息资源的传播方式。

（2）文字传播，主要是指通过报纸、杂志、图书、宣传橱窗等形式传递信息资源的传播方式。

（3）直观传播，主要是指通过实物展览、现场观摩、商品展销等形式传递信息资源的传播方式，其优点是真实可靠。

（4）多媒体传播，是指利用广播、电视、计算机网络等多种方式传递信息资源的方式。

知识库

数据可视化

数据可视化（data visualization）是指研究并创建大量数据的视觉呈现方式，以图解形式从数据集当中抽象出信息单位的属性或变量。数据可视化的目标是通过统计图（statistical graphics）、信息图（information graphics）的方式，更加清晰、有效地传递信息。有效的可视化能够帮助用户更加直观地对数据和信息进行分析和推理。过去，数据可视化主要用于科学计算领域。随着企业信息系统的日益普及，以及商业数据的容量大幅度增加，商业数据可视化已经成为商业智能、决策支持系统等商业应用的重要技术手段。知名商业数据可视化专家 Stephen Few 归纳出商业数据中最常见的八种定量信息：时间序列、排序、比例、偏差、频率分布、相关、名义量比较、地理或空间。这些信息都可以用适当的可视化手段直观呈现，甚至实时更新。

（二）信息资源利用

信息资源利用是指将经过采集、处理并存储的信息资源提供给相关组织或者个人，以满足其信息需求的过程。在企业信息管理中，信息资源利用指的是有意识地运用存储的信息去解决管理中具体问题的过程。有效利用信息资源不仅可以降低其他资源的消耗，还可以提升其他资源的价值，同时在信息资源的积累和利用过程中还可以重新生产信息资源，提升信息资源的存量和质量。利用信息资源获取商业价值和生产力价值已经成为企业以及整个社会的共识。

信息资源利用的作用主要体现在以下三个方面：

（1）实现信息资源的价值，提高科学技术成果的数量与质量。信息资源具有知识性、增值性和效用性等特点。人们通过有效地利用信息资源，使它渗透到企业的管理活动中，直接影响科研成果和技术发明的数量与质量，能够产生巨大的社会效益和经济效益，从而实现信息资源的使用价值。

（2）实现信息资源的增值和共享。在实际工作中，通过信息资源的转换、复制和传递等环节，可以实现信息资源在空间中的广泛传递；通过对信息资源的合理存储与管理，可以实现信息资源在时间上的长久传递。这样就使得可供利用的信息资源在更广阔的时空范围内进行扩散和渗透，促使信息资源不断增值，从而达到信息资源共享的目的。

（3）提高组织决策的成功率。决策可被看成是信息资源的深层加工和再生产过程，而信息资源的传递和利用则决定着该过程的“原料（即信息资源）”供给，从而间接影响到组织决策的成功率。获取正确和足够的信息，利用这些信息开展决策行为显得十分重要和必要。以经济信息的利用为例，正确而即时的经济信息不仅可以给相关人员带来正确的经济决策，而且可以以此获得重大的商业利益。

知识库

过程挖掘

过程挖掘（process mining）是一项新兴的流程管理技术，使用特殊的数据挖掘算法，通过对信息系统所记录的流程事件日志（process event logs）进行深度分析获取流程、控制、组织或管理结构方面的有价值的实时流程信息，为管理人员的决策提供数据支撑。它通过 BAM（business activity monitoring，业务活动监控）、BOM（business operations management，业务运营管理）、BPI（business process intelligence，业务流程智能）等技术手段为现有的业务流程重组（BPR）和业务流程管理（BPM）注入新的发展驱动力。荷兰计算机科学家阿拉斯特于 2011 年出版了《过程挖掘：业务流程的发现、合规和改进》一书，率先对这一管理理念做出系统阐述。

四、信息资源反馈

信息资源反馈是将利用某一信息之后得到的结果与利用该信息前对结果的预测相比较，以期获得该信息利用效果的结论，借以指导下一次信息利用的过程。

（一）信息资源反馈的特点

信息资源反馈具有以下四个特点：

（1）滞后性。滞后性是信息资源反馈的基本特征，信息资源反馈贯穿于信息资源的采集、加工、存储、传播和利用等众多环节中，但它主要表现在上述诸环节之后的信息资源“再传递”和“再返送”上。

（2）针对性。信息资源反馈不同于一般的反映情况，它是针对特定决策所采取的主动采集和反映，具有较强的针对性。

（3）时效性。时效性是指所反馈的信息资源的实际内容本身具有较强的时效性要求。如果某项决策实施以后，不能够及时反馈真实情况，则不仅使反馈的情况失去价值，而且会对决策本身造成不良影响，甚至导致决策失败。

（4）连续性。信息资源反馈的连续性是指对某项决策的实施情况要进行连续、有层次的反馈。连续反馈有助于领导认识的深化，使决策得到完善，并使问题得到真正的解决。

（二）信息资源反馈的方式与方法

1. 信息资源反馈的主要方式

信息资源管理过程中反馈的主要方式有以下几种：

（1）正反馈，是指将某项决策实施后的正面经验、做法和效果反馈给决策机构，决策机构分析研究以后，总结推广成功经验，使决策得到更全面、更深入的贯彻。

（2）负反馈，是指将某项决策实施过程中出现的问题或者造成的不良后果反馈给决策机构，由决策机构进行分析研究，然后修正或者改变决策的内容，使决策的贯彻更加稳妥和完善。

（3）前反馈，是指在某项决策实施过程中，将预测中得出的将会出现偏差的信息资源返送给决策机构，使决策机构在出现偏差之前采取措施，从而防止偏差的产生和发展。

2. 信息资源反馈的常用方法

常用的反馈方法包括以下四种类型：

（1）典型反馈法，是指将某些典型组织机构的情况、典型事例、代表性人物的观点言行反馈给决策者。

（2）综合反馈法，是指将不同部门对某项决策的反映汇集在一起，通过分析归纳，加以集中反馈。

（3）跟踪反馈法，是指在决策贯彻实施过程中，对特定主题内容进行全面跟踪，有计划、分步骤地组织连续反馈，便于决策机构随时掌握相关情况，控制工作进度，及时发现问题，采取针对性措施纠正偏差。

（4）组合反馈法，是指通过一组信息对某项决策分别进行反馈。由于每一反馈信息着重突出一个方面、一类问题，所以将所有反馈信息组合在一起，才能了解一个完整的情况。

第三节　企业信息资源的集成管理

集成管理是指在统一的目标指导下，实现系统要素的优化组合，在系统要素之间形成强大的协同作用，从而最大限度地体现系统功能和实现系统目标的过程。其本质是要素的整合和竞争性的优势互补，即各种要素通过竞争冲突，不断寻找、选择自身的最优功能点，在此基础上进行互补匹配。集成管理是包含人的创造性思维在内的动态过程，它能够成倍提升整体的效果，有利于优胜劣汰和实现动态平衡。

一、企业信息资源的集成战略

企业战略是企业面对变化剧烈、挑战严峻的经营环境，力求得到长期生存和持续发展而进行的总体性策划。它是企业战略思想的集中体现，也是企业对未来较长一段时间内的经营方向的科学规划和各种短期项目、计划、措施、任务、活动制订的基础。企业战略管理是一个过程，是一种为企业赢得竞争优势的手段，可以被看作是将组织的主要目标、政策和行为整合为一个具有内在有机联系的整体的规划。企业战略管理涉及企业的多个业务单元和多种资源的配置问题，信息资源战略和财务战略、人力资源战略、营销战略等共同构成了企业的战略基础。

企业信息资源战略计划是一个长期的信息资源和信息技术开发与管理的战略计划，该计划将会保证信息资源和信息技术能够高效地支持企业管理需求，实现信息资源和信息技术共享平台。企业信息资源战略的制订一方面受到企业总的目标的指导和其他战略的约束，另一方面又逐渐成为其他战略的基础。随着企业信息化的发展，企业越来越依赖于信息系统和信息资源，它们构成了企业经营的基础框架。

我国企业特别是大中型企业在发展的过程中，为了适应不同历史阶段的发展需要和响应不同信息部门的要求，大都陆续建立了一系列信息部门，这些信息部门是在不同时期分别建立起来的，缺乏统一的规划，没有统合起来形成一个有机的信息功能系统，为了赢得企业决策层的关注和认可并进而寻求生存与发展，它们彼此之间常常围绕资源配置和权利地位等问题展开竞争，其结果不仅使冗余和重复建设愈演愈烈，而且也严重滞后了企业的信息化进程。鉴于此，从集成的角度对这些“信息孤岛”实施重组就成为目前企业信息管理面临的紧迫而艰难的任务。

企业信息资源的集成战略的目标是通过一定的技术、思想、手段实现信息资源的统一管理，使用户能够方便地获取和传递。从信息流动的角度来说，集成化的组织和系统内部信息流动的阻力最小、需要人为干预的过程最少，能够最大限度地实现信息的有效流动。集成战略的内容包括：信息组织集成、信息资源集成、信息系统集成。

信息组织集成是将“信息孤岛”统一在企业信息主管（CIO）的领导之下，或者说统一在信息资源管理的目标之下，使经过重组的信息功能之间建立内在联系，形成一体化的组织信息结构。

信息资源集成主要包括：来自企业外部的信息资源与来自企业内部的信息资源间的集成；显性信息资源与隐性信息资源的集成；战略型、管理型和业务型信息资源的集成。

信息系统集成是现代企业管理软件的发展方向，例如供应链管理、企业资源计划（ERP）、客户关系管理（CRM）和企业信息门户（EIP）软件就是企业信息集成的生动体现。现代 ERP 软件中集成了企业的采购、销售、订单、生产、计划、营销、财务、成本、库存、人力资源等系统信息，而且实现了这些不同部门信息的自动流动。而 EIP 的出现，更是将企业信息资源集成战略提高到一个新的高度。随着网络的发展和 B/S 技术的进步，信息资源的集成化程度会更高。

共享和集成是两个密不可分的思想。共享是信息资源的一种特性，其实质是在可能范围内让尽可能多的人获得尽可能多的信息。现代网络技术为这种思想提供了技术支持。共享可以在系统间、组织间、流程间、软件间、数据库间等进行。在网络环境下，企业的信息一方面得到了集成，另一方面也得到了共享。所以共享思想下的集成是有价值的集成，而集成条件下的共享是高效率的共享。

集成战略既是一种技术或者一个软件，又是一种开发和利用信息资源的思想，它借助现代信息技术、网络、工具等实现信息资源的集成管理。

二、企业信息资源管理的组织

由于信息资源是企业的战略资源，信息资源管理已成为企业管理的重要支柱。一般的大中型企业均设有专门的组织机构和专职人员从事信息资源管理工作。这些专门组织机构有信息中心、图书资料馆（室）和企业档案馆（室）。企业中还有一些组织机构也兼有重要的信息资源管理任务，如计划和统计部门、产品和技术的研究与开发部门、市场研究与销售部门、生产与物资部门、标准化与质量管理部门、人力资源管理部门、宣传与教育部门、政策研究与法律咨询部门等。

在有关信息资源管理的各类组织中，企业信息中心是基于现代信息技术的信息资源管理机构，其管理手段与管理对象多与现代计算机技术、通信与网络技术有关。现代信息技术本身也是信息资源的重要组成部分。通过现代信息技术开发和利用信息资源是现代信息资源管理的主要内容。

一般来说，大中型企业的信息中心的主要职能包括以下几方面：

（1）在企业主要负责人的主持下制订企业信息资源开发、利用、管理的总体规划，包括信息系统建设规划。

（2）实施企业信息系统的开发、运行与维护管理，企业信息系统的评价，企业信息系统的安全管理。

（3）实施信息资源管理的标准、规范、规章制度的制订、修订和执行。

（4）进行信息资源开发与管理专业人员的专业技能培训，企业员工信息管理与信息技术知识的教育培训，新开发的信息系统的用户培训。

（5）负责企业内部和外部的宣传与信息服务。

（6）为企业信息技术推广应用的其他项目提供技术支持。

企业信息资源管理是一项复杂的系统工程，它不仅是一个技术应用问题，而且涉及业务流程的优化、管理模式的改善以及组织结构的调整等多方面的问题。这些问题的处理与解决，需要有高层领导的有力支持和有效参与，以便从战略发展和战略决策的角度推动组织信息化建设，有效地开发、利用信息资源，以实现企业信息要素优化配置和整体功能最优。需要进行企业信息资源的组织集成，从战略的角度识别企业整体的信息需求，根据企业的信息需求设计企业的信息功能，在此基础上，对企业的信息结构实施重组，将重组的各信息部门统一于 CIO 的领导之下。CIO 体制下的企业信息资源管理的组织结构如图6－2所示。

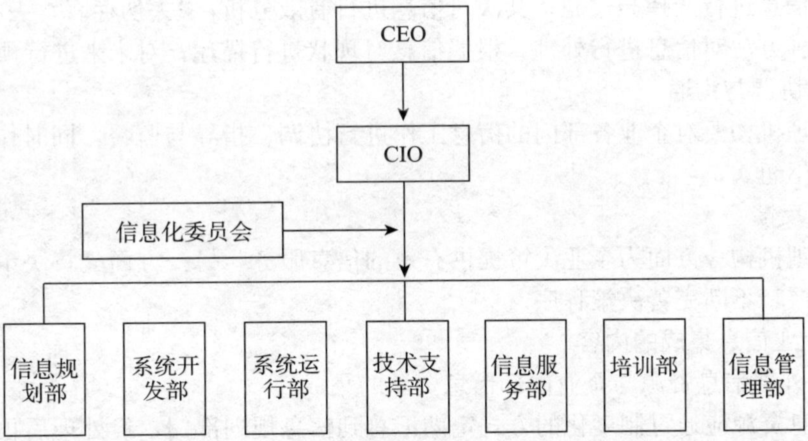

图 6－2　企业信息资源管理的组织结构模型

CIO 是从企业的全局和整体需要出发，直接领导与主持全企业的信息资源管理工作的企业高层管理人员，全面负责制订组织的信息技术应用规划和信息资源的开发与利用规划。由于信息资源管理关系企业全局，CIO 一般应由相当于企业副总经理或副总裁的高层管理人员担任。CIO 直接对企业最高领导负责，下面可设信息化委员会，由各部门主要领导兼任，是整个企业的信息资源管理计划和实施过程进行控制的组织机构。在这样的框架下，信息资源管理的成功实施就有了组织上的保证。

三、企业信息资源集成

企业信息资源的集成可以从以下几个方面改进企业信息资源管理工作：一是有助于进一步识别支持企业决策的战略信息资源，提高决策的效率和成功率；二是进一步促进企业资源的开发，拓宽信息服务的范围，提高信息服务的质量；三是有助于进一步实现信息资源的共享，最大限度地消除企业各部门之间的信息资源重复建设和信息不畅现象，强化企业内部的协同作用，为企业战略的实施营造良好的信息环境。

（一）企业信息资源集成的功能

有效的信息资源集成能使企业的信息实现集中有序化管理，以便高效优质地满足企业对各种信息资源的需求。信息资源集成应由专门的信息资源管理机构具体实施，主要包括以下五个功能。

1. 信息汇总与收集

（1）将分散于各部门的信息汇总起来，形成一个权威的内部信息库。在信息汇总的同时，对各种信息进行检验与评估，以保证信息的准确性。

（2）有选择地收集企业的外部信息。首先是收集与本企业密切相关的信息，如竞争对手的信息；其次，企业的信息管理机构应成为企业与社会信息服务机构沟通的桥梁，以便最大限度地利用社会信息资源。

2. 信息管理与检索

即对汇总与收集的信息进行有序化管理，使信息成为有机整体，便于多途径检索，随时满足查询要求。

3. 信息分析与处理

首先对信息进行选择与过滤；其次对信息进行有效分析，“去伪存真，去粗取精”；最后，利用各种方法对信息进行处理，根据信息对现状进行描述，对未来进行预测。

4. 信息协调与沟通

信息管理机构要对企业各部门的信息工作进行协调、指导与监督，同时作为企业信息沟通的主要枢纽。

5. 信息反馈

信息管理机构一方面为企业决策提供有效的信息服务，另一方面又将决策的执行情况反馈到决策层，不断完善决策程序。

（二）企业信息集成的内容

1. 企业外部信息资源与企业内部信息资源的集成

内部信息资源应通过制度化的方式定期汇总到信息规划部门，经处理后再转发给相关的信息用户或存储在信息资源中心供查询。外部信息应统一由信息规划部门从外界获取，或由某些企业部门自行获取，但必须与信息规划部门建立分工、合作与共享关系。

2. 显性信息资源与隐性信息资源的集成

显性信息资源的集成是指口语信息资源、文献信息资源和网络信息资源的集成，应由信息规划部门定期检查、核实和评估企业所拥有的这三类信息资源，最大限度地避免重复建设。隐性信息资源的集成要求信息规划部门与企业人事部门密切配合，建立企业人力资源数据库，持续追踪企业管理者和员工的发展与进步。

3. 战略层、管理层和业务层信息资源的集成

业务层信息资源应在相应的业务部门实现集成；管理层信息资源应由本部门集成，同时通过协作研究、信息共享、定期移交等方式与信息规划部门实现基于信息资源内容的集成；战略层信息资源由规划部门实施集中统一管理。

知识库

数据集成

在比较复杂的信息系统中，必须对不同数据源的数据进行特殊的预处理，形成统一的用户视图，这个过程称作数据集成（data integration）。目前，很多软件厂商都提供完整的数据集成方案。

IBM 对数据集成的定义是：一系列技术和商业过程的组合，用于将不同来源的数据组合到一起，形成有意义、有价值的信息。完整的数据集成方案能够向用户交付可信任的数据，帮助用户理解、清洗、监测、转化和交付数据，确保信息的可信度、一致性和实时管控。

甲古文公司对数据集成的定义是：在商业智能和数据仓库环境下建立、部署和管理的以数据为中心的架构。提供实时的数据传递、转化、同步以及数据质量、数据管理和数据服务，以确保信息的时效性、准确性、跨系统的一致性。

四、企业信息系统集成

企业信息系统集成是信息资源集成的支撑手段，是信息资源集成的技术和前提，是为信息资源集成服务的。信息系统集成包括硬件集成、软件集成和应用集成三部分。其中，软件集成是核心，在一个企业内部，软件集成经历了供应链管理（SCM）、企业资源计划（ERP）、客户关系管理（CRM）等发展阶段，集成的范围由企业内部扩展到关联企业①。

SCM 与 ERP、CRM 之间是你中有我、我中有你的关系。其中，ERP 定位于企业内部资金流与物流的全程一体化管理，即实现从原材料采购到产成品交付整个过程的各种资源计划与控制；SCM 定位于企业外部资源，特别是原材料和零部件等资源与企业生产制造过程的集成管理；CRM 定位于产成品的整个营销过程的管理。ERP、SCM、CRM 共同构成了电子商务时代企业运作和管理的基础平台。

（一）供应链管理

供应链管理（SCM）就是把客户需求和企业内部的制造活动以及供应商的制造资源整合在一起，并对供应链上的所有环节进行有效的管理。通过这个管理把供应商、制造者和最终客户紧密地结合起来，消除或减少了整个供应链中不必要的活动与成本。供应链上的

① 霍国庆．企业战略信息管理．北京：科学出版社，2001：212－228.

各个企业作为一个不可分割的整体，使供应链上各企业分担的采购、生产、分销和销售等职能彼此衔接，成为一个协调发展的有机体。

供应链管理是以同步化、集成化生产计划为指导，以各种技术为支持，以互联网或内部网为依托，围绕供应、生产作业、物流和需求满足而展开的活动。

在一个企业内部，从传统的供销管理模式过渡到集成化供应链管理模式，通常需要五个阶段。依据从较低层次到最高层次的顺序，这五个阶段依次为：基础建设、职能集成、内部供应链集成、外部供应链集成和集成化供应链动态联盟。经过上述五个阶段，企业供应链将发展成为一个能够快速重构的动态组织结构，即集成化供应链动态联盟，联盟企业通过网络技术集成在一起以满足用户的需求，一旦用户的需求消失则该联盟将随之解体，一旦新的需求出现该联盟又将自动形成。集成化供应链动态联盟是基于特定的市场需求，根据共同的目标而组成，通过实时信息共享来实现集成的高度自动化的企业集合体。可以看出，供应链管理主要体现了一种“横向集成思维”，着眼点和着力点是企业内部的业务流程以及企业之间业务流程的集成。

（二）企业资源计划

企业资源计划（ERP）源于物料需求计划（material requirements planning，MRP）。这是20世纪60年代发展起来的一种计算物料需求量和需求时间的系统。20世纪70年代，MRP系统将物料需求计划、生产能力需求计划、车间作业计划以及采购计划整合在一起构成一个闭环系统，这时的MRP才真正成为生产计划与控制系统。

20世纪80年代，将销售管理、生产计划、生产作业计划、采购管理、能力需求计划、数据管理以及库存管理等功能引入，形成了制造资源计划（manufacturing resource planning，MRPⅡ）。MRPⅡ把企业中各子系统有机结合起来，组成了一个面向企业内部资源全面生产管理的集成优化管理系统。MRPⅡ引入了成本效益分析，实现了企业操作过程与管理过程的集成，从而提高了经济效益和企业的市场竞争力。

MRPⅡ仅能管理企业内部的物流和资源流。随着全球经济一体化的加速，企业与其外部环境的关系越来越密切，MRPⅡ已不能满足需要。于是新的企业管理理念和软件应运而生。其中影响最深远的就是企业资源计划。

ERP把原来的制造资源计划拓展为围绕市场需求而建立的企业内外部资源计划系统。ERP系统的核心管理思想就是供应链管理，把客户需求和企业内部的经营活动以及供应商的资源融合到一起，体现了完全以用户需求为中心的经营思想。ERP将企业的业务流程看作是一个紧密联系的供应链，其中包括供应商、制造工厂、分销网络和客户等；将企业内部划分成几个相互协同作业的支持子系统，如财务、市场营销、生产制造、质量控制、服务维护、工程技术等子系统，还包括企业的融资、投资以及对竞争对手的监视管理子系统。ERP在纵向上整合了企业的决策信息系统、管理信息系统和操作信息系统，促进了企业组织的“扁平化”变革；在横向上整合了企业的生产控制、物流管理、财务管理和人力资源管理等功能模块，带动了企业业务流程重组。

（三）客户关系管理

客户关系管理（CRM）是一种旨在改善企业与客户之间关系的新型管理机制，它应用于企业的市场营销、销售、服务与技术支持等与客户相关的领域。CRM的目标是通过提供更快速和更周到的优质服务吸引和保持更多的客户，并通过对业务流程的全面管理来降低企业的成本。CRM 既是一种概念，也是一套管理软件和技术，利用 CRM 系统，企业能搜集、跟踪和分析每一个客户的信息，从而知道什么样的客户需要什么产品，真正做到一对一营销，使企业与客户的关系及企业利润得到最优化。

CRM 应用软件是多种功能组件、先进技术与渠道的融合。功能组件包括销售应用软件（销售行为自动化软件）、营销应用软件、客户服务和支持应用软件。实现的渠道包括 Web、呼叫中心和移动设备。

CRM 由数据源、数据仓库系统和 CRM 分析系统三个部分构成。数据源特别是作为主要数据源的客户是 CRM 存在的前提与现实基础，数据仓库是 CRM 的核心，具有客户行为分析、重点客户发现和市场性能评估三方面的作用。分析系统则是 CRM 增值过程的核心。CRM 的主要功能如下：

（1）信息分析能力。CRM 系统有大量关于客户和潜在客户的信息，充分地利用这些信息，对其进行分析，可使得决策者所掌握的信息更完全，从而能更及时地做出决策。

（2）对客户互动渠道进行集成的能力。对多渠道进行集成，与客户的互动都是无缝的、统一的、高效的。

（3）支持网络应用的能力。在支持企业内外的互动和业务处理方面，Web 的作用越来越大，这使得 CRM 的网络功能越来越重要。

（4）集中的客户信息仓库的能力。CRM 解决方案采用集中化的信息库，这样所有与客户接触的雇员可获得实时的客户信息，而且使得各业务部门和功能模块间的信息能统一起来。

（5）工作流进行集成的能力。工作流是指把相关文档和工作规则自动化地（不需人的干预）安排给负责特定业务流程中的特定步骤的人，CRM 解决方案具有为跨部门的工作提供支持，使这些工作能动态地、无缝地完成。

（6）与 ERP 进行无缝连接的能力。CRM 要与 ERP 在财务、制造、库存、分销、物流和人力资源等方面连接起来，提供一个闭环的客户互动循环，才能最大限度地实现其价值。

企业引入和应用 CRM 是一项战略决策，只有实现 CRM 与 ERP 系统的集成运行才能真正解决企业供应链中的下游链管理，将客户、经销商、企业销售部门全部整合到一起，实现企业对客户个性化需求的快速响应。这将有助于提高企业的运作效率、拓展企业经营活动范围、吸引和保留新老客户，为企业带来长期利益。

（四）ERP、CRM 和 SCM 的集成

电子商务是一项艰巨而复杂的系统工程，而 ERP、SCM 和 CRM 是其关键思想和关键环节。ERP 系统是企业电子商务应用的基础，也是企业内部运行管理的基础。CRM 帮助企业实现个性化服务的营销模式。SCM 为企业提供一个快速、柔性的供应链。随着信息技术的发展，ERP、CRM 和 SCM 的整合已经成为企业信息化的关键。协同电子商务是现代企业信息化管理模式构建的基础平台。ERP、CRM 和 SCM 作为平台上的子模块并不是孤立的个体，而是被非常紧密地集成在一起，是按照业务模式和经营管理思想被合理地整合在一起，以实现功能上的协同与合作。

1. ERP 与 CRM 的集成

ERP 与 CRM 在各自的发展上不断相互渗透，二者的重复部分越来越多，且呈现集成的趋势，通过比较研究，发现可以在以下几个方面实现 ERP 与 CRM 的整合：

（1）客户、产品信息集成。对整个供应链集成而言，信息集成无疑是基础。供应链中所有的伙伴都有能力及时准确地获得共享信息是提高供应链性能的关键。建立统一的信息平台，使供应链中合作伙伴的信息系统都能与之相连是最佳的解决办法。ERP 与 CRM 系统都要涉及客户和产品的一些基本信息、产品的 BOM 表、产品的客户化配置和报价以及客户同企业的交往史等。因此，应对企业的产品和客户资源进行整体规划，同时充分利用企业现有的 ERP 和 CRM 资源实现资源共享。

（2）工作流管理。工作流管理是人与计算机共同工作的自动化协调、控制和通信，在计算机化的业务过程上，通过在网络上运行软件，使所有命令的执行都处于受控状态。在工作流管理下，工作量可以被监督，分派工作到不同的用户达成平衡。实现工作流、知识、办公、公文、项目以及人力资源、客户关系、供应链等“多维一体”的管理。ERP 与 CRM 系统中都有工作流管理，实际上二者的工作方式是一样的。

（3）决策支持与信息交流。在 ERP 和 CRM 中都使用了数据库、数据挖掘和 OLAP 等技术对数据进行分析处理，从而实现商业智能和决策支持。它们所使用的技术相差不大，只是数据对象有所不同。因此，将二者整合起来，将大幅度增加决策的信息量，使决策更加及时准确。

ERP 与 CRM 系统的很多使用者都需要查询对方系统的一般信息。因此，在两个系统之间建立畅通的数据通道，实现数据共享，将减少重复录入，提高工作效率。

ERP 与 CRM 通过整合，可以实现相互支持、相互依赖的数据信息传递关系。首先，ERP 为 CRM 的数据仓库提供了丰富的数据，其次，CRM 的分析结果和对市场发展的预测给 ERP 提供了决策数据。将两者整合，可以实现从客户到供应商完全连通，企业内部流程和外部交易完全一体化，即通过 CRM 实现与客户的互动营销，通过 ERP 实现整个供应链上的数据流畅通。

2. ERP 与 SCM 的集成

供应链管理是以同步化、集成化生产计划为指导，以各种技术为支持，以互联网或内部网为依托，围绕供应、生产作业、物流和需求满足而展开的过程。一般情况下，企业内部的供应链管理包括了供应商管理、采购管理、产品设计管理、生产计划管理、物料管理、物流管理、订单管理、库存管理、运输管理、仓储管理和顾客服务等。显然 ERP 和 SCM 两种系统的功能出现重叠。

首先，从企业信息共享及一致性的要求来看，ERP 系统和 SCM 系统不可能各自为战，独自采集并维护一套数据，至少 ERP 系统与 SCM 系统之间的信息集成是必不可少的。如 SCM 进行计划模拟时，必须与 ERP 的车间管理、能力数据实时的交互。通常，将 ERP 系统作为 SCM 的信息源，ERP 系统为 SCM 应用提供数据并接受 SCM 处理的结果。

其次，对于企业个体而言，ERP 无力承担企业间的协调与集成，SCM 提供了更好的解决方案。同时在企业生产计划、物料需求计划、能力需求计划、采购计划等方面二者存在重叠。由于在这些方面 SCM 提供的功能要优于 ERP，在整合过程中，可以将后者相应的部分合并到个体的供应链管理系统中。

3. 全面的供应链集成

良好集成的供应链环境实际上为供应链中的参与者提供了一个全新的商业运作模式。具体措施可以通过建立供应链信息管理中心，统一进行相关信息管理。供应链信息管理中心由供应链上的企业共同出资组建，人员采用调派或者外聘，在集成供应链的基础上，集合中各企业保持独立的 SCM 系统，向管理中心提供相关信息，服从管理中心的统一调度。这种基于协同电子商务平台的整合可以使企业采用全新的、更有效的方式追求企业的目标。全面的供应链集成就好像一个大型的虚拟企业组织，组织里的每个成员共享信息、同步计划、使用协调一致的业务处理流程，共同应对复杂多变的市场，为最终用户提供高效、快捷、灵活的支持和服务，从而在竞争中获得优势。

4. 系统集成解决方案

根据上面的分析，可以将整合后的系统分为两个部分：前台系统和后台系统。前台系统主要是企业通过电子商务采购平台和电子商务销售平台与供应商及客户之间进行物流、信息流和资金流的交换；后台系统主要是企业内部自身物流和信息流的交换。整合后的企业系统如图 6-3 所示。

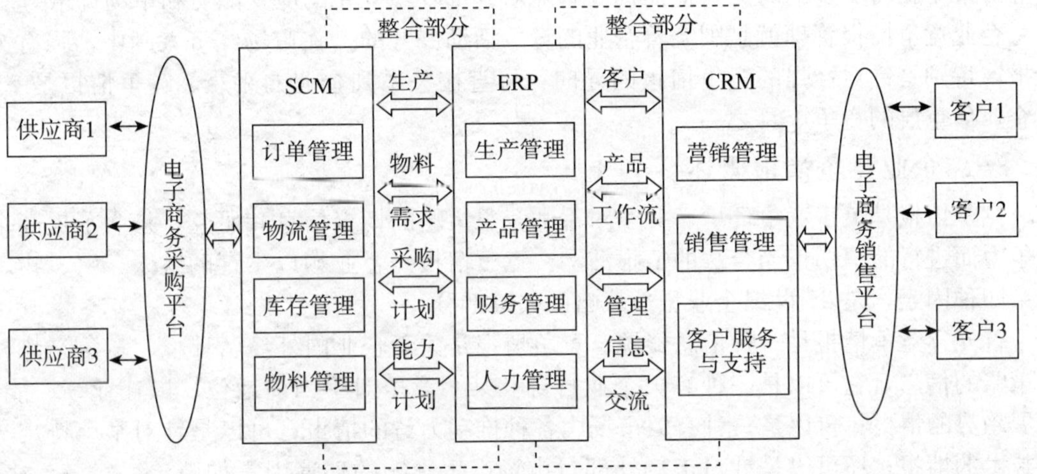

图 6-3　EPR、CRM 和 SCM 的集成

企业基于协同电子商务平台，实现 ERP、CRM 与 SCM 的整合，要求应用软件各模块实现合理划分和有机集成。ERP 应优先考虑生产管理、产品管理、人力资源管理、财务管理等模块；CRM 主要考虑营销管理、销售管理、客户服务与支持等模块；SCM 主要考虑订单管理、物流管理、库存管理、物料管理等模块。

ERP、CRM 与 SCM 基于协同电子商务平台的整合需要有业务流程重组相配合，对原有的供应链体系进行的重新设计，应用 BPR 思想建立一套崭新的扁平化组织体系，这将涉及各个企业原有岗位和职能的重新定位以及工作流程的重新设计。对企业而言系统集成是一项浩大的系统工程，它涵盖了从供应商到客户的整个流程，因此，系统集成需要按照“统一规划、分步实施”的原则，合理设立目标，全面规划，从本企业的实际情况出发，分阶段展开，逐步构建企业的信息化管理模式。

在企业信息化建设进程中 ERP、CRM 与 SCM 作为关键的信息系统发挥着日益重要的作用。在充分利用协同电子商务平台提供的便利条件下，实现 ERP、CRM 与 SCM 有机整合，使之从构架技术和功能上都能适合网络时代协同电子商务的需求，让供应商、采购商、客户、合作伙伴以及员工、管理者、决策者能够以各种方式，通过接口访问相关数据，实现工作流和工作协调应用，推动商务活动协同成功，以最少的付出获得最大的收获，真正实现在高速互联网时代企业经营的整体协同管理。

第四节　企业竞争情报管理

企业是市场经济活动的主体，竞争是企业实现经济利益、达到战略目标的手段。随着全球经济一体化的发展，企业所处的市场竞争越来越激烈，企业竞争情报成为关系到企业生死存亡的重要因素。为此，企业要想在竞争中取胜必须建立起正式的、规范的竞争情报工作体系。一个完善的竞争情报系统能够对外部竞争环境进行实时地跟踪和分析预测，使企业管理者能够实时把握竞争态势，并及时洞悉外部环境中潜在的机遇和威胁，为企业制订应对策略赢得更多的时间，从而提高企业对外部环境变化的应变能力和市场竞争力。

企业竞争情报管理就是围绕着企业的竞争活动展开的，在市场经济大潮中，强有力的情报，特别是针对性强的竞争情报的导向，将直接关系到企业的兴衰。竞争情报是 21 世纪企业最重要的竞争工具之一。

一、企业竞争情报概述

竞争情报是关于竞争环境、竞争对手和竞争策略的情报信息和研究，是为了提高企业竞争力而进行的一切正当合法的情报活动。竞争情报是企业赖以生存的继人、财、物之后的第四种因素，是 21 世纪企业竞争战略的关键部分。

首先，竞争情报是一种信息资源。竞争情报是关于企业内外经营环境、竞争态势和竞争策略的信息，它可以是一种有关企业自身及某个竞争对手当前地位、以往业绩、能力、发展趋势的情报；可以是一种有关市场内各种推动力量的情报；可以是针对某个特定产品或技术的情报；还可以是针对市场外部对市场产生影响的环境因素如政治、经济、法规、人口统计等方面的情报。其次，竞争情报是一种研究过程，是收集、分析和传播信息的全过程，它将原始资料转化为相关的、准确的、实用的战略知识以满足用户了解竞争环境的需求，从而制订出争取获得竞争优势的战略或战术计划。竞争情报的目的是为企业经营决策提供情报保障，其宗旨是提高企业竞争力。

（一）企业竞争情报的基本内容

企业竞争情报的主要内容应包括明确本企业情况、分析企业竞争环境、研究竞争对手、制订本企业竞争战略四个方面。

1. 明确本企业情况

了解本企业，实际上是企业将自己放在地区、国内甚至是国际市场这一平台上对自己进行全面剖析、客观评价的过程，包括明确企业经营战略计划、核心竞争力、市场竞争地位、资源、产品和服务、营销策略、竞争优势和劣势等，以此判断自己的市场竞争地位，发现市场机遇或潜在的威胁。“知己”要求企业客观评价自己的优缺点，特别是不应回避一切不利因素。正确评价自己是企业参与市场竞争的前提。

2. 分析企业竞争环境

这里的环境是指处在企业之外，不受企业控制，但会对企业产生影响的那些因素。分析企业所处的环境可以从社会环境和行业环境两个角度进行。社会环境包括政治、经济、科技进步、法律政策、自然条件等因素，这些因素对企业的发展产生间接影响。行业环境是企业所处的直接环境，与企业关系密切。对行业环境的分析包括产业集中度、市场进入特征、品牌的依赖度和产品的信赖度、劳动力与资本情况、技术密集度情况、直接竞争的细分化市场、间接竞争的现状与发展趋势等因素。

3. 研究竞争对手

充分了解竞争对手，这是竞争情报的核心内容。只有充分了解竞争对手的实力，监视竞争对手的每一步行动，预测竞争对手可能采取的行动策略，并结合本企业的实际条件，制订出切实有力的竞争策略，才能占据先机。

了解竞争对手的前提是确定谁是竞争对手。从广义上讲，竞争对手是指，凡是在与本企业有共同目标的市场上与本企业有利益冲突且对本企业竞争优势构成一定威胁的经济组织。根据产品替代的程度，任何企业都有四个层次的竞争对手，范围依次增大，即提供相似产品和服务的企业、提供同类产品和服务的企业、满足同一需要的企业以及与自己争夺同一顾客购买力的企业。

从与本企业相关联的角度，竞争对手可以分为直接竞争对手和间接竞争对手。直接竞争对手主要来自本行业，表现为全方位的正面竞争态势。而间接竞争对手一般呈隐性状态，不易被识别出来。要跟踪的竞争对手的数目应视企业具体情况而定，有实力的企业可以多跟踪些对手。

研究竞争对手，主要包括了解竞争对手的基本情况、总体经营战略、目标、政策、主要的优劣势、产品和服务特点、新产品开发动态、定价政策、销售和市场营销策略、生产工艺与设备、成本地位、研究与开发能力、财务状况、组织结构、企业形象等。

4. 制订本企业竞争战略

竞争战略要解决的核心问题是企业如何凭借实力进入某地、某产业和某个部门并在其中确定自己的竞争目标与方针，以指导企业在竞争中取胜。对于企业战略来讲，企业高层管理者应在特定的环境下有效地制订、实施和评价企业竞争战略和战术，以使企业能充分利用自身优势，抓住外部机会和避开外部威胁，达到企业竞争目标。由于没有任何企业拥有无限的资源，战略制订者必须确定在可选择的战略中，哪一种能够使企业获得最大收益。战略决策将使企业在相当长的时期内与特定的产品、市场、资源和技术相联系。

（二）企业竞争情报的功能

竞争情报在企业经营中主要具有以下三方面的功能。

1. 危机预警功能

危机预警功能是竞争情报最重要的功能之一。它通过对企业竞争环境和竞争态势的连续跟踪和实时分析预测，可以及时发现市场中潜在的威胁或机遇，为企业制订应对策略赢得更多的时间，从而使企业避免遭受突然袭击或坐失良机。竞争情报的危机预警功能主要包括：监视竞争环境，了解影响企业业务的政策法规的变化；跟踪新技术的发展趋势、主要客户的动向、市场需求的变化；预测现有竞争对手的行动，发现新的或潜在的竞争对手。

2. 决策支持功能

竞争情报对高层管理人员在企业并购、投资、竞争领域选择、技术开发等方面的战略决策具有积极作用，利用竞争情报能够提高企业主管决策的成功率。

3. 学习功能

竞争情报能够帮助企业不断地接触新思想、新技术和新的管理方法，避免思想僵化。在收集和分析竞争对手情报的过程中，企业也可以从中学到很多东西，如竞争对手成功的经验、失败的教训等，这些经验和教训都可以使企业少走很多弯路。竞争情报的学习功能主要体现在技术借鉴、标杆比较、帮助学习和采用最新的管理工具、激活企业员工所拥有的知识、促进新思想、新方法的交流等。

二、企业竞争情报系统

竞争情报作为一支有序的、系统化的、连续的信息流，在保证企业获取竞争优势方面起着重要的作用。因此，有效地发掘竞争情报资源，对其进行深入的分析加工，并以最快、最能满足需求的方式输出，正成为企业在市场上提高竞争力的关键因素。因此，建设一个高效、稳定的竞争情报系统，是企业获得持续竞争优势的根本保证。

（一）企业竞争情报系统的概念

竞争情报系统是一个持续演化中的正式与非正式操作流程相结合的企业管理子系统，其主要功能是为企业组织和成员评估关键发展趋势，跟踪正在出现的不连续性变化，把握行业结构的进化，以及分析现有和潜在竞争对手的能力和动向，从而协助企业保持和发展竞争优势。

企业竞争情报系统（competitive intelligence system，CIS）是对反映企业内部和外部竞争环境要素与事件的状态或变化的数据及信息进行收集、存储、处理、分析，并以适当的形式将分析结果（即情报）发布给战略管理人员的计算机应用系统，也称竞争支持系统（competitive support system）。它的根本目的是为企业高级管理人员决策提供依据，以帮助企业在激烈市场竞争中获取优势。因此，企业竞争情报系统是一种决策支持系统。

竞争情报系统绝不单是计算机系统，而是将管理知识、组织知识和技术知识三者结合起来构成的与企业竞争密切相关的一个集合体。信息技术的发展，增加了企业与外部接触的机会，也使得企业之间的网络呈现多样化的趋势。如果一个企业拥有难以模仿的技术，具有成为企业的核心竞争能力，这类企业将成为网络的中心点，从而构筑自己稳固的地位。竞争情报系统的出现就是为了帮助企业在日益激烈的市场竞争中获取竞争优势。

（二）企业竞争情报系统的作用

企业竞争情报系统最重要的作用就是它的协调作用。这种协调将使企业以更低的成本获取更多、更好的信息，使企业在市场变化中由被动向主动转化，帮助企业抓住市场机遇，增加使企业获得或维持竞争优势的途径。为了达到以上目标，竞争情报系统主要通过以下途径实现其协调作用。

1. 情报有序化

企业竞争情报系统的情报分析人员将分散在各处的表面看上去毫不相关的、偶然发生的各种竞争情报集中起来，通过对其表面与本质的关系、原因与结果的关系等进行归类、排序、分析，最后筛选出真正有用的情报内容，以满足各种不同的情报需求。

2. 非正式渠道正规化

建立企业竞争情报系统，可将各种随机的非正式的情报渠道纳入正常的轨道，从而有利于提高竞争情报系统的稳定性和准确性。

3. 企业信息化

竞争情报系统的建立，通过对信息搜集制度的正规化、信息处理的有序化，来改变企业对信息利用的状况，从而作为企业经营活动的神经中枢来发挥应有的作用，促进企业对信息资源的开发利用和经营信息化。

(三) 企业竞争情报系统的构成

企业竞争情报系统的输入来自各种渠道的信息收集，系统的输出为各类情报报告和用户查询结果，系统本身的作用则是将输入的信息过滤、整理、分类、存储及处理，然后为情报分析人员撰写各类情报报告提供所需材料，为用户提供检索、查询的友好界面接口。

合格有效的CIS应该能够系统地收集、处理、分析、提供各种竞争情报；能够监视竞争对手的活动，对来自内部和外部的初始情报进行筛选和分析处理，使之成为可供战略分析和指导企业行为的情报，并在适当时机以适当的形式提供给有特定需求的用户。因此，一个竞争情报系统主要是由竞争情报收集子系统、竞争情报处理与分析子系统、竞争情报服务子系统三部分构成，如图 6-4 所示。

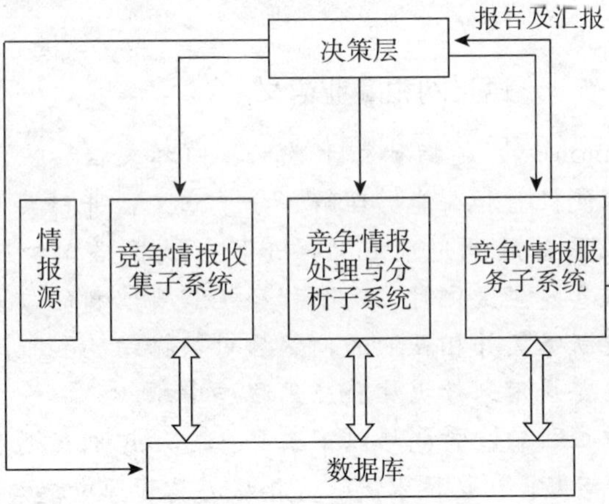

图 6-4 企业竞争情报系统整体模型

1. 竞争情报收集子系统

竞争情报收集子系统主要负责竞争情报的收集，也就是完成 CIS 的输入。竞争情报的收集是否全面、准确、及时，是决定 CIS 质量的最基本因素。竞争情报收集子系统主要针对以下四点信息实施查询、捕获功能：企业自身的信息、市场信息、竞争对手的信息、竞争环境的信息。对这些信息的连续监视应成为企业整个战略管理工作的一个组成部分。

2. 竞争情报处理与分析子系统

竞争情报处理与分析子系统是整个企业竞争情报系统的核心，其目标是整理分析信息，将其有序化、系统化、层次化。因为竞争情报收集子系统所收集到的信息，通常还要通过专职人员的归纳整理和计算机系统的重新组织，才能去伪存真、由表及里，提炼出真正有用的竞争情报。所以，竞争情报处理与分析子系统的效率决定了 CIS 的效率。完善的情报分析系统应该包含一个统计库和一个模型库。统计库包含一系列统计程序，它们可以帮助用户了解、分析各组数据彼此的相关程度和统计的可靠性。模型库包含一系列数学模型，它们有助于管理层做出更科学的决策。

3. 竞争情报服务子系统

竞争情报服务子系统主要是针对用户的提问要求，将竞争情报在适当的时机提供给适当的人员，从而使前两个子系统收集、分析的情报发挥出最大的价值。它还包括如何方便、及时地将存储在 CIS 中的情报提供给有关决策人员。竞争情报服务于用户的主要途径是通过计算机检索系统，一般在该系统内建立一个数据库检索服务分系统，通过计算机可以及时为用户调用存储的各类情报。企业可以建立智能检索系统，利用人工智能的方法和优势，建立推理机，对信息进行组织、再生和利用。竞争情报服务子系统应该根据决策人员的需要，及时提供各类综述分析报告，辅助决策。

从以上分析可以看出，竞争情报收集子系统、竞争情报分析与处理子系统、竞争情报服务子系统这三个系统是相互联系的一个有机整体，只有密切配合、相互协作，才能发挥各自的最大效能，才能为一般用户、决策人员提供准确、及时、客观、全面的情报，以便战略决策人员据此做出战略决策，创造和保持持久的竞争优势。

新理念·新技术

语义网和商业语义

语义技术（semantic technology）是指独立于数据、内容文档和应用代码，对意义进行编码的方法。这种方法可以使机器和人能够理解、分享意义，并对其进行推理。在传统信息技术的范畴里，意义和关系必须事先预定义，并且与数据格式和应用程序代码实现“硬连接”。这意味着当某些信息发生变化时，两个程序就需要以新的方式相互操作，通信各方必须对需要改变的知识重新定义并相互沟通，然后对数据结构和程序逻辑重新编码以适应知识的改变，再把这种改变应用到数据库和应用程序中。

语义技术是“以意义为中心”的，它包括以下工具：自动识别话题和概念、信息和意义提取、分类。用户给出一个问题，语义技术能够直接从海量资源中搜索话题、概念和关联关系。语义技术在现有的信息技术之上创造一个新的抽象层，在数据、内容和过程之间建立起相互连接。语义技术能够比传统信息技术提供更加智能、强大的响应式人机交互。

语义网（semantic web）的理念是由万维网的发明者、英国科学家蒂姆·伯纳斯李提出的，他也是万维网联盟（W3C）的负责人。按照 W3C 的定义，语义网提供了一个普遍性框架，使得用户能够跨越不同的应用程序、不同的企业和社区边界，实现数据的共享和再利用。W3C 的标准规定了互联网上的一系列通用数据格式和交换协议，其中最基础的标准是资源描述框架（RDF）。

商业语义（business semantics）是语义技术和语义网在商业环境中的应用。商业语义把企业信息描述为商业概念，而不是用IT的方法去描述信息。使用商业语义工具，可以在众多相互隔离的数据源之间实现共享。不同的数据源分享相同的语义，但采用不同的语法或格式来描述概念。在传统的企业信息系统中，语义隐性地存在于数据库、文本或代码中，商业语义采取更加开放的系统模型和处理方法。商业语义管理（business semantics management）是一系列技术、方法、组织和文化的组合，通过实施这种新的信息观念，能够使企业众多的利益相关者各自异构的元数据相互协调，从而使不同数据源的数据实现语义对齐（semantic alignment），在商业意义层面建立起顺畅的无缝沟通机制。

本章小结

本章首先介绍了企业信息资源管理的有关概念。包括信息资源的概念与类型、企业信息资源的含义与特点，以及企业信息资源管理的内容与作用。重点强调广义的企业信息资源是企业信息和信息的收集、加工整理、存储、处理、传递以及相关的技术设施、资金和人才。

其次，针对企业信息资源，探讨狭义的信息资源管理过程的各环节，包括信息资源采集的原则、方法，信息资源加工的原则与内容，信息资源存储的作用，信息资源传播方式的分类，信息资源利用的作用，以及信息资源反馈的特点、方式与方法。

再次，论述集成管理本质是要素的整合和竞争性的优势互补，能够成倍地提升整体的效果。企业信息资源集成战略的内容包括：信息组织集成、信息资源集成、信息系统集成。信息组织集成要求建立CIO体制下的企业信息资源管理的组织结构。信息资源集成主要包括：企业内部与外部的信息资源的集成，显性信息资源与隐性信息资源的集成，战略型、管理型和业务型信息资源的集成。企业信息系统集成是信息资源集成的支撑手段，通过对供应链管理（SCM）、企业资源计划（ERP）、客户关系管理（CRM）的集成将客户、经销商、企业生产销售部门全部整合到一起。

最后，强调竞争情报是一种重要的信息资源。针对性强的竞争情报的导向，将直接关系到企业的兴衰。本章概述了企业竞争情报的含义、基本内容和功能，建设一个高效、稳定的竞争情报系统是企业获得持续竞争优势的根本保证，进而阐明了企业竞争情报系统的概念、作用和构成。

关键概念

信息资源　企业信息资源　信息资源采集　信息资源加工
信息资源存储　信息资源传播　信息资源利用　信息资源反馈
集成管理　企业信息主管（CIO）　供应链管理（SCM）
企业资源计划(ERP)　客户关系管理（CRM）　竞争情报
企业竞争情报系统（CIS）

讨论及思考题

1. 如何理解广义的企业信息资源的含义？企业为什么要进行信息资源管理？
2. 信息资源管理过程包括哪些环节？各环节的主要作用是什么？

3. 为什么说从集成的角度对“信息孤岛”实施重组成为目前企业信息管理面临的紧迫而艰难的任务？

4. 如何建立CIO体制下的企业信息资源管理的组织结构？

5. 联系实际说明ERP、SCM、CRM共同构成了电子商务时代企业运作和管理的基础平台。

6. 什么是企业竞争情报？企业竞情报管理包括哪些内容？

第七章 企业知识管理

本章要点提示

- 企业知识管理的含义、基本职能、主要内容
- 企业知识管理的创新组织与运行机制
- 企业知识库管理
- 知识处理不同阶段的知识管理工具
- 企业知识管理系统框架及实现技术

章前案例

中海物流基于协同办公的知识管理系统

中海集团物流有限公司（以下简称中海物流）是中国海运（集团）总公司直属的专业从事综合物流的国有大型企业。公司成立于1998年3月，总部位于上海。在全国设有北方、华北、山东、华东、福建、华南、海南和中西部八大区域公司，100多个服务网点覆盖国内主要大中城市。公司依托中国海运的资源优势，以完善的信息交通网络作支撑，构建了立足沿海、辐射全国、连接全球的物流供应链，为客户提供全套物流解决方案和一体化的物流服务。

中海物流认为，新形势下企业的管理重点是从物流、资金流逐渐向信息流跨越，因此，公司决定建立起以协同办公系统为平台的企业知识管理系统：(1) 建立协作与信息共享社区，通过内部网络的BBS、Newsletter等技术手段，实现各个分部之间的信息横向沟通；(2) 根据下属企业的业务不同，建立分类的企业知识库，形成企业的知识地图，将人员、流程和业务知识紧密集成在一起；(3) 建立电子化的内部流程审批。

知识文档管理模块（e-Docs）架构在整个协同商务系统（e-cology）中，它提供了全面知识管理的框架，允许企业在任何地点和时间发布、存储和创建文档并共享信息。所有文档都可以经由Web浏览器访问，并将不同等级的文档赋予不同权限的人。更重要的是为每个员工提供一个个性化的知识信息门户，通过这个门户，员工可以找到与他职位和权限相关的知识，并且将自己积累的经验与大家共享。

通过知识文档管理模块，企业可以建立集团级网站、分（子）公司级网站、内部各部门的网站，为不同用户建立不同门户，还可以为客户、代理商、分销商和供应商建立门户。这种用户友好性和柔性的结合使其能适应任何规模和类型的企业。

与普通的文档管理不同，协同商务系统按照企业信息网状体系设计。该系统中将所有与文档相关的实体集成起来。例如，读取一份合同可以了解到所有与之相关的信息，包括合同关联的客户、项目、交易情况、相关工作流等，并且可以层层深入地追溯了解最详细的信息。知识管理系统与其他模块的协同使得所有的文档信息都不是孤立的。

中海物流的基于协同办公平台的知识管理系统很好地实现了预期目标，建立起公司统一的电子化管控体系和知识管理体系，为公司建立了一个良好的电子化、标准化、制度化办公环境，也使企业员工在虚拟的电子化运营组织中形成了协同办公的企业文化，协同办公和知识管理系统已经成为公司重要的核心竞争力。

资料来源：http：//news. chinabyte. com/249/1920749. shtml.

人类经历了工具经济时代、信息经济时代，知识管理作为一个新概念在世界范围内成为最热门的话题之一。当今，知识经济作为一种新的经济形态正在悄然兴起，引来了知识经济时代。所谓知识经济时代，是指工业化发展后期，知识成为最重要的生产资源，并形成了一个以创新为导向的知识经济体系，其本质是对知识进行创新和应用，它涵盖的范围远超过了高科技，而知识的迅速发展、大力传播和广泛应用，使其成为经济增长的主要驱动力和竞争优势的来源。知识管理创新的有效方法，使知识成为第一推动力，推动企业经济持续增长，企业将主要通过知识而不是金融资本或自然资源来获取竞争优势。企业的知识将成为与人力、资金等并列的资源，并且成为企业最重要的资源。所以说，企业的竞争在于对知识的管理，即如何利用所拥有的知识和以多快的速度获取新知识。企业竞争的优势在于对知识管理的不断创新。

本章首先概述企业知识管理的概念、基本职能和内容。在此基础上讨论企业知识管理的体系，从企业中知识的生命周期角度，探讨各阶段的知识管理的实现工具。最后介绍企业知识管理系统的框架及实现技术。

第一节　企业知识管理概述

人类已经进入 21 世纪，关于知识经济的研究和实践逐渐从宏观层次转向了微观领域，学术界开始研究知识经济的微观基础——企业知识管理等问题，企业界也在积极探索如何进行知识管理以应对知识经济时代的挑战和抓住这个大好机遇。企业知识管理是知识经济时代的一种全新的管理，它是信息化和知识化浪潮的产物，是信息管理发展的高级阶段。在研究知识管理的基本内涵时，有必要清楚知识管理的产生背景和发展过程。

一、企业知识管理的产生与发展

（一）企业信息资源管理的局限

企业的管理思想是一个动态发展、持续演进的概念。随着社会形态由信息经济向知识经济的过渡，企业的管理思想开始由重视效率和信息的无障碍流通向重视学习和知识的共享转移。这种变化导致了企业信息资源的开发与管理开始暴露出越来越多的缺陷和不足，主要表现为以下几方面。

1. 信息资源管理仅仅关注显性知识和已存在的信息

信息资源管理无法对企业中常见的却难以表示或者难以共享的隐含信息进行管理。这些信息存在于员工的大脑中，它是一种个人知识。企业员工往往基于学习的需要而十分希望获得这种经验性的知识。信息资源管理只关注已经存在的信息内容和信息载体的管理，而对获得、分析、利用、创造信息的过程本身即学习和创新意识视而不见。然而真正促进企业发展和进步的核心竞争力正是这种存在于员工大脑或者组织结构中的隐性知识。信息资源管理无法给予足够重视。

2. 信息资源管理只关注信息如何被高质量地提供给用户

信息资源管理仅强调在适当的时候、以适当的方式、向适当的员工提供适当的信息，而对用户获取信息的根本原因（即寻找解决某一问题的最佳策略）重视不足。无法将信息和个人知识结构最准确地进行匹配，信息资源管理在达到一定程度后就无法继续提升价值，企业需要新的增长点。

3. 对信息资源管理研究不深入

信息资源管理缺乏对信息分布、信息流动规律、信息需求规律、信息与企业文化的关系的研究。由于信息存在时效性，信息资源管理无法从过去的信息中认识、提取和储存有价值的知识。信息更没有被当作企业的资产，无法进入企业资产管理，大大限制了其对企业资本升值的贡献作用。

4. 信息资源管理主要是一种自动化的思想

人们利用管理系统提高了信息的处理效率，然而对公司员工自身素质的重视不足，没有认识到人和人的智力因素才是企业保持久生命力的核心因素。

企业间竞争的加剧和企业内部学习意识的增强使得人们越来越无法忍受信息管理的这些缺陷和不足，人们急于寻找一种更为高级的信息资源管理的理论和方法，将流动性大、作用时效短的信息向较为固定的、作用时效长、价值更大的知识转移，提高企业的创新能力，使企业的核心竞争力不会因为社会变革和人员流动而丧失。克服信息资源管理不足的方法就是实施知识管理。知识管理不是任何传统意义上的对人的管理，也不仅仅是对信息和显性知识的管理，知识管理更倾向于知识共享、组织学习、智力资本管理和创新意识培养。

（二）知识管理是知识经济时代的必然要求

知识管理的出现既是社会经济和技术发展的产物，又受到企业和机构内在需求的驱动。人类进入21世纪，知识经济迫切要求进行知识管理，概括起来主要反映在下面六个方面①。

1. 知识密集型企业在经济结构中的比例增大

在发展经济的过程中，通常将知识密集程度高、高附加值、保护环境的行业作为发展重点。知识密集型企业之所以能够创造巨大价值，关键在于知识作为生产力要素已经越来越多地融入产品和生产过程之中。而在知识的开发过程中，初始成本高（研发费用），制造和复制成本非常低（如复制光盘），随着销售规模的扩大，边际效益会逐渐递增。因此，对于知识密集型企业来说，人才以及人才所拥有的知识和技能是企业最重要的资源，企业的知识创新能力是持续发展的关键。因此，如何用好、培育好、管理好这些资源，如何更

① 李华伟，董小英，左美云．知识管理的理论与实践．北京：华艺出版社，2002：3－8．

好地积累、开发和使用企业的知识资本，成为现代企业管理面临的重要课题。

2. 企业竞争环境的变化

随着经济全球化步伐的加快和网络技术的迅速普及，企业所处的竞争环境也发生了变化。主要体现在四个方面：一是竞争平台的改变。以网络为平台的电子商务运作模式正在以低成本、高效率和大范围营销的优势逐渐代替实物经济运作模式。二是竞争速度的改变。企业借助网络这个平台，对客户的需求变化和市场动向做出快速反应。三是竞争能力的变化。企业面对市场和技术环境的快速变化，越来越重视培养自身的核心能力、信息能力和应对能力。四是竞争资源的改变。企业把投资的重点从物质资本逐渐转向知识资本。由此可见，企业的竞争已经从控制市场和原材料转向掌握新思想、新知识和创新成果。知识管理成为企业战略资源管理的重要组成部分。

3. 知识资本的增值成为新的经济增长点

以自然资源为基础的经济优势是随着资源开发而逐渐递减的，而以知识资本为生产力要素的企业不断产生新的知识和技术，这些知识和技术对以后的发展会形成累积后续效应，因此，经济的发展呈现优势递增的趋势。

4. 知识运营是产品和资本运营成功的基础

技术和市场的快速变化使得任何企业都很难凭借产品和资本这两个要素获得持久的竞争优势，因为一旦技术优势转变为有形的产品，马上就会有大批的模仿者蜂拥而至。因此，对于一个企业来说，真正决定其可持续发展能力的是它的知识创新能力，而不是死死守住原有商业秘密的能力。

5. 企业知识增值需要有效的知识管理机制

随着产品中的知识含量越来越高，知识资源逐渐从辅助性要素独立成为核心要素，并成为创造产品价值的主要动力。因此，如何开发挖掘和利用企业的知识资本，让企业所有员工以便捷的方式共享这些资源并用来解决实际问题，就要求企业建立相应的知识管理机制进行有效的知识管理。

6. 信息基础设施为知识管理提供了良好的平台

计算机网络为知识的获取、组织和共享创造了一个全新的平台。这种技术环境变化也给企业的组织结构和文化带来了深刻和久远的影响，新的技术环境打破了企业原有组织结构中的僵硬、刻板、逐级式的信息传递方式，形成一种柔性的、变化的组织结构和扁平化的信息传递通道。因此，知识管理强调的是网络平台与人和知识资源的有机结合，网络是纽带，它将人和他们所拥有的知识组织整合起来才能真正给机构的管理带来实效。

（三）知识管理的发展过程

20世纪70年代，一些著名的管理大师对知识管理的产生发挥了重要的促进作用。他们当中有人们熟知的美国著名管理学大师彼得·德鲁克（Peter Drucker）、保罗·斯特阿斯曼（Paul Strassmann）和彼得·圣吉（Peter Senge）。德鲁克和斯特阿斯曼强调了信息和隐含知识作为企业资源的不断增长的重要性；圣吉则将重点放在“学习型组织”，即管理知识的文化因素方面。艾沃瑞特·荣格（Everett Rogers）在斯坦福大学关于创新扩散的研究、托马斯·艾伦在麻省理工学院关于信息和技术转移的研究也为我们理解组织内知识如何产生、利用和扩散做出了贡献。

到了20世纪80年代，人工智能和专家系统技术的发展对知识管理的发展产生了较大作用，大大扩展了知识管理研究的深度和广度。经过知识管理学者不断的努力，人们认识到组织知识资产的重要性。1989年，知识管理（knowledge management）的概念正式提出。同时有关知识管理的论文也开始在《斯隆管理评论》《组织科学》《哈佛商业评论》以及其他刊物上出现，关于组织学习和知识管理的专著也开始出版，如圣吉的《第五项修炼》。

从1990年开始，一些管理咨询公司开始在内部推行知识管理。美国、欧洲和日本几家著名的企业也开始实施知识管理实践。1991年，汤姆·斯特瓦特（Tom Stewart）在《财富》上发表题为《脑力》的文章后，有关知识管理的书籍进入了畅销书行列。

20世纪90年代中期，互联网的普及促使知识管理理论突飞猛进。1994年国际知识管理网络（IKMN）建立网站，随后美国的知识管理论坛和其他一些组织开始加入这个网络。企业以及组织为取得竞争优势，开始重视管理和开发隐性与显性知识资源，有关知识管理的会议和研究会的数量也在不断增长。1994年IKMN发表了对欧洲企业知识管理活动的调查报告。1995年欧盟通过ESPRIT计划，首次资助知识管理类的研究项目。

知识管理的概念和理论是在1998年年初随着知识经济的概念进入中国的，近年来也取得了一定的发展。但是目前国内知识管理的实践与国外相比还存在着相当大的差距。

二、企业知识管理的概念

关于什么是企业知识管理，目前还没有一个统一的定义。许多中外学者从不同的角度出发，对知识管理做出了不同的解释，其中较有代表性的有：

（1）知识管理是当企业面对日益增长着的非连续性的环境变化时，针对组织的适应性、组织的生存即组织的能力等重要方面的一种迎合性的措施。本质上，它蕴涵了组织的发展进程，并寻求将信息技术所提供的对数据和信息的处理能力以及人的发明和创造能力这两者进行有机的结合。

（2）知识管理是运用集体的智慧提高应变和创新能力。

（3）知识管理是对知识进行管理和运用知识进行管理的学问。

（4）知识管理是关于有效利用公司的知识资本创造商业机会和技术创新的过程。

从这些知识管理的定义来看，虽然角度不同，但有一个共同点，那就是强调以知识为核心和充分发挥知识的作用。

从企业经营的角度出发，根据已有的定义，结合企业进行知识管理的具体做法，这里也给出一个知识管理的定义：知识管理是指通过对企业知识资源的开发和有效利用以提高企业创新能力，从而提高企业创造价值的能力的管理活动。

知识管理的终极目的与其他管理的最终目的一样，是提高企业创造价值的能力。但知识管理的直接目的是要提高企业的创新能力，这也是知识管理在新的经济时期之所以必然出现并且广泛兴起的直接驱动力。在由工业经济向知识经济转变的过程中，在知识经济时代，企业创新是企业在市场上赢得竞争优势和提高竞争力水平的基本途径，而知识资源在企业生产率提高和财富增长中的日益不可替代的作用是企业创新的主要源泉。

知识管理的主要任务是要对企业的知识资源进行全面和充分的开发及有效利用，这也是知识管理区别于其他管理的一个主要方面。以往的管理无论其对象是人还是物，都没有将企业创新的根本力量——知识看作企业的一个相对独立的资源体系而加以全面和综合的管理。

知识管理是使知识更好地在经济生活中发挥作用和创造价值。它有以下四个基本特点：

（1）知识管理的基础活动是对知识的识别、获取、开发、分配、使用等。

（2）知识管理把存在于企业中的人力资源的不同方面和信息技术、市场分析乃至企业的经营战略等协调统一起来，创造出整体大于局部之和的效果，实现全局最优。

（3）知识管理在本质上寻求将信息技术所提供的数据处理能力和人的发明创新能力这两者进行有机的结合，为企业组织的发展提供向导。

（4）知识管理所产生的根本原因是科技进步在社会经济中作用的日益增大。

总之，知识管理就是对一个企业集体的知识与技能的捕获，并将其分布到能够帮助企业实现最大产出的任何地方的过程。知识管理就是力图将最恰当的知识在最恰当的时间传递给最恰当的人，以便他们能够做出最好的决策。因此，开展和加强知识管理，有利于企业有效地开发其知识资源，使知识资源在深度和广度上达到源源不断的扩展；有利于企业有效地利用其知识资源促进和强化企业的创新能力以适应经济环境的变化；有利于企业促使其知识资源与其他资源更好地结合，从而提高企业创造价值的能力。

三、企业知识管理的基本职能

企业知识管理具有外化、内化、中介和认知四个基本职能。

（一）外化

外化也就是显性化，即将存在于企业员工头脑中和企业组织结构中的隐性知识转化为企业知识库中可以共享的显性知识。外化首先包括一个强大的搜索、过滤与集成工具，从组织的外部知识与内部知识中捕获对企业现在和未来发展有用的各种知识。其次是外部储藏库，它把搜索工具搜索到的知识根据分类框架或标准来组织它们并存储起来。再次是一个文件管理系统，它对存储的知识进行分类，并能识别出各信息源之间的相似之处。基于此，可用聚类的方法找出企业知识库中各知识结构间隐含的关系或联系。最终，外化的作用是通过内化或中介使知识寻求者能够得到所捕获搜集到的知识。

（二）内化

外化是从组织外部广阔的知识海洋中捕获对本企业有用的知识、发现组织内部存在的各种知识，特别是隐性知识，并进行集成以利于传播；内化则是设法发现与特定消费者的需求相关的知识结构。在内化过程中，通过过滤来发现企业知识库中与知识寻求者相关的知识，并把这些知识呈现给知识需求者。内化能帮助研究者就某一问题或感兴趣的观点进行沟通。在内化的高端应用软件中，提取的知识可以以最适合的方式来进行重新布局或呈现。文本可以被简化为关键数据元素，并以一系列图表或原始来源的摘要方式呈现出来，以此来节约知识使用者的时间，提高使用知识的效率。例如某计算机软件公司的研发者可以针对他们项目中遇到的问题，从企业的知识库中查询与此相关的先前的研究，从大量的记录和报告中发掘所需要的知识。

（三）中介

内化过程强调明确、固定的知识的传送，而中介针对的则是那些无法编码存储于企业知识库中的知识，它将知识寻求者和最佳知识源相匹配。通过追溯个体的经历和兴趣，中介能把需要研究某一课题的人和在这一领域中有经验的人联系起来。例如某企业的新产品开发人员，对某一产品的零件所使用的材料产生疑问，但在企业的信息库中却找不到相关的资料，中介技术则可为研究人员提供企业外的甚至是另一国家与此相关的研究人员信息，这两个研究人员可进而就产品材料问题分享彼此的知识与经验。

(四) 认知

认知是经由前三个功能交换得出的知识的运用，是知识管理的终极目标。知识管理的最终目的在于应用知识，改善个人的决策水平、技术技能、管理技巧等。现有技术很少能实现认知过程的自动化，通常都是采用专家系统或使用人工智能技术，并据此做出决策。在全自动的认知系统出现的同时，在工作流中实现合并认知的技术也有了同步的发展。认知过程是工作流系统被赋予一种利用已有知识的能力，以使工作流引擎能够依据近似的情形自动做出决策。

知识库

知识管理螺旋模型

Nonaka 和 Takeuchi 于 1991 年提出的知识管理螺旋模型是现代知识管理理论研究中的经典模型，该模型首次提出了隐性知识与显性知识的概念，并提出组织内的知识管理过程是基于二者之间不断相互转化所形成的螺旋上升过程，这个螺旋过程包括知识创造的四种基本模式：

• 社会化（socialization）：员工个体通过交流获得隐性知识——从隐性到隐性；

• 外化（externalization）：员工个体将隐性知识外化为可以分享的显性知识——从隐性到显性；

• 结合（combination）：企业将分散的知识整理、组织成完整的新知识——从显性到显性；

• 内化（internalization）：员工个体将显性知识内化为自己的隐性知识并加以应用——从显性到隐性。

在这样一个循环往复的过程中，一切知识的生产、使用、分享、创新等活动，都是在组织的具体业务过程的背景下展开的。知识管理应用对企业的积极影响和意义，也是在这个循环中得以体现的。

四、企业知识管理的主要内容

根据知识管理的目的和任务，企业知识管理活动应围绕下面的主要内容展开。①

(一) 进行知识交流与共享责任的宣传

知识只有在交流中才能得到发展，只有在流动和共享的基础上才能产生新的知识。对一个企业来说，创新是企业在当今激烈的市场竞争中取得竞争优势从而使财富增长的基本途径。而创新本身，无论是技术创新还是管理创新，都是一种新知识的创造，也是企业知识资源的一种积累。因此，在企业内部各个部门以及各个员工之间、在企业的内部与外部之间，如果没有知识的交流与共享，要实现创新是不可能的。所以知识管理首先要在企业

① 高洪深，丁娟娟．企业知识管理．北京：清华大学出版社，2003：43－44．

内进行知识交流与共享责任的宣传，培养员工树立起知识交流与共享的意识，使大家逐渐自觉地、主动地参与到知识的交流与共享之中。

（二）建立知识网络和创造适宜的环境以促进知识的交流与共享

知识的交流与共享是企业创新的基础，因此，在知识管理中，通过各种方式来促进知识的交流与共享是其重要的工作内容。促进知识交流与共享的方式有两个基本方面：一是要尽可能地运用现代化的技术手段，尤其是信息高科技手段建立起各种形式的企业知识网络，为知识的交流与共享创造基本的条件。如美国的安达信公司把它分散在世界各地的2万名咨询师通过一个“知识交易中心”网络连接起来，全天24小时开放，2 000个数据库由2万名咨询师不断地提供最新知识。知识的交流与共享使安达信在世界各地的服务都享有很高的声誉。二是要尽可能地通过各种方式创造一种鼓励知识交流与共享的环境，使大家在这种适宜的环境中，通过知识的交流与共享，把信息与信息、信息与存在于人脑中的难以编码的知识联系起来，从而保证企业创新活动的不断进行。

（三）驱动以创新为目的的知识生产

随着技术发展的日新月异、市场一体化趋势的增强，企业面对的市场竞争也日趋激烈。在激烈的竞争中，企业拥有比别人领先一步的产品、技术或管理就成为制胜的关键。领先一步的创新从哪里来？可以说主要来源于企业的以创新为目的的知识生产。无论是哪一种类型的知识，只要先人一步掌握，就可能给企业创新带来极大的便利与可能。因此，创造适宜的条件与环境，充分开发和有效利用企业的知识资源，进行以创新为目的的知识生产，是知识管理的一项重要内容。

（四）积累和扩大企业的知识资源

企业的知识资源是创新的源泉，因此，要使创新不断进行，知识管理还必须致力于企业知识资源的不断积累和扩大，知识资源积累和扩大的基础是其中活化知识资源即智力资源的积累和扩大。而智力资源的积累和扩大主要依赖于企业员工关于知识的自主学习、交流与共享，企业有组织、有计划的培训活动，以及外部优秀智力资源的加盟。企业智力资源的积累和扩大将大大改善和提高企业固化知识资源，即无形资产和有关信息的质量，从而使企业的创新基础——企业的整个知识资源得以积累和扩大。因此，知识资源的积累和扩大的关键是其中智力资源的积累和扩大。

（五）将企业知识资源融入产品或服务及其生产和管理过程

知识管理的直接目的是企业创新，而企业创新是使企业的知识资源转化为新产品、新工艺、新组织管理方式等的过程，因此，创新离不开知识资源与企业产品或服务及其生产和管理过程的结合。所以，知识管理的一个重要内容就是明确企业在一定时期内所需要的知识以及开发的方式与途径，贯彻相应的知识开发和利用战略，从而保证企业知识的生产及知识资源的积累和扩大与企业产品或服务及其生产和管理过程紧密联系在一起。

知识管理是近年来伴随着世界经济发展由工业经济向知识经济快速演进而兴起的一种新的管理活动。在当今激烈的竞争环境中，知识资源为企业创造着巨大的市场机会和财富，成为企业获取竞争优势从而克敌制胜的源泉。许多企业鉴于知识资源在经济活动中日益突出的主导作用而开始重视和尝试知识管理，知识管理正在成为当前世界性的管理理论与实践的热门探索领域。

第二节　企业知识管理体系

企业实施知识管理，就是要营造一种使企业员工自愿地交流与共享知识，开发与利用企业的知识资源进行创新的环境。在知识管理中，这种环境的营造包括硬环境的营造和软环境的营造两个方面。硬环境的营造，包括建立知识型企业组织结构，建立鼓励员工参与知识交流与共享的机制和鼓励员工创新的各项企业制度，建立企业知识库，完善企业的知识网络。硬环境的营造提供了知识管理的基础。软环境的营造，是要创造出一种鼓励学习、鼓励知识交流与共享、崇尚创新的企业文化氛围。在这种开放和信任的文化氛围中，每一位员工的价值得到肯定，创造性得到承认，创新的想法或建议得到充分的尊重和交流，员工便会自觉主动地为企业的发展尽心尽力，从而使企业整体的智慧得以增强，使面向市场的创新能力得到提高。由此可见，企业实施知识管理，努力营造软硬环境，就是为建立一个全局化、规范化的企业知识管理体系，以促使企业的知识资源得到更加充分和有效的开发利用，实现企业创新，从而提高企业创造价值的能力。

一、企业知识管理的创新组织

知识经济时代，成功的组织能把知识管理变成组织中每个人工作的一部分，这就需要为获取、转移和使用知识等工作设计一套职位和技能，而在这些职位上的员工应该承担特定的职责，以便分别完成这些过程的环节。同时，成功的组织是一种学习型组织，这种组织能够使各阶层成员全心投入，并持续不断学习。

（一）企业知识管理的组织结构

和企业信息资源管理一样，企业知识管理也需要设置一定的部门，明确岗位职责，并赋予合适的人员一定的管理权利，承担一定的职责。总体来说，这些职位和人员可以分为三个层次：高层组织、基层组织和业务人员①。企业知识管理组织体系如图 7－1 所示。

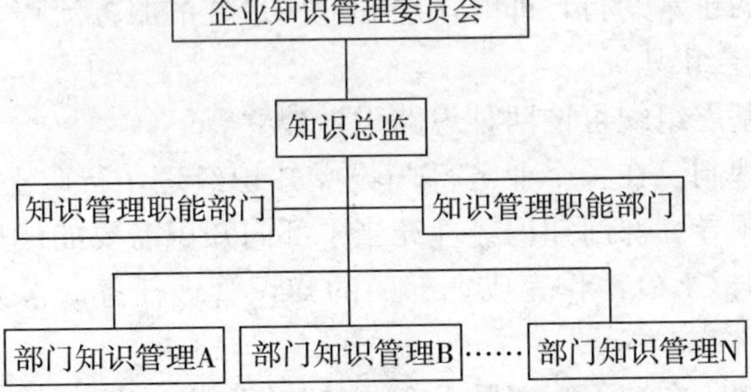

图 7－1　企业知识管理组织体系

1. 知识管理的高层组织

知识管理的高层组织是指在企业最高领导层全面负责和推进企业知识管理变革活动的

① 马费成．信息资源开发与管理．北京：电子工业出版社，2004：380－383.

领导机构，通常的做法是建立一个专门的委员会、成立相应的项目小组或者智能机构、任命具体负责知识管理实施的高级领导人，即知识总监（CKO）。CKO的设立及其职责范围和权利大小代表了一个企业对知识管理了解和应用的程度。CKO是一个与信息主管及其他部门和经营单位的领导者们处于同一层次的高级管理职位，其级别相当于企业的副总裁。CKO的角色是复杂和多方面的。总的来说，主要负责并协调全企业的知识管理项目和教育培训项目，负责制订知识策略、要求和政策，负责构建企业的知识管理基础构架，建立知识库和知识模型，管理组织中的知识管理人员。同时，还负责企业的专利组合，为企业的有关研究提供服务，并处理好与外部的信息和知识提供者的关系。

一般来说，CKO领导的知识管理部门的设立要根据企业的规模和性质进行。大型企业和对知识需求强烈的企业（如大型咨询公司、行业领袖企业、跨国企业集团、大型软件企业以及有实力的知识型企业）可以设立健全的知识管理部门，以便于开展知识管理。事实上，这些部门有时也是根据项目需要设立的，也就是说岗位是不固定的。例如，在知识管理概念和知识管理系统导入企业初期，企业一般实行项目管理的方法，成立由CKO领导的项目小组。随着知识管理项目阶段性的延续，一些组织可能消失，而另一些组织又会产生。一般来说，只有在知识管理项目完成以后，知识管理部门的岗位设置和人员设置才能最终固定下来。以下是一个企业从知识管理导入到知识管理成熟所进行的所有工作：

（1）规划研究与管理支持。负责制订企业整体的知识管理战略规划；监测知识管理的运营状况，不断研究和追寻最佳的管理理论和方法；协调企业内知识管理涉及的各个部门间和个人间的关系，以及全面的行政性支持。

（2）相关技术管理。从技术角度规划知识管理方案。负责知识管理系统规划、选型、设计、启动、维护、更新与升级，以及员工的应用培训等。

（3）知识库管理。负责企业内部显性知识的调查、统计、搜集、整理和编目；负责知识库的设计、建设和内容录入或者导入；负责隐性知识的识别、确认、记录、结构化和录入；负责外部网络知识的发掘、获取、过滤、组织和入库。在此基础上绘制专家网络和知识地图。

（4）知识资产管理和知识服务管理。负责企业知识资产的统计、评估、维护；负责企业内部知识服务网络的正常运行，即时调整和应用最佳的服务流程，提高服务质量。

2. 知识管理的基层组织

企业知识管理的基层组织可按两种思路设计建立。

（1）部门知识经理制。在各个业务部门设立知识经理，行政上受本部门经理的领导，业务上受首席知识官领导。部门知识经理充当了部门知识需要的代理人，负责本业务部门的知识需要的满足，与CKO协作完成本部门的知识管理任务。常见的有客户知识经理和研究与开发知识经理。

（2）多功能领导制。在知识管理导入企业的初期，为克服传统组织形式的惯性，一般在各个业务部门寻找业务专家担任该部门的知识经理；或者将知识管理部门的人员派驻到各个业务部门，与该部门的经理一起充当知识经理的角色。

3. 知识管理业务人员

企业的知识管理业务人员一般分布在企业的知识管理部门和各个业务单位中。他们可能是专职的知识库、知识平台、网络社区的管理人，也可能是兼职的负责知识内容评估、过滤、分发的业务专家。总体来说，这些人可以统一称为“知识管理工程师”。

总之，知识管理客观上要求企业必须打破原有传统的金字塔式企业组织结构，建立起柔性、灵活的知识型企业组织结构，如图 7－2 所示。在这样的组织结构中，员工间知识的交流与共享得到鼓励并有切实的条件保证。

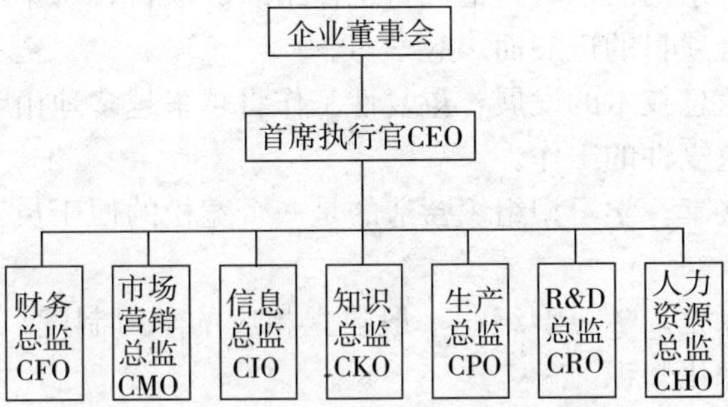

图 7－2　企业知识管理外部组织示意图

（二）学习型组织

以信息和知识为基础的学习型组织是从企业文化角度来探讨和定义的。这种组织实行目标管理，成员能够自我学习、自我发展和自我控制，要求组织中每个人和每个部门都能为他们的目标、任务和联系沟通承担起责任。

知识库

学习型组织

学习型组织的概念，最初是由麻省理工学院斯隆管理学院的彼得·圣吉于 20 世纪 90 年代初提出的。其基本定义是，使成员通过不断学习实现组织变革的企业。这一概念是为了帮助现代企业应对快速变化的商业环境、获得并保持持续的竞争能力而提出的。按照彼得·圣吉在其经典著作《第五项修炼》中所做的描述，学习型组织应该具有五项基本特征：

• 系统思考：通过企业信息系统评估和衡量企业的总体绩效以及各项具体指标；

• 自我超越：企业创造条件赋予员工更强的学习能力；

• 心智模型：组织和个人所持有的积极、开放、信任、合作、共享的信念、价值观；

• 共享视野：通过建立起企业成员共同的视野，赋予员工对企业认同和学习的动力；

• 团队学习：把员工的个体学习纳入团队学习和组织学习的整体框架，实现学习的协同效应。

在学习型组织中，学习、知识共享、提高员工的素质将是组织的一项重要职能和目标，组织会开展经常性的培训以及团队学习活动。在学习型组织中，学习已经内化为组织的日常行为，主动学习、自觉学习将代替被动学习、制度性学习。这样的组织在实现组织规模扩大的同时，也实现了内在素质的提高。总之，向学习型组织发展，可以从根本上改变一个组织的状况和处境。

学习型组织有以下特点：

（1）团队工作。学习型组织更能发挥人们寻求合作的能力。目前可行的管理创新都在一定程度上依赖于团队的力量。

（2）项目工作。传统组织适应于职能性工作，学习型组织更适应于项目工作。当员工从静态工作转向解决一系列问题时，他们将工作组织成项目，每个项目都需要一个跨部门的小组，这些小组随着项目的进展而一起学习。

（3）创新。随着信息技术的发展，重复性工作将越来越多地由计算机完成。学习型组织注重创新，而不是重复性的工作。

（4）知识交流与共享。学习型组织营造的是一个宽松的便于员工交流、沟通和知识共享的环境。

（5）知识更新与深化。学习型组织一般建立相应的学习制度，定期组织教育和培训，目的在于更新知识和深化知识。

（6）加快知识商品化。学习型组织有利于将一些知识和经验互补的员工集中起来，共同进行研究开发，加快知识的商品化过程。

（7）增强适应能力。由于不断地吸收新信息和新知识，学习型组织能站在时代的前沿，把握住企业所处的大环境，随时调整自己的发展方向和市场适应能力。

随着知识经济时代的到来，学习型组织已成为企业做好知识管理工作和提高竞争能力的必要条件。但知识管理不能脱离组织结构、管理模式、组织文化而孤立存在。有效地创建成功的学习型组织一般经过以下步骤：

首先，企业要想将自身改造为学习型组织，必须从建立适合于学习的组织结构入手。学习型组织是以信息和知识为基础的组织，其管理层次比传统结构要少得多。强调组织结构的"扁平化"，尽量减少企业内部管理层次，可以使组织更适于学习和建立开创性思考方式。除此之外，项目管理、团队工作、界面管理以及并行工程等都有利于组织开展系统性的学习。

其次，在具备了一定的组织结构基础后，企业还要着重塑造组织的学习文化，培养组织的学习习惯和学习气氛。要开展经常性的学习，以提高企业整体的学习积极性。

最后，企业要更好地提高自己的学习能力，并注意积极地向外界学习，组建知识联盟。知识联盟有助于组织之间的学习和知识共享，使组织能够开展系统思考。知识联盟将比产品联盟更紧密和具有更大的战略潜能，它可以帮助组织扩展和改善自己的基本能力，从战略上创造新的核心能力。

二、企业知识管理的运行机制

在知识经济时代，企业员工成为"知识工作者"，他们利用自己的知识和创新能力，提供产品和服务的附加价值。只有通过对知识型员工的管理、培训和开发才能实现和创造企业的知识优势。因此，企业实施知识管理必须建立一个良好的知识管理机制，使员工乐于创新知识、共享知识和应用知识，从而实现知识的效益，并最终提高企业的竞争力。

知识管理的运行机制主要指促进知识创新、共享与应用的机制。包括：微弱市场信号收集机制、创新失败宽容机制、企业知识分类与标准化制度、企业文档积累与更新制度、知识型项目管理机制、企业外部知识内化机制、知识宽松交流机制等①，下面分别予以阐述。

(一) 微弱市场信号收集机制

大多数企业对于微弱市场信号还没有建立起有效的收集机制。现在企业的竞争相当激烈，明显的竞争优势越来越少，更多的是一些细微的领域优势。比如，现代企业都强调售后服务，并使出了不少招数，然而有些顾客还是不满意。举例来说，消费者在买了空调之后，厂家一般会派人安装，安装完毕后，消费者会问安装工："空调是怎么用的？"然而安装工通常的解释是"我们只负责安装，如何使用请看使用说明"。实际上，这是一些微弱的市场需求信号，但往往被安装工抹杀了。多数顾客不但需要安装和维修服务，更需要如何使用和保养的知识服务。顾客提出需求后，如果有一套好的机制，那么很快会反馈到企业经营层和决策层，从而使售后服务的内容向知识服务延伸，使企业的竞争力得到提高。对于消费者的不满，比如退货、理赔等，一般商家和厂家都会采取息事宁人、家丑不可外扬的态度，而分销商则大多采取报喜不报忧的态度，正因如此，一些代表未来需求和发展方向的微弱市场信号就会消失。这对一个企业是很不利的。因为，挑剔的消费者提出的问题正是企业下一步攻关的方向，代表了未来的市场需求，是知识创新、技术创新和市场创新的起点。所以，企业应该建立起微弱市场信号收集机制，鼓励员工将市场上消费者的不满收集起来，及时反馈给经营决策部门和研发部门。

(二) 创新失败宽容机制

创新是有风险的，不可能每一次创新都能成功。创新成功了有奖励甚至是重奖，那么失败了呢？是不闻不问、不予理睬，还是予以相应处分？应该讲，大多数企业对于创新失败并没有一个比较好的处理机制。然而，要将创新作为企业竞争力来源的一个重要因素，就必须建立起鼓励创新的激励机制，要建立创新的激励机制，除了有创新成功奖励机制外，还应该建立起创新失败宽容机制。为什么要建立创新失败宽容机制？这是因为人们对于风险的好恶不同，可以分为风险喜好型、风险中和型和风险厌恶型三种。风险喜好型自然会对创新比较热衷；而风险厌恶型则会回避创新，回避创新的主要原因是害怕失败。为了让所有的员工都能创新，就必须建立创新失败宽容机制。

建立创新失败宽容机制应该对各个岗位和职位予以定级，根据不同的级别定出可以失败的次数、项目数、时间和经费规模，在上述范围内允许失败，超出范围的失败是不受支持的或者是要受到惩罚的。这样，由于在一定范围内的失败可以被宽容，企业员工创新的积极性就会高涨，创新意识就会增强，显然，创新成果也会随之增多。除了限定宽容的范围之外，创新失败宽容机制还要求失败者将失败的原因进行分析，整理成相应材料，供其他人参考。这样，就将主观上不愿意看到的失败在客观上规范起来，纳入有效管理的范畴，同时找寻失败原因，可为后续的成功奠定基础。

(三) 企业知识分类与标准化制度

为了使企业的知识得到更好的共享和应用，企业应该建立知识分类制度与知识标准化制度。企业知识可根据岗位、专业分类，也可按照局部知识和全局知识、例常知识和例外

① 左美云．企业信息管理．北京：中国物价出版社，2003：215－219.

知识进行分类。

局部知识指的是在企业的一个班组、一个部门应共享的知识，而全局知识则是指企业所有部门都应该共享的知识。企业应该成为学习型组织，员工应该成为一个终生学习的个体，然而，由于受时间、经费等资源的限制，又必须强调“适时学习”的概念。这样，对于局部知识和全局知识就可以根据不同的层次进行培训、共享。

例常知识指的是经过实践的检验已经很成熟的知识，可以编码，进行标准化处理，建成知识库，以利于计算机处理。例外知识则是指主要依靠人的参与，特别是行家里手根据实际情况灵活处理的知识。这部分知识个性化较强，需要进一步完善、成熟并接受实践的检验，从而逐渐转变为例常知识。例如很多企业推出的电话服务项目后台——呼叫中心，就是例常知识与例外知识的结合。消费者可以通过电话的按键从例常知识的知识库里找寻自己的答案，而找不到的例外知识则转到相应的技术人员处解决。

将例常知识标准化，既有利于计算机处理和员工共享，也有利于企业对外发布一致的信息。知识分类与知识标准化还有助于知识地图的构建。知识地图是企业知识的分布图。知识地图要有层次感，要能快速检索和查询，就必须进行知识分类以及将知识标准化。

（四）企业文档积累与更新制度

几乎每个企业都在进行企业文档的积累与更新，然而大多数企业都没有将其制度化、规范化。只有部分企业编写年鉴或年度汇总材料，一般都比较厚，有的还一年比一年厚，这都是由于没有将企业的文档积累与更新形成制度的原因。

建立文档积累制度，就必须有具体的知识管理人员将企业的技术诀窍、最佳实践、经营战略和优秀的营销方法与技术整理成材料，予以分类存档，以便供企业员工共享。这一点在分支机构比较多的企业尤为重要，因为一个部门的成功经验和最佳实践整理成规范的文档后，通过有效的知识分发机制可以快速为其他机构所共享，从而避免由于知识共享不够、信息交流不畅引起的不同分支机构重复开发某项技术、重复摸索某种营销方法造成的资源浪费。

建立文档定期更新制度，要求知识管理人员在规定的时间必须重新审视已经存档的文件之中是否有过时的内容、失效的内容、繁杂的内容或互相冲突的内容，这样就能确保存档文件的有效性、精练性和一致性。

（五）知识型项目管理机制

知识型项目与传统项目不一样，它更主要地依赖于人的智慧和创新能力，而不是主要依赖于规定的时间和场地。所以，对于知识型项目，强调人本管理和目标管理，而不是过程管理。强调目标管理，就是要求在规定的成本和时间内完成既定的目标，而不必要求在整个过程内严格遵守企业的规章制度，比如打卡、坐班等。

对知识型项目的参与人员还要强调柔性管理和弹性管理，因为项目的目标有可能随着企业竞争环境的改变而做一些相应调整。比如，别的企业已经实现了该项目的原定目标，那么，项目组就应该能充分学习别的企业的经验或技术，并且将目标调整到高于原定目标的位置上。所以，知识型项目的管理强调人本管理、目标管理、弹性管理和柔性管理。

知识型项目的激励机制不但要考虑即期激励，还要考虑远期激励，并且根据项目风险的增加而增大远期激励的比重。这是因为，有些项目的收益目前不一定能显现出来，这时企业往往会低估项目的价值，而项目参与人员一般会高估项目的价值，如果采用远期激励，比如股票期权和远期分红等手段，充分考虑委托人与代理人利益的相容性，则项目实施就会顺利得多。

（六）企业外部知识内化机制

企业的规模再大、实力再强，也不可能将与企业相关的所有专家和学者都召集到旗下，即使企业出得起报酬，也不是所有的学者和专家都愿意为某个企业终生效力，这就对企业提出了一个问题：企业如何将这些外部专家和学者的知识转化为企业内部的知识？为了使外部知识内部化，企业就应该建立起相应的外部知识内化机制。

现在许多企业都感知到决策失误带来的危害，普遍认识到科学决策非常重要。并且，从经济学上讲，将所有的人才集中于企业肯定是不经济的，因而请“外脑”的企业越来越多。不过，大多数企业还没有将其制度化和规范化，一般都是请专家来会诊、咨询、评审或鉴定，具有临时性和偶然性。要建立外部知识内化机制，就是要制订长期、中期乃至短期规划，按照计划定期请专家来讲解、培训最新的业务技术、管理技术和经营思想，并且将外部专家所传授的知识整理成规范的文档，定期更新，成为企业内部可共享的知识。这样，企业获得外部知识就会既有规划，又能以一次投入，获得永久受益、全员受益。

（七）知识宽松交流机制

知识管理运行机制的很重要一点就是要建立知识宽松交流机制和环境。相比环境而言，机制的建立对于企业来讲更为迫切。比如圆桌会议机制、午餐会议机制、周末企业发展沙龙机制等都是可以具体操作的制度。通过这些制度既有利于上下级的沟通、自由交流，又有利于员工们献计献策。像这样的情况，只要制度化，并指定相应的知识管理人员做记录，加以整理，同时给定一个宽松的环境，都会取得较好的效果。

知识宽松交流机制还可以和企业的信息化相联系，比如建立企业内部网、开放 BBS 论坛等。由于 BBS 论坛相当自由，甚至可以采取匿名制，故而有利于信息的共享，有助于企业内部交流气氛的形成。这里要注意的是，知识管理人员要适当对谈话的主题进行引导，并且事后将其中的一些观点予以总结、归纳。

人们通常与同组的人共享知识。因此，企业应该采用各种激励手段鼓励不同小组之间的知识共享，或者重组组织，使人们能成为不同小组的成员，从而扩大共享知识的范围。

三、企业知识库管理

企业的知识最初是以多种零散的形态存在的，如员工个人的知识、专家的智力、未整理的客户数据、人力资源大致状况等。企业必须将这些零散的知识进行挖掘、搜集和整理，然后根据本企业自身特点，建立本企业的知识库。因此，建立知识库是实现知识管理的基本条件和方法。

（一）知识库的组成

企业的知识库应该包括与企业有关的信息和知识，并将其有序化，为组织提供信息和知识服务。知识库由以下的一些知识组成：

（1）企业基本信息，包括公共关系信息、年度报告、出版物、企业总体介绍等信息；

（2）企业组织结构信息，包括地址、代理商、分公司、服务中心等信息；

（3）产品和服务的信息，包括技术专长、服务特点以及基本流程等信息；

(4) 关于专利、商标、版权，以及使用其他企业的技术、方法等；

(5) 客户信息；

(6) 知识资产的信息。

具体地讲，知识库就是一个重要的信息系统。它是一个以主题为导向、源于企业事务系统和外部数据源的中央知识库。知识库的一般表现形式为专家网、客户网、内部网等。知识库的实施流程包括知识识别、知识储存、知识传播、知识共享、知识应用、知识创新。知识库的主要作用是使网络不断扩展、延伸、提高、共享等。知识库的突出特点是当员工有知识需求时，通过知识库可以找到经验知识或者可以提供帮助的人员。将员工各自的能力和专长等人力资源信息收集入库，可以在企业遇到困难时，迅速通过知识库的信息找到可解决问题的人员。由此可见，知识库的有序化管理，有利于知识和信息的流动、共享与交流，有利于实现组织的协作与沟通，更有利于企业实现对客户知识的有效利用。

(二) 知识库的建立

知识库的建立需要企业各方面的支持，需要各部门积极提供相关数据，需要有处理信息的相关硬件和软件。知识库一般设在组织的内部网络上，系统由安装在服务器上的一组软件构成，它能提供所需要的服务以及基本的安全措施和网络权限控制功能。只有通过建立知识库，才能进行知识的有效整合，使知识转化，达到共创、共享和应用创新的目的。

(三) 对知识库的基本要求

为了达到知识管理的目的，对知识库有如下一些最基本的要求。

1. 有效组织数据库

如果想让知识库成为学习的工具，那么必须进行很好的组织，使其易于进入或查询。如果员工在库中很难找到他们需要的东西，或者通过其他途径能更有效地去寻找他们工作中所需的知识，则数据库是无效的。

2. 数据库中知识的精确性

在数据库中，一些数据即使已经过时或能被更精确的数据替代，而仍未被更新，那么这样的数据库其精确性难以保证。知识管理应确信让员工从库中得到的信息是精确、及时、可靠的。

3. 员工直接进入相关知识库

除特殊部分可能因为数据的敏感性而需要口令或其他安全措施外，应使每一个员工无须经过同意就可进入所需的知识库中。这与及时学习的原则是相辅相成的。

(四) 对知识库有形网络及无形网络的管理

正如知识有有形和无形之分，内部知识网络也有有形和无形之分。有形网络由计算机连接得以建立，通过多个终端互联而成。这个网络作为企业的一个知识库，可由企业内部人员对其进行不断的加载和修正、更新。人们使用这种有形网络内的知识库，可实现相互的交流，并使知识得到不断的发展。在企业里，如果新增的知识不能同现有知识加以联系，或不能为人所利用，那么知识是没有价值的，只有做到这两点，知识才能派生出新的知识。基于这样的分析，显然联系越广越有效，信息就能得到越多和越好的共享，知识也得到了发展。企业内部网络的不断建立正是这种有形网络价值功能的体现。

内部有形网络以有形的形式存在，对其管理具有较明显的可操作性。而事实上，从知识管理的角度看，最具挑战性的工作是无形网络的建立和运作。无形网络中不存在电脑这个媒介，而是人与人之间面对面的沟通。这就会出现诸如等级观、价值观、兴趣爱好、个人风格及心智模式等方面的沟通障碍，消除这些障碍将是无形网络管理的主要任务。因此，要建立相应的对员工的评价和考核指标，不断消除在学习和交流上的等级观念。就要求管理者不断构建学习型组织，强调民主化管理和扁平式组织结构，在这样的结构里，知识能得到尽可能自然的流动，且流动的渠道应尽可能顺畅，避免知识的流失和信息的失真。

第三节　企业知识管理工具

知识管理涉及多个方面，包括强化企业的知识收集、存储和再用能力，鼓励员工交流知识等。这些目标的实现，仅仅依靠组织的调整和管理方法的更新是不够的，通常需要相应工具的配合。

知识管理工具是实现知识的生成、编码和转移技术的集合。值得强调的是，知识工具不仅仅是以计算机为基础的技术集合，还包括能够对知识的生成、编码和传送产生作用的技术和方法。知识管理工具和数据、信息管理工具有很大区别，知识管理工具不单是数据、信息管理工具的改进，其最突出的特点是能为使用者提供理解信息的语境和知识内涵的多样性，以及各种信息之间的相互关系。从企业中知识的生命周期来看，知识处理分为知识生成、知识编码、知识转移三个阶段，不同阶段需要相应的企业知识管理的工具①。

一、知识生成工具

知识的创造对于一个企业来说是极其重要的，它是企业具有长久生命力的保证。企业内部的知识产生有多种模式，如知识的获取、综合、创新等。不同方式的知识产生模式有不同的工具对其进行支持。新的知识不会突然产生，创新总是需要在前人的知识基础上进行，组织或个人实现创新的第一步是要获取大量的相关知识。常用于知识获取的工具是搜索引擎和数据挖掘技术。

（一）搜索引擎

最具代表性的网上知识获取工具就是搜索引擎。搜索引擎是一些在网络中（特指互联网）搜集信息并将其索引，然后提供检索服务的一种网络服务器。简言之，搜索引擎就是一种在互联网上查找知识的工具。用户提出检索要求，搜索引擎代替用户在数据库中进行检索并将检索的结果反馈给用户。

互联网上有很多功能强大的搜索引擎，至今已有一千多个，这些引擎处于不断发展之中。搜索引擎有多种分类方式，我们按收录资源的范围可将其划分为综合性搜索引擎和专业性搜索引擎。

综合性搜索引擎以不同主题和类型（如网页、新闻组、图片、FTP、Gopher等）的

① 李敏．现代企业知识管理．广州：华南理工大学出版社，2002：201-209.

资源为搜索对象，信息覆盖范围广，适用用户广泛，专指性差。

专业性搜索引擎则采集某一学科、某一主题、某一行业的知识，并用更为详细和专业的方法对知识进行标引和描述。往往在知识组织时利用与该专业密切相关的方法技术，如专门搜索新闻信息、域名的搜索引擎等。

互联网和其他技术的产生将人类获取知识的能力提高到了一个崭新的阶段。虽然搜索引擎不能直接给人们带来知识，但是它们提供了知识的存放位置，如果忽略搜索质量因素，搜索引擎的确使人们能十分方便地获取各种知识。最近的技术发展已经使网络搜索引擎具有初步的智能，它能够根据用户输入的关键字，实现模糊搜索，并且能够根据用户对各条搜索结果的使用频率自动更新搜索结果。

互联网上的搜索引擎是企业获取外部知识的重要工具，现在也已经有不少成熟的软件支持企业内部知识的获取。搜索器能够在文档中实现高效率的全文检索，并且能够实现检索条件的任意组合，使用户能够迅速地查找需要的资料。搜索器还能整合互联网搜索引擎和专家搜索器，使用户在文档的环境下也能方便地获取其他资源。

（二）数据挖掘技术

数据挖掘（data mining）也称知识发现，是一个利用各种分析工具在大量数据中发现模型和数据之间关系的过程，这些模型和关系可以用来分析风险、进行预测。

数据挖掘是从大量系统内部的数据中获取尚未被发现的知识、关系、趋势等信息。数据挖掘可以从大型数据库或知识仓库中发现并提取隐藏在其中的知识，目的就是帮助企业降低成本、减少风险、提高资金回报率。现在很多企业开始采用数据挖掘技术来判断价值客户、重整产品推广策略，以最小的花费得到最好的销售。电信业、银行业和大型超市较先使用数据挖掘技术，电信公司使用数据挖掘技术检测话费欺诈行为，银行用数据挖掘技术检测信用卡欺诈行为，而大型超市利用数据挖掘技术获得核心顾客信息和顾客购买习惯的信息。

数据挖掘主要实现以下四种功能：

（1）数据总结，目的是对数据进行浓缩，给出它的紧凑描述。数据挖掘主要关心从数据泛化的角度来讨论数据总结。数据泛化是一种把数据库中的有关数据从低层次抽象到高层次的过程。

（2）数据分类，目的是通过一个分类函数或分类模型（也称为分类器），把数据库的数据项映射到给定类别中的某一个。

（3）数据聚类，是把一组个体按照相似性归成若干类别，即“物以类聚”。它的目的是使属于同一类别的个体之间的距离尽可能小，而不同类别的个体间的距离尽可能大。

（4）关联规则，指把有相互关系的个体联系起来，找出数据之间的关联规律。关联规则的思路还可以用于序列模式，以发现时间或序列上的规律。

总之，数据挖掘是从大量数据中提取出可信、新颖、有效并能被人理解的模式的高级处理过程。数据挖掘运用选定的知识发现算法，在企业杂乱的数据中，找到有用的知识，并以用户满意的方式提供给用户。

二、知识编码工具

知识在产生出来后，只有通过共享和交流才能发挥其巨大的价值。知识编码则是通过标准的形式表现知识，使知识能够方便地被共享和交流。

知识以隐性或显性的方式存在，并且它们存在于个人层次和组织层次。以显性方式存在于组织层次的知识是较容易利用的，而存在于个人层次的隐性知识是最难被发掘和利用的。知识编码的困难在于，知识几乎不能以离散的形式予以表现。如果说数据类似一条记录，而信息类似一条消息，那么知识更像一个仓库。知识不断地积累、不断地改变，以至于很难对其进行清晰的区分。因此，对知识进行审核和分类是十分困难的。对不同的类型的知识进行发掘和利用的难度不尽相同，可以采用的方式也多种多样。知识编码工具的作用就在于将这些知识有效地分类、存储，并且以简明的方式呈现给使用者，使个人层次和企业层次的知识更容易让其他人使用。常用的知识编码工具有知识仓库和知识地图。

（一）知识仓库

知识仓库是一种特殊的信息库，库中元数据有相关的语境和经验参考。知识仓库通常收集了各种经验、备选的技术方案以及各种用于支持决策的知识。知识仓库通过模式识别、优化算法和人工智能等方法，对成千上万的信息、知识加以分类，并提供决策支持。这样，知识仓库不仅可以避免重新获取知识带来的成本，还可以通过提供对协作的支持加速企业创新的速度。当与专家系统、友好的应用界面相结合时，知识仓库将成为十分有用的工具。

许多人用知识仓库这个术语代替数据库和信息库这两个词，真正的知识仓库远比这两个概念复杂，与它们相比，知识仓库有以下两个突出特点。

1. 知识仓库不仅表示知识而且表示相关语境

正确运用知识不仅需要人们了解表示知识的信息、数据，还要人们了解与这条知识相关的语境，因此，在帮助人们利用知识的作用上，知识仓库要比数据库更有效率。知识仓库拥有更多的实体，它不仅存储着知识的条目，而且存储着与之相关的事件，如知识的使用记录、来源线索等相关信息。

知识仓库的一个简单例子是“资源下载管理系统”。这个系统用于存储管理项目组成员各自从互联网上下载的文档、软件和网络资源，同时要使项目的各个成员能够共享其他成员下载的资源。从数据库设计的角度看，这个系统应该能够有效地存储各种下载资源，并且有清晰的分类管理功能、强大的搜索引擎功能，支持分布式操作等。但从知识仓库设计的角度看，如果仅仅有上面所说的功能是不够的。

首先，这个系统不仅应当存储下载的资源自身，还要存储相关的语境信息，如下载网址、下载时间和下载者等。这些信息能够让资源的使用者更清楚地了解各种资源的来源，通过各种线索更容易在知识库内或互联网上找到相应的知识。其次，知识仓库应该能够智能地对项目组成员下载资源的网站进行统计，在用户搜索某种资源时，知识仓库能够给出推荐网站，以及相关链接。也就是说，知识仓库概念下的“资源下载管理系统”应当在为用户提供下载资源本身的同时，还要为用户提供查找更多相关资源的线索。

2. 知识仓库强调对知识的更新与评价

知识仓库与数据库的区别是，知识仓库是一个有机体，其生命力在于不断地更新。当决策人不断地从知识仓库中提取有用的数据，放入新的内容，知识仓库将会保持活力。相反，长期不使用知识仓库将会降低知识仓库内容的可用性。另外，不断地、周期性地对知识仓库内的知识进行评价十分重要。原因在于，从知识的可用性来看，有些知识的可用周期很长，但有些知识的可用周期很短，如果不能定期地对知识仓库中的知识进行评价，那么库内的知识不仅不能支持员工高效率工作，而且还会产生误导。

（二）知识地图

企业现在面临信息过量，同样，企业将来也会面临知识过量。即使为使用者提供高效率的搜索引擎，也不能使使用者摆脱寻找知识过程中的混乱状态，这就需要有一个指引使用者的工具。知识地图是一种帮助用户知道在什么地方能够找到知识的知识管理工具。知识地图的作用在于帮助员工在短时间内找到所需的知识资源。

如果要求知识地图能够指出企业所有的知识所在，这将是徒劳无功的，过多的细节将喧宾夺主，让使用者更没有方向感。因此，知识地图设计的关键是指出对企业的业务或流程有关键作用的知识。

企业知识地图将企业各种资源的入口集合起来，以统一的方式将企业的知识资源介绍给用户。知识地图采用一种智能化的向导代理，通过分析用户的行为模式，智能化地引导检索者找到目标信息。例如，当新员工进入企业时，首先要进行新员工培训，学习企业的历史、文化和规章制度，更重要的是要让员工随时能够阅读相关的资料，进行自我培训。通过知识仓库可以为员工随时查阅提供方便。但当新员工打开企业的知识仓库时，无序的知识将会使他无从下手。知识地图可以引导员工系统地阅读各种资料，完成培训过程。

知识地图的形态可以多种多样，但是有一点是相同的，即无论知识地图的最终指向是人、地点还是时间，它都必须指出在何处人们能够找到所需的知识。以下是两种常用的知识地图：

(1) 现在的知识工具可以建立一个包含相互联系的合同、文档、事件等元素所构成的知识地图。这个地图允许用户浏览知识地图上的各个节点和节点的指向，发表评论，对地图进行更新，不断地改变地图中各个元素之间的联系，使知识地图逐步趋向完善。

(2) 知识地图的另一种使用方法是描述企业的流程中的知识，将业务流程中的知识流通过图表的方式展现出来：知识的收集、存储和共享。同样，表现知识流的知识地图没必要将流程中所有出现的知识都整合进来，只需要将最关键的知识整合进来便可达到提高生产效率的作用。

知识管理的一个很重要的技术是绘制知识地图。一幅知识地图可以指出知识点位置，但并不包括知识，知识地图可以是真正的地图、知识“黄页”或者是巧妙构造的数据库，它是一个向导而非知识库。开发知识地图包括找出组织中的重要知识，然后以清单或图片的方式公布它们，并显示在哪儿可以找到它们。知识地图的特点是它指出拥有知识的人，并指出记录知识的文件和数据库。其基本目的是告诉组织中的人们，当他们需要专门知识时到哪里去找。企业如果拥有一幅好的知识地图，员工们就可以方便地找到知识源。

知识库

机器学习与人工智能

关于人工智能，通俗的定义是：机器模仿智慧人类行为的能力。人工智能的主要目标包括推理、知识、计划、学习、自然语言处理、问题解决、感知、移动和操纵物体。人工智能的理论方法包括统计方法、计算智能、机器学习和传统符号智能。

机器学习是人工智能重要的分支学科，研究如何在没有显式编程的条件下赋予计算机学习的能力。这种算法能够根据作为训练集的样本数据建立模型，并且基于新的输入数据依据自主建立的模型做出预测或决策。机器学习的常用方法如决策树、管理规则、人工神经网络、归纳逻辑编程、聚类分析、贝叶斯网络、再强化/再呈现学习。

三、知识转移工具

知识的价值在于流动。许多案例表明，如果不同的部门相互利用各自的经验和知识，将会产生巨大的效益，因此，知识的传播对于知识发挥能量是十分重要的。这个规律适用于组织或个人。

一般认为，企业内知识的产生、流动过程如下：隐性/个人知识—显性/个人知识—显性/集体知识—隐性/集体知识。在知识流动的过程中，存在许多障碍，使知识不能毫无阻力地任意流动。本书将这些障碍分成三类：时间差异、空间差异和社会差异。企业需要根据各种障碍的特点，设计相应的制度和工具，使企业的知识更有效地流动。

（一）时间差异

对于组织来说，除非能够捕捉知识，将其编码化，并且在需要时及时提供给员工，否则许多有用的知识就会转瞬即逝。例如，许多企业采用会谈室的方式来激发员工的创新热情。在会谈室中，员工可以就自己的想法畅所欲言，发表对项目或产品的看法。在项目成立时，相应的会谈室也同时设立。通过在会谈室中交流想法，员工可以增进相互的了解和信任感，同时在交流过程中，知识也得到共享和交流。但是，如果员工提出的想法没有文字、录音、录像记录，那么，随着时间的流逝，会谈室中形成的知识将会消失。目前，一些用于知识编码的工具可以用于克服历史性的时间障碍，如文本和文档管理软件、数据库等。

（二）空间差异

从交流活动中的知识交换效率来看，通常情况下，面对面交谈的知识交换效率是最高的，随着交流过程的交互程度的降低，知识交换的效率也会随之降低。但常规的面对面交流有两个缺陷：一是员工面对面地交流需要有开放、民主的企业文化支持，但实际情况中要求员工之间直接交流思想十分困难。二是它不能适应企业在地理上分布性的要求。随着全球经济一体化的迅猛发展，现代企业规模不断扩大，所属机构分散在不同的地理位置上，地域相对独立，合作伙伴和用户遍布全球，市场需求瞬息万变。随着企业在地理上的分散性不断增强，企业必须与客户、供应商进行远程的交流和合作。

随着网络的发展，人们现在已经可以建立许多虚拟的网上聊天室来弥补常规面对面交流的不足。目前流行技术 BBS 或新闻组，以及称为群件的软件包。BBS 能够提供员工知识交流的环境，使员工在“你问我答”中实现知识的共享。群件是典型的知识管理软件工具，能有效克服空间障碍。

知识库

虚拟团队和协同工具

20 世纪后半叶，企业结构扁平化的管理理念日益普及，打破传统管理层级的项目团队工作模式日益普遍。与此同时，伴随着企业全球化运营和互联网的深度应用，团队成员的协作不再受限于地理分布，企业越来越多地采取虚拟团队的工作模式，即通过网络手段，把分布在广泛地域乃至全球的成员组织起来进行协同。虚拟团队的成员有可能是流动的，特定团队可根据需要随时组建和解散，团队成分和规模灵活多样，这种方式极大地提升了工作效率和效能。

现代企业信息系统为虚拟团队提供了良好的技术支撑，常见的虚拟团队工具有：

• 群件（groupware）：为空间上分隔的成员提供同步/异步交流与协同的软件系统；

• 远程会议（remote conferencing）：通过电信网络或互联网实现一对多、多对多的实时音/视频交互；

• 内联网（intranets）：依托互联网提供的虚拟私有网络（VPN），提供广域乃至全球范围内的专用网络连接，实现远程协同、企业搜索、协同办公、员工门户等功能。

群件是帮助群组协同工作的软件，一般包括电子邮件、文档管理和工作流应用三大部分。群件的特点在于它能够提供虚拟的工作平台，在一个群组中工作的成员要先登录，然后可以从客户机上访问工作平台。在这个工作平台上，合作者之间可以进行充分的知识交流，以保持工作之间相互协调。利用群件技术，可以在企业网上或者是互联网上建立交谈室，与项目相关的员工可以在交谈室中发表见解，每个交谈室由项目经理或指定人选负责，员工可以以文字或网络会议的方式参与讨论，在讨论结束后，由系统自动形成会议档案。在员工交流的过程中，群件系统不仅能保存交流形成的文档，还能捕捉交流和互动的线索，保留了知识的语境。

群件的典型应用如下：

(1) 公告业务，可将组织中有关会议的通告、公司的通知、公告等放在数据库中，用户一登录就可以看到。

(2) 讨论业务，例如就一个群组成员共同关心的问题不断进行讨论，或者是合作写书、写论文等。

(3) 工作流业务，指一些固定的工作流程，比如当企业要采购时，总需要下级打报告提请主管经理批准，然后需要通知财务部门。工作流设计中的基本问题是确定角色、规则和路径，即工作是经过什么样的流程，对工作内容有哪些规范以及各成员在此流程中承担什么样的任务。

由此可见，群体知识管理软件可以大大增强组织成员之间的交流，从而对整个组织的知识共享和管理产生重要影响。

(三) 社会差异

社会差异包括了员工之间层级、分工和文化上的差异。这种差异源于个人的经历不同，这种差异使得员工对相同的信息产生不同的反应，即使是通过完全相同的学习过程，不同背景的员工获取的知识也是不相同的。这些差异在很大程度上影响员工交流共享知识，同时，这种差异也是最难克服的。

企业也可采用一种称为“学习图”的工具来克服知识的社会差异。这个工具首先将决策层指定的经营目标和工作方案分解成各个部门的具体目标和行动指南，并且通过十分简洁的语言和图表的方式展示在员工面前。这种图表称为“学习图”。在企业的各个层次，员工可对这张“学习图”进行广泛的讨论。在讨论的过程中，员工无形地完成了学习的过程，使员工对企业的经营目标和行动方案形成了统一的认识。实践证明，当“学习图”被适当使用时，即使在组织结构非常复杂的组织中，共同的学习过程也能够在纵向和横向广泛展开。

为了促使知识迅速流动，知识管理工具注重对知识语境的管理和知识共享的支持。但知识管理工具应用仅是支持知识管理，不能代替知识管理其他方面的内容。如果实施知识管理项目中只注重知识管理工具的运用，而不培养知识共享的企业文化，企业的知识管理将不会成功。

第四节　企业知识管理系统

一、企业知识管理系统框架

知识管理系统（KMS）是以信息技术为基础，用来支持和加强由知识生产、结构化与转移所构成的知识管理过程的系统。知识管理系统本质上是一个软件框架或者工具箱。近年来，许多IT厂商都推出了KMS开发平台，但实际上，这些开发平台仅仅提供了一个可以进一步开发的工具，要成功地建立企业的KMS，不仅需要这些工具，更要对KMS的依据、功能和框架具有深刻的理解和认识。企业知识管理系统是由网络平台、知识流程、企业信息系统平台、CKO管理体制、辅助环境及人际网络所组成的一个综合系统，如图7-3所示。

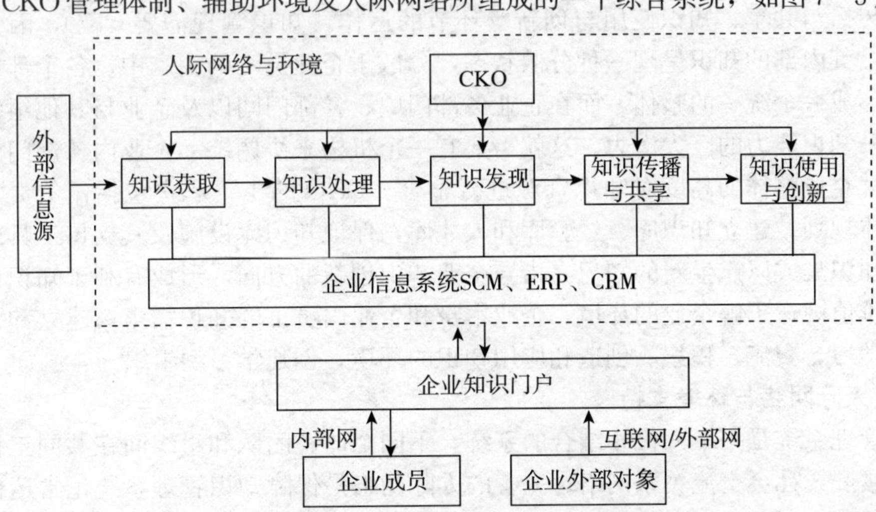

图7-3　企业知识管理系统框架

（一）网络平台

网络平台是知识管理系统运作的技术基础。以企业 Intranet（内部网）为核心，再通过它延伸至 Extranet（外部网）和 Internet（互联网）。内部网是采用互联网技术建立的企业内部网络，是一个相对比较独立的企业内部专用网络，它以 TCP/IP 协议为基础，以 Web 为核心应用，构成统一便利的信息交换平台。作为连接内部网与企业的贸易伙伴的网络——外部网可以实现企业之间的信息交流与沟通，从而实现信息共享。互联网则是跨越全球的信息交换平台，企业可以充分利用其中丰富的信息资源。

（二）知识流程

知识流程是外部信息源通过知识获取、知识处理、知识发现、知识传播与共享、知识使用与创新等环节相互连接、循环往复的没有终点的流动过程。知识流动的过程就是知识得以融合、序化、创新的过程，它是知识管理系统的命脉。知识流程与知识链模型的各节点是一致的。

（三）企业信息系统平台

在企业信息化建设进程中，ERP、CRM 与 SCM 作为关键的信息系统发挥着日益重要的作用。供应链上各个企业均是链条上不可缺少的一环，在充分利用协同电子商务平台提供的便利条件下，实现 ERP、CRM 与 SCM 有机整合。ERP 系统是企业电子商务应用的基础，也是企业内部运行管理的基础。CRM 帮助企业实现个性化服务的营销模式。SCM 为企业提供一个快速、柔性的供应链。随着信息技术的发展，ERP、CRM 和 SCM 的整合已经成为企业信息化的关键。协同电子商务是现代企业信息化管理模式构建的基础平台。ERP、CRM 和 SCM 作为平台上的子模块并不是孤立的个体，而是被非常紧密地集成在一起，使之从构架技术和功能上都能适合网络时代协同电子商务的需求，让供应商、采购商、客户、合作伙伴，以及员工、管理者、决策者能够以各种方式，通过接口访问相关数据，实现工作流和工作协调应用，从而在商务活动中协同成功。

（四）CKO 体制

知识管理系统由知识主管（CKO）来负责协调和控制知识获取、知识处理、知识发现、知识传播与共享、知识使用与创新等环节的运作。知识管理需要 CKO，因为对很多企业来说，其内部的知识呈现一种分散状态，分散于企业员工的头脑中、各个部门的资料中，没有形成一个统一的整体，而在企业各部门中、各部门间以及企业与其他组织之间都存在着提升知识能力的巨大潜力。这就需要有一个机构来协调统一企业内各部门的知识管理活动，从企业整体的高度对知识资源进行整合。CKO 的主要职责包括：负责知识管理系统的总体规划，建立知识库、经验库和人才库，保证知识库设施及其支持工具的正常运行；加强知识集成以产生新的知识，指导企业知识创新的方向，形成有利于知识创新的企业文化与价值观；了解企业的环境、企业本身和企业内员工的知识需求，建立和营造一个能够促进学习、交流、积累、创造和应用知识的环境，创建学习型组织。

（五）人际网络与环境支持

知识管理系统是一个人机相结合的系统，不同个体、团队和组织间在共同工作、生活中建立的镶嵌式社会交流关系网络。完善的人际网络是保障知识管理系统正常运作的有效机制。人际网络强调充分发挥人的主动性和创造性，加强人与人之间的沟通与交流，挖掘并激活人脑中的隐性知识，从而使企业知识创新永不停息。基于知识链的企业知识管理系统以服务于人为中心，一切活动都是为了能将最恰当的知识在最恰当的时候提供给最恰当的人，以使其做出最恰当的决策。人际网络作为一张无形的网络贯穿于整个知识管理系统。

此外，为了激励企业成员的内在潜力、主动性和创新精神，促使他们将可共享的隐性知识奉献给企业。基于知识链的企业知识管理系统须辅以灵活和比较公平的奖励制度、具有凝聚力的企业文化、柔性化管理模式、扁平化的组织结构等环境的支撑。

二、企业知识管理系统实现技术

面向企业知识创新的知识管理技术与工具所要解决的问题是如何使知识在员工之间容易地传递，使显性知识和隐性知识之间容易转变，从而在此基础上实现企业的知识创新。图 7-4 所示为由知识收集子系统、知识组织子系统、知识应用子系统三部分组成的知识管理系统模型及其实现技术。

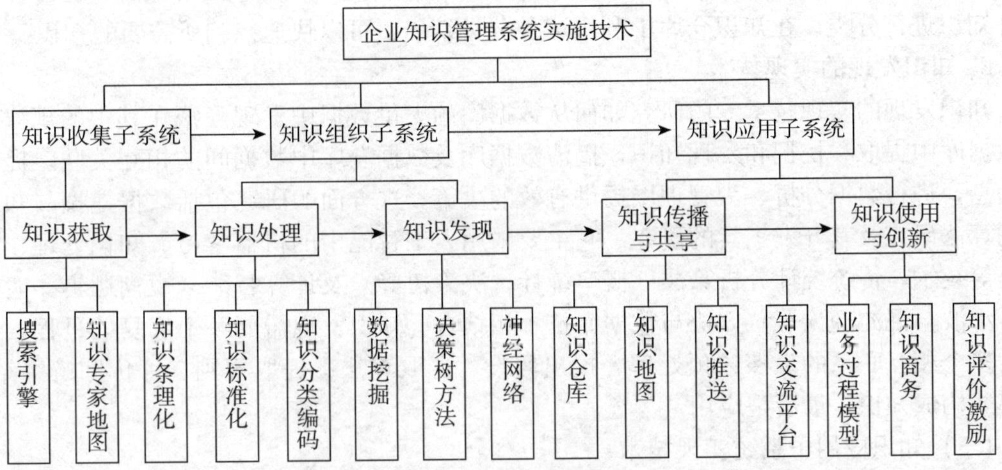

图 7-4　企业知识管理系统实现技术

(一) 知识收集子系统实现技术

知识收集子系统是企业知识管理系统的输入系统，是知识管理工作的基础。该系统最初收集到的只是蕴藏着丰富知识的信息资源，有待于人们去进一步挖掘。

一方面，显性知识获取方法是解决如何在分布多处的海量的知识中快速搜索到所需要的知识。搜索引擎是比较常用的显性知识获取工具，它动态地提供了知识的存放位置。另一方面，隐性知识获取方法主要是解决如何快速地找到掌握有关知识的人。知识专家查询的实现技术和工具（如知识专家地图）是隐性知识获取工具。知识专家地图存放“什么人具有什么知识”的信息，又称专家定位器，可以按技能、经验、项目等属性来查找专家。这样可以使企业员工在需要时比较方便地查找到有关专家，进行直接交流，或通过网络获取知识，高效优质地完成任务。

(二) 知识组织子系统实现技术

知识组织子系统是知识管理的核心部分，是对企业中杂乱无章的知识进行有序化的系统，其中既包括显性知识，也包括隐性知识。该子系统连接知识收集与知识应用子系统，其功能的优劣直接影响后面的知识应用子系统的性能，进而关系到整个知识管理系统的成败。

1. 知识处理的实现技术

知识处理的实现技术和工具主要研究知识条理化、知识标准化和知识分类编码等。

（1）知识条理化：对一个具体企业而言，并非所有知识都有用。过多的细节将喧宾夺主，使用户无所适从。因此，要指出对企业业务有关键作用的知识。首先要从海量的知识中删除那些和企业业务无关的知识、只适用于特定客户的知识、过时的知识等，然后根据知识的重要性，分门别类地存储在知识仓库中以供调用，由此建立知识“对象”，使知识重用更加有效。

（2）知识标准化：知识可分为例常知识和例外知识。知识标准化主要是对例常知识进行标准化，这有利于计算机处理和员工共享。

（3）知识分类编码：为了使企业的知识更好地被共享和应用，企业应该对知识进行分类编码。企业知识既要根据岗位、专业分类，也要按照局部知识、全局知识、例常知识和例外知识进行分类。在知识仓库中利用这种分类编码，可以快速找到所需要的知识。

2. 知识发现的实现技术

知识发现的实现技术专门研究如何从数据库的大量数据中发现隐藏在其中的规律，即从数据库中提取、挖掘和发现知识，搞清数据库及数据仓库中数据间的相互关联，提取有用信息，进行数据分析，为管理层提供有效的决策。这方面的研究包括数据挖掘与知识发现的算法研究及其开发工具的研究。它主要采用人工智能中的机器学习、知识处理、神经网络等技术，传统统计分析算法（概率统计、决策树等）及计算智能（模糊逻辑、遗传算法、小波与混沌理论等）方法与数据库技术相结合。知识发现需要一个反复的过程，通常包含多个相互联系的步骤：预处理、提出假设、选取算法、提取规则、评价和解释结果、将模式构成知识，最后是应用。

（三）知识应用子系统实现技术

知识应用子系统是知识管理系统的输出系统，其用户界面是用户最终可见的部分。该系统将知识收集和知识组织子系统得到的结果综合起来，将经过组织、整序后的相关信息、知识传播给具有不同使用权限的特定用户，然后通过人的创新活动而实现知识重用。

1. 知识传播与共享的实现技术

知识的价值在于流动。如果不同的部门相互利用彼此的经验和知识，那将会产生巨大的效益，因此，知识的传播对于知识发挥能量是十分重要的。对于显性知识，知识地图指明其在所存储的知识仓库中的位置，并将企业各种知识资源的入口集成起来，以统一的方式将企业的知识资源介绍给员工，这对企业员工的培训具有重要价值。传统的隐性知识交流是通过面对面的方法实现的，这无疑使隐性知识的交流存在很大的局限性。网络技术的发展使隐性知识的交流变得更加方便和快速，员工通过知识交流平台可以进行知识交流和共享。随着知识管理水平的提高，将出现主动的知识传播共享方法，即知识推送技术，如采用广播的方式将企业重要的知识主动地推送到使用者的面前。企业的知识管理部门可以通过各个渠道，将各种知识及时推送到员工面前，由于使用者的需求多种多样，知识推送技术还要与用户界面定制相结合。通过用户界面定制功能，用户可以方便及时地了解感兴趣的知识。

2. 知识使用与创新的实现技术

知识重用的业务过程模型主要用来定义某一特定活动需要哪些知识，哪种知识是通过文档化特定的活动而提供的。将显性知识转化为人们头脑中的隐性知识，然后通过人的创新活动而实现知识重用。知识商务是指运用互联网等网络技术进行企业间知识的交易。虽然，传统情况下的知识也被人们包装成专利形式以许可权等方式进行交易，但互联网的发展将为企业未来的知识资产创造出更多交易的机会。互联网使传统的复杂知识产品的销售扩展到全球，而以往这些销售的完成都需要面对面完成。在知识管理的各个环节中，都需要对员工的知识重用活动进行正确评价，才能给予正确的激励。

时代的发展决定了企业知识管理的必然性，而知识管理又必然要求企业建立自己的知识管理系统。知识管理系统是企业今后进行有效管理的主流方向。然而，知识管理的实施毕竟是一个系统工程，目前，它的发展还处于初级阶段，还有许多技术性和非技术性的难题需要解决，如个性化研究、智能代理、精确搜索及知识挖掘等问题，都未在技术上得到彻底的解决，有待于进一步的研究和探索。因此，我们有必要从各个方面进行努力，为知识管理的有效实施及知识管理系统的构建和完善寻求有效的解决途径。

新理念·新技术

商业智能

商业智能（business intelligence）是一系列技术和工具的集合，用以获取大量原始数据，并将其转化为对业务分析有意义的有用信息。商业智能的基本特点是，能够处理大量非结构化数据，从而帮助决策者识别、开发或创造战略性商业机会。商业智能为决策者提供历史、当前和预测的多种视角。其常见功能包括：报告、在线分析处理、数据挖掘、过程挖掘、文本挖掘、复杂事件处理、业务绩效管理、基准检验、预测分析和规范分析等。商业智能的基础是企业的内部数据（业务、财务、人力）与外部数据（市场、竞争、社会经济环境）。把企业内外的数据结合在一起，就能够描绘出更加完备的商业图景，实现单一数据来源无法提供的“智能”。商业智能既能够支持产品定位或定价这样的策略性决策，又能支持企业目标和方向、竞争态势和策略、项目优先级这样的战略性决策。

从用户的视角而言，商业智能的具体应用体现在以下方面：

• 计量：建立起一套目标导向的绩效矩阵和评价基准；

• 分析：运用量化的数字方法制订业务决策和知识发现；

• 报告：运用数据可视化、经理信息系统和联机分析处理（OLAP）等方法，生成战略管理报告的基本架构；

• 协同平台：使得与企业业务相关的不同领域（既包括内部也包括外部），通过数据共享和电子数据交换的方式相互协同；

• 知识管理：使企业实现由数据驱动的知识识别、创造、呈现、发布，实现隐性知识显性化、信息化。

商业智能经常与数据仓库结合在一起，称作“BI/DW”。从这个意义上讲，商业智能门户（BI portal）可以视作数据仓库和商业智能软件的用户界面，它为用户提供了访问商业智能功能和数据仓库的导航系统。对于商业智能门户的要求是：简便易用、内容丰富、界面整洁、及时更新、人机交互、价值导向。

本章小结

随着社会形态由信息经济向知识经济的过渡，企业信息资源管理开始暴露出越来越多的缺陷和不足，企业知识管理是知识经济时代的一种全新的管理，是信息管理发展的高级阶段。本章概述了知识管理的产生背景和发展过程，企业知识管理的概念、特点，企业知识管理的基本职能以及企业知识管理的主要内容。

企业实施知识管理，努力营造软硬环境，也就是建立一个全局化的、规范化的企业知识管理体系。首先，要设立知识总监（CKO），建立起柔性、灵活的知识型企业组织结构，同时，成功的组织将是一种学习型组织，形成企业知识管理的创新组织。其次，要建立知识管理的运行机制，主要包括：微弱市场信号收集机制、创新失败宽容机制、企业知识分类与标准化制度、企业文档积累与更新制度、知识型项目管理机制、外部知识内化机制、知识宽松交流机制等。最后，建立知识库是实现知识管理的基本条件和方法。企业的知识库应该包括与企业有关的信息和知识，并将其有序化，为组织提供信息和知识服务。

从企业中知识的生命周期来看，知识处理分为知识生成、知识编码和知识转移三个阶段，不同阶段需要相应的企业知识管理的工具。常用于知识生成的工具是搜索引擎和数据挖掘技术。常用的知识编码工具有知识仓库和知识地图。在知识转移过程中，存在许多障碍，这些障碍分成时间差异、空间差异和社会差异三类，企业需要根据各种障碍的特点，设计相应的制度和工具，使企业的知识更有效地流动。

知识管理必然要求企业建立自己的知识管理系统。企业知识管理系统是由网络平台、知识流程、企业信息系统平台、CKO管理体制、辅助环境及人际网络所组成的一个综合系统。本章在知识管理系统的基本构架的基础上，构建了一个由知识收集子系统、知识组织子系统、知识应用子系统三部分组成的知识管理系统模型，并阐述了其实现技术。

关键概念

企业知识管理	外化	内化	中介	认知	知识总监（CKO）
学习型组织	知识库	搜索引擎	数据挖掘	知识仓库
知识地图	群件	知识管理系统		知识流程

讨论及思考题

1. 解释企业知识管理的实质。为什么说知识管理是知识经济时代的必然要求？
2. 比较传统的“金字塔”式组织结构与企业知识管理的创新组织有什么区别。
3. 简述企业知识管理运行机制的主要内容。
4. 建立企业知识库的基本要求是什么？如何建立和管理企业知识库？
5. 企业知识管理的主要内容包括什么？
6. 什么是企业知识地图？如何理解企业知识地图？
7. 知识转移过程中存在哪些障碍？怎样设计相应的制度和工具以克服障碍？

第八章　企业电子商务管理

本章要点提示

- 电子商务的有关概念
- 企业电子商务运营管理的要素配置、进入战略及管理过程
- 企业电子商务的客户关系管理与销售链管理
- 企业电子商务安全管理的对策与手段

章前案例

明珠家具集团的电商化策略

明珠家具集团（以下简称明珠）是一家具有25年历史的民营家具企业，主要业务模式是通过加盟经销商在全国开设专卖店的方式销售，现在在全国已有超过1 500家门店，主要覆盖2～3级市场。明珠的电子商务基本思路是：主品牌O2O与经销商协同自建平台为主，第三方平台为辅；子品牌B2C入驻第三方平台。组织形式上以主品牌事业部＋子品牌子公司的方式运作。

• 电商后台系统与企业原有信息化系统如何整合？

明珠是一个传统制造＋品牌＋渠道型企业，在实施电商战略确定前已经部署了SAP ERP、PDM、BPM等系统。电商系统规划的思路是引入“中台”的概念，解决产品内容管理、订单汇总处理、交付规则固化等内容。

• 线上和线下的客户关系管理如何处理？

明珠的理念是无论从哪个渠道、什么手段购买的客户都应该享受同样的服务水准和产品水准。因此，在线上线下采用同一套CRM软件来保证一致的体验。线上线下在配送、安装、售后方面都是一致的。对于售前，未来现实增强或者虚拟现实是两个技术方向。

• 电商系统是自己开发，还是购买商品化系统？

明珠认为，对于核心业务非互联网或者IT的企业，最好用套件。但国外套件的前台体验与国内客户需求不符，国内套件产品化程度低。明珠的策略是先自建，等国外套件实现本地化研发或者国内套件产品化程度提高后再换套件。

• 发展电商之后，企业的IT管理团队如何调整？

传统企业的商务电子化浪潮对于IT职业来说是一个非常好的机会，电商业务对IT的依赖度非常高，是传统业务不能比的。明珠在这方面进行了新的尝试，将IT部门剥离出

去成立子公司，运作一个独立子品牌。抽调部分 IT 工程师，加上一些专业的电商人员组成团队，一方面运作子品牌，另一方面对母公司提供 IT 服务，即对外卖家具、对内做服务。

• 传统制造企业发展电商需要注意什么问题？

一是品牌定位危机。在国内电商的环境下，电商变为廉价的代名词。所有的非标品在电商开卖之后，都变成了标品的价格，影响原有的品牌定位。二是渠道冲突。经销商认为电商跟它们对着干，因此有意见。三是脱离信息化的单纯电子交易。广义的电子商务不仅仅是在线销售产品，而是利用互联网及其他信息技术优化，甚至重构价值链，从而获得竞争优势。

资料来源：http：//www.ebrun.com/20150324/128752.shtml.

随着知识经济的来临，基于信息技术的电子商务，正逐渐成为现代社会经济活动的重要基础。我国的电子商务是由主导信息技术的 IT 业推动的，这使我国电子商务在发展初期就带有一定的技术化倾向，但电子商务的出现，毕竟使企业的信息管理升华到一个全新的高度。可以说，任何企业要想在日益激烈的市场竞争中立于不败之地，都必然要研究电子商务、实施电子商务；必然要在电子商务的经营理念和技术基础上，策划、拓展、完善企业的信息系统。

本章首先概述电子商务的基本知识，然后分析企业电子商务的运营管理，包括企业电子商务运营管理的要素、进入战略及运营管理过程，从电子商务角度探讨了客户关系管理和销售链管理，最后阐述企业电子商务安全管理的对策和手段。

第一节　电子商务概述

一、电子商务的概念

在不同的时期，不同的学者、专家对“电子方式”和“商务活动”会有不同的理解，电子商务也就会有不同的含义。我们认为，从商务角度定义，“电子商务是商务活动主体在法律允许的范围内利用电子手段和其他客体要素所进行的商务活动过程”。

广义的电子商务（electronic business，EB）是指各行各业，包括政府机构和企业、事业单位各种业务的电子化、网络化。也可称作电子业务，包括电子商务、电子政务、电子军务、电子医务、电子教务、电子公务、电子事务、电子家务等。

狭义的电子商务（electronic commerce，EC）是指人们利用电子化手段进行以商品交换为中心的各种商务活动，是指商业企业、工业企业与消费者个人的交易双方或各方利用计算机网络进行的商务活动。也可称作电子交易，包括电子商情、电子广告、电子合同签约、电子购物、电子交易、电子支付、电子转账、电子结算、电子商场、电子银行等不同层次、不同程度的电子商务活动。

从企业角度出发，电子商务是基于计算机的软硬件、网络通信等基础上的经济活动。它以互联网、内部网和外部网作为载体，使企业有效地完成自身内部的各项经营管理活动

(包括市场、生产、制造、产品服务等)，并解决企业之间的商业贸易和合作关系，发展和密切个体消费者与企业之间的联系，最终降低产、供、销的成本，增加企业利润，开辟新的市场。在这里，电子技术、网络手段、新的市场等汇合起来，形成一种崭新的商业机制，并逐步发展成与未来数字社会相适应的贸易形式。

知识库

数字货币

数字货币是区别于实体货币（如纸币和硬币）但具有与实体货币相似属性的、基于互联网的交易媒介，能够实现实时交易和无界转移。数字货币分为两大类：

• 虚拟货币（virtual currency）。按照欧洲央行的定义，虚拟货币是一种“不受监管的数字货币，由其开发者发行和控制，只在特定的虚拟群体中被接受和使用”。美国财政部对虚拟货币的定义是：在某些环境下像货币那样流通的交易媒介，但不具有真实货币的全部属性。虚拟货币的本质是不具有法定货币地位。

• 加密货币（crypto currency）。这是一种依靠加密技术，通过对等网络和去中心化网络，将令牌转移的数字签名链接在一起的数字令牌。曾经风行全球的比特币就是一种加密货币。

二、电子商务的产生与发展

电子商务是互联网及其信息技术向纵深发展的一个重要标志，是历史进步的一座里程碑，因此它的产生和发展是和互联网的发展与技术的进步密切相关的。

互联网起源于 20 世纪 60 年代末期美国军方研究的 ARPA 网（Advanced Research Projects Agency，ARPA），1983 年从研究型网转向民用，并加速发展。20 世纪 90 年代初期，欧洲核粒子中心（CERN）研究出 Web（万维网）服务之后，使得互联网进入迅猛发展阶段，商务应用真正开始。

对电子商务的需求来自于企业，企业希望更有效地应用计算机技术以改善与客户之间的交流，改进业务流程和企业内部及企业之间的信息交换。正是这一需求才使得电子商务从无到有，逐步发展到今天的规模。按照各个时期具有代表性的技术不同，可以把电子商务的发展历程划分成以下四个阶段。

（一）EFT 阶段

20 世纪 70 年代，银行间电子资金转账（EFT）开始在安全的专用网络上推出，它改变了金融业的业务流程。电子资金转账是指通过企业间通信网络进行的账户交易信息的电子传输，由于它以电子方式提供汇款信息，从而使电子结算实现了最优化。这是电子商务最原始的形式之一，也是最普遍的形式。今天，EFT 已发展出多种形式，如在零售店收款处使用的借记卡、企业给员工的银行账户直接存入工资等。每天通过连接银行、自动清算所（ACH）和企业之间的计算机网络发生的 EFT 金额有数万亿美元。

（二）电子报文传送技术阶段

从 20 世纪 70 年代后期到 80 年代早期，电子商务以电子报文传送技术的形式在企业内部得到推广。企业和其他企业之间交换的许多单据都和商品运输有关，比如发票、订单、提货单等。企业花费了大量的时间和金钱向计算机输入数据再打印出来后，交易方又要重新输入这些数据。每笔交易中订单、发票和提货单的大部分内容都是一样的，如商品代号、名称、价格和数量等，但每张书面单据在表述这些信息时又有自己独特的格式。如果将这些信息转换成标准化的格式，再以电子方式来传输，企业就可以减少错误、节省打印和邮寄成本，也不再需要重新输入数据了。电子报文传送技术减少了文字工作并提高了自动化水平，从而简化了业务流程。电子数据交换（EDI）使企业能够用标准化的电子格式与供应商之间交换商业单证。

（三）联机服务阶段

20世纪80年代中期，联机服务开始风行，它提供了新的社交形式和知识共享的方法。这就为相互联机的用户创造了一种虚拟社区的感觉，逐渐形成了“地球村”的概念。同时，信息访问和交换的成本大大降低，信息访问的范围却在不断扩大，现在全世界的人都可以通过个人计算机相互沟通。

20世纪80年代，随着个人计算机性能增强、价格降低和使用的普及，越来越多的企业用个人计算机构建自己的网络。大公司纷纷建立自己的网络，这些网络租用电信公司的线路把分公司和总部连接在一起。虽然这些网络装了电子邮件软件，可在企业的雇员之间收发信件，但企业还是希望雇员能够与企业之外的人进行交流。

1991年美国科学基金会（NSF）进一步放宽对互联网商业活动的限制，并开始对互联网实施私有化。互联网的私有化工作到1995年基本完成，新结构由四个网络访问点（NAP）组成，每个NAP都由一个独立公司来运营。这些NAP把互联网登录权直接销售给大客户，向小企业的销售则是通过互联网服务商（ISP）来间接完成的。互联网就这样悄悄地进入了我们的生活。

（四）Web阶段

互联网是互相连接的计算机网络所组成的一个大系统，这个系统覆盖全球。从20世纪90年代中期到现在，互联网上出现了Web（万维网）应用，这成为电子商务的一个转折点。Web是互联网的一部分，它是一些计算机按照一种特定方式互相连接所构成的互联网的子集，这些计算机可以很容易地进行内容互访。Web最重要的特点是具有容易使用的标准图形界面。这种界面使那些对计算机不是很精通的人也可用Web访问大量的互联网资源。Web更像是对信息的存储和获取进行组织的一种思维方式。在互联网从研究专家走向平常百姓的过程中，两项重要的创造发挥了关键的作用。这两项技术就是超文本和图形用户界面。有了这两项技术，即使采用不同阅读软件的人也都可以浏览网上的内容。

通过互联网，人们可以利用电子邮件与世界各地的人进行交流，可以阅读网络版的报纸、杂志、学术期刊和图书，可以加入任何主题的讨论组，可以参加各种网上游戏和模拟，可以免费获得计算机软件。Web为信息出版和传播方面的问题提供了简单易用的解决方案。Web带来的规模效应降低了业务成本，它所带来的范围效应则丰富了企业的业务活动。Web也为小企业创造了机会，使它们能够与资源雄厚的跨国公司在平等的技术基础上竞争。现在，在网上介绍其产品或服务的企业已经涵盖了所有行业。很多企业利用互联网来推广和销售它们的产品或服务。

三、电子商务的主要模式

企业电子商务的模式主要有三种，即企业对消费者模式（B to C）、企业对企业模式（B to B）和企业对政府模式（B to G）。

（一）企业对消费者模式

B to C 的电子商务（简记为 B2C）是在企业或商业机构与消费者之间进行的。此种类型的商务类似于零售业，这类电子商务主要是借助于互联网开展在线销售活动，并且不需要统一标准的单据传输，且在线销售和支付行为通常只涉及信用卡或智能卡、电子货币或电子钱包。由于互联网提供搜索与浏览功能，使得消费者可以很容易地深入了解所需产品的品质及价格等情况，因此开展 B2C 型电子商务具有巨大潜力。因为不管什么交易方式，最终落脚点都会在企业与消费者之间进行。零售业在任何时候都存在，广大的消费群体蕴藏着巨大的利润，任何从事电子商务的企业都不能也不应轻易放弃这一领域。

目前，B2C 在我国由于上网人数、网上支付和物流配送等方面，都有了极大的改观而发展迅速，工商银行、建设银行、中国银行等先后开通网上支付业务，除了传统物流企业转型之外，一大批专门为电子商务解决配送问题的物流公司也迅速崛起。这一切都为这一模式的发展昭示了光明的前景。

（二）企业对企业模式

B to B 的电子商务（简记为 B2B）是在企业之间或商业机构之间进行的。此种电子商务是指商业机构（或企业公司）间使用互联网或各种商务网络向供应商订货或进行付款单证交换、导购、撮合、促销等活动，还包括电子贸易、电子数据交换、电子资金调拨等。这种模式的电子商务已有多年的历史，特别是通过增值网运行的 EDI，使得企业对企业的商务得到了迅速扩大和推广。它是企业对企业的传统商务活动的延续。这一商务模式是建立在高度信任与商务合同基础上的，而且企业对企业的大宗交易能够更大限度地发挥电子商务的潜在效益，并通过供应链，实现采购、配送等的自动化，因而使得规模收益递增，人们普遍认为 B2B 是企业发展的机遇，是未来的电子商务模式。特别是中国加入 WTO 之后，B2B 进一步发展，因为这种模式可以避开传统的落后经销系统，使中国的企业和国外的企业连接起来，加快企业的国际化步伐。而且，企业对企业的交易，在基于信用体制建立的情况下，支付的方式也容易解决得多。

B2B 在配送方面已经有比较成熟的渠道，在购买方式、支付手段上也已经非常成熟。由于是企业对企业的交易，所以也不存在个人消费观念的障碍等。这些优势，使 B2B 模式更易成功，也必然成为行业争夺的焦点。特别是 B2B 的电子交易市场为卖方的自由选择提供了更大的空间，将进一步加强买方市场的特征，加上 B2B 的电子商务更便于提供个性化的服务，能够较好地为客户提供最为习惯、最为适应的服务，也深受客户欢迎。所以，人们预测，B2B 模式将成为新世纪中国企业的发展潮流。

（三）企业对政府模式

B to G 的电子商务（简记为 B2G）是在企业与政府机构之间进行的。它覆盖企业与政府组织间的许多事务。政府可以通过网上服务，为企业创造良好的电子商务空间，如网上办公、网上报税、网上报关、网上审批等。通过网络可以提高办事效率，促进政府机关勤政、廉政建设，维护消费者的权益等，具有不可替代的重要作用。政府还可以进行网上采购，或将政府部门大宗公共产品的采购单、国家工程的竞标等在互联网上发布，企业或商业机构可以以电子化方式回应，政府可通过网络实施对企业的行政事务管理，进行网上产权交易，推行各种经济政策等政府与企业之间的行为。

四、电子商务的网络技术基础

（一）包交换网

互联网采用一种既经济又易于管理的技术在每对发出者和接收者之间传输数据，这种模式叫作包交换。在包交换网络中，将文件和信息分解成包，在这些包上打上信息源和目的地的电子标签。这些包再从一台计算机传输到另一台计算机，直至抵达目的地。目的地的计算机再把这些包集中起来，并把每个包中的信息重新集合成原先的数据。在包交换中，每个包从源头到目的地的最佳路径是由途经的各个计算机决定的。决定包的路径的计算机通常叫作路由器，确定最佳路径的程序叫作路由算法。

包交换是在互联网上进行数据传输的方法，它有很多优点，其中一个优点是，长数据流可分解成易于管理的小数据包，小的数据包沿着大量不同的路径进行传输，避免了网络中的交通拥挤。另一个优点是，在数据包到达目的地后，更换受损数据包的成本较低，因为如果一个数据包在传输途中被改变了，只要重新传输这个数据包就可以了。

（二）互联网协议

TCP/IP 协议是互联网上不同子网间的主机进行数据交换所遵守的网络通信协议，泛指所有与互联网有关的一系列的网络协议的总称，其中传输控制协议（TCP）和互联网协议（IP）是支持互联网的最重要的两个协议。

图 8－1 所示的是 TCP/IP 的结构。最底层是最基本的功能层也是物理层，它管理互联网的相关设备。最高层是应用层，它是互联网的服务程序运行的地方。每一层为上一层提供服务。TCP 协议在传输层工作，IP 协议则属于网络层。

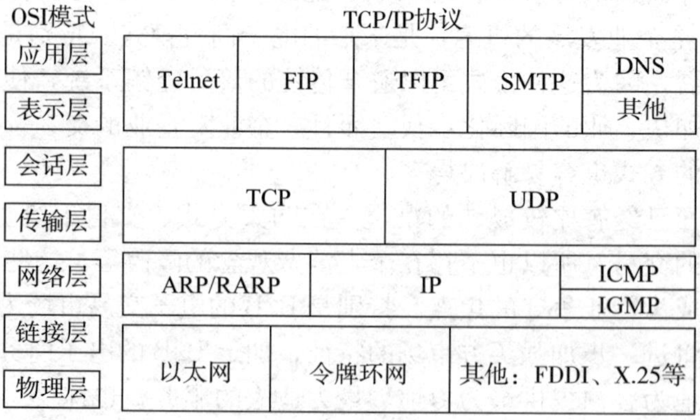

图 8－1　TCP/IP 的结构

TCP/IP 是一种双层程序。它包括网络上的计算机用来建立和断开连接的规则。TCP 协议控制信息在互联网传输前打包和到达目的地后重组。IP 协议则控制信息包从源头到目的地的传输路径。IP 协议处理每个信息包的所有地址信息，确保每个信息包都打上了正确的目的地地址标签。

除了用于互联网以外，TCP/IP 协议也可用于局域网（LAN）。局域网是由一些工作站和个人机连成的一个网络，一般位于一个特定的地理区域内。局域网上的每台计算机都有自己的中央处理器（CPU）来运行程序，也可以使用网络上其他计算机中的数据或连接的设备。采用这种方式，多个用户就可以共享激光打印机和扫描仪等设备。TCP/IP 协议是安装 Windows 操作系统计算机的标准协议。

（三）域名和 IP 地址

域名是互联网上某一台计算机或计算机组的名字，用于在数据传输时标识计算机的电子方位。域名是由一串用点分隔的名字组成的，通常包含组织名，而且始终包括两到三个字母的后缀，以指明组织的类型或组织所在的国家或地区，例如 www.sina.com.cn，其中 sina 是组织名，com 表示商业组织。表 8－1 列出了一些常见的一级域名。

表 8－1　一级域名举例

域名	含义	域名	含义
com	公司	ca	加拿大
edu	教育机构	de	德国
gov	政府组织	fr	法国
mil	军事部门	jp	日本
net	主要网络支持中心	uk	英国
org	非营利组织	us	美国
au	澳大利亚	cn	中国

域名就像我们平常寄信时写的地址。你需要在信封上写上对方的地址，还要在左上角的方框中填入对方所在地的邮政编码。互联网的情况也与此类似，只不过一般的地址计算机并不认识，它需要被翻译成一组数字才行。这组数字就是我们所说的 IP 地址。IP 地址一般写成四组圆点分隔的数字，这种地址被人们称为“点分四元组”，如 126.204.89.56。这样的地址确定了连入互联网的唯一一台计算机。每组数字都是位于0～255的一个数，因此可能的 IP 地址都是在 0.0.0.0 到 255.255.255.255 之间。一般来说，四组数中的第一组代表计算机所在的网络，剩下的数字代表网络上的一台特定的计算机（一个节点）。目前所用的 IP 地址是一组 32 位的数字，它所能代表的计算机数量有一定的限制。随着互联网的发展，连入网络的计算机越来越多，32 位的 IP 地址就会不够用，替代它的将是新的 128 位的 IP 地址。

计算机在互联网上向目的地发送信息前，需要根据 IP 协议对信息打包，包中既包括源址，也包括目的地 IP 地址。我们寄信最初只有地址，后来才根据地址找到邮政编码。与邮局的情况不同的是，互联网上最初就是用 32 位的 IP 地址来代表地址的，32 位的 IP 地址对于人脑来说非常难以记忆，所以人们开发出了称为统一资源定位符（URL）的命名约定。可以这样理解，互联网上先有的是邮政编码，后来才有了用文字表示的地址。URL 由名称和缩略语构成，由于是用文字来表示的，采用这种方式表示地址要比用数字表示容易记忆。

一个 URL 至少包括两个部分，至多包括四个部分。最简单的是两部分的 URL，前一部分表示互联网访问的资源所采用的协议名称，后一部分表示资源所在的位置。例如，一个写成 http：//www. sohu. com 的 URL 表示：访问资源的协议是 http，这个资源在一台称为 www. sohu. com 的计算机上。

（四）Web 客户机/服务器体系结构

客户机/服务器是 Web 体系结构的核心，如图 8－2 所示。Web 体系结构使 PC 机用户能够联网，访问分布式数据库和其他资源，从而大大增强了 PC 机的能力；另外，Web 可以避免不同操作系统带来的复杂性和不兼容性，使用户能够从一个应用程序转到另一个应用程序。

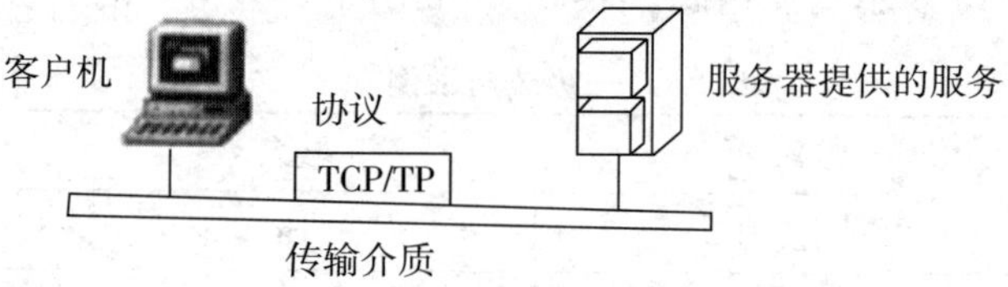

图 8－2　客户机/服务器模式

Web 客户机（即浏览器）提供了访问和显示 Web 内容的图形用户界面。这些程序可在 PC 机、Unix 平台及其他平台上使用。各种 Web 客户机提供的设施略有不同，最常用的 Web 客户机是微软的 Explorer 和网景的 Navigator。Web 服务器是存放内容的软、硬件总称，其内容可用浏览器访问。Web 服务器可用在各种平台上，如 IBM PC 机和 Unix 平台等。最常用的 Web 服务器是微软的互联网 Information Server 和网景的 Communications Server。

客户机/服务器体系结构可用于局域网、广域网和 Web。这三种用途迥异的网络的一个共同特点是工作负荷在服务器和客户机之间的分配。在每种网络中，客户机计算机一般是要求服务，包括打印、信息检索和数据库访问。这些活动由服务器来完成，它负责处理客户机的要求，而客户机一般不做什么工作。

客户机的工作负荷很轻，服务器的工作负荷却很重。除了收取和解释客户机的要求外，服务器还要寻找信息、重新处理信息、要求对资源初始化，这些资源是由服务器所控制的计算机上运行的其他应用程序提供的。因为有这种工作负荷分担协议，所以服务器通常是可靠的、价值昂贵的计算机，有巨大的磁盘容量、容错的处理器和存储器。

与服务器不同，客户机只是一台普通的个人计算机。我们通常用“瘦客户机”来描述客户机相对较少的工作负荷。这种无硬盘的瘦客户机一般是连入互联网的局域网中。在电子商务中，它们是低成本的客户计算机，人们用它们来从有 Web 主机的企业采购商品和服务。在这种情况下，Web 企业必须承担更大的购买成本，并运行强大的计算机和软件以便服务于数量很大的潜在顾客群。

（五）企业内部网与企业外部网

1. 企业内部网

从技术上讲，企业内部网和互联网没有太大的差别，只是访问内部网需要授权。由于同样是基于客户机/服务器模型，内部网对文件、文档和图表等内部请求的处理过程与互联网是一样的。内部网使用基于互联网的协议，包括 TCP/IP、FTP、Telnet、HTML 和浏览器。因为企业的内部网和互联网是兼容的，企业外部的消费者可以很容易共享内部网的信息，而且使用不同计算机硬件的内部部门也可以在内部网上互相沟通。

企业内部网的用途：使企业内部沟通变得更迅速、更方便；使需要相互协作的工作更顺利地完成；联机事务处理对复杂业务的管理更为容易；联机分析处理使管理决策支持更为有效；应用程序的发布和维护改进了系统管理。

企业内部网具有以下两个突出的特点：

(1) 企业内部网能实现高效沟通。内部网能够改善以下两种类型的企业沟通：

1) 一对多的应用。借助内部网，部门或公司都能够建立信息网页，减少数量巨大、容易过时的纸面信息。这种应用还能降低生产、印刷、运输和更新企业信息的成本。

2) 多对多的应用。这类应用包括公告板（或新闻组），能够方便小组成员之间的信息交换。

内部网能够出版办公室内部文件，将它们组织起来以便于员工访问。它不但成本较低，而且可以随时更新、随时访问，大大提高工作组的生产效率。

内部网服务器可以对信息进行收集和分类，这样信息就可发到互联网上实现信息发布。假设顾客想了解某种产品或某些产品的价格和现货情况，内部网就可以从内部数据库中寻找信息（包括库存和半成品信息），然后把这些信息转成正确的格式，接着把信息从内部网发到互联网上，再送到顾客手中。

(2) 企业内部网能节约成本。不管是大企业还是小企业，内部网总是传输各种企业内部信息的最佳手段，因为创建和分发纸面信息通常耗时且昂贵。例如，如果人力资源部门使用内部网，就可以节约分发员工手册、企业政策和政府相关法规所花的时间和金钱。内部网可处理的其他信息包括工作任命、内部绩效和生产信息、白皮书和技术报告、企业电话簿、电子邮件、软件手册和政府法规。内部网还有助于人员培训，可节约培训费用，提高培训的便利性。利用内部网，员工可以随时随地地接受在线培训。在内部网上的培训比传统的面对面培训要节约很多费用，因为企业不用再花费把员工送到培训中心所发生的交通和食宿费用。

2. 企业外部网

企业外部网把企业及其供应商或其他贸易伙伴联系在一起。外部网可以是下列几种网络类型中的任何一种：公共网络、安全（专用）网络或虚拟专用网络（VPN）。这几种网络都能实现企业间的信息共享。

(1) 公共网络。如果一个组织允许公众通过任何公共网络（如互联网）访问该组织的内部网，或两个或更多的企业同意用公共网络把它们的内部网连在一起，这就形成了公共网络外部网。在这种结构中，安全性是个大问题，因为公共网络不提供任何安全保护措施。为了保证合作企业之间交易的安全，每个企业在把它的信息送到公共网络之前，必须对这些信息提供安全保护。内部网一般用防火墙来检查来自互联网的信息包，但是防火墙也不是百分之百安全的。这就是公共网络外部网在实际中很少采用的原因，因为风险太大了。

（2）专用网络。专用网络是两个企业间的专线连接，这种连接是两个企业的内部网之间的物理连接。专线是两点之间永久的专用电话线连接。和一般的拨号连接不同，专线是一直连通的。这种连接的最大优点就是安全。除了这两个合法连入专用网络的企业，其他任何人和企业都不能进入该网络。所以专用网络保证了信息流的安全性和完整性。

专用网络的最大缺陷是成本太高，因为专线非常昂贵。每对使用专用网络的企业都需要一条独立的专用（电话）线把它们连到一起。增加专用网络的数目很困难、昂贵且耗时。那么企业到底该如何在它们的内部网之间建立紧密和专用的联系呢？答案可能就是根据虚拟专用网络设计的外部网。

（3）虚拟专用网络。虚拟专用网络外部网是一种特殊的网络，它采用一种叫作“IP通道”的系统，用公共网络及其协议向贸易伙伴、顾客、供应商和雇员发送敏感的数据，这种通道是互联网上的一种专用通道，可保证数据在外部网上的企业之间安全地传输。VPN 就像高速公路（互联网）上的一条单独的密封的公共汽车通道，公共汽车通道外的车辆看不到通道内的情况。利用建立在互联网上的 VPN 专用通道，处于异地的企业员工可以向企业的计算机发敏感的信息。外部网合作伙伴间的这种受保护的通道方案发展很快，而且成本也很低。

五、电子商务对企业管理信息的影响

（一）电子商务对企业开拓市场信息的影响

对于一个企业来说，市场就是指企业产品或服务的需求者，顾客即市场。最大限度地找到潜在的顾客，尽可能拓展企业的生存空间，也是所有企业的共同任务。在传统的交易模式中，企业主要是靠人员推销、广告等各种促销方式来寻找自己的目标顾客。在这个过程中，往往由于营销人员的数量及素质、广告经费、地理区域、政府管制等多种因素的限制，市场边界的扩展往往受到很大的制约，特别是对于中小企业来说，要想开拓全国市场和世界市场，非常困难。电子商务为企业开拓市场边界起了极大的推动作用。在电子商务的交易模式下，网络用户可以遍布全国，甚至全世界。通过网络寻找自己的顾客，对于中小企业也成为可能。

不但要找到企业的潜在顾客，扩大市场边界，更要尽快地满足顾客的需求。在现代市场条件下，尽快地发现市场机会，尽快地满足顾客的需求，是企业竞争取得成功的关键。而要做到这点，就必须及时、准确、全面地获得有关顾客的信息。在传统的交易模式中，有许多中间环节，企业销售产品需要经过批发商、零售商等，很难做到这点。而在电子商务的交易模式中，拉近了企业与顾客的距离，企业可以绕过传统的经销商直接与顾客接触，直接了解顾客的需求。这样不但减少了中间环节，降低了经营的费用，而且便于企业迅速、准确地掌握顾客的有关信息，更好地为顾客服务。网上顾客需求调查、顾客意见追踪、定制营销等的兴起，都离不开电子商务。

（二）电子商务对企业内部管理信息的影响

传统的企业内部管理基本上是一种下级服从上级、上级监管下级的模式。企业内部管理信息的流动是一种纵向的流动。传统企业这种信息流动的特征，必然引发“多层管理、多头领导、政出多门”等管理弊端。推诿扯皮、文山会海、效率低下等现象时有发生。

电子商务的管理模式要求在计算机和网络技术的基础上，把知识、信息、管理和人力多种资源整合于一体。使各生产要素紧密结合，协调运作，充分发挥各种资源的优势。企业内部管理信息的流动是以横向流动为主。这种横向的网络化的信息流动既为企业各部门、各环节的协调、配合、并行工作奠定坚实的基础，也对企业管理者的统筹、协调、服务、创新的意识和能力提出了更高的要求。

（三）电子商务对企业财务管理信息的影响

传统的财务管理最基本的特点是对财务信息的事后处理，财务信息处理的方式是单机的、封闭的。即使是会计电算化，也仅仅是用计算机代替了手工处理，并没有改变信息处理的方式。电子商务的发展要求财务管理从静止的事后核算向实时动态的、参与经营过程的财务管理方向发展；从内部的、独立的职能管理向开放的、“三流合一”（物流、信息流、资金流）的集成管理方向发展。

（四）电子商务对企业人力资源管理信息的影响

进入知识经济时代后，人才具有更多的就业选择权和工作的自主决定权，而不是被动地适应企业和工作的要求。电子商务的发展使这一现象表现得更为突出。网络技术在人力资源管理中的应用，一方面使得网上招聘逐渐普及，求职者可以通过网络在全国甚至全世界范围内寻找合适的职业；另一方面，企业可以通过网络在全球范围内搜索到理想的人才，一些优秀的人才不知不觉中成为众多企业共同追逐的目标。电子商务的发展同时也使得人力资源的配置进一步优化，市场配置人力资源的作用进一步强化。

人才的网上招聘扩大了企业获取人才信息的范围，同时人力资源管理的重心将向“知识型员工”转移。知识型员工是指主要依靠智力创造物质财富的员工。管理人员、专业技术人员和营销人员等都属于知识型员工。他们一般都具有较高的学历和丰富的专业知识，有独到的见解、活跃的思维和强烈的创作欲望，并且希望张扬个性，展现自我价值。电子商务的成功尤其需要知识型员工的智慧和创造性劳动。同时，电子商务的发展也造就越来越多的知识型员工。因此，人力资源管理的重心必将向知识型员工转移。对知识型员工的管理，一方面要充分尊重他们的意愿，为他们创造各种可能的条件；另一方面，还要根据他们的特点，采用可行的管理方法，选择高效的激励措施，调动他们的积极性。

第二节　企业电子商务的运营管理

互联网的出现，改变了企业的采购方式、生产作业方式、营销方式，在这种环境下，企业电子商务的运营管理已势在必行。企业电子商务的运营管理是把传统企业的经营方法同网络的特点结合起来，研究如何使企业获得更大的利润，如何占领更大的市场份额，如何争取更多的顾客等①。

一、企业电子商务运营管理的要素配置

企业在进行电子商务运营管理时，需要在网络环境下寻求外部环境可能带来的机会，避免威胁，挖掘企业内部的优势，克服企业的弱势。企业电子商务运营管理主要有以下几

① 李翔．电子商务概论．北京：中国计划出版社，2001：161－165.

个要素。

（一）网络资源配置

企业资源是企业实现生产经营活动的支持点，如人力资源、物力资源、财力资源、开发技术资源等。企业只有以其他企业不能模仿的方式，取得并运用适当的资源，形成自己的特殊技能，才能很好地开展生产经营活动。资源配置的好坏会极大地影响企业实现自己目标的程度。因此，网络环境下企业应以内部网、外部网、互联网系统建设为基础，开发交互式、开放式的业务软件系统和管理软件系统，保证企业资源的高效运营，具体可以考虑如下的网络资源配置问题。

1. 网络信息系统的建设

网络信息系统是企业推进网络经营速度的载体和物质保障。企业要推进网络经营速度，就要尽快建立好自己的网络信息系统，积极投资添置网络设备，更新电子数据交换系统，加快实现信息工程现代化。特别要积极介入互联网，使自己的经营融入全球信息网络，从而为全球各地客户的网络产品提供及时有效的服务。

2. 内部网的建设

内部网所采用的一些技术都源于互联网络，但是内部网毕竟是单位的内部网络，其设计目标是围绕单位内部信息系统结构的，因此它具有自身的一些技术特色。首先，内部网具有很强的安全保密措施。互联网所提供的大多数服务对于用户而言是没有权限控制的，内部网则不是这样，它对用户权限的控制是非常严格的。除了公共信息对所有的用户是开放的以外，其他信息只有少数拥有访问权限的用户才能够对其实施操作。其次，就页面的内容而言，互联网中网络站点所提供的页面通常都非常美观且具有浓厚的个性色彩，能够给予用户很强的视觉感官刺激，只有这样才能牢牢地吸引用户的目光，在众多的网络站点中脱颖而出，从而达到宣传效果。而内部网中页面的设计应以用户能够最迅速、便捷地获取所需信息为目的，这样才能够提高工作效率。因此页面的设计应针对单位内部用户的需求和对外宣传的需要，力求简洁明快。

3. 部门级子网的设计

部门级子网针对的地理位置较为集中，用户数量较少，并且所处理的信息量不是很大。例如，一个办公室中的工作组和由若干办公室组成的部门或者小单位的网络系统均可以划归此列。

4. 网络主干的设计

在各部门建立相应子网的基础上，必须通过主干网络将这些子网连在一起。主干网络是整个网络的灵魂。随着网络技术的发展和入网用户的增加，进入主干网络的数据量日渐增大。因此，必须保证主干网络有充足的网络带宽以满足整个网络的应用需求。在进行主干网络的设计和规划时要从全局角度考虑问题，同部门级网络的设计不同，主干网的设计要对性能、管理、未来的扩展升级等多个方面加以综合考虑。根据实际情况选择相应的技术，这样才能保证整个网络的运行畅通。

（二）产品或服务范围

一个企业往往可以提供多种产品和服务，有些适合在网上交易，有些不适合在网上交易。网络经营需要选准产品与服务范围，如果某些产品与服务适合网上经营，企业可以选择这样的商品进行生产。选择产品或服务范围对于一个企业来说至关重要，网络企业可以考虑如下范围。

1. 与计算机有关的产品，适于网上经营

如计算机软件、音像制品、书籍等通过网络传输非常便利，借助网络音频、视频、多媒体、动画技术产生的丰富效果将产品的优点淋漓尽致地展现出来。

2. 购买前需尝试或观察的产品，不适于网上经营

如蔬菜，在网上顾客很难辨清色泽、手感、新鲜程度；人们购买服装都希望试穿一下，看看是否合体，但网上无法实现；而飞机票、电影票、旅游业务、股票等在购买决策前无须观察或尝试，可以在网上直接订货。

3. 服务产品适合于网上经营

如旅馆预订、鲜花预订、旅游路线的挑选、储蓄业务和各类咨询服务等，借助于网络实现，方便快捷有效，也更加人性化，适合于网上经营。

4. 网络使用者是极具开发潜力的服务市场

网络使用者数量快速增长并遍及全球，使用者多属年轻人、中产阶级、高教育水准，这部分群体购买力强而且具有很强的市场影响力，是一块极具开发潜力的服务市场。

5. 提供售后服务将是网上企业考虑的领域

对于目前直接通过网络进行产品销售的生产商来说，其售后服务工作是由各分销商承担，但随着它们代理销售产品与利润的减少，分销商将很有可能不再承担售后服务工作。所以，提供售后服务工作将是网上企业考虑的服务领域之一。

（三）组织机构的设置

企业要根据电子商务的需要，调整与供应商、销售商、客户的关系机构，改变传统的组织形态，提升信息管理部门的功能，成立专门管理机构。企业可以成立一个由经理人员组成的世界性的工作组，组建一个提供节点信息，特别是反映价格变动和存货出库等情况的系统，对相互联系的各节点进行统一协调，以及处理互联网的障碍等。

另外，网络经营既涉及营销部门又涉及信息技术（IT）部门，所以企业应明确地规定网络营销的负责部门，以免出现责权不明的现象。网络营销的负责部门要对整个企业的状况、产品、市场等都比较了解，明确企业的发展方向和目标；而技术部门对企业网页设计的技术细节要有详细的了解。营销部门应和技术部门通力合作，因为技术部门可能更注重技术细节，有时难免为了追求技巧，而忽略了营销的整体效果。可见，营销部门对新的技术工具的优缺点应有一个概括的了解，技术部门也应积极参与网络营销计划与开发的过程，保证用最新的技术手段来配合营销部门实现营销目标。

（四）管理方式的创新

企业管理机构的设置要适应网络化的要求，企业管理方式也要创新、变革，适应网络化的要求。电子商务是建立在以高新技术作为支撑的互联网的基础上的，企业实施电子商务必须要有一定的技术投入和技术支持，要创建、引入先进的管理方式，缩短营销时间，加快营销速度。风行全球的网络连锁经营、业务外包、特许经营等营销方式，已经被许多国外先进企业证明是先进的、有效的，我们应积极借鉴，按照本企业的实际进行嫁接运用。

二、企业电子商务运营的进入战略

企业电子商务运营进入战略的制订和执行是我国网络企业在市场经济下必须掌握的，因为传统企业介入网络行业，面对的是全球竞争对手，加入 WTO 之后，更是要面对同国际一流企业的竞争。因此，对一个网络企业的决策者来说，电子商务运营进入战略的选择和实施关系到竞争的成败。

（一）企业进入网络领域的战略形式

1. 自己创建一个网络企业

传统企业自己创建网络的优点是：投资小，运营与管理方便，可以根据需要建立与原先业务相联系的网站。缺点是：需要开拓市场，投资见效期长，企业需要重新培训人员，企业进入网络领域可能受到原先网络企业的排挤。

2. 并购已有的网络企业

并购已有的网络企业的优点是：可以很快进入网络领域，企业的投资能够立即见效，企业不必花时间再培训网络人员。缺点是：并购的费用较高，并购的网络企业能否很好地与企业原先的业务相结合，很难把握。

3. 与相关的网络企业合资经营

与相关的网络企业合资经营是一种非常好的进入方式，其优点是：企业不必花费很大的资金就可以达到进入网络行业的目的；企业既可以把原有的业务搬到网上，又可以开拓新市场；实现企业与网络科技企业的强强联合。缺点是：企业不能单独决定网络企业的发展方向。

（二）确立进入战略时应该注意的问题

1. 行业分析

企业在进入网络行业之前，首先应进行行业分析，分析现在所从事的行业与网络行业有什么联系，进入网络行业与其他网络企业相比有什么竞争优势；然后确定采用哪种方式进入网络领域。

2. 目的明确

企业不管采用哪种方式进入网络行业，都应当注意：要有明确的目的。企业明确进入网络行业的目的是把原先从事的业务搬到网上开拓市场，还是组建网络企业开展新的业务。前者与已有网络企业合资经营较好，后者最好自己创建网络企业或是并购已有网络企业。

3. 切忌急切

企业进入网络领域往往经验较少，另外，市场开拓有一个过程，在运作过程中切忌急切，因为盈利往往需要几年的时间。

三、企业电子商务运营的管理过程

前面探讨了企业电子商务运营的进入战略。当企业进入网络经营环境后，我们需要了解企业电子商务的管理过程。主要包括以下步骤和内容。

（一）企业发展目标的确定

网络企业管理同样首先需要设置明确的目标，从长远来看企业应首先提出自己的战略目标，确定企业的经营范围和方向，评价自己的优劣条件，确定自己的位置，制订竞争的基准。使每一个员工都知道企业的目标和规划，以及他们从现在起应该怎样做。其次是提出自己的长期目标和短期目标，由于网络发展的速度非常快，分段制订一些短期目标更能适应这种需要。

现在许多企业在网上设置自己的网页，其目的常常不仅是直接的网上销售量，而是着眼于网络经营所带来的其他效应。如通过网络营销向潜在顾客提供有用信息使之成为购买者；提高品牌知名度；建立顾客的忠诚度，从而留住顾客；支持其他营销活动；减少营销费用和时间等。总之，企业在引入网络经营的时候可根据自身的特点，设定相对于不同效应的明确的目标。

（二）市场细分和目标市场选择

企业电子商务营销管理所说的市场细分，是指根据不同的细分变数将企业的顾客划分为不同的顾客群的过程。在具体实施网络营销时可以从以下几个方面进行分析。

1. 按年龄段进行市场分析

中国的网民都很年轻。有资料表明年龄在15～25岁的网民超过50%，这说明我国的电子商务市场很有发展前途，而且年轻人也比较容易接受电子商务这种前卫的消费模式。

2. 按性别进行市场分析

现在的情况是男性网民数量占绝对的优势，而女性消费品市场的份额已占B2C模式消费品市场的一半左右。

3. 按地域进行市场分析

我国的网民分布很不均匀，网民主要集中在北京、上海、广州等经济发达的城市，这一特征的好处是商家可以有针对性地在三地开设配送中心、网络虚拟社区和网络购物中心等，能比其他地方更容易实现电子商务的方便快捷服务。不利之处是分布不均不利于电子商务在全国范围内普及，分布在其他地区的零星用户将享受不到电子商务的一些服务。

4. 按消费行为分析

国内许多企业不注意售后服务和信誉，网络购物不能直接看到或接触到商品，使我国民众在购物时往往慎之又慎。商家要想使电子商务在全民普及，必须先打开民众的消费心理障碍。

无论按照哪一种变量进行市场细分，最终企业要选择自己的目标市场。所谓目标市场，是指在需求异质性市场上，企业根据自身能力所确定的欲满足其需求的顾客群。市场细分是目标市场选择的基础。目标市场确定以后企业就可以采取具体的措施进入该目标市场。

（三）电子商务站点的建立

在互联网上建立自己的电子商务站点是企业实现电子商务功能的重要手段。电子商务站点的建立一般要经历三个阶段：首先是简单的网站建设，可以利用网站发布企业信息，并接受网上订货；其次是将网站完整化、全面化，使企业不仅能实现第一阶段的功能，而且能够对网上订货做出相应的处理，例如交易信息的结算、统计分析和综合处理；最后阶段是实现完全的电子商务功能，即将企业内部网、企业外部网、互联网有机地结合在一起，将全部商业活动完整地移植到网络世界中。

目前我国绝大部分企业还只是处于电子商务的第一阶段，即建立网站、发布信息及简单的网上订货机制。这一阶段的实现主要由以下三个环节构成。

1. 申请域名

域名已被誉为企业的“网上商标”，有国际域名和国内域名之分，国际域名由国际域名管理中心统一管理，国内域名由 CNNIC 管理。国内域名注册时需用户提交加盖公章及负责人签字的国内域名申请表打印件、营业执照副本复印件，及向中国互联网网络中心介绍某代理公司代办申请域名的介绍信。国际域名注册时只需用户提交加盖公章及负责人签字的国际域名申请表打印件即可。

2. 网站投资选择

网站投资选择有两种实现方式：一种是建立独立的网站；另一种是外购整体网络服务方式。

建立独立的网站，企业就要自己选择服务器、网络操作系统、数据库系统等来建立自己的网络系统，然后向 ISP 申请专用线路连入互联网。在这种方式下，网络管理和维护费用、专属网络空间租用费用等都由企业承担，故总成本较大，但对外信息交流、业务扩展都很方便，且企业的商务核心机密不易泄露。

外购整体网络服务方式主要有两种，即虚拟主机方式与服务器托管方式。虚拟主机方式是指将一台服务器整机的硬盘划分，每块硬盘空间可以被配置成具有独立域名和 IP 地址的服务器，租用给客户。服务器托管方式是指由用户安装、配置网络服务器，并由 ISP 直接连入互联网并代为管理、维护其正常运行。

在进行网站投资选择时，应当根据实际情况，在进行系统资源、服务和成本收益分析的基础上决定。如果资金充足，企业网站的规模比较大，需要大量的信息与外界交流，就可以建立自己独立的网站，否则可以实行外购整体网络服务方式。

3. 发布信息

将要发布的信息做成网页放在租用的空间上，或将供查询的数据放入网上数据库。当三步工作均已完成时，网站也就建立起来了。

但是，这并不意味着工作的结束，企业还需要维护、更新网站的内容，让访问者能够不断获得有关企业的最新信息。除此之外，企业还要进行网站的宣传，除了在传统媒体广告上打上企业的网址，名片、宣传资料上印上企业的网址，还可以在互联网的搜索引擎上注册企业的网址，在其他访问量高的网站上做自己网站的广告宣传。这样一来，企业的网站就能够发挥最大的作用，帮助企业获得更大的成功。

（四）企业网络营销组合设计

网络营销的优势在于能结合问卷、网络、资料库，而以最新、最快、最详尽的方式获得顾客信息，网络营销战略就是要利用这一优势，扩大主要顾客与潜在顾客的购买规模。网络营销战略的确定主要针对以下四个要素的组合设计。

1. 产品

经由网络所提供的产品与服务主要还是在于信息的提供，它除了将产品的性能、特点、品质及顾客服务内容充分加以显示外，更重要的是能以人性化与顾客导向的方式，针对个别需求做出一对一的营销服务。有关的功能包括：利用电子公告栏或电子邮件提供线上售后服务或与顾客做双向沟通。利用顾客与顾客、顾客与企业在网络上的共同讨论区，可了解顾客需求、市场趋势等，将其作为企业改进和开发产品的参考。

2. 价格

网上交易能充分互动沟通，并完全掌握顾客的购买信息，所以比较容易以理性的方式拟订价格策略。虽然网络交易的成本较低廉，但因为交易形式多样化，价格的弹性也大，企业的弹性也较大，企业应充分监视所有渠道的价格结构后，再设计合理的网上交易价格。

3. 渠道

网络直通顾客，将商品直接展示在顾客面前，回答顾客疑问，并接受顾客订单，这种直接互动与超越时空的电子购物，无疑是营销渠道上的创新，企业应该抓住这个机会。

4. 促销

网上推广与促销具有一对一与顾客需求导向的特色，除了可以作为企业广告外，同时也是发掘潜在顾客的最佳渠道。但因为网上促销基本上是被动的推广，如何吸引顾客上网，并且能够提供具有价值诱因的商品信息，企业必须予以重视。

知识库

社交商务

社交商务（social commerce）是电子商务的一个子集，是指通过社交媒体、在线媒体实现社交互动，依靠用户的参与和贡献，支持产品和服务的在线购销。通俗地讲，社交商务是在电子商务交易环节运用社交网络。这一概念最早是由雅虎公司的研究人员于2005年提出的。社交商务的优势表现在：

• 鼓励顾客参与与品牌的社交互动；

• 刺激顾客重复消费；

• 为顾客提供基于消费行为的社交平台；

• 为潜在顾客提供消费决策所需的全部信息。

广义的社交商务包括两大范畴：

• 站内社交商务，是指在线零售平台向用户提供社交分线功能和其他社交工具，鼓励用户建立起以品牌为核心的购物社交群体；

• 站外社交商务，是指在线零售商与专业社交媒体合作，在通用型社交工具中添加购物功能或直达购物链接。

从目前的发展趋势来看，站内社交商务已经成为主流，站外社交商务模式的发展前景还有待观察和验证。

第三节　企业电子商务的客户关系管理与销售链管理

一、客户关系管理的含义

客户关系管理被定义为一个把销售、营销和服务整合起来的战略，该战略不是单纯地吸引客户，而是依赖于一系列相互协调的活动以达到企业的目标，这些目标包括以下几方面：

（1）利用现存的客户关系增加收入。对客户形成一个综合判断后，通过连带营销或上游营销使客户和企业的关系更加牢固。

（2）利用综合信息提供更优质的服务，以更好地满足客户的需求。

（3）形成更易重复的销售过程和程序。随着与客户接触方式的增多，越来越多的员工加入到了销售工作中。为了获取经营上长久的成功，企业必须提高客户管理和销售方面的一致性。把个别人成功的销售工作变成一个每个人都能做到的销售模板，提高全体人员的销售能力。

（4）创造新价值并培养客户忠诚。让潜在客户和现有客户都认识到企业具备对他们的需求做出反应并使之满意的能力，这会成为企业的竞争优势。

（5）贯彻积极解决问题的策略。整个公司都要以客户为中心，要在问题发生之前就尽可能消除它，要从被动地收集信息变为主动地监管客户关系，以便在问题初露端倪时就得到解决。

二、客户关系管理实施的主要环节

实施客户关系管理是企业电子商务发展战略的基本组成部分，它的实施是一个复杂的系统工程，既关系到企业广大客户的利益，也牵涉到企业内部的方方面面。根据国内外有关企业的实践，在电子商务发展过程中实施客户关系管理主要应把握好以下一些环节。

（一）组建项目实施团队

客户关系管理系统的实施必须有专门的团队来具体组织领导，这一团队的成员既应包括公司的主要领导，以及企业内部信息技术、营销、销售、客户支持、财务、生产、研发等各部门的代表，还必须要有外部的顾问人员参与，有条件的话还应邀请客户代表参与到项目中来。

团队中的公司高层领导作为项目负责人主要从人、财、物资源的供应方面为项目的实施提供充分的保障，并通过有效的协调和积极的参与，使项目实施达到预定的目标；信息技术部门的代表主要从技术实现的可行性、软硬件产品的评价选择、系统的调试安装等方面给予技术支持；销售、营销和客户支持等部门的代表一方面应从客户的角度对方案的实施给出具体意见，另一方面应从公司业务流程运作的角度考虑方案的可行性；财务部门则从方案的投入产出、运行费用等角度考虑项目的经济性；生产研发部门则从如何最大限度地满足客户个性化需求的角度，对方案提出实施意见。

公司一般可从专业从事客户关系管理的咨询公司聘请到合适的业务顾问，他们可以在项目开始实施前及实施过程中提供有价值的建议，协助企业分析实际商业需求，并与项目实施团队成员一起审视、修改和确定项目实施计划中的各种细节，从而帮助企业降低项目实施风险及成本，提高项目实施的效率及质量。

项目团队中的客户代表既可以是固定的，也可以是临时组织的，关键是要保证在项目实施的各个阶段，能随时争取最终用户的参与，只有充分保证他们的满意，才能使客户关系管理系统真正成功。

（二）业务需求分析

从客户和企业相关部门的角度出发，分析他们对客户关系管理系统的实际需求，可以大大提高系统的有效性。因此，对客户关系管理系统进行业务需求分析是整个项目实施过程中的重要环节。

从客户的角度进行业务需求分析，需要企业的销售、营销和客户支持等部门的有关人员通过上门走访、电话、电子邮件、问卷调查等形式从客户那里得到第一手的资料，加以分析整理供客户关系管理实施团队参考。同时，也可通过组织座谈会、研讨会的形式邀请客户代表与有关人员进行交流沟通，以便更好地掌握他们对客户关系管理的深层次需求。此外，企业还应关注竞争者在客户关系管理方面的做法，吸收竞争者的长处，改进他们存在的不足之处。

在企业内部了解各个部门的业务需求相对较为容易，客户关系管理团队可以召集销售、营销、客户支持、财务、生产、研发等不同部门的有关人员共同进行不同形式的讨论，以便更好地了解每一个部门对客户关系管理系统的实际需求，并形成统一的看法，以推动项目的实施和应用。为了充分了解企业当前存在的问题，以及各部门对客户关系管理系统的期望，可以对以下问题进行重点调查：

(1) 你所在部门的主要职责是什么?

(2) 你主要与哪些客户打交道?

(3) 你是怎样与客户进行互动的?

(4) 你是用什么方式与客户互动的? 电话、传真还是电子邮件?

(5) 目前你主要利用哪些方面的信息?

(6) 你已经积累了哪些有关客户的信息?

(7) 你知道客户对你这一部门哪些方面感到不满?

(8) 你怎样对潜在客户进行跟踪和开发?

(9) 你认为怎样才能增进与客户的联系?

(10) 你对客户关系管理系统有如何期望?

业务需求分析应更多地考虑最终用户的实际需求，包括与企业直接接触的客户、销售人员、客户服务人员、营销人员、订单执行人员、客户管理人员等。

(三) 制订客户关系管理发展计划

明确了客户关系管理系统的业务需求后，接下来便是制订具体的客户关系管理发展计划了。发展计划主要应包括以下一些内容。

1. 明确客户关系管理的发展目标

客户关系管理的发展计划首先必须明确系统实施的远景规划和近期实现目标，既要考虑企业内部的现状和实际管理水平，同时也要看到外部市场对企业的要求与挑战，分析企业实施客户关系管理的初衷是什么，是为了适应竞争，还是为了改善服务? 具体的发展目标有的可以考虑采用定量的方法加以明确，以便企业各个部门更好地掌握。

2. 确定客户关系管理系统的预算和实施进程

客户关系管理系统的实施周期相对较长，投入的资金数额也较大，需要企业制订预算计划，以保证计划的顺利实施。客户关系管理系统的实施还应考虑到速度的保证，周期拉得太长，一方面会增加开支，另一方面会使客户等得不耐烦而离去，从而给企业造成不必要的损失。因此，企业应制订切实可行又较为紧凑的实施进程表，保证计划以较快的速度完成。

3. 确定客户关系管理解决方案

客户关系管理的解决方案主要来源是行业专家，因为有很多专业的咨询公司专门从事客户关系管理咨询服务，行业内的资深顾问和专家可以帮助企业对当前市场上各种主流的客户关系管理解决方案进行客观分析和公正评价。当然，对某一方案进行评价时，需要结合企业的实际需求考虑，不应盲目追求技术先进、功能齐全。一个优秀的客户关系管理解决方案必须综合考虑软件、技术和供应商这三方面的因素，不能有失偏颇。在可能适合的几个解决方案中，应逐个与供应商取得联系，并可要求其提供相关成功案例和产品演示，对多个供应商的产品进行反复比较选择，逐步缩小备选的范围。接下来再对各方案的相关费用进行选择比较。

（四）客户关系管理系统的实施与安装

客户关系管理系统的实施与安装可分为以下一些步骤。

1. 确定项目范围和系统规范

在客户关系管理系统实施之前，应进一步明确客户和企业内部各部门对系统的业务需求，以便确定项目的实施范围和系统规范，使实施和安装过程有章可循、有序进行。

2. 项目计划和管理

这一步由软件供应商提供专门的项目管理人员负责与企业的沟通，企业内部的管理人员则作为内部的系统专家与其合作。客户关系管理团队中的有关人员在这一阶段开始接受必要培训，以推进项目的实施进程。

3. 系统配置和客户化改造

这一阶段主要对系统进行重新配置和客户化改造，以更好地满足企业具体的业务需求，所有的软硬件设备都应在这一阶段安装到位。与此同时，各部门的有关业务人员应进行必要的业务培训，以便掌握全面的技术知识，培养自己解决系统技术问题的能力。

4. 建立原型、兼容测试和系统试运行

这一阶段主要是建立起系统的原型，并进行兼容测试和试运行。企业员工将在此阶段熟悉安装程序和安装过程中的具体细节，系统修改和数据转换等关键性工作也将在这阶段完成。这一阶段需要供应商的实施专家和企业的人员、各部门业务人员进行深入细致的交流，共同对有关问题进行分析探讨，找到具体可行的解决方案。

5. 局部运行和质量保证测试

这一阶段主要由企业安排各部门相关业务人员接受软件供应商和咨询顾问提供的系统培训，使他们尽快成为新系统的专家，以便向所有的终端用户和管理层传授有关新系统的使用、维护等各方面的知识。对系统进行局部的运行和质量保证测试，可邀请少量客户和企业有关部门的用户共同参与，写出具体的质量测试报告，供客户关系管理团队的负责人员参考，以便及时发现和解决问题。

6. 最后实施和全面推广

这是系统实施的最后阶段，应为技术人员制订详细的实施时间表，说明这一阶段应该具体完成的任务和要求。对所有用户的全面培训也在这一阶段进行，只有通过有效的培训使员工充分认识到新系统所带来的切实的好处，才能使他们自觉地应用这一系统，减少系统应用过程中出现的各种阻力。所以，为保证培训效果，必须制订明确的培训计划和培训指标，让员工经过培训后能对系统有全面、正确的认识。

7. 系统运行支持

为保证系统的日常运行，企业应配备全职的系统管理员，以提供技术支持和系统维护。系统管理员可直接由客户关系管理团队中负责技术的人员担任，或者在项目实施过程前期吸收相关人员加入，以便更全面地了解系统实施的全过程。由于客户关系管理系统的技术支持工作是很复杂的，所以要确保供应商能向系统管理员提供持续的技术帮助和培训。

(五) 客户关系管理系统的应用

客户关系管理系统重在应用。没有员工自觉和正确的应用，得不到客户的支持，客户关系管理系统将形同虚设，不但造成投资的浪费，反而还会影响企业与客户的关系。因此，注重应用是客户关系管理系统建设最主要的目的。如何更好地应用，没有统一的模式，需要不同企业自己摸索经验，不断总结、不断提高。美国的《哈佛商业评论》杂志提到了客户关系管理应用的四个步骤，可供参考。

1. 识别客户

这一步的主要工作包括以下几方面：

(1) 将更多的客户姓名输入数据库中；

(2) 采集客户的有关信息；

(3) 保证并更新客户信息，删除过时信息。

2. 对客户进行差异性分析

在这一阶段应根据客户对于本企业的价值（如销售费用、销售收入、与本公司有业务交往的年限等），把客户分为 A、B、C 三类（购买量占 60%～80%的客户定为 A 类，20%～30%的定为 B 类，其余的定为 C 类）。企业应为 A 类用户建立专门的档案，指派专门的销售人员负责对 A 类用户的销售业务，提供销售折扣，定期派人走访用户，采用直接销售的渠道方式；对数量众多但购买量很小、分布分散的 C 类用户则可以采取利用中间商，间接销售的渠道方式；对于 B 类客户，企业根据实际情况采用介于 A 类和 C 类客户之间的方式处理。

3. 与客户保持良性接触

与客户保持良性接触是增进客户关系的根本举措。具体有以下一些方法：

(1) 给自己的客户联系部门打电话，看得到问题答案的难易程度如何；

(2) 给竞争对手的客户联系部门打电话，比较服务水平的不同；

(3) 把客户打来的电话看作一次销售机会；

(4) 测试客户服务中心的自动语音系统的质量；

(5) 对企业内记录客户信息的文本或纸张进行跟踪；

(6) 找出哪些客户给企业带来了更高的价值，与他们更主动地进行对话；

(7) 通过信息技术的应用，使得客户与企业沟通更加方便。

4. 调整产品或服务以满足每一个客户的需求

满足客户的个性化要求是企业实施客户关系管理的重要目标。要实现这一目标，需要进行长期的努力，并应从细微处入手，处处关怀、体贴客户的需求，借助信息技术的应用，逐步向这个目标迈进。具体的工作又可分为以下几方面：

（1）改进客户服务过程中的纸面工作，替客户填写各种表格，节省客户时间；

（2）询问客户希望以怎样的方式、怎样的频率获得企业的信息，并使发给客户的邮件更加个性化；

（3）征求名列前十位的客户的意见，看企业究竟可以向这些客户提供哪些特殊的产品或服务以增强他们的忠诚度；

（4）节约公司资金，并让利于客户。

三、销售链管理的含义及目标

销售链管理被人们定义为整合的获取订单的战略，它要求企业用信息技术支持从客户初次联系到订货的整个销售周期。公司要想很好地管理这个过程，就需要对目前的战略做出巨大的调整。仅仅把目前分散的任务（如销售线索管理、产品配置或产品定价等）自动化并不能解决问题，公司需要构造出一个能够支持订单获取完整流程的销售链应用结构。

通过将销售或获取订单看作过程而非功能，公司开始从客户的立场来看问题，像戴尔、思科和亚马逊这样的公司重新定义了获取订单的流程，这使得公司把它们的直销力量集中于最合适、最有利可图的机会上；通过督促销售队伍尽快做出在何时做什么的安排而缩短了销售循环的时间；通过加深对客户及其偏好的理解而提高了客户的重复购买率；通过提高订单来源的可见性提高了销售的准确性；并且给决策制订者们提供了更加准确的市场情报。

销售链管理包括以下一些目标。

（一）为客户创造价值

这意味公司要把订货流程看作给客户创造价值的过程。公司通过与客户合作来鉴别客户需求，构造一个满足客户需求的解决方案，然后向客户发送他们所需要的东西。很多计算机制造商已经掌握了这种方法。

（二）使客户能够更容易地订购所需产品

公司正在探索将销售终端的销售信息系统与公司后台的计划系统整合的途径，这样就能根据供应链中各种原材料和备件的供应情况来决定发货日期。目标是通过快速、准确地满足客户订单来提高销售水平。

（三）提高销售队伍的作用

尽管技术带来了生产的进步，但在提高销售人员的作用方面几乎没有什么比较显著的效果，公司还需要在提高销售数量、减少销售循环时间和降低每笔交易的成本等方面做出努力。随着公司在削减运营成本的同时寻求提高收入的途径，公司的注意力正向销售效果上转移。

（四）相互协作的团队销售

由于越来越多的公司成为跨国企业并服务于不同国家的客户，所以越来越需要集中存储客户信息并且协调销售活动。在复杂的团队销售环境中，需要团队的不同成员协同工作来共同完成一次交易，而这就产生了对协同行动和共享信息的迫切需要。

四、销售链管理体系

所谓销售链管理体系就是先将订单获取流程的关键环节各自自动化，包括产品目录和营销大全、销售配置系统、定价系统、销售激励系统及订单管理系统等，然后将这些应用连接并整合。

（一）获取订单的流程

显然，大量的销售人员和产品不再是企业成功的充分保障。面向客户的产品和服务、新的配送渠道以及多种价位的选择，正在使得获取订单的流程越来越复杂和难以管理。

获取订单的流程包括以下环节：

（1）识别潜在客户；

（2）了解客户需求；

（3）验证客户需求；

（4）设计满足的方案；

（5）转成生产要求；

（6）确定配置成本和价格；

（7）确定合同供货和交货；

（8）向客户报价；

（9）准备订单。

获取订单的流程需要进行需求评估，以方便客户选择，便于产品结构设计、产生报价单和提案，最后以生成图表和绩效评估矩阵结束。

在没有实施自动化的情况下，客户经理需要依据自身的销售技能、产品知识和经验对客户的需求进行评估，还需要在技术人员的帮助下详细分析客户需求及公司的生产能力，确定满足客户需求的解决方案。技术人员要将他对解决方案的理解转成对生产的要求（如价格和配送计划），或由专人完成这个工作。随后将这些信息反馈给销售人员或报价专家，由他们来准备所有文档（包括客户需求、产品最佳配置、价格、交货日期及其他内容）。整个手工流程要求由专人来解释大量信息（如工程、定价和生产等），这就增加了人为的错误，而且周期很长。

销售人员需要的是整合方案，能对现有产品的定价和是否有货等信息进行访问，以便当场回答客户的询问，并在理想情况下实现真正的销售。要实现上述目标，公司就需要对获取订单的流程加以改进。网络经济时代，销售组织对公司上下游的决策都有显著影响，除了公司内部的整合外，可能还需要公司与外部供应商的整合。只有这样，才有可能更好地满足客户的需要，才有可能吸引客户并最终留住客户。

（二）销售链管理体系的要素

1. 产品目录和营销大全

方便产品信息的访问是销售应用的基本要求。现在客户可以通过互联网得到产品的详细信息，不必亲自去产品展示场所同一名不了解产品的现场销售人员交谈。

营销大全是一个智能的电子化产品目录，它为销售代表和客户提供了公司最新的产品和服务信息。所有产品信息的发布和使用都集中在营销大全上进行，产品经理可直接在数据库里更改信息并立即传遍整个企业。对营销大全应用最关键的要求是易于创建和保存产品信息，具有多种信息检索机制，提醒销售代表和客户可捆绑、促销和搭配的产品。

2. 销售配置系统

销售定制产品通常很麻烦，从准备报价到产品制造及运输的所有环节都必须了解客户的各种要求。销售人员由于缺少必要的工具和信息而无法当场准确而详细地回答客户的询问，因此必须同总部不断协商。

很早以前公司就开始在销售、订单输入、生产和客户支持等领域应用产品配置检查工具，这些工具可能由制造资源计划（MRPⅡ）和企业资源计划（ERP）软件包提供，保证了订单错误不会干扰生产，但无法在接受订单时就发现问题，而尽可能提前发现订单错误对降低返工成本和提高客户回头率十分重要。

新的定制应用系统不仅要检查产品配置问题，还需要了解客户需求，支持销售人员在现场、网站或其他销售点迅速为客户提供定制方案并立即报价。

3. 定价的维护、发布和配置

公司一般都有很复杂的定价和折扣系统，经常需要根据销售区域或渠道伙伴进行灵活定价，客户签订的合同不同，其价格也不一样。现在，许多公司面临的难题是无法对市场的变化及时调整定价，这是由于定价周期过长、效率太低或者价格发布能力很弱，这些问题会导致市场份额减少、利润降低或库存积压。

企业的定价取决于销售战略，如客户等级、渠道类型、产品线、有效期限及定价者的权限等，这就需要定价配置系统，它可以帮助公司制订、管理和推行复杂的价格和折扣系统。

4. 标书和报价生成

标书和报价生成系统的目标是支持公司为客户提供直观和专业的报价和标书，系统包括以下内容：

（1）创造和跟踪商机。支持销售人员根据客户和时间来保存、查找报价及产品配置的历史记录。

（2）交互式需求评估。帮助销售人员和客户明确采购标准与采购方案。

（3）自动生成报价单。即根据产品配置直接生成报价，并允许增加配件、打折、选定货币类型、根据地理位置等因素加价或给予折扣、附加运输和包装处理费用。

（4）标书辅助工具。根据产品配置、需求评估和报价直接生成标书，减少标书准备的时间和精力。

标书和报价生成系统还应为销售人员提供每个客户的特殊信息，如促销对此客户的影响等。另外，还能够按要求提供不同详细程度的产品信息。

5. 销售激励和佣金管理

销售激励和佣金体系对提高销售效率作用显著，大企业通常都需要销售激励和佣金管理系统的支持，此系统包括三个核心模块，即激励设计、激励处理和激励分析。

第四节　企业电子商务安全管理

安全问题是企业电子商务发展的重要问题。计算机病毒的破坏、黑客的侵袭、密码的泄露、内部人员作案等均构成对电子商务的威胁，安全问题的解决有赖于人们对电子商务安全性的高度重视及采取切实可行的对策和手段。

一、电子商务安全问题概述

(一) 电子商务安全隐患

目前开展电子商务主要有以下一些安全隐患。

1. 中断信息系统

网络故障、操作错误、应用程序错误、硬件故障、系统软件错误、计算机病毒及自然灾害都会导致系统不能正常地工作。因而要对上述原因造成的潜在威胁加以控制和预防，以保证贸易数据在确定的时间、确定的地点是有效的。

2. 窃听交易信息

电子商务作为贸易的一种手段，其信息直接代表着个人、企业或国家的商业机密。电子商务是建立在一个较为开放的网络环境上的，维护商业机密是电子商务全面推广应用的重要保障。因此，要预防通过搭线和电磁泄漏等手段造成信息泄露，或对业务流量进行分析，从而获取有价值的商业情报等一切损害系统机密性的行为。

3. 篡改交易信息

电子商务简化了贸易过程，减少了人为的干预，同时也带来维护贸易各方商业信息的完整、统一问题。由于数据输入时的意外差错或欺诈行为，可能导致贸易各方信息的差异。此外，数据传输过程中信息的丢失、信息重复或信息传送的次序差异也会影响贸易各方的交易和经营策略，保持贸易各方信息的完整性是电子商务应用的基础。

4. 伪造交易信息

电子商务可能直接关系到贸易双方的商业交易，如何确定“要进行交易方正是所期望的贸易方”这一问题则是保证电子商务顺利进行的关键。在无纸化的电子商务方式下，通过手写签名和印章进行贸易方的鉴别已不可能。因此，需要在交易信息的传输过程中为参与交易的个人、企业或国家提供可靠的标识。

5. 抵赖交易行为

当贸易一方发现交易行为对自己不利时，有可能否认电子交易行为。例如由于价格的上扬，卖方否认曾答应过协议，或者由于价格的下跌，买方否认曾求购。因此要求系统具备审查能力，以使交易的任何一方都不能抵赖已经发生的交易行为。

知识库

电子商务安全技术——区块链技术

区块链是一种可以持续增长数据记录且“硬化”的分布式库。每个数据块包含一系列交易信息和时间戳，以及与之前数据块的链接。它在本质上是一种全球分布的数据库，不断追加新的交易记录并随之“硬化”以防止修改，因此可以将其视作一份去中心化的公共数字总账（public digital ledger)，其主要技术特点是：

- 独立于节点的汇聚共识；
- 任何链接良好节点对任意交易的确认和否认；

• 任何链接良好节点的交易创造和记录；
• 只能追加（append），不能修改（modify）和删除（delete）；
• 冲突事件的自动解决。

区块链是比特币（bitcoin）的底层技术，目前已经渗透到包括金融、商业、文化等诸多社会领域和行业，成为当前最具潜力的信息技术。

（二）电子商务安全国际规范

国际上，电子商务安全机制正在走向成熟，并逐渐形成了一些国际规范，比较有代表性的有 SSL（secure socket layer，安全套接层）协议和 SET（secure electronic transaction，安全电子交易规范）协议。

1. SSL 协议

SSL 协议向基于 TCP/IP 的客户/服务器应用程序提供了客户端和服务器的鉴别、数据完整性及信息机密性等安全措施。该协议在应用程序进行数据交换前通过交换 SSL 初始信息来实现有关安全特性的审查。

SSL 协议要求客户的信息首先传到商家，商家阅读后再传到银行，这样，客户资料的安全性便受到威胁。另外，整个过程只有商家对客户的认证，缺少了客户对商家的认证。在电子商务的初始阶段，由于参与电子商务的公司大都是信誉较好的公司，这个问题没有引起人们的重视。随着越来越多的公司参与电子商务，对商家认证的问题也就越来越突出，SSL 协议的缺点完全暴露出来，也逐渐被新的 SET 协议所取代。

2. SET 协议

SET 协议向基于信用卡进行电子化交易的应用提供了实现安全措施的规则。它是由 Visa 和 Master Card 两个国际组织共同制订的一个能保证通过开放网络（包括互联网）进行安全资金支持的技术标准。SET 协议在保留对客户信用卡认证的前提下，又增加了对商家身份的认证。由于设计较为合理，得到了诸如微软、IBM、网景等大公司的支持，已成为事实上的工业标准。

SET 协议也有不足之处，主要体现在协议复杂，使用成本高，且只适用于客户安装了“电子钱包”的场合。根据统计，在一个典型的 SET 协议交易过程中，需验证数字证书 9 次，验证数字签名 6 次，传递证书 7 次，进行 5 次签名、4 次对称加密和 4 次非对称加密，整个交易过程可能需花费 1～2 分钟。

（三）电子商务安全法律要素

安全的电子商务除了依赖于技术因素外，还必须依靠法律手段、行政手段来最终保护参与电子商务各方的利益。法律法规的建设成为当前电子商务发展不可或缺的要素。

开展电子商务需要在企业和企业之间、政府和企业之间、企业和消费者之间明确各自需要遵守的法律法规。其主要涉及以下一些法律要素。

1. 有关认证机构（CA）中心的法律

CA 中心是电子商务中介于买卖双方之外的公正的、权威的第三方，是电子商务中的核心角色，它担负着保证电子商务公正、安全进行的任务。因而必须由国家法律来规定 CA 中心的合法地位、设立程序和设立资格，以及必须承担的法律义务和责任，也必须由法律来规定由谁来对CA中心进行监管，并明确监管的方法及违规后的处罚措施。

2. 有关保护个人隐私、个人秘密的法律

本着最小限度收集个人数据、最大限度保护个人隐私的原则来制定法律，以消除人们开展电子商务时对泄露个人隐私以及重要个人信息（如信用卡账号和密码）的担忧，从而吸引更多的人上网开展电子商务。

3. 有关电子合同的法律

需要制定有关法律对电子合同的法律效力予以明确；对数字签名、电子商务凭证的合法性予以确认；对电子商务凭证，电子支付数据的伪造、变更、涂销做出相应的法律规定。

4. 有关电子商务的消费者权益保护法

网络交易过程中，消费者对商家信誉的信心只能寄托于为交易提供服务的第三方，如CA中心和收款银行等。其中，CA中心能够核实商家的合法身份，收款银行则能掌握商家的信誉情况。一旦因商家不付货、不按时付货或者货不符实而对消费者产生损害时，可以由银行先行赔偿消费者，再由银行向商家追索损失，并降低商家在银行的信誉，或取消商家电子支付的账号，或将商家违规情况记入CA中心的黑名单，甚至取消商家的数字证书。

5. 有关网络知识产权保护的法律

网络对知识产权的保护提出了新的挑战，因此在研究技术保护措施时，还必须建立适当的法律框架，以便侦测仿冒和欺诈行为，并在上述行为发生时提供有效的法律援助。

（四）电子商务安全原则

最简单、最有效地建立一个安全环境的方法是从一开始就把安全放在重要地位，这意味着要把安全原则作为待建设工程其余部分的基础。安全的主要原则是有效性、机密性、完整性、可用性、可靠性、不可否认性和可控性。为了取得成功，应该在各个阶段和具体应用中始终强调这些需要。

1. 有效性

有效性，即能对信息、实体的有效性和真实性进行鉴别。

电子商务以网络通信来传输信息，以可改写介质来存储信息，因此如何保证这种电子形式的贸易信息的有效性和真实性是开展电子商务的前提。电子商务作为贸易的一种形式，其信息的有效性和真实性将直接关系到贸易双方的经济利益和声誉。因此，要对网络故障、操作错误、应用程序错误、硬件故障、系统软件错误及计算机病毒所产生的潜在威胁加以控制和预防，以保证贸易数据的有效、真实。

2. 机密性

机密性，即保证信息不被泄露给非授权的人或实体。

机密性是这些安全原则中得到最广泛认同的。商业从它诞生开始就一直在与机密性打交道。顾客的一个基本要求就是他们的个人信息受到保护，不会被泄露出去。商家同样希望商品价格、商业日程安排及公司交易活动的合同细节能得到一定程度的保密。尽管保密的概念已经深入人心，但实际操作起来依然很困难。经常可以看到客户、供应商信息或商业关系策略被泄密的新闻。

信息也许是公司拥有的最宝贵的财产，失去它或者草率地对待将会导致损失甚至是公司的毁灭。

3. 完整性

完整性，即一方面要求保证数据的一致性，另一方面又要防止数据被非授权建立、修改和破坏。

为了建立和维护信息的完整性，人们发明了各种各样的方法，如复式记账系统、编辑和校对工作的设立、现代校验方法等。电子商务简化了贸易过程，同时也带来维护商业信息的完整性、统一性的问题。完整性也许是这些原则中最难实现的，但它也是至关重要的。商业活动必须处理和维护受委托的信息的完整性。因此，完整性是电子商务安全的焦点之一。

4. 可用性

可用性是指电子商务系统能够不间断地正常运行。可用性是所有商务活动的生命源泉，如果顾客无法接触到企业来购买商品，该企业将很快失败。在电子商务的世界，每个时刻都意味着大量的销售收入，即使是不到 1 小时的停机也会给公司带来巨大的经济损失。

5. 可靠性、不可否认性和可控性

可靠性，就是能保证合法用户对信息和资源的使用不会被不正当地拒绝；不可否认性就是能建立有效的责任机制，防止实体否认其行为；可控性就是能控制使用资源的人或实体的使用方式。

二、企业电子商务安全管理对策

企业电子商务的安全管理需要一个完整的综合保障体系。应当从技术、管理、法律等方面入手，采取行之有效的综合解决办法和措施，才能真正实现电子商务的安全运作。其主要安全管理对策体现在以下几个方面。

（一）人员管理

由于人员在很大程度上支配着市场经济下企业的命运，而计算机网络犯罪又具有智能性、连续性、高技术性的特点，所以加强对电子商务人员的管理变得十分重要。

贯彻电子商务安全运作有以下一些基本原则：

（1）双人负责原则：重要业务不要安排一个人单独管理，实行两人或多人相互制约的机制。

（2）任期有限原则：任何人不得长期担任与交易安全有关的职务。

（3）最小权限原则：明确规定只有网络管理员才可以进行物理访问，只有网络人员才可进行软件安装工作。

（二）保密管理

电子商务涉及企业的市场、生产、财务、供应等多方面的机密，信息的安全级别又可分为绝密级、机密级和秘密级三级，因此，安全管理需要很好地划分信息的安全防范重点，提出相应的保密措施。

保密工作的另一个重要问题是对密钥的管理。大量的交易必然使用大量的密钥，密钥管理必须贯穿于密钥的产生、传递和销毁的全过程。密钥需要定期更换，否则可能使“黑客”通过积累密文增加破译机会。

（三）网络系统的日常维护管理

1. 硬件的日常管理和维护

企业通过自己的内部网参与电子商务活动，内部网的日常管理和维护变得至关重要，这就要求网络管理员必须建立系统设备档案。一般可用一个小型的数据库来完成这项功能，以便于一旦某地设备发生故障能立即进行网上查询。

对于一些网络设备应及时安装网管软件。网管软件可以做到对网络拓扑结构的自动识别、显示和管理，网络系统节点配置与管理，系统故障诊断、显示及通告，网络流量与状态的监控、统计与分析，还可以进行网络性能调优、负载平衡等。对于不可管设备应通过手工操作来检查状态，做到定期检查与随机抽查相结合，以便及时准确地掌握网络的运行状况，一旦有故障发生能及时处理。

2. 软件的日常管理和维护

对于操作系统，要进行的维护工作主要包括：定期清理日志文件、临时文件；定期执行整理文件系统；监测服务器上的活动状态和用户注册数；处理运行中的死机情况等。

对于应用软件的管理和维护主要是版本控制。为了保持各客户机上的版本一致，应设置一台安装服务器，当远程客户机应用软件需要更新时，就可以从网络上进行远程安装。

（四）数据备份和应急措施

为了保证网络数据安全，必须建立数据备份制度，定期或不定期地对网络数据进行备份。

应急措施是指在计算机灾难事件（即紧急事件或安全事故）发生时，利用应急计划辅助软件和应急设施，排除灾难和故障，保障计算机信息系统继续运行或紧急恢复。在启动电子商务业务时，就必须制订交易安全计划和应急方案，一旦发生意外，立即实施，最大限度地减少损失，尽快恢复系统的正常工作。

灾难恢复包括许多工作。一方面是硬件的恢复，使计算机系统重新运转起来；另一方面是数据的恢复。一般来讲，数据的恢复更为重要，难度也更大。目前运用的数据恢复技术主要是瞬时复制技术、远程磁盘镜像技术和数据库恢复技术。

（五）跟踪与审计管理

跟踪管理要求企业建立网络交易系统日志机制，用于记录系统运行的全过程。系统日志文件是自动生成的，内容包括操作日期、操作方式、登录次数、运行时间、交易内容等。它对系统的运行监督、维护分析、故障恢复，以及防止案件的发生或为侦破案件提供监督数据，都能起到非常重要的作用。

审计管理包括经常对系统日志的检查、审核，及时发现对系统故意入侵行为的记录和违反系统安全功能的记录，监控和捕捉各种安全事件，保存、维护和管理系统日志。

（六）病毒防范

抗病毒是电子商务安全的一个新领域。病毒在网络环境下具有更强的传染性，对网络交易的顺利进行和交易数据的妥善保存造成极大的威胁。从事网上交易的企业和个人都应当建立病毒防范制度，排除病毒的骚扰。

三、企业电子商务安全管理手段

由于电子商务涉及金融、企业、商家等各个方面的利益，它必须采用行之有效的安全手段。现今采用了多种实现手段，以保证电子商务系统的安全运行。比较流行的安全手段有电子商务系统防火墙、信息加密、数字签名、身份认证和数字证书等。

（一）电子商务系统防火墙

1. 防火墙的基本概念

防火墙是指一个由软件系统和硬件设备组合而成的，在内部网和外部网之间的界面上构造的保护屏障。所有的内部网和外部网之间的连接都必须经过此保护层，在此进行检查和连接。只有被授权的通信才能通过此保护层，从而使内部网络与外部网络在一定意义下隔离，防止非法入侵、非法使用系统资源，执行安全管制措施，记录所有可疑的事件，如图 8-3 所示。

图 8-3　防火墙示意图

电子商务系统防火墙必须为电子商务系统提供以下主要保障：

（1）防火墙封锁所有信息流，对希望提供的服务逐项开放，确保授权访问。

（2）检查数据包的来源、目的地、内容及模式，并鉴别真伪。

（3）对私有数据的加密支持和广泛的服务支持。

2. 防火墙的组成

防火墙主要包括安全操作系统、过滤器、网关、域名服务和电子邮件处理五部分。有的防火墙可能在网关两侧设置内、外两个过滤器，外过滤器保护网关不受攻击，网关提供中继服务，辅助过滤器控制业务流，而内过滤器在网关被攻破后提供对内部网的保护。

3. 防火墙的局限性

防火墙也有一定的局限性，主要表现在以下几方面：

（1）不能抵御来自内部的攻击。防火墙只能抵御经由防火墙的攻击，不能防范不经由防火墙的攻击。防火墙只是设在内部网和外部网之间，对其间的信息流进行干预的安全设施。

（2）不能防范人为因素的攻击，不能防止由公司内部人员恶意攻击或用户误操作造成的威胁，以及由于口令泄露而受到的攻击。

（3）不能有效地防止受病毒感染的软件或文件的传输。由于操作系统、病毒、二进制文件类型（加密、压缩）的种类太多且更新很快，所以防火墙无法逐个扫描每个文件以查找病毒。

（4）不能防止数据驱动式的攻击。当有些表面看来无害的数据邮寄或拷贝到内部网的主机上并被执行时，可能会发生数据驱动式的攻击。例如，一种数据驱动式的攻击可以使主机修改与系统安全有关的配置文件，从而使入侵者下一次更容易攻击该系统。

（二）电子商务信息加密

加密技术是电子商务系统采用的主要安全措施之一，是实现电子商务信息保密性的一种重要手段。贸易双方根据需要在商务信息交换过程中使用加密技术，其目的是防止合法接收者之外的人获取信息系统中的机密信息。

1. 信息加密技术的基本概念

（1）加密和解密。加密是指采用数学方法对原始信息（通常称为“明文”）进行再组织，使它成为一种不可理解的形式，这种不可理解的内容叫作密文；解密是加密的逆过程，即将密文还原成原来可理解的形式。

（2）算法和密钥。加密和解密过程依靠两个元素，缺一不可，这就是算法和密钥。算法是加密或解密的一步一步的过程。在这个过程中需要一串数字，这个数字就是密钥。

（3）密钥的长度。密钥的长度是指密钥的位数。密文的破译实际上是“黑客”经过长时间的测试密钥，破获密钥后，解开密文。怎样才能使得加密系统牢固，让“黑客”难以破获密钥呢？这就是要使用更长的密钥。例如一个 16 位的密钥有 2 的 16 次方（65 536）种不同的密钥。顺序猜测 65 536 种密钥对于计算机来说是很容易的。如果是 100 位的密钥，计算机猜测的时间则更长。因此，密钥的位数越多，加密系统就越牢固。

2. 电子商务信息的加密技术

目前，加密技术分为两类，即对称加密和非对称加密。

（1）对称加密。在对称加密方法中，对信息的加密和解密都使用相同的密钥。也就是说，一把钥匙开一把锁。使用对称加密方法将简化加密的处理，贸易双方都不必彼此研究和交换专用的加密算法，而是采用相同的加密算法并只交换共享的专用密钥，如图 8 - 4 所示。

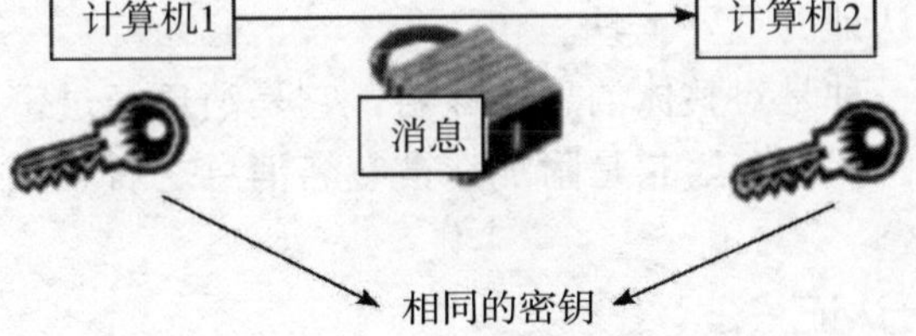

图 8 - 4　对称加密示意图

对称加密技术采用相同密钥，要求贸易双方共同保守秘密，并且存在着在通信的贸易双方之间确保密钥安全交换的问题。此外，当某一贸易方有 n 个贸易关系，那么它就要维护 n 个专用密钥（即每把密钥对应一个贸易方）。对称加密方式存在的另一个问题是无法鉴别贸易发起方或贸易最终方。因为贸易双方共享同一把专用密钥，贸易双方的任何信息都是通过这把密钥加密后传送给对方的。

（2）非对称加密。在非对称加密体系中，密钥被分解为一对，即一把公开密钥和一把专用密钥。这对密钥中的任何一把都可作为公开密钥（加密密钥）通过非保密方式向他人公开，而另一把则作为专用密钥（解密密钥）加以保存，如图 8-5 所示。

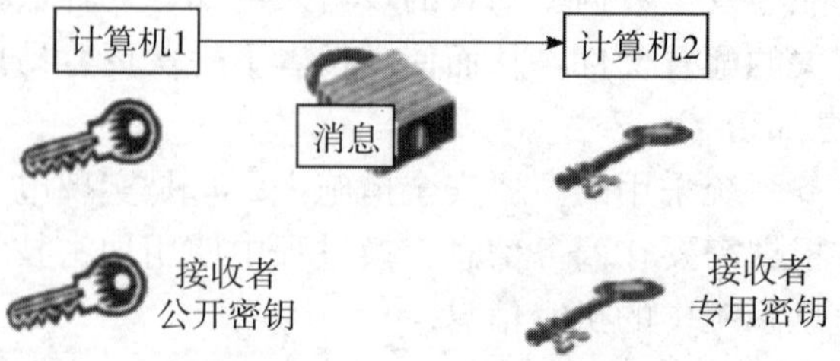

图 8-5　非对称加密示意图

公开密钥用于对机密信息的加密，专用密钥则用于对加密信息的解密。专用密钥只能由生成密钥对的贸易方掌握，公开密钥可广泛发布，但它只对应于生成该密钥的贸易方。贸易方利用该方案实现机密信息交换的基本过程是：贸易方甲生成一对密钥并将其中的一把作为公开密钥向其他贸易方公开；得到该公开密钥的贸易方乙使用该密钥对机密信息进行加密后再发送给贸易方甲；贸易方甲再用自己保存的另一把专用密钥对加密后的信息进行解密。贸易方甲只能用其专用密钥解密由其公开密钥加密后的任何信息。

（三）电子商务数字签名

数字签名，是只有信息的发送者才能产生，而别人无法伪造的一段数字串。这段数字串同时也是对发送者发送信息的真实性的一个有效证明。

数字签名是通过用密码算法对数据进行加、解密交换实现的。将数字签名用发送方的专用密钥进行加密，会同密文一起送给接收方，接收方用发送方的公开密钥对数字签名进行解密，就可确定消息来自于谁，则可确定发送方的身份是真实的。

数字签名可做到既保证签名者无法否认自己的签名，又保证接收方无法伪造发送方的签名，还可作为信息收发双方对某些有争议信息的法律依据。数字签名提供了一种安全的方法。数字签名在信息安全（包括身份认证、数据完整性、不可否认性及匿名性等）方面有重要应用，特别是在大型网络安全通信中的密钥分配、认证及电子商务系统中具有重要作用，数字签名是实现认证的重要工具。

数字签名有两种：一种是对整体消息的签名，它是消息经过密码变换的被签名消息整体；另一种是对压缩消息的签名，它是附加在被签名消息之后或某一特定位置上的一段签名图样。

（四）电子商务身份认证

身份认证是判明和确认贸易双方真实身份的重要环节。通过计算机网络开展电子商务，身份认证问题是一个至关重要的问题。一方面，只有合法用户才可以使用网络资源，所以网络资源管理要求识别用户的身份。另一方面，传统的交易方式下交易双方可以面对面地谈判交涉，很容易识别对方的身份。而通过电子网络交易却不同，交易双方并不见面，通过普通的电子传输信息很难确认对方的身份。因此，只有采取一定的措施使商家可以确认对方身份，商家才能放心地开展电子商务。当然，这其中也需要一个仲裁机构，以便在发生纠纷时进行仲裁。因为存在身份识别技术，有关当事人就无法抵赖自己的行为，从而使仲裁更为有理有据。

一般来说，用户身份认证可通过以下三种基本方式或其组合方式来实现。

1. 人体生物学特征方式

由于某些人体生物学特征，如指纹、声音、DNA 图案、视网膜扫描等，不同人相同的概率十分小，用它可直接进行身份认证。但这种方式一般成本较高，适用于保密程度很高的场合。

2. 口令方式

口令是应用最广泛的一种身份识别方式。口令一般是长度为 5～8 的字符串，由数字、字母、特殊字符、控制字符等组成。口令的选择一般应满足以下几个原则：

（1）容易记忆；

（2）不易猜中；

（3）不易分析。

所以，口令的选择一定要慎重，而且应该定期更换。在满足以上条件的前提下，口令的长度应该尽量长，因为越长的口令越不容易被破译。当然，口令的管理方式也是一个重要问题。如果用户的口令都存储在一个文件中，那么一旦这个文件暴露，非法用户就可获得口令。

3. 标记方式

标记是一种用户所持有的某个秘密信息（硬件），标记上记录着用于机器识别的个人信息。它的作用类似于钥匙，用于启动电子设备。访问系统资源时，用户必须持有合法的随身携带的物理介质（如智能卡）。

（五）电子商务数字证书

数字证书或公钥证书是由认证机构签署的，其中含有掌握相应密钥的持证者的确切身份或其他属性。数字证书是将公钥体制用于大规模安全电子商务的基本要素。

作为电子商务交易中受信任的第三方，认证机构的职能是发放和管理用户的数字证书，即：接收注册请求，处理、批准/拒绝请求，发放和管理用户的数字证书；同时负责证书的检索、证书的撤销、证书数据库的备份，以及有效保护证书和密钥服务器的安全。认证机构在整个电子商务环境中处于至关重要的位置，它是整个信任链的起点，是开展电子商务的基础。

在开展网络交易时，应向对方提交一个由认证机构签发的包含个人身份的证书，以使对方相信自己的身份。顾客向认证机构申请证书时，可提交自己的执照、身份证或护照，经验证后，颁发证书，以此作为网上证明自己身份的依据。

1. 数字证书的内容

数字证书包含以下内容：

（1）证书拥有者的姓名；

（2）证书拥有者的公钥；

（3）公钥的有效期；

（4）颁发数字证书的单位；

（5）颁发数字证书单位的数字签名；

（6）数字证书的序列号。

2. 数字证书的类型

一般来说，数字证书有三种类型，即个人数字证书、企业（服务器）数字证书和软件（开发者）数字证书。

（1）个人数字证书：仅仅为某个用户提供凭证，一般安装在客户浏览器上，以帮助其个人在网上进行安全交易操作，访问需要客户验证安全的互联网站点，用自己的数字证书发送带自己签名的电子邮件，用对方的数字证书向对方发送加密的邮件。

（2）企业（服务器）数字证书：为网上的某个网络服务器提供凭证，拥有服务器的企业就可以用具有凭证的网络站点进行安全电子交易；开启服务器 SSL 安全通道，使用户和服务器之间的数据传送以加密的形式进行；要求客户出示个人证书，保证网络服务器不被未授权的用户入侵。

（3）软件（开发者）数字证书：为软件提供凭证，证明该软件的合法性。

新理念·新技术

社交化·本地化·移动化（So-Lo-Mo）

2010 年，硅谷著名风险投资家 John Doerr 首次提出了 So-Lo-Mo 的概念。他将社交化（social）、本地化（local）、移动化（mobile）三个词组合在一起，用以描述电子商务和数字营销的发展趋势。这个概念一经提出，在短短几个月内便风靡硅谷乃至整个科技投资界，并迅速扩展到全球。经过数年的市场检验和不断进化，如今 So-Lo-Mo 已经成为描述数字时代社会消费行为和企业商业模式变迁的核心概念。So-Lo-Mo 为企业带来一系列营销理念和经营策略上的重大变革，这种变革体现在：

1. 社交化

社交媒体成为与消费密切相关的信息生成与传播的主要通道，主要体现在：

（1）消费者身份。社交媒体把每个消费者的个人信息、社会关系、消费经验都实现数字化、网络化和定量化（评价、评论、转发），把每个人都纳入消费信息和消费体验的网络当中。

（2）消费者生成信息。这称为 UGC（user generated content），传统的营销理念是商家到消费者的单向信息传播。在 So-Lo-Mo 时代，海量的 UGC 成为商业信息的主体，这不仅大大提高了企业的营销效率，而且完全颠覆了传统的营销模式和理念。

（3）消费者信息传播。消费者主动传播 UGC 的动机多种多样，如晒单、评价、推荐、求助、抱怨等。无论是出于哪种目的的传播，都有助于消除商家和消费者之间的信息不对称，使得传统营销中可望而不可即的口碑效应实现病毒式传播。

2. 本地化

本地化是指移动通信终端提供的 LBS（location based service）应用，通过这种应用，用户可以随时随地获得定位、导航、地图等本地化信息服务，精准获得本地商业信息。对于中小型零售企业而言，可以规避自身因规模限制而导致的营销劣势，精准定位于本地顾客群体。

3. 移动化

智能手机、平板电脑和无线宽带等技术，具有传统 PC—互联网所不具备的特质：（1）基于 SIM 卡和移动通信网络的个人身份；(2) 基于 4G 和 Wi－Fi 网络的永久在线；(3) 基于 GPS 和通讯基站的实时定位；(4) 基于通信终端内置传感器的扩展式服务（如移动支付等）。

对于已经建立起 CRM 的企业或电商平台而言，So-Lo-Mo 则代表着全新的技术理念和营销模式。这一潮流不仅要求企业建立起在线生存模式、普遍的 LBS 服务接口，更重要的是识别和理解数字时代消费者的消费理念和消费行为，颠覆传统的营销理念，顺应 So-Lo-Mo 所带来的消费行为的变迁。

本章小结

本章第一节首先介绍了电子商务的基本知识。有关电子商务的定义很多，从不同的角度可以给出不同的定义，本教材选择了从商务角度定义电子商务，较为全面。电子商务的产生、发展与互联网的产生、发展密切相关。企业电子商务的基本模式包括企业与企业、企业与消费者、企业与政府的电子商务三种模式。然后介绍了电子商务的网络技术基础。最后探讨了电子商务的发展对企业管理信息的影响。

第二节首先阐述了企业电子商务运营管理要素配置，主要包括四个要素：网络资源配置、产品或服务范围、组织机构的设置和管理方式的创新。其次介绍了企业进入网络领域的三种战略形式以及确立进入战略时应该注意的问题。最后重点研究了企业电子商务运营的管理过程，其主要步骤包括：明确企业发展目标；市场细分和目标市场选择；电子商务站点的建立；企业网络营销组合设计。

第三节阐述了客户关系管理和销售链管理的含义、客户关系管理实施的主要环节以及销售链管理的体系。客户关系管理实施的主要环节包括：组建项目实施团队；业务需求分析；制订客户关系管理发展计划；客户关系管理系统的实施与安装；客户关系管理系统的应用。销售链管理体系就是先将订单获取流程的关键环节各自自动化，包括产品目录和营销大全、销售配置系统、定价系统、销售激励系统及订单管理系统等，然后将这些应用连接并整合。

第四节首先概述了电子商务安全问题。然后讨论了企业电子商务的安全管理对策，主要涉及人员管理、保密管理、网络系统的日常维护管理、数据备份和应急措施、跟踪与审计管理、病毒防范等方面。最后介绍了电子商务安全管理手段，主要包括：电子商务系统防火墙、电子商务信息加密、电子商务数字签名、电子商务身份认证和电子商务数字证书。

关键概念

电子商务　B to C　B to B　B to G　包交换网　TCP/IP 协议
域名　IP 地址　客户机/服务器　企业内部网　企业外部网　公共网络
专用网络　虚拟专用网络（VPN）　市场细分　客户关系管理　销售链管理
虚拟主机方式　服务器托管方式　SSL 协议　SET 协议　防火墙
信息加密　对称加密　非对称加密　数字签名　身份认证
数字证书　认证机构（CA）

讨论及思考题

1. 什么是电子商务？电子商务对企业信息管理有什么影响？
2. 企业电子商务的主要模式有哪几种？试举例说明。
3. 为什么必须要有互联网协议？你如何理解互联网协议的重要性？
4. 企业电子商务运营管理的要素有哪些？
5. 企业电子商务运营管理过程的主要步骤是什么？
6. 客户关系管理实施的主要环节是什么？
7. 销售链管理体系要素有哪些？其主要内容是什么？
8. 电子商务存在哪些安全隐患？
9. 电子商务安全原则是什么？
10. 企业电子商务安全管理的对策主要包括哪几个方面？
11. 保障电子商务安全的主要手段有哪些？

第九章　企业信息管理者

本章要点提示

- CIO 的特点、职责、模式
- CIO 与 CKO 的关系
- 企业信息管理者的素质、修养和能力
- 企业信息管理者的配置工作

章前案例

“火炬手”企业 CIO 的五大新思维

IBM 商业价值研究院发布了《2016 年全球最高管理层调研之 CIO 洞察》报告，该报告全景剖析当下和未来 CIO 所面临的机遇和挑战。在调查报告中，IBM 首次定义了“火炬手”企业 CIO 这一角色。本次接受调研的全球业务高管覆盖 70 多个国家，共计 5 247 位，分布在 18 个行业。这份报告的核心在于总结出了企业 CIO 开创 IT 新格局的五大新思维，以及推动数字化转型的五个新方法。

IBM 定义的“火炬手”企业 CIO 是指：身处于创新的领军企业，这些企业的财务业绩也非常出色，同时 CIO 本人也拥有与众不同的特质。报告显示，“火炬手”企业仅占到了受访 CIO 代表企业的 4%。

“火炬手”企业 CIO 有三大特质：一是更加强调培养敏捷创新的文化，与合作伙伴一同探索新技术；二是更懂得倾听客户，包括搜集客户回馈，从中发掘新的客户需求；三是快速运用深度分析工具，引领更多产品与服务的创新。重点在于，CIO 们需要用“火炬手”企业 CIO 的思维和方法，来营造智慧、敏捷的组织文化，努力了解客户的需求，并重新塑造企业的思维模式。

五大 CIO 新思维包括：

- 敏捷创新：CIO 角色定位应从跟随者转变为变革创造者，从传统的后端支援转变为引领企业创新、变革的创造者，更加注重敏捷创新。
- 服务整合：从面向内部的“系统导向”思维，转以面向终端使用者的“服务整合”思维，规划、部署与运维兼具弹性与敏捷度的信息系统架构。
- 伙伴合作：通过伙伴合作补充企业人才缺口，与外部伙伴关系将从“项目式买卖关系”转换为“长期合作伙伴关系”。“火炬手”企业 CIO 更倾向于将外部合作伙伴视为团队的延伸，由其负责提供相关的运营服务。

• 主动洞察：重视客户回馈，主动掌握需求，着重于通过大数据分析，甚至是认知运算分析，预测可能的业务需求，并且主动提供服务。

• 轻资产运营：让财务保持弹性，从“采购资产”转为“采购服务”，确保IT部门成为服务整合者，满足内部与外部客户对信息服务的需求。

资料来源：http：//cio. it168. com/a2016/0428/2620/000002620496. shtml.

企业信息化建设需要CIO（首席信息主管）管理体制。CIO管理体制指的是以CIO为首的，推动企业信息管理发展的管理机制、运行管理机制、进行管理的各级信息管理机构，以及保证管理机制和管理机构发挥作用的信息管理制度等诸方面的统一体。CIO管理体制不仅是对信息资源的管理，而且是对涉及信息活动的各种要素，如对人员、机构、技术等进行的管理。这就需要建立一支能够及时为管理者决策提供支持服务的高素质的信息管理队伍，它是搞好企业信息管理工作的根本保证。

本章介绍CIO与CKO（首席知识主管）的基本概念、产生、职责以及应具备的能力要求，分析同为企业高层管理人员的CIO与CKO的关系，剖析所有企业信息管理人员的素质、修养和能力要求，在此基础上探讨企业应如何配置高素质的信息管理人员。

第一节　首席信息主管与首席知识主管

企业信息管理者职业的地位随着信息技术的进步和社会的发展，随着信息管理作用的日益加强与提高而不断上升。CIO与CKO已经成为21世纪最为紧俏的人才之一。

一、首席信息主管

CIO（chief information officer）即首席信息主管，是在一个企业中负责信息技术系统（包含计算机系统和通信系统）战略策划、规划、协调和实施的高级官员，他们通过谋划和指导信息技术资源的最佳利用来支持企业目标的实现。CIO在企业的最高领导层占有一席之地，在“一把手”的领导下，参与企业的战略决策。

实际上，CIO是随着信息技术和信息资源的集成而出现的统一的信息部门的最高层管理者，他统筹一个企业的信息管理，但又主要是从战略的角度和层次审视、规划和实施信息管理，战术层次和操作层次的信息管理则授权给其他副职和管理者执行。置身于一个企业内部的竞争和协作环境中，CIO的使命就是充分调动和配置所有的信息因素，最大限度地发挥信息的作用和实现信息的增值，尽一切可能放大信息功能在增强企业竞争优势中的无可替代的作用，并进而促进一个企业的转型，确保一个企业在迅速变化的网络时代能够立于不败之地。

（一）CIO的产生

CIO最早出现于20世纪80年代，其标志是1980年美国联邦政府颁布的《文书工作削减法》（Paperwork Reduction Act），在《文书工作削减法》中，首创设置信息和调节事务办公室（office of information and regulation affairs，OIRA），负责监管依据该法案在每一政府部门或机构新任命的高级文书削减和信息管理官员，明确地授予其以较大的权利来指定和实施联邦政府的信息政策，管理联邦政府的信息资源和信息活动。这类官员实质上已具备了CIO的某些特性，是CIO的最初形式。政府部门CIO的出现有效地改善和加强了政府部门的信息资源管理。

在美国，自计算机投入工业应用以来，信息技术在一些企业中已逐渐演变为核心技术。在汲取MIS实践大面积失败教训的基础上，出现了战略信息系统（SIS），信息技术投资的存量和增量都有大幅度增加，企业对投资回报的期望值也同比增加。随着信息技术应用的扩展及信息功能的集成，企业内部的信息机构开始扩大，在某些企业，信息技术部门甚至发展为规模最大的部门。企业信息化已成为企业总体战略的重要组成部分，成为特定阶段企业发展的必然趋势，任何企业都无法绕开或回避这个趋势，唯一正确的做法是抓住机遇，主动出击，争取实现跨越式发展。在这样的背景下，美国一些大公司采纳了政府部门CIO的成功经验，承担企业战略信息管理职责的CIO应运而生，它是一个企业的信息管理发展到战略信息管理阶段时的必然产物。此后，CIO这一职位很快在美国、日本等发达国家得到普及。目前全球500强企业全部设立了CIO职位，CIO已经成为网络经济环境下决策管理层中的新生力量。

CIO源于政府部门的信息管理活动，但企业CIO在数量、职能、活动范围、知名度等各方面，都已超越了政府部门的CIO，CIO在现代企业的信息资源管理活动中得到了极大的发展。

（二）企业CIO的特点

CIO自出现之后，就是沿着企业CIO和政府CIO两个大方向发展的。从发达国家的实践经验来看，企业CIO的发展是自由式的，具有如下一些与政府CIO不同的特点：

（1）多数企业CIO作为企业高层领导者之一，参与决策，在信息技术方面具有最终的决定权；而政府CIO在信息系统建设和终止以及重要的信息技术的决策方面没有决定权，他们提出的项目必须得到政府的批准才能生效。

（2）企业CIO主要是为本企业的决策者、重点业务部门提供服务；而政府CIO的服务对象较广，要为每一位公民服务。

（3）企业CIO面临的压力主要来自于总裁和企业决策层；而政府CIO处于大众媒体和公众的监督之下，项目的成败容易受到媒体和公众的关注。

（4）企业CIO主要是为了提高本企业的管理效率，为企业创造价值，因此可以只关注某一业务或顾客感兴趣的事务；而政府CIO则需要考虑整个社会公众的需求。

（5）企业CIO面临着来自企业内业务部门、内部信息管理系统的人员和外部同类CIO的激烈竞争，顾客是维持CIO地位的生命线，谁能快速反应顾客需求，提高顾客的满意度，谁就能赢得先机，一旦失去顾客，CIO的地位就会受到威胁；而政府CIO要考虑社会公众的满意度，其地位竞争相对没有企业CIO那么激烈。

（三）企业CIO的职责

1. 企业CIO职责的内容

（1）参与企业高层管理决策。一方面，CIO作为企业高层管理中的一员，应该运用其信息优势，有效地参与企业的重大决策和战略规划，从信息资源和信息技术的角度提出未来发展方向的建议，帮助企业制订发展战略，促使最高决策者在制订决策时有效地利用信息，使信息成为各级领导决策的依据，提高企业经营管理水平。另一方面，CIO只有参与高层管理决策，对影响整个企业生存与发展的各方面问题有相当全面和清楚的了解，才能准确把握企业的战略目标及发展方向，以便有效地制订信息技术应用的策略，实现信息技术应用与企业经营战略的整合。

（2）负责企业信息系统的建设与管理。企业CIO应负责从战略高度审视、规划和实施信息化建设，其目的就是在企业的战略目标下将企业的运作与信息技术应用融为一体，并最大限度地应用信息技术。作为企业信息系统建设的直接领导者和管理者，CIO还应负责信息系统的日常运行管理、安全管理、人员配备、经费预算和新系统的开发、完善与重建等工作。

（3）为企业内其他部门的信息管理提供信息技术支持。在企业内部，无论是在生产组织、质量管理，还是财务管理、营销管理、人力资源管理，运用信息技术都会大大提高管理工作效率，都非常需要信息技术的支持。CIO作为企业的信息技术专家，必须保证为企业经营管理各环节提供有效的信息技术支持。在信息技术快速发展的今天，CIO必须关注各种技术热点，如网络技术、数据仓库、数据挖掘、电子商务等，并全力帮助各个部门使用相应的新技术。

（4）加强信息沟通和企业内协调。企业CIO一身兼三任：一是要把高层管理者的意图、策略和实施方案传递给自身系统的员工，二是要把自身系统的成果和发展方向等情况传递给高层管理者们，三是要在整个企业的各部门、各环节之间，进行信息沟通和协调工作。

（5）宣传、咨询与培训。对内，企业信息化建设需要各级管理人员、业务人员的积极参与，为保证员工的有效参与，CIO有责任对员工进行信息化建设的宣传工作，使员工明确信息化建设的目标、流程及如何参与等问题。CIO还有责任为各级人员提供信息技术方面的咨询服务。另外，为了应用新的信息系统或新的信息环境，CIO还应负责组织培训等工作。对外，负责维护企业网站，做好组织宣传工作也是CIO的职责之一。在网络环境下，任何一个企业要在复杂多变的市场环境中取得竞争优势，不仅要获得有益于企业生产、经营、销售的一切必要信息，使企业产品具有竞争力，还要不断地宣传自己，提高企业的知名度，CIO则应充分利用网络宣传手段，树立企业形象，为企业产品的销售打下基础。

2. 企业CIO职责的认识误区

（1）将CIO的职位职责与CIO所负责的信息功能组织的职能相混淆。企业CIO是一个职位，其职责通常是指处于这一职位上的人所应负担的责任和义务；而信息功能组织的职能则是指信息功能组织所发挥的作用，其作用的发挥是通过所有信息组织的成员包括CIO来实现的。CIO的职位职责与CIO所负责的信息功能组织的职能经常被混淆，成为一个认识上的误区。

实际上，就信息功能组织的结构而言，CIO处于这一结构的顶端，各信息部门主任处于这一结构的中层，广大的执行人员和监控人员则处于这一结构的底层，他们各司其职，共同负担着信息功能组织的职能。在这个结构层次中，CIO也只能从战略的层次思考、规划、组织、指挥、控制、协调信息功能组织及其活动，而战术层次和操作层次的责任只有委托给其他管理者来承担。因此，企业CIO的职责只是企业信息组织职能的一部分。

（2）将CIO的理论职责与实际权限相混淆。我们探讨的企业CIO的职责多是从理论角度进行的。但具体到企业中一个个担任CIO职务的人，不同任职者的实际权限通常会有所不同。因为，在现实的个别企业中，CIO的职责容易因人而异：如果承担企业CIO职务者见识过人、能力超强，那么企业信息功能的集成就会接近理论上的理想水平，CIO的职责就宽泛一些；如果承担企业CIO职务者过于关注技术，那么他实际上可能就是一个信息系统主任。所以，把实际工作中某一个企业CIO实际负责的工作内容当成企业CIO的职责也成为一个比较普遍的认识误区。

(3) 将CIO的职责等同于传统信息部门职能的简单相加。在谈及CIO职位的设立和信息资源管理时，有人认为此举不过是将企业中传统的信息部门归并到一起，CIO不过是归并后的信息组织的首脑，这是又一个认识上的误区。实际上，实施企业CIO管理体制，固然要把传统的信息部门和信息机构合并到一起，但不是简单的相加，而是一种信息管理功能的集成。它意味着根据企业目标对信息功能的要求重组信息功能，意味着信息功能优先顺序的调整，意味着某些信息功能的削弱乃至消亡，意味着新的组合信息功能的形成，意味着整体信息功能的放大。这才是CIO职位设立的真正意义之所在。

(四) 企业CIO的模式

随着信息技术的应用逐渐遍及企业的每一个角落，CIO的工作开始变得越来越复杂，信息资源的开发利用在提升企业核心竞争力方面扮演着越来越重要的角色，信息技术工作的规模之大已使单一的管理者不胜负荷，于是一些企业开始将高层信息系统管理工作划分为两项或多项职责，这样就逐渐形成了多种CIO模式，比较成型的有以下三种。

1. 战略/战术模式

信息系统不断扩大的战略作用促使许多企业不再只注重CIO在硬件、应用或网络方面的能力，而更注重CIO的业务或管理方面的能力与经验。各企业更倾向于提拔在信息技术方面有专长的市场、财务或战略官员做CIO。一些企业还引入一个或更多的高层技术管理者负责企业的总体结构、基础设施和日常操作事务。例如，美国Halbrecht Lieberman Associates公司就设置了两个与CIO相关的职位：电子通信主管和技术设计主管，他们都向CIO汇报。电子通信主管在组织中占据着显著的战略与战术位置；技术设计主管也工作在同一层次，他协助设计公司的技术和业务结构方面的战略。战略/战术模式是一个经典模式。尽管这个模式有许多变化，但一个企业中总有两个或几个信息方面的主管，其中一个负责战略事务，另一个或几个负责战术事务。

2. 内部/外部模式

在一些组织中，有关职责被划分为内部和外部两个部分，设两个信息技术管理者，一个称为信息主管，负责内部信息技术，管理内部信息系统的总体结构、基础设施和日常操作；另一个称为技术主管，负责外部信息技术，在外部寻找商业机会或关注产品研究与发展，追踪技术进展、商业机会或研究与发展活动。一般情况下，信息主管和技术主管并不互相汇报，他们可能同时向CEO、CFO或其他高层管理成员汇报。他们或者有一个，或者都没有，或者都负有战略使命。该模式不存在一个通用模型，各类公司大多根据管理者个人、公司和产业的情况来安排有关职位。

3. 消亡模式

这是一种尚未流行的模式，在这种模式中，不需要信息系统管理者在信息系统和业务战略之间扮演重要角色，也就是说可以不设 CIO。一些咨询顾问认为，该模式将随着新一代商业领袖的成长而不断进化。与他们的前辈相比，这些年轻的管理者更多地生活在计算机文化之中，他们能够更积极地评价信息技术在提高市场份额方面的作用，这就潜在地排除了独立的 CIO 存在的必要性。这些年轻的管理者也能够开发出许多自己的应用程序，但他们还是需要技术管理者来处理硬件系统、基础设施和电子通信。一些观察者预测，信息战略家将取代 CIO 目前的角色。消亡模式所描绘的实质上是新生代 CIO，在未来可能是 CEO 包容 CIO，也可能是 CIO 置换 CEO。无论这两个角色如何整合，信息和信息技术的重要性已在整合的过程中得到了最充分的体现，这才是 CIO 及所有信息工作者追求的最高境界。

（五）企业 CIO 的能力要求

CIO 职位的设立导致 CIO 人才需求的迅速增长。我们有必要考察并探讨企业对 CIO 的能力要求。有关资料表明，大多数企业对 CIO 提出了技术能力、商业头脑、管理技能和从业经验等多方面的要求。具体表现如下：

（1）要求 CIO 具备一定的技术知识，如数据库知识、互联网知识、局域网知识等，以保证 CIO 懂得如何将最合适的技术运用于本企业，帮助企业实现目标。

（2）要求 CIO 具有管理成本和规避风险的能力、协调企业与客户关系的能力、一定的财务和营销知识，以及对市场较强的判断能力。

（3）要求 CIO 具有制订业务策略、领导企业走向成功的能力，有出色的组织能力，能管理企业的信息资源并协调业务部门的资源与优先权，以及作为团队的领导有敏锐的观察力，能处理模糊或不明朗的情况。

（4）要求 CIO 具备一定的商业才能。CIO 要有意识地从商业经营的角度收集、分析和应用信息。通过对财务报表、管理报告和用户信息数据的分析和集成，开发出具有市场价值的信息，并直接应用到企业的经营决策中，这将能加快企业在市场竞争中的反应速度等。

此外，企业普遍要求担任 CIO 的人员具有较丰富的工作经验。

知识库

CIO 与信息技术

近年来，国际知名 IT 咨询机构加特纳每年都对全球范围的企业 CIO 开展调查，定期发布年度性报告。2016 年 3 月发布的《2016 加特纳 CIO 议程报告》披露，当前企业 CIO 优先考虑的前十项信息技术是：商业智能/数据分析；云计算；移动计算；数字化/数字营销；架构与数据中心；企业资源规划 ERP；信息安全；行业应用；客户关系管理 CRM；网络/语音/数字通信。

其中，商业智能/数据分析已经连续五年位列 CIO 优先技术的榜首。据报道，本次 CIO 调查访问了 2 944 位 CIO，所涉及的 IT 开支达到 2 500 亿美元，其所在企业的全球销售收入总和达到 11 万亿美元。

二、首席知识主管

CKO（chief knowledge officer）即首席知识主管，是在一个企业内部专门负责知识管理的高级官员。CKO 的出现，是企业知识管理的需要。

(一) CKO 的产生

19 世纪衡量一个企业的实力在于工厂的劳动力规模，20 世纪衡量的方式转变为能源与设备的使用量，21 世纪企业竞争的基准则转变为知识的产出量。未来企业附加价值的主要来源将是产品内的知识含量，知识是企业最重要的资产，知识管理也因此跃升为企业管理的核心。

在以速度为竞争基础的信息时代，企业经营的效能取决于知识工作者如何快速学习，转化为实际行动。但一般来说员工没有自我组织知识的能力，例如工程小组可能设计很棒的新产品，但是小组没有时间、意愿或技术来叙述这项新产品的细节，甚至输入资料库中。随着企业规模逐渐扩大，结构日趋复杂，知识要自由流通就更加困难。因此如何有效取得、发展、整合、创新知识，也就是如何有效管理知识资源，成为企业经营上的一大挑战。

知识管理就是对一个企业集体的知识与技能的捕获，而不论这些知识和技能是存在于数据库中、被印刷于纸上或者是存在于人们的脑海里，然后将这些知识与技能分布到能够帮助企业实现最大产出的任何地方的过程。知识管理的目标就是力图能够将最恰当的知识在最恰当的时间传递给最恰当的人，以便使他们做出最好的决策。知识管理是知识经济时代的必然要求。

知识管理需要 CKO。因为对很多企业来说，其内部的知识呈现一种分散状态，如企业员工的头脑中、各个部门的资料中，没有形成一个统一的整体，而在企业各部门中、各部门间以及企业与其他组织之间都存在着提升知识能力的巨大潜力。这就需要有一个机构来协调统一企业内各部门的知识管理活动，从企业整体的高度对知识资源进行整合，聚个别优势为组织整体优势，而这个机构的负责人就是 CKO。这一职位首先在一些依赖知识而生存的企业中诞生，它的出现反映了知识型组织对知识管理的重视。

(二) CKO 的职责

CKO 是全新的岗位，关于它的工作职责还没有成熟的规定，但从这个岗位设置的目的来看，CKO 的主要职责是有效地在浩瀚的信息中捕捉到真正有用的信息，更好地发挥员工的技术专长和提高员工的科技素质，研究如何增加企业的知识积累、知识更新、知识创新，而且还要善于从外部识别和选取知识，把最合适的知识用在最合适的地方。CKO 的核心工作任务就是规划及实施知识管理，将企业的知识转变成企业的效益。这就决定了 CKO 既是知识管理的重要参与者，又是知识管理活动的组织管理者。CKO 的具体工作应包括以下内容。

1. 创建学习型组织

配合企业文化，将本企业建立成学习型组织，根据职务与工作任务来规划教育重点，外聘及培养讲师，制作讲义与教材，落实知识管理与应用，让所有员工能真心向学，乐意分享知识，成为知识型工作者。

2. 培养管理人才

利用现有人力资源，根据知识分类管理培养知识管理师，以便知识整理、汇总、管理与应用。

3. 建立知识库、经验库和人才库

企业有很多知识是隐性的，如何把知识透明化、标准化，建立知识库、经验库和人才库，制订标准流程与作业，定期整理知识，事前更要仔细规划。

4. 规划网络应用环境

知识流通要善用网络，如局域网、企业内部网与外部网，让员工能快速取得所需知识，促进组织内知识的分享与交流，协助个人与单位的知识创新活动。

5. 情报收集

情报首重正确与速度，收集情报可掌握先机，了解发展趋势，故是不能忽略的工作。

6. 扮演企业知识的守门员

适时引进组织所需要的各项知识，或促进组织与外部的知识交流。

7. 指导企业知识创新的方向

指导企业系统地整合与发展知识，强化组织的核心技术能力；应用知识以提升技术创新、产品与服务创新的绩效，以及组织整体对外的竞争力，扩大知识对于企业的贡献。

8. 形成有利于知识创新的企业文化与价值观

促进组织内部的知识流通与知识合作，提升成员获取知识的效率，提升组织个体与整体的知识学习能力，增加组织整体知识的存量与价值。

9. 全方位知识管理

将上游材料厂商、企业经营信息，客户需求与问题反应，研发、业务、生产、销售和服务部门的知识进行整合与改善，进而提供决策分析信息与知识研发方向。

（三）CKO 的能力要求

CKO 的工作要求其拥有四个方面的能力。首先，CKO 应该是技术专家。CKO 必须了解哪些技术有助于知识的获取、储存、利用和共享。早期 CKO 工作研究表明，CKO 的第一步工作经常都是以 IT 为基础的，如创建知识目录、发展知识共享组件、建设公司内部网络等。其次，CKO 还是战略专家。要实现有效的知识管理仅仅拥有合适的软硬件系统是不够的。它要求公司领导层把集体知识开发、共享和创新视为竞争优势的支柱，对包括信息在内的所有知识资源进行综合决策，实施全面管理。再次，CKO 还是环境专家。环境专家的工作包括空间设计，如办公室和休息场所的设计，建立和布置学习中心，还意味着重新设计绩效衡量和经理评估体制，甚至包括改进公司管理层对 CKO 自身业绩评估的尺度。但更根本的，作为一个环境专家意味着要把公司所有管理培训计划和组织发展行为都紧密地与知识管理结合起来，要在这些活动中更加重视提高公司的知识创造能力。最后，CKO 还是创新专家。CKO 大都富于企业家的创新精神，对促进业务的发展和创造性的发挥感到兴奋。许多 CKO 都认识到担任一个全新职位存在的个人风险，但他们似乎更喜欢冒险事业，不少 CKO 都把自己视为开创一种新活动和培养一种新能力的建设者。

具体来说，CKO 必须具备以下条件：

（1）有独立思考的能力，具有未来观与国际观，能抓住流行趋势，观察敏锐，判断准确，能快速处理危机。

（2）了解企业核心竞争力，能制订未来知识发展目标。

（3）能规划知识管理架构，推行实务作业及整合运用知识。

（4）有创新能力，能把想象的东西化为实际的商品。

（5）将知识管理具体化，用数据及文字、图形表现出来，定期盘点知识损益状况，淘汰、挖掘知识。

（6）不断沟通与学习，能全心全力投入。

（7）参与企业营运、策略规划、经营管理、电子商务发展。

（8）快速整合、创新、管理、运用知识，把知识化为宝贵资产甚至申请专利权，避免遭到对手控告侵权，外购及技术转移要注意技术本身及过程作业是否合法。

（9）发挥信息科技能力，利用网络整合企业资源、知识库、经验库及人才库，快速反应问题处理。

（10）具有研发基础与经验，能领导研发团队及顶尖技术专家。

三、CIO 与 CKO 的关系

（一）二者的相同之处

CIO 与 CKO 的相同之处主要表现在以下两个方面：

（1）二者都是促进企业管理现代化的重要因素，都要求其职能扩展到企业的整体经营决策及管理实践中。

（2）二者都要利用信息技术来采集、处理、传播、传递、开发利用知识或信息。

（二）二者的不同之处

CIO 与 CKO 的不同之处主要表现在以下几个方面。

1. 产生的背景不同

CIO 产生于 20 世纪 80 年代，是伴随着信息资源管理而出现的，信息资源管理这一社会需求造就了 CIO 这一高级信息主管的职位；CKO 是伴随着知识管理的需要而出现的新职位，是负责企业知识管理的主要职位。

2. 管理的对象不同

CIO 管理的对象是信息，所要解决的问题是信息的传播问题；CKO 管理的对象是知识，主要解决的是知识管理与学习问题。

3. 主要职能不同

CIO 的发展早于 CKO，其职能是不断深化的。传统的 CIO，其职能更多地涉及信息技术政策、信息技术实施和信息技术管理。从 CIO 的发展看，其职能涉及整个信息资源（广义的信息资源既包括信息本身，也包括人员与技术等相关因素）的管理，并由信息资源的管理渗透到企业的决策管理之中。CKO 是一个全新的职位，其主要职责是制订明确的知识管理程序，促进知识创新。从目前看，CIO 更多偏重于信息技术与经营管理的组合管理，而 CKO 更多的是对知识、人员、技术与经营的组合管理。

4. 对信息技术的依赖程度不同

CIO 是靠信息技术起家的，没有现代化的信息技术就谈不上对信息技术的有效管理，信息技术是 CIO 安身立命之根本。CKO 对信息技术的依赖程度不及 CIO，而是更多地依赖先进的信息技术来采集、加工、分析、研究知识，使知识成为财富。

知识库

CIO、CTO、CDO 的区别

一般公众往往会混淆企业中的首席信息官（CIO）、首席技术官（CTO）和首席数字官（CDO）的职能和作用。实际上，CIO 负责管理企业的信息系统和信息服务，制订和实施企业的信息战略与政策，主要关注企业内部的信息需求。与之相对，CTO 更多关注的是企业外部的技术需求。CTO 的传统定义专注于企业如何运用技术手段获得竞争优势，这一职能正逐渐与 CDO 相融合。CDO 的主要职责是发掘在线技术手段的经济潜力，运用大数据、云计算等新兴技术推进企业的数字化转型。根据加特纳的预测，随着数字资产日益成为企业运营的战略性资源，到 2019 年，90％以上的国际大企业将会设置 CDO 岗位。

第二节　企业信息管理者的配置

这里所说的企业信息管理者，是指企业内专职或兼职从事信息管理工作的领导者和管理人员。所谓“专职”，是指那些在企业信息部门工作的人员。所谓“兼职”，是指企业内不在信息管理部门工作，但与信息资源管理工作有关的所有管理人员。因为企业常规管理与信息管理是并存的，从事企业常规管理的人员也同时在从事信息管理。

企业管理信息系统的专业人员主要包括以下几类人员：系统分析员，系统设计人员，程序员，系统文档管理人员，数据采集人员，数据录入人员，计算机硬件操作与维护人员，数据库管理人员，网络管理人员，通信技术人员，结构化布线与系统安装技术人员，承担培训任务的教师及教学辅助人员，图书资料与档案管理人员，网站的编辑与美工人员，从事标准化管理、质量管理、安全管理、技术管理、计划、统计等人员。除此之外，企业中兼有重要的信息资源管理任务的组织结构人员还有：计划、统计、产品与技术的研究与开发、市场研究与销售、生产与物资管理、标准化与质量管理、人力资源管理、宣传与教育、政策与法律咨询等部门分管信息资源（含信息系统与信息）技术的负责人。企业配置一支高水平的信息管理者队伍，是搞好企业信息管理工作、提升企业竞争力的保证。

一、企业信息管理者的素质、修养和能力①

图 9－1 阐明了企业信息管理者应具备的素质、修养和能力。

① 司有和．企业信息管理学．北京：科技出版社，2003：282－292．

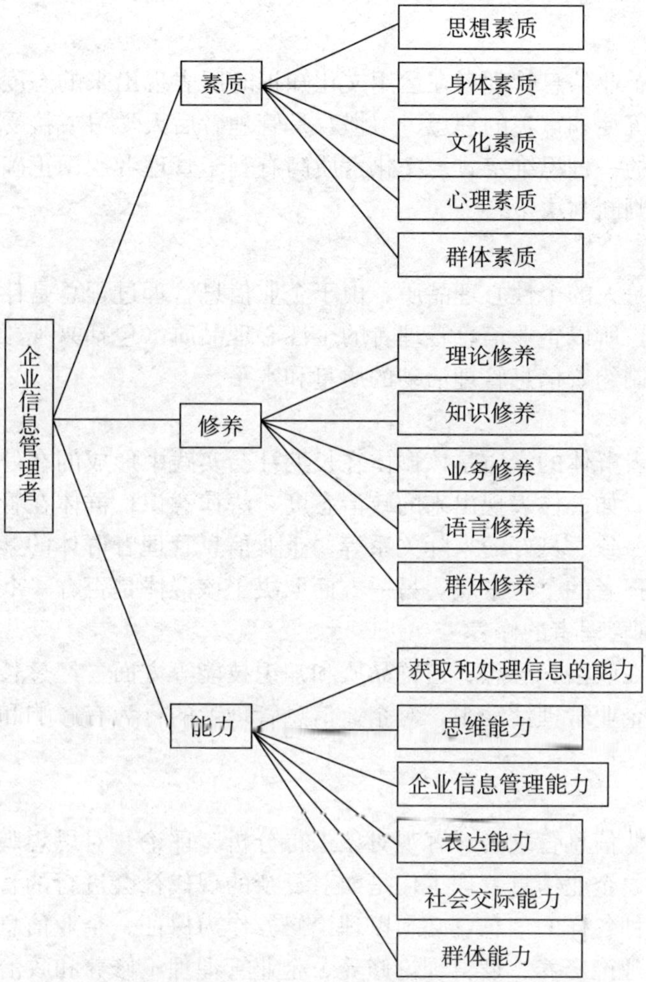

图 9-1 企业信息管理者的素质、修养、能力结构图

(一) 企业信息管理者的素质

素质是指个人天赋禀性以及经过长时间社会实践所形成的、在处理各项事务中显露出来的态度和方式。素质是一种可以指挥或制约人的行为的因素，也是一种潜在的指挥或制约的力量。在企业信息管理活动中，企业信息管理者素质对其行为同样具有直接影响和制约作用。企业信息管理者的素质具体包括以下几个方面。

1. 思想素质

思想素质是指个人在长期社会实践中所形成的在处理政治信仰、生活态度、自我评价和道德观念等意识形态方面的事务中显露出来的态度和方式。包括世界观、人生观、价值观、责任感、义务感、荣誉感等，它对企业信息管理者行为的影响和制约具有决定性意义。

2. 身体素质

身体素质是指人在先天身体因素的基础上，经过后天的体育锻炼所具备的身体条件。在企业管理中，复杂而繁重的工作要求企业信息管理者必须具备充沛的精力和强健的体魄。

3. 文化素质

文化素质是指企业信息管理者在运用文化知识时所表现出来的态度和方式，是管理者头脑中理性的历史沉淀和审美的理想、习惯，是管理者后天学习或接受教育的结果，是在管理者头脑中形成的一种思维定式。文化素质高有利于管理者运用正确的思维定式去思考问题并做出正确的判断与决策。

4. 心理素质

心理素质指的是人的个性心理品质。由于企业信息管理过程总是伴随着企业信息管理者的心理活动过程，所以企业信息管理者的个性心理品质（包括兴趣、注意、情感和情绪等）就直接影响和制约着信息管理活动的质量和水平。

5. 群体素质

企业信息管理者群体的素质是该群体在长期社会实践中形成的在处理各项事务中显露出来的态度和方式。如群体表现出来的政治态度、法律意识；群体在管理行为中表现出来的反应速度、言行一致、良好的人际关系等。企业信息管理者群体的素质水平，一方面取决于该群体决策指挥者的个人素质，另一方面取决于该群体是否有一个合理的群体结构。

（二）企业信息管理者的修养

修养是指个人在政治、思想、道德品质和知识技能等方面，经过长期锻炼和培养所达到的一定水平。在企业管理活动中，对企业信息管理者的行为有影响和制约作用的修养主要有以下几个方面。

1. 理论修养

理论修养是企业信息管理者对客观对象进行分析、评论，对思想观念加以理论表述时所表现出来的水平。企业信息管理工作是面对复杂的现代社会进行的管理工作，要能够识别、采集和处理各种各样的信息，必须以理论修养作为保证。企业信息管理所需要的理论修养主要有：哲学理论修养、逻辑理论修养、企业管理理论修养和政治理论修养等。

2. 知识修养

知识修养是修养体系构成中的主要内容。它指的是企业信息管理者对人类已有知识的了解和掌握的量，掌握的知识量越大，知识修养越高。知识修养是企业信息管理者进行思维的工具、管理行为的前提、决策论证的依据。对企业信息管理者来说，所需要的知识修养主要包括：企业管理知识修养、信息管理知识修养、法规知识修养、自然科学技术知识修养、公共关系知识修养、写作知识修养、文学历史知识修养、美学知识修养及其他一般常识修养。

3. 业务修养

业务修养是指企业信息管理者对于企业业务工作的知识及其运用技能的掌握所达到的水平和一定的量。

4. 语言修养

语言修养是指企业信息管理者对于语言、文字、文学知识及其运用技能的掌握所达到的水平和一定的量。语言修养在信息传播和企业沟通中的作用最大。语言修养高的企业信息管理者才可能准确地把管理意图传达给员工。

5. 群体修养

企业信息管理者的群体修养，是该群体通过长期的社会实践在政治、思想、道德、知识、文化、技能方面所达到的水平和一定的量。具体地说，管理者群体修养的内容也是理论修养、知识修养、业务修养、语言修养。企业信息管理者群体的修养，是组成该群体每一个体修养的总和。在群体内，某一个体缺乏的修养，可能另一个体具备，从而相互弥补；某一个体具备的修养，可能另一个体也具备，从而相互增强，因而从整体上看修养的水平比较高。

(三) 企业信息管理者的能力

能力是人类认识世界并运用知识、技能解决实际问题或完成某一活动的本领。能力是在人的活动过程中显示出来的。它直接影响活动的效率，或者说完成活动的效率是衡量能力的指标，效率越高，能力越大。

企业信息管理者要完成一系列复杂的管理活动，就必须具备一系列的能力。各种能力相互影响、相互配合，保证企业管理活动的顺利完成。就是说，企业信息管理者应该有一个合理的、有效的能力结构。企业信息管理者的能力结构包括：获取和处理信息的能力、思维能力、企业信息管理能力、表达能力、社会交际能力、群体能力等。

1. 获取和处理信息的能力

这是企业信息管理者感知客观世界、采集信息、进行信息管理的主要手段。它决定了信息采集的质量和数量，直接制约着企业管理工作的过程。包括信息获取能力、信息整序能力、信息激活能力、信息处理能力、信息设备使用能力等。

2. 思维能力

思维贯穿于企业信息管理活动的全过程，思维质量的好坏决定着企业信息管理活动的成败。思维能力还可具体划分为：发散思维能力、收敛思维能力、灵感思维能力、逻辑思维能力、形象思维能力等。

3. 企业信息管理能力

这是企业信息管理者最主要的能力，它主要包括：计划能力、决策能力、预测能力、组织能力、沟通能力、用人能力、指挥能力、协调能力、控制能力、应变能力等。

4. 表达能力

这包括口头表达能力和书面表达能力。口头表达能力主要用于社会调查、组织管理、管理沟通、社会交际等活动中。书面表达能力主要用于各类管理文件的起草和审读。

5. 社会交际能力

社会交际能力是一种社会活动能力，包括企业信息管理者与本单位的职员交际的能力，与外单位人员的交际能力，与本企业部门的领导、同事的交际能力。

6. 群体能力

企业信息管理者的群体能力，是具有一定社会功能的群体认识世界和运用知识、技能解决实际问题或完成某一活动的本领。

在群体能力的实现上，群体能力与该群体的决策指挥者的个人能力密切相关。因为群体能力是群体在处理事务的过程中显示出来的，而群体处理事务的行为是在群体决策指挥者指挥下的行为。所以，群体的行为能力反映了决策指挥者个人的能力。但是，群体能力又不是群体决策指挥者的能力，因为决策时他是综合了大家的意见，是代表群体去决策的，而行为时又不是他自己去行为，总是派群体中最具承办某事能力的人去办某事，因此，总是比自己去行为有更好的效果。

企业信息管理者的群体能力，体现在企业信息管理过程的各个环节中。社会对企业信息管理者群体的认识，并不是看每个企业信息管理者的工作如何，而是看该群体对社会所做的贡献如何。企业信息管理者群体能力包括：获取和处理信息的能力、思维能力、企业信息管理能力、表达能力、社会交际能力。

知识库

导致信息低效的主要原因

企业内部的信息低效（information deficiencies）特指已经建成的信息系统，由于组织或技术方面的原因，出现使用功能的退化和无序，系统用户不能认识数据的价值、无法使用已有数据。导致信息低效的主要原因有：

- 数据竖井：组织内各部门的数据相互分隔，无法实现有效共享；
- 数据遗失或忽略：信息在系统内流转过程中由于各种原因而遗失或遗漏；
- 不良界面：系统界面或数据结构不易被用户所接受和理解；
- 非标数据：没有建立起统一、标准的数据格式，导致应用困难或错误增多；
- 目标改变：组织决策者改变组织战略或业务计划，信息系统不能及时响应环境变化。

除了以上因素，信息技术的快速发展、管理者重视不够、信息预算不足也是导致信息低效的重要原因。

二、企业信息管理者的配置工作

企业信息管理者的配置工作，主要是做好企业信息管理者的招聘、培训和考评工作。

（一）企业信息管理者的招聘

招聘是企业获取合格人才的渠道，是组织为了生存和发展的需要，在总体发展战略规划的指导下，根据空缺职位的要求，通过信息的发布和科学的选拔，获得所需合格人员填补职位空缺的过程。要建立高素质的企业信息管理队伍，选拔适合职位需要的企业信息管理者，招聘环节至关重要。

1. 招聘的标准

招聘标准的制订通常包括以下两个方面的内容：

（1）信息管理职位的要求。信息管理的职位很多，差别也比较大，有计算机系统运行与维护的职位、图书档案等文献的信息管理职位、专门从事信息开发的信息咨询职位等，不同职位的性质、职责和工作范围等均有所不同，招聘者应根据招聘职位的要求制订相应的衡量标准。

（2）信息管理人员应具备的素质、修养和能力要求。

2. 招聘的原则

要做好企业信息管理者的招聘工作，必须遵守以下几项基本原则：

（1）遵纪守法原则。企业信息管理者的招聘工作首先应遵循国家有关法律、政策，这也是一个企业生存的基础。例如，自1995年1月1日起施行的《中华人民共和国劳动法》中规定，劳动者享有平等就业和选择职业的权利，妇女享有与男子平等就业的权利，以及禁止招用未成年人等。

（2）公平竞争原则。公平也是一个极其重要的原则。比如，在招聘企业信息管理人员时，应该对所有的应聘者一视同仁，公开空缺职位的相关信息，公开考核办法，严格考核程序等，努力提供平等竞争的机会，保护每一个人的合法权益。这样才能使真正的人才脱颖而出，确保招聘人员的质量，为企业广招贤能。

（3）择优录用原则。择优录用是招聘的根本目的和要求。只有坚持这个原则，才能广揽人才，选贤任能，为企业信息管理中的各个职位选择最合适的人员。为此，应采取科学的考核方法来鉴别人才，精心比较，谨慎选拔。

（4）全面考察原则。在对企业信息管理人员进行招聘时应注重对应聘者进行全面考核，即应兼顾品德、知识、能力、智力、心理、过去工作的经验和业绩等诸多方面的因素。因为一个人能否胜任某项工作或者发展前途如何，是由其多方面因素决定的，特别是非智力因素对其将来的作为起着决定性作用。

（5）结构合理原则。在企业信息管理人员的招聘过程中，应尽量选择素质高、质量好的人才，但也不能一味强调高水平，而应使人尽其才、用其所长、职得其人，并使整个企业信息管理队伍的人员结构合理。招聘到最优的人才并不是最终的目的，而只是手段，最终的目的是使每个职位上都有最合适、成本最低的人员，达到企业整体效益最优。整个企业信息管理人员结构的合理甚至比单个人员素质更为重要，合理的人员结构可以使人才发挥出“1＋1＞2”的效果。

3. 招聘的途径

企业通常可以通过以下两种途径进行企业信息管理者的招聘工作：

（1）内部提升，是指从企业内部选拔能够胜任企业信息管理工作的人员，来填补企业信息管理系统中的空缺职位。其优点主要有：1）有利于提高员工的士气和发展期望；2）通过内部提升的员工对企业的工作程序、企业文化、领导方式等比较熟悉，能够迅速地展开工作；3）通过内部提升的员工对企业目标认同感强，辞职可能性小，有利于个人和企业的长期发展；4）内部提升风险相对较小，对员工的工作绩效、能力和人品有基本了解，可靠性较高；5）可以为企业节约大量的招聘费用。

（2）外部招聘，是指从企业外部选拔能够胜任企业信息管理工作的人员，来填补企业信息系统中各种空缺职位。外部招聘的渠道很多，可以通过广告、就业服务机构、一些管理协会或高校、企业内成员推荐等途径进行。其优点主要有：1）外部招聘可以为企业注入新鲜的“血液”，能够给组织带来活力；2）外部招聘可避免企业内部相互竞争所造成的紧张气氛；3）外部招聘给企业内部人员以压力，激发他们的工作动力；4）外部招聘选择的范围比较广，可以招聘到优秀的人才。

内部提升和外部招聘各有优点，一般来说，当企业内有能够胜任空缺职位的人选时，企业首先考虑内部提升途径；如果空缺职位非常关键，内部提升困难时，应考虑外部招聘途径，而不要勉强在内部选拔。所以，在招聘信息管理人员时，要根据本企业的具体情况选择招聘的途径。

（二）企业信息管理者的培训

培训是向新员工或现有员工传授其完成本职工作所必需的相关知识、技能、价值观念、行为规范的过程。企业信息管理者的培训，其目的是要提高企业各级信息管理人员的素质、信息管理知识水平和信息管理能力，以适应企业信息管理工作的需要，从而保证企业目标的实现。企业应当把对信息管理者的培训工作视为一项长期任务，应建立起有效的培训机构和培训制度，针对不同信息管理人员的要求，采用不同的方法进行培训。

1. 培训的内容

（1）信息管理业务知识。这里所说的信息管理业务知识，不只是指计算机科学技术方面的知识。信息管理科学是一门边缘学科，是计算机科学、管理科学、信息科学交叉形成的，涉及社会科学和自然科学的许多领域。企业在进行具体的培训时，应重点要求企业信息管理者掌握信息管理的基本原理和方法，掌握与企业信息管理业务活动相关的必要的科学技术知识。在此基础上，不断拓宽知识面。

（2）信息管理能力。信息管理能力的培训，就是要让企业信息管理者运用信息管理科学的基本原理和方法，提高在实际工作中认识问题、分析问题和解决问题的本领和技巧。培训时要注意根据受训人员层次的不同特点来进行。

高层信息管理者，是处于企业最高领导层的管理人员，他们要照顾全局的利益，正确分析环境的变化，为企业未来的发展做出决策。为了做好这些工作，就需要有较高的战略信息分析和规划决策的能力。因此，高层信息管理者培训的重点，是提高战略信息分析和规划决策的能力。

中层信息管理者，一般是由有若干年经验的基层管理人员提拔上来的，对于信息管理的基本理论不仅了解，而且有了成功的实践。此外，中层信息管理者一般是部门负责人，他们有大量的信息沟通、人际交往、组织协调和决策等工作要做，这些工作都要求有较高的领导艺术和管理技能。因此，中层信息管理者培训的重点，应该是领导艺术和信息管理技能的提高。

基层信息管理者是第一线的管理人员，在他们的工作中，信息技术能力、认识能力、沟通和人际关系的才能是很重要的。此外，他们大多以前没有系统地学习过信息管理的基本理论。因此，基层信息管理者培训的重点，应该是技术培训和信息管理基本理论及方法的学习。

2. 培训的原则

企业信息管理者的培训工作应遵循以下几个方面的原则：

（1）服务于企业信息管理战略与规划的原则。企业信息管理战略与规划对信息管理各方面工作都具有指导意义，培训工作作为企业信息管理者配置工作的一个组成部分，也要服从与服务于企业信息管理的总体战略与规划。这就要求培训工作不仅要关注眼前的问题，更要立足长远的发展，从未来发展的角度出发进行培训，这样才能保证培训工作的积极主动，而不只是充当临时“救火员”的角色。

（2）目标原则。目标对于人们的行为具有明确导向作用，因此在企业信息管理人员的培训过程中应该贯彻目标原则。在培训之前为受训人员设置明确的目标，不仅有助于在培训结束之后进行培训效果的衡量，而且更有助于提高培训的效果，使受训人员可以在接受培训的过程中具有明确的方向，并且具有一定的学习压力。

（3）激励原则。为了保证培训的效果，在企业信息管理人员的培训过程中还要坚持激励原则，这样才能更好地调动员工的积极性和主动性，使其以更大的热情参与到培训中来，提高培训的效果。例如在培训前对员工进行宣传教育，鼓舞员工学习的信心；在培训过程中及时进行反馈，增强员工学习的热情；在培训结束后进行考核，增加员工学习的压力；对培训考核成绩好的予以奖励、对考核成绩差的给予惩罚等，这些都属于激励的内容。

（4）讲究实效原则。由于企业信息管理者培训的目的在于员工个人和企业的效率改善，所以培训应当讲究实效，应坚持企业发展需要什么、员工缺少什么理论与技术，培训就要及时、准确地予以体现和实施。

（5）效益原则。企业作为一种经济性组织，它从事任何活动都是讲究效益的，都要以最小的投入获得最大的收益，因此对于理性的企业来讲，进行企业信息管理者的培训同样需要坚持效益原则，也就是说在费用一定的情况下，要使培训的效果最大化；或者在培训效果一定的情况下，使培训的费用最低化。

3. 培训的方法

企业应根据自身特点以及所培训人员的情况来选择合适的培训方法进行培训，使培训工作真正取得预期的效果。在对企业信息管理者进行培训的过程中，比较常用的培训方法主要有以下几种：

（1）理论培训。这是提高企业信息管理者理论水平的一种主要方法。尽管企业信息管理者当中有的已经具备了一定的理论知识，但是仍然还需要在深度和广度上接受进一步的培训。何况他们在信息管理的范畴内经常存在许多认识上的误区。这种培训，具体形式大多采用短训班、专题讨论会的形式，时间不必太长，主要是学习一些信息管理的基本原理，以及在某一方面的新进展、新的研究成果，或就一些问题在理论上加以探讨等。

（2）提升。这是将信息管理人员提拔到更高层次的信息管理职位上的方法。包括计划提升和临时提升。

1）计划提升，指的是按照计划好的步骤、途径，使信息管理人员经过层层锻炼，从基层逐步提拔到高层岗位。这种做法有助于培养那些有发展前途的、将来拟提拔到更高一级职位上的信息管理人员。

2）临时提升，指的是当某个信息管理人员因某些原因，如度假、生病或因长期出差而出现职务空缺时，企业指定某个有培养前途的下级信息管理者代理其职务。临时提升既是一种人才培养的方法，也是企业即时解决干部空缺的手段。

（3）职务轮换。这是指让受训者在不同的信息管理职位之间，或信息管理职位与非信息管理职位之间轮流工作，以使其全面了解整个组织不同的工作内容，得到各种不同的经验，为今后在较高层次上任职打好基础。

（三）企业信息管理者的考评

考评是对员工的工作质量进行考察与评定，即根据工作目标或一定的标准，采用科学的方法，对员工的工作完成情况、职责履行程度等进行定期的评定，并将评定结果反馈给员工的过程。企业信息管理者的考核与评价，前承招聘，后启培训，并与这两者相辅相成，是企业信息管理者配置工作的重要环节。它的目的是通过了解企业信息管理者的工作质量，为人员配置、人事调整、发放工资、颁布奖励、人员培训等工作提供依据。

1. 考评的内容

企业信息管理者的考评工作主要包括两个方面的内容：

(1) 关于企业信息管理者工作成果的考评。工作成果的考评，指的是通过考察一定时期内企业信息管理者在担任某一职务的过程中所完成的实际工作，来评估其对实现企业目标的贡献程度。通常，考评这一内容应按照企业信息管理者的工作职责来进行。

(2) 关于企业信息管理者工作能力的考评。工作能力的考评，指的是考察企业信息管理者在管理活动中显现出来的能力是否能保证或促使企业目标的实现。能力是认识问题、解决问题的本领，是相对比较抽象的，不如工作成果容易测量。

2. 考评的原则

企业信息管理者的考评工作是对员工在履行职务过程中的全面评价，既包括对员工工作效果的考核，也包括对员工工作态度、工作作风和工作能力等的评价。为了使考评工作顺利进行，应遵循以下原则：

(1) 公开性和民主性原则。在制订企业信息管理者的考评标准时要听取员工的意见，考评前，要将考评标准向全体被考评者公布，让员工明白考评的条件和过程。考评结束时，要给被考评者解释和申诉的机会和权利，做到公平、民主。

(2) 客观性和公正性原则。考评标准的制订必须以企业信息管理者的工作职责为基础，应尽量可以直接操作并尽可能量化，避免一般性评价，做到科学、合理。既定的考评标准适合于同类型的所有员工时，应一视同仁。

(3) 立体考核原则。由不同类型的考评者对企业信息管理者进行考评各有优缺点，因此，应进行多层次、多角度的评定，听取各方面的意见，以使评定工作尽量客观、准确，减少由于不同考评者的个人好恶所产生的偏差。

(4) 及时反馈原则。企业信息管理者的考评通常与员工的奖酬和晋升有关，但奖酬和晋升只是手段，考评的主要目的是让员工知道自己的优缺点，以便在以后的工作中扬长避短，从而提高工作效率，因此考评的结果应及时反馈给员工。

3. 考评的方式

企业信息管理者的考评方式按照评价主体的不同，可以分为以下几种（见图 9-2）：

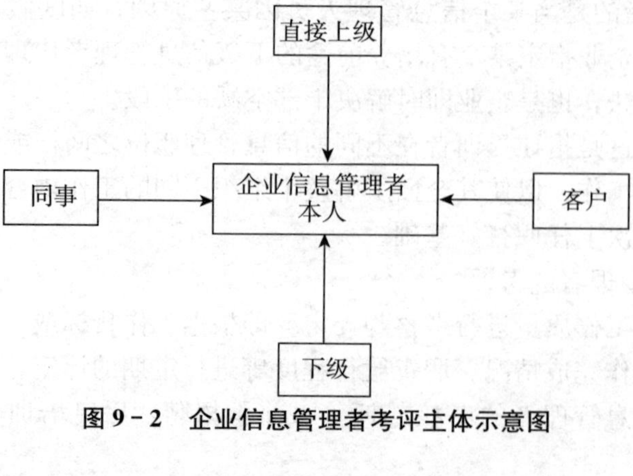

图 9-2　企业信息管理者考评主体示意图

(1) 由直接上级进行考评。这是最主要的一种考评方式，其优点是：由于直接上级对企业信息管理者承担直接的管理责任，他们通常最了解员工的工作情况；此外，由直接上级进行考评有助于实现管理的目的，保证管理的权威。由直接上级进行考评的缺点在于考核信息来源单一，容易产生个人偏见。

(2) 由同事进行考评。由同事进行考评的主要优点是：由于同事与企业信息管理者在一起工作，所以他们对被考评者的工作情况比较了解；同事一般不止一人，可以对企业信息管理者进行全方位的考核，避免个人的偏见。由同事进行考评的缺点是：人际关系的因素会影响考评的公正性；容易造成相互的猜疑，影响同事之间的关系。

(3) 由下级进行考评。由下级进行考评的方式就是常说的“民意测验”，这种方式的主要优点是：可以促进上级关心下级的工作，建立融洽的员工关系；由于下级是被管理对象，所以最了解上级的管理能力，能够发现上级在工作方面存在的问题。由下级进行考评的缺点是：由于顾及上级的反应，往往不敢真实地反映情况；有可能削弱上级的管理权威，造成上级对下级的迁就。

(4) 由客户进行考评。就是由企业信息管理者的服务对象进行考评的方式。包括内部客户和外部客户。由客户进行考评有助于企业信息管理者更加关注自己的工作结果，提高工作的质量。它的缺点是：客户更侧重于企业信息管理者的工作结果，不利于对其进行全面的评价。

(5) 由企业信息管理者本人自我评价。企业信息管理者自我评价就是企业信息管理者根据企业的要求定期对自己工作的各个方面进行评价。企业信息管理者自我评价的优点是：能够增强被考评者的参与感，加强自我开发意识和自我约束意识；有助于企业信息管理者对考评结果的接受。其缺点是：被考评者对自己的评价往往容易偏高。

以上考评方式各有优点，但也各有不足之处。在具体的考评工作中，应根据企业实际情况尽量采取多种评价方式，从不同的角度进行考评，以避免只采取某一种方式可能引起的以偏概全，从而使企业信息管理者的考评工作真正做到公正、客观、全面、准确。

新理念·新技术

信息伦理

2016 年 5 月，两家世界顶尖的信息企业先后爆出争议性新闻，引发全球关注。2016 年 5 月 3 日，英国《每日邮报》爆出“谷歌公司未经授权获得了 160 万份个人病例，其中包括病人的姓名和病史等隐私信息”；5 月 31 日，英国《独立报》发表消息称“Facebook 公司通过手机大规模窃听用户通话”。这两则消息都涉及信息巨头侵犯个人隐私问题。当今世界，信息伦理已经成为一个关乎每个人切身利益的重大问题。

根据维基百科提供的定义，信息伦理（information ethics）“关注信息的创造、组织、扩散和使用之间的关系，以及个人或组织与信息有关的社会行为的伦理标准和道德准则”。美国学者肯尼思·劳东和简·劳东（Jane Laudon）于 2016 年初出版的教材《管理信息系统（第十四版）》中，提出了一个综合考察企业信息系统的伦理、社会、政治问题的模型。该模型把信息系统的社会影响划分为个人、社会、政治三个层次，分别从以下五个维度进行研究：

• 信息权利与义务：个人和组织拥有哪些信息权利？应该如何保护这种权利？

• 财产权利与义务：在数字时代，如何保护传统的知识产权？

• 责任与控制：对个人和群体的信息或财产权利受到的侵犯，由谁来承担责任和相应的义务？

• 系统品质：为保护个人权利和社会安全，应对信息系统设定何种标准和规范？

• 生活质量：在基于信息和知识的社会里，如何确定新的价值观和社会制度？信息技术的应用应该遵循什么样的文化价值？

基于以上分析，肯尼思·劳东和简·劳东提出了建议性的信息伦理准则：

• 己所不欲勿施于人（黄金法则）；

• 如果某种行为不适合每个人，那么任何人都不应该去做（康德的绝对命令）；

• 如果某种行为不能或不应重复，那么就完全不应该去做（滑坡原则）；

• 采取的行动应该实现更高或更大价值（效用原则）；

• 采取的行动应该具有最小的伤害或最低的潜在成本（风险规避原则）；

• 假定所有有形或无形的对象都是别人合法拥有的（无免费午餐原则）。

本章小结

本章首先提出了企业信息化建设需要CIO管理体制，需要一支由高素质的企业信息管理者组成的信息管理队伍，它是搞好企业信息管理工作的根本保证。

其次介绍了CIO与CKO的基本概念，各自产生的背景，CIO与CKO应承担的主要职责以及应具备的能力要求。并着重分析了CIO与CKO的关系，即他们具有相同的一面，但在产生的背景、管理的对象、主要的职能和对信息技术的依赖程度等方面又各不相同。

最后讨论了应该如何配置企业信息管理者的问题。剖析了企业信息管理者应具备的素质包括：思想素质、身体素质、文化素质、心理素质和群体素质等；企业信息管理者应具备的修养包括：理论修养、知识修养、业务修养、语言修养和群体修养等；企业信息管理者应具备的基本能力包括：获取和处理信息的能力、思维能力、企业信息管理能力、表达能力、社会交际能力和群体能力等。在此基础上阐述了企业信息管理者的配置工作应着重从三个方面入手，即企业信息管理者的招聘工作、培训工作和考评工作，并具体介绍了招聘、培训与考评工作的基本概念以及实施内容。

关键概念

CIO管理体制　CIO　CKO　素质　修养　能力　招聘　培训
考评　思想素质　身体素质　理论修养　业务修养　语言修养
内部提升　外部招聘

讨论及思考题

1. 企业CIO与政府CIO相比具有哪些特点？
2. 简述企业CIO的主要职责。

3. 企业 CIO 应具备哪些方面的能力？
4. 简述企业 CKO 的主要职责。
5. 企业 CKO 应具备哪些方面的能力？
6. 简述 CIO 与 CKO 的关系。
7. 什么是素质？企业信息管理者应具备哪些方面的素质？
8. 什么是修养？企业信息管理者应具备哪些方面的修养？
9. 什么是能力？企业信息管理者应具备哪些方面的能力？
10. 什么是招聘？企业信息管理者的招聘工作应遵循的基本原则是什么？
11. 企业信息管理者的招聘途径有哪些？各种招聘途径的优点是什么？
12. 什么是培训？企业信息管理者培训的内容有哪些？通常采用哪些方法进行培训？
13. 什么是考评？企业信息管理者的考评工作应遵循哪些基本原则？
14. 企业信息管理者考评工作的主要方式有哪些？分析各种方式的优缺点。

参考文献

[1] 马费成，等．信息管理学基础．武汉：武汉大学出版社，2002.

[2] 柯平，高洁，等．信息管理概论．北京：科学出版社，2002.

[3] 乌家培．信息经济与知识经济．北京：经济科学出版社，1999.

[4] 霍国庆．企业战略信息管理．北京：科学出版社，2001.

[5] 左美云．企业信息管理．北京：中国物价出版社，2002.

[6] 陈禹．经济信息管理概论．北京：中国人民大学出版社，1996.

[7] 司有和．企业信息管理学．北京：科学出版社，2003.

[8] 邹志仁．信息学概论．南京：南京大学出版社，1996.

[9] 罗时进．信息学概论．苏州：苏州大学出版社，1998.

[10] 马克·波拉特．信息经济论．长沙：湖南人民出版社，1987.

[11] 王悦．基于知识链的企业知识管理系统框架及实现技术．情报杂志，2007（2）.

[12] 薛华成．管理信息系统．3 版．北京：清华大学出版社，1999.

[13] 张金城．管理信息系统．北京：北京大学出版社，2001.

[14] 张建林．管理信息系统．杭州：杭州大学出版社，2004.

[15] 许志端，郭艺勋．现代企业信息系统．南昌：江西人民出版社，1998.

[16] JIBITESH MISHRA，ASHOK MOHANTY. 现代信息系统设计方法．北京：电子工业出版社，2002.

[17] 甘仞初．信息系统开发．北京：经济科学出版社，1996.

[18] 冯复平，刘真．信息系统开发方法探讨．北京广播学院学报，2002（1）.

[19] 毕星，翟丽．项目管理．上海：复旦大学出版社，2000.

[20] 杰克·吉多．成功的项目管理．北京：机械工业出版社，1999.

[21] 贾晶．信息系统的安全与保密．北京：清华大学出版社，1999.

[22] 仲秋雁，刘友德．管理信息系统．2 版．大连：大连理工大学出版社，1998.

[23] 左美云，邝孔武．信息系统的开发与管理教程．北京：清华大学出版社，2004.

[24] 张建生．战略信息系统——从信息中获取优势．天津：天津大学出版社，1996.

[25] 孟广均，等．信息资源管理导论．2 版．北京：科学出版社，2003.

[26] 马费成，等．信息资源开发与管理．北京：电子工业出版社，2004.

[27] 肖明．信息资源管理．北京：电子工业出版社，2002.

[28] 卢泰宏，等．信息资源管理．兰州：兰州大学出版社，1998.

[29] 谢阳群．信息资源管理．合肥：安徽大学出版社，1999.

[30] 霍国庆，杨英．企业信息资源的集成管理．情报学报，2001（2）．

[31] 王兴泉．如何建立电子商务时代的企业信息资源管理体系．兰州大学学报，2003（6）．

[32] 邬锦雯．论信息的开发和利用．情报学报，2001（6）．

[33] 陈定权．Web结构挖掘研究．情报理论与实践，2003（1）．

[34] 梅国华，彭诗年．信息资源开发的阶段性．图书与情报，1997（3）．

[35] 代根兴．信息资源开发研究．中国图书馆学报，2000（6）．

[36] 付召深．企业信息资源管理与信息化建设．天津航海，2001（4）．

[37] 毕强，等．网络信息资源开发与利用．北京：科学出版社，2002.

[38] 钟守真，李培．信息资源管理概论．天津：南开大学出版社，2000.

[39] 童臻衡．企业战略管理．广州：中山大学出版社，1996.

[40] 陈禹．信息经济学教程．北京：清华大学出版社，1998.

[41] 罗伯特·斯库塞斯．管理信息系统．大连：东北财经大学出版社，2000.

[42] 纳格·汉纳，等．信息战略与信息技术扩散．北京：中国对外翻译出版公司，2000.

[43] 张润彤，朱晓敏．知识管理学．北京：中国铁道出版社，2002.

[44] 谢康．知识优势——企业信息化如何提高企业竞争力．广州：广东人民出版社，1999.

[45] 李敏．现代企业知识管理．广州：华南理工大学出版社，2002.

[46] 高洪深，丁娟娟．企业知识管理．北京：清华大学出版社，2003.

[47] 李华伟，董小英，左美云．知识管理的理论与实践．北京：华艺出版社，2002.

[48] 刘友金．企业技术创新论．北京：中国经济出版社，2001.

[49] 翟丽．企业知识创新管理．上海：复旦大学出版社，2001.

[50] 陈文化．腾飞之路——技术创新论．长沙：湖南大学出版社，1999.

[51] 傅家骥．技术创新学．北京：清华大学出版社，1998.

[52] 宋远方．中国人民大学工商管理/MBA案例：管理信息系统卷．北京：中国人民大学出版社，1998.

[53] 郎诵真，等．竞争情报与企业竞争力．北京：华夏出版社，2001.

[54] 沈丽容．竞争情报：中国企业生存的第四要素．北京：北京图书馆出版社，2003.

[55] 王煜全，AROOP ZUTSHI. 情报制胜：企业竞争情报．北京：科学出版社，2004.

[56] 潘永泉．企业信息管理．北京：中央广播电视大学出版社，2001.

[57] 相丽玲，等．信息管理学．北京：中国金融出版社，2003.

[58] 李翔．电子商务概论．北京：中国计划出版社，2001.

[59] 韩冀东，成栋．电子商务概论．北京：中国人民大学出版社，2002.

[60] 方美琪．电子商务概论．北京：清华大学出版社，1999.

[61] 姚国章．电子商务与企业管理．北京：北京大学出版社，2002.

［62］胡国胜．电子商务安全．广州：华南理工大学出版社，2003.
［63］宋玲．电子商务：21 世纪的机遇与挑战．北京：电子工业出版社，2000.
［64］沈鸿．电子商务——基础篇．北京：电子工业出版社，1998.
［65］DANIEL AMOR. 电子商务基础教程．北京：北京希望电子出版社，2000.
［66］黄敏学．电子商务．北京：高等教育出版社，2001.
［67］周三多．管理学．北京：高等教育出版社，2000.
［68］张晓林，党跃武，等．走向知识服务．成都：四川大学出版社，2001.
［69］岳剑波．信息管理基础．北京：清华大学出版社，1999.
［70］焦玉英．信息检索．武汉：武汉大学出版社，2001.
［71］谭祥金，等．信息管理导论．北京：高等教育出版社，2000.
［72］托马斯·巴克霍尔兹．明天的面孔——信息水平：开启后信息时代的钥匙．北京：北京工业大学出版社，2000.
［73］党跃武．现代信息机构管理．成都：四川大学出版社，2000.
［74］宋远方，成栋．管理信息系统．北京：中国人民大学出版社，1999.
［75］肖卫东，等．计算机信息管理基础．长沙：国防科技大学出版社，2000.
［76］王行言．计算机信息管理基础．北京：高等教育出版社，1999.
［77］司有和．信息管理学．重庆：重庆出版社，2001.
［78］黄竹英，黄渤．商务沟通．重庆：重庆出版社，2001.
［79］陈耀盛，等．信息管理学概论．北京：中国档案出版社，1997.
［80］马费成，等．信息经济学．武汉：武汉大学出版社，1997.
［81］陈景艳．管理信息系统．北京：中国铁道出版社，2001.
［82］郭东强．现代管理信息系统．北京：清华大学出版社，2006.
［83］王悦．基于协同电子商务的 ERP、CRM、SCM 的集成．中国管理信息化，2006（2）.